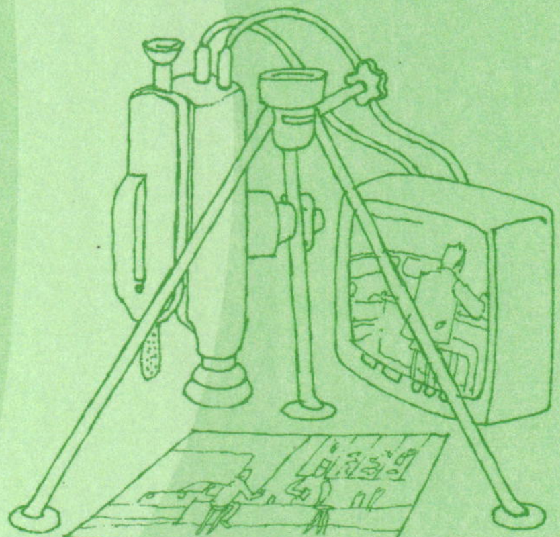

Stefan Pahl 10e2

Deutschbuch

Sprach- und Lesebuch

10

Herausgegeben von
Heinrich Biermann und Bernd Schurf

unter Beratung von Karlheinz Fingerhut

Erarbeitet von Heinrich Biermann,
Gerd Brenner, Ulrich Campe,
Günther Einecke, Dietrich Erlach,
Karlheinz Fingerhut, Margret Fingerhut,
Heinz Gierlich, Cordula Grunow,
Rolf Kauffeldt, Markus Langner,
Monika Lenkaitis, Norbert Pabelick,
Bernd Schurf
und
Andrea Wagener

Cornelsen

INHALTSVERZEICHNIS

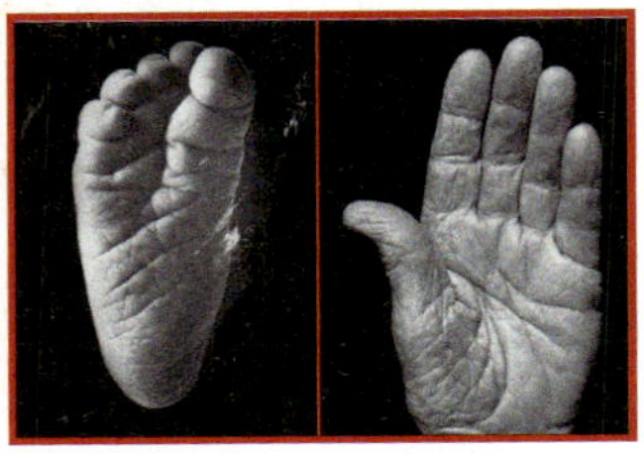

1 Lebenspläne – Lebenswege

2 Meinungen über Meinungen – Argumentieren und Erörtern

3 Sich politisch entscheiden – Angewandte Rhetorik

4 Den Alltag satirisch betrachten – Kreatives Schreiben

5 Gestörte Kommunikation: Sprache und Wahrnehmung

6 Sprachkritik – Die Sprache verändern, mit Sprache verändern?

7 Wege ins europäische Haus

8

Verdächtige und Schuldige – Kriminalerzählungen

9

Weisheit und Alltag – Gedanken in Gedichten

10 Theater der Veränderung: Brechts „Mutter Courage und ihre Kinder“

11 Bilder der Moderne: Das 20. Jahrhundert

SPANNENDE LITERATURGESCHICHTE

12 Seifenopern – Wie im richtigen Leben?

PROJEKT PROJEKT PROJEKT

Bei den mit [R] gekennzeichneten Texten haben die Rechteinhaber einer Anpassung an die reformierte Rechtschreibung widersprochen.

Das „Deutschbuch“ auf einen Blick

L E R N B E R E I C H E

- **Sprechen und Schreiben**
- **Nachdenken über Sprache / Rechtschreibung**
- **Umgang mit Texten**

Kapitelaufbau im Dreischritt
(Beispiel: 4 Den Alltag satirisch betrachten – Kreatives Schreiben)

- Hauptlernbereich
  (4.1 Satirische Effekte erproben)
- Verknüpfung mit einem weiteren Lernbereich
  (4.2 Literarische und journalistische Satiren)
- Anwenden und Üben des Gelernten
  (4.3 Satire-Werkstatt)

Der dritte Lernbereich wird situativ durch einzelne Aufgabenstellungen integriert.

Extras

- **Spannende Literaturgeschichte (Kap. 11)**
- **Projekt (Kap. 12)**
- **Orientierungswissen (Anhang)**

1 Lebenspläne – Lebenswege

1.1 Jung sein – alt werden

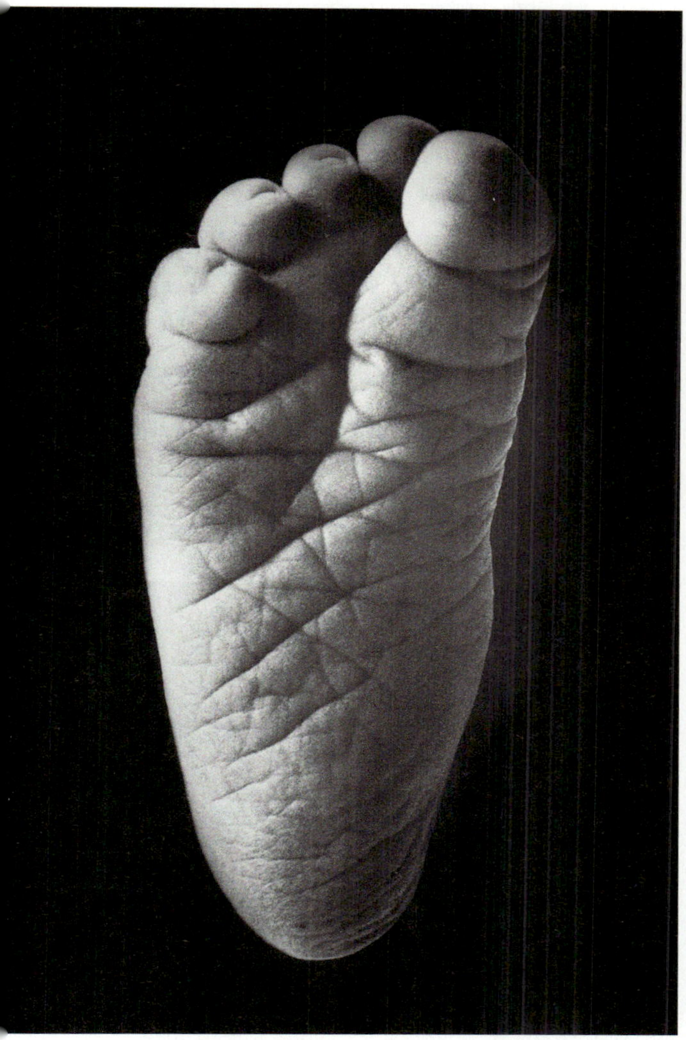

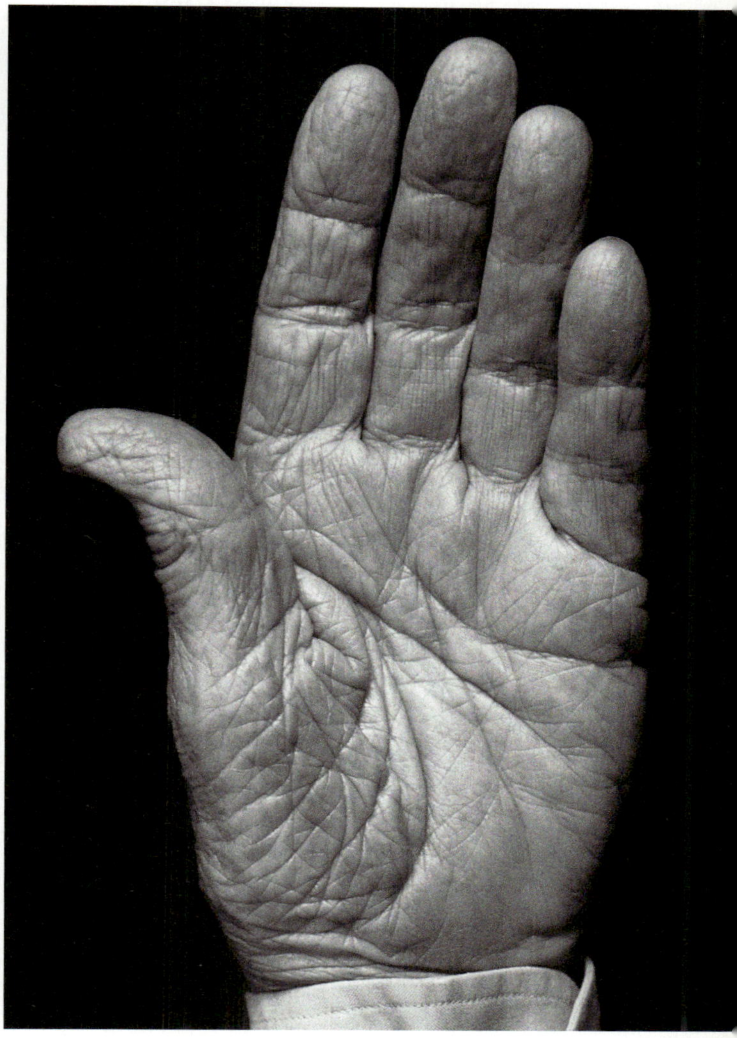

1 a) Betrachtet die beiden Fotos und sprecht über eure Eindrücke.
b) Wählt selbst zwei Fotos (z. B. aus Zeitschriften), die das Thema „Jung sein – alt werden" veranschaulichen.

2 *Hundert Worte zu „Jung" und „Alt"* – Führt ein Brainstorming zu Gegenständen und Begriffen durch, die im Alltag mit „Jung" und „Alt" verbunden werden. Haltet die gefundenen Stereotype (formelhafte, feststehende, häufig wiederkehrende Ansichten) anschließend auf einem Plakatkarton fest.

Lebensstufendarstellung um 1890

3 a) Lebenstreppendarstellungen waren im 19. Jahrhundert sehr populär. Beschreibt die Vorstellung vom alten und vom jungen Menschen, die sich darin ausdrückt.
b) Welches Verständnis von der Rolle der Frau lässt sich erkennen?
c) Die menschlichen Lebensstufen heute und in fünfzig Jahren – wie sehen sie eurer Meinung nach aus? Beschreibt sie oder fertigt eine Skizze an.

4 Betrachtet das Bild aus dem 16. Jahrhundert genau und versucht, seine Aussage zu beschreiben.

Barbara von Windischgrätz (1514–1590) mit ihrem Enkel Carl (1570–1628)

Die „Generationen-Nase“: Einen Generationssprung erschnüffeln

1991 legte Alan R. Hirsch, leitender Neurologe der „Smell and Taste Treatment and Research Foundation“ in Chicago, das Ergebnis einer Befragung von 989 Besuchern eines Shopping-Centers vor, die nach typischen Gerüchen ihrer Kindheit befragt wurden. Als Gerüche, die für die von 1920 bis 1960 Geborenen „damals“ bedeuten, wurden genannt:
Tannenduft, Rosen, heiße Schokolade, Fisch, Lilien, Mist, Geißblatt, Veilchen, Dachböden, frisch gebackenes Brot, Seife, Feigen, gemähtes Gras, Heidelbeeren, Zimt, Seeluft, Wiesen, Heu, Klee, Petunien, Tweed, Fleischbällchen, Erbsensuppe, frische Luft, Laubfeuer.

Die von 1960 bis 1980 Geborenen dagegen nannten als „Nostalgie-Gerüche“:
Knetmasse, Chlor, Malkreide, Gummiköder, Marihuana, Thunfisch-Kasserolle, Wäscheweichspüler, Raffinerien, Motoröl, Tacos[1], Urin, Abfall, Haarspray, Plastik, Farn, alte Socken, Hundekot, Füße, Mottenkugeln, Auspuffgase, Insektenspray, Fabriken, Nagellack, Enchiladas[1], Schokoladenzigaretten, Sonnenöl, duftende Textmarker-Stifte, brennende Reifen.

1 **Tacos, Enchiladas:** mexikanische Teigtaschen bzw. Fladenbrote aus Maismehl

5 a) Welche Veränderungen lassen sich feststellen? Diskutiert die möglichen Ursachen.
b) Ihr seid nach 1980 geboren. Welche „Nostalgie-Gerüche“ kommen euch in den Sinn?
c) Verfasst einen Text, in dem ihr eine Episode erzählt, die ihr mit einem „Nostalgie-Geruch“ verbindet.

This day is the first day of the rest of your life

BEIM ÜBERTRETEN DIESER LINIE WERDEN SIE AUCH ÄLTER

diese kann überall in der ausstellung auf dem boden auftauchen!

Eine Schwelle zum nächsten Raum, zum nächsten Tag, den nächsten Augenblick anders erleben als den vorherigen, zum nächsten Satz im Kopf, den nächsten Schritt nach vorn, ungehindert und doch schwer wie jede Entscheidung, die man trifft; das Älterwerden kann man durch keinen tatsächlichen Schritt abwenden oder auch nur hinauszögern, dieser Schritt kann nur im Kopf stattfinden, ähnlich wie eine Erklärung über diesen Satz, der da vor einem steht und unbarmherzig hinweist – egal, was man tut, die nächste Bewegung schon ist der Hinweis auf die Vergänglichkeit – mitunter auch die eigene.

BEIM ÜBERTRETEN DIESER LINIE WERDEN SIE AUCH ÄLTER

6 a) Dieses „Gedanken-Poster“ stammt aus einer Ausstellung zum Thema „Alt und Jung – Das Abenteuer der Generationen“. Sucht eine andere Überschrift.
b) Welche Wirkung erhofften sich die Ausstellungsmacher wohl von diesem Poster und den in vielen Ausstellungsräumen markierten Schwellen?
c) Erstellt in Einzel- oder Gruppenarbeit selbst ein grafisch gestaltetes Poster oder eine Bildcollage zu einem der beiden Themen „Jung sein – alt werden“ oder „Mein Lebensweg – wie ich ihn mir erträume – wie er sich wohl in der Realität vollzieht“.

Jugenderinnerungen – „alte“ Missverständnisse?

„Das ist noch gar nichts!
Als ich in deinem Alter war, gab es so hohen Schnee,
dass er mir bis ans Kinn reichte.“

Der sechzigjährige Schweizer Diplomat und Historiker Carl J. Burckhardt sieht sich genötigt, der Einladung zu einem Treffen ehemaliger Klassenkameraden zu folgen. Gedankenverloren geht er in Basel über den Münsterplatz, wo man sich treffen will. Schon von weitem sieht er sie stehen, grauhaarige Männer, und er fährt zusammen: „Mein Gott, die Lehrer sind auch dabei ...“

Marion Gräfin Dönhoff

7 a) Vergleicht die Cartoons und die Notiz zum Klassentreffen miteinander. Welche Themen, welche Gemeinsamkeiten, welche Aussageabsichten stellt ihr fest?

b) Entwerft ähnliche Cartoons bzw. Beschreibungen von Situationen, die das Verhältnis von „Alt“ und „Jung“ zu veranschaulichen suchen.

Schüler lehren – Senioren surfen

Multimediaprojekt über Generationen hinweg

„Computerfreak“ – das Wort mag David Uhlmann nicht. „Aber wahrscheinlich bin ich trotzdem einer“, lacht er. David geht in die 11. Klasse des Leipziger Wilhelm-Oswald-Gymnasiums, und seit letztem Herbst betritt er seine Schule nicht nur als Schüler, sondern auch als Lehrer. Zusammen mit seinem Freund Xuân Waldorf hat er ein halbes Jahr Senioren unterrichtet. Im „Computerkabinett“ ihres Gymnasiums brachten sie ihnen bei, wie E-Mail funktioniert, ein Webchat abläuft und was eine Homepage ist. „Senioren ans Netz“ hieß das Pilotprojekt, für das beide Schüler gearbeitet haben. Mitte März hat die zweite Kursreihe in Leipzig angefangen.

Die Initiative ging von ihrem Informatiklehrer aus, der die zwei 17-Jährigen fragte, ob sie Lust hätten, an dem Projekt der Sächsischen Entwicklungsgesellschaft für Telematik und des Verbands Sächsischer Bildungsinstitute mitzuarbeiten. „Es war vor allem der Reiz, sich als Lehrer auszuprobieren“, sagt David, der mit Xuân einen Lehrplan erarbeitete. „Erst haben wir erklärt, was das Internet ist und was es den Senioren bringen kann. Nach so elementaren Dingen wie den Rechner hoch- und runterfahren kamen die ersten Surfversuche.“ Mit den Hausaufgaben gab's allerdings Probleme. „Die meisten Teilnehmer hatten keinen PC zu Hause und konnten nicht üben. Vieles hatten die Senioren in der nächsten Stunde wieder vergessen“, sagt Xuân. Das Wichtigste sei aber hängengeblieben.

■ „Die Dozententätigkeit hilft mir, meine theoretischen Fähigkeiten zu verbessern“, sagt David. Er ist überzeugt, dass jeder der Kursteilnehmer sich jetzt ohne Hilfe im Internet bewegen kann. Xuân und David glauben, dass die Senioren vor allem E-Mail nutzen werden. „Es ist für Senioren, die allein leben, die beste Möglichkeit, Freunde zu gewinnen.“

■ Während die Senioren den Computer und das Internet für sich entdeckten, haben auch Xuân und David etwas gelernt, und zwar mehr, als nur die Unterrichtsstunden zu gliedern. Xuân sagt von sich, er sei ruhiger geworden und geduldiger, wenn jemand nicht gleich alles versteht. Der Mitinitiator des Projekts „Senioren ans Netz“, Jürgen Salomon vom Verband Sächsischer Bildungsinstitute, sieht sich damit voll bestätigt: Alt und Jung lernen voneinander und miteinander am Computer. Die Senioren erhalten das Fachwissen und die Schüler machen neue Erfahrungen. Daher auch der Untertitel des Projekts: „Generationenübergreifendes Lernen“.

■ Von „echter Lebenserfahrung“ älterer Menschen haben die beiden Schüler in ihrem ersten Kurs aber nicht allzu viel mitbekommen. „Es gab nur wenige Gespräche, die über den Computer hinausgingen. Die Zeit war einfach zu kurz“, sagt David. Trotzdem ist Jürgen Salomon seiner Vision schon etwas näher gerückt: „Alle Schulen öffnen sich und die Computerkabinette werden dauerhafte Begegnungsstätten von Jung und Alt.“

Multimediapreis gewonnen

Die Nachfrage nach dem zweiten Kurs der Initiative „Senioren ans Netz“ ist groß. Die Zahl der Interessenten übersteigt die Seminarplätze um mehr als das Doppelte. Ab September soll das Projekt in mehreren Leipziger Schulen stattfinden, und wenn es nach Jürgen Salomon geht, dann wird „Senioren ans Netz“ in einigen Jahren bundesweit veranstaltet. Das Bundesforschungsministerium fand die Idee so klasse, dass es das Pilotprojekt mit dem Multimediapreis auszeichnete. Die 25 000 Euro Preisgeld wollen Jürgen Salomon und die Mitveranstalter in neue Kurse investieren.

Text/Foto: Ralf Geißler

8 a) Was haltet ihr von dem vorgestellten Projekt? Diskutiert darüber in der Klasse.

b) Fallen euch noch andere Projekte ein, die junge und alte Menschen zusammenbringen könnten?

c) In früheren Zeiten war die Jugend möglicherweise in stärkerem Maße als heute abhängig von den Erwachsenen, denn nur diese verfügten über das Wissen und die Erfahrung, die zum Überleben notwendig waren. Heute ist Wissen zum einen durch die verschiedenen Medien leicht zugänglich, zum anderen veraltet es viel schneller als früher, sodass die heranwachsenden Generationen vielleicht nicht mehr so sehr auf die Erfahrungen der Älteren angewiesen sind. Diskutiert diese Frage und besprecht dabei auch, weshalb eine Verständigung der Generationen in jedem Fall unverzichtbar ist.

Johann Peter Hebel

Unverhofftes Wiedersehen

In Falun in Schweden küsste vor guten fünfzig Jahren und mehr ein junger Bergmann seine junge hübsche Braut und sagte zu ihr: „Auf Sankt Luciä[1] wird unsere Liebe von des Priesters Hand gesegnet. Dann sind wir Mann und Weib und bauen uns ein eigenes Nestlein“, – „und Friede und Liebe soll darin wohnen“, sagte die schöne Braut mit holdem Lächeln, „denn du bist mein Einziges und Alles, und ohne dich möchte ich lieber im Grab sein als an einem andern Ort.“ Als sie aber vor St. Luciä der Pfarrer zum zweiten Mal in der Kirche ausgerufen hatte: „So nun jemand Hindernis wüsste anzuzeigen, warum diese Personen nicht möchten ehelich zusammenkommen“, da meldete sich der Tod. Denn als der Jüngling den andern Morgen in seiner schwarzen Bergmannskleidung an ihrem Haus vorbeiging – der Bergmann hat sein Totenkleid immer an –, da klopfte er zwar noch einmal an ihrem Fenster und sagte ihr Guten Morgen, aber keinen Guten Abend mehr. Er kam nimmer aus dem Bergwerk zurück, und sie säumte vergeblich selbigen Morgen ein schwarzes Halstuch mit rotem Rand für ihn zum Hochzeitstag, sondern als er nimmer kam, legte sie es weg und weinte um ihn und vergaß ihn nie. Unterdessen wurde die Stadt Lissabon in Portugal durch ein Erdbeben zerstört, und der Siebenjährige Krieg ging vorüber, und Kaiser Franz der Erste starb, und der Jesuiten-Orden wurde aufgehoben und Polen geteilt, und die Kaiserin Maria Theresia starb, und der Struensee wurde hingerichtet, Amerika wurde frei, und die vereinigte französische und spanische Macht konnte Gibraltar nicht erobern. Die Türken schlossen den General Stein in der Veteraner Höhle in Ungarn ein, und der Kaiser Joseph starb auch. Der König Gustav von Schweden eroberte Russisch-Finnland, und die Französische Revolution und der lange Krieg fingen an, und der Kaiser Leopold der Zweite ging auch ins Grab. Napoleon eroberte Preußen, und die Engländer bombardierten Kopenhagen, und die Ackerleute säeten und schnitten. Der Müller mahlte, und die Schmiede hämmerten, und die Bergleute gruben nach den Metalladern in ihrer unterirdischen Werkstatt. Als aber die Bergleute in Falun im Jahre 1809 etwas vor oder nach Johannis zwischen zwei Schachten eine Öffnung durchgraben wollten, gute dreihundert Ellen tief unter dem Boden, gruben sie aus dem Schutt und Vitriolwasser[2] den Leichnam eines Jünglings heraus, der ganz mit Eisenvitriol durchdrungen, sonst aber unverwest und unverändert war; also dass man seine Gesichtszüge und sein Alter noch völlig erkennen konnte, als wenn er erst vor einer Stunde gestorben oder ein wenig eingeschlafen wäre an der Arbeit. Als man ihn aber zu Tag ausgefördert hatte, Vater und Mutter, Gefreunde und Bekannte waren schon lange tot, kein Mensch wollte den schlafenden Jüngling kennen oder etwas von seinem Unglück wissen, bis die ehemalige Verlobte des Bergmanns kam, der eines Tages auf die Schicht gegangen war und nimmer zurückkehrte. Grau und zusammengeschrumpft kam sie an einer Krücke an den Platz und erkannte ihren Bräutigam; und mehr mit freudigem Entzücken als mit Schmerz sank sie auf die geliebte Leiche nieder, und erst als sie sich von einer langen heftigen Bewegung des Gemüts erholt hatte, „es ist mein Verlobter“, sagte sie endlich, „um den ich fünfzig Jahre lang getrauert hatte und den mich Gott noch einmal sehen lässt vor meinem Ende. Acht Tage vor der Hochzeit ist er auf die Grube gegangen und nimmer gekommen.“ Da wurden die Gemüter aller Umstehenden von Wehmut und Tränen ergriffen, als sie sahen die ehemalige Braut jetzt in der Gestalt des hingewelkten kraftlosen Alters und den Bräutigam noch in seiner jugendlichen Schöne und wie in ihrer Brust nach fünfzig Jahren die Flamme der jugendlichen Liebe noch einmal erwachte; aber er öffnete den Mund nimmer zum Lächeln oder die Augen zum Wiedererkennen; und wie sie ihn endlich von den Bergleuten in ihr Stüblein tragen ließ, als die Einzige, die ihm angehöre und ein Recht an ihn habe, bis sein Grab gerüstet sei auf dem Kirchhof. Den andern Tag, als das Grab gerüstet war auf dem

1 **Sankt Luciä:** Der Tag der heiligen Lucia, der 13. 12., ist in Schweden ein bedeutendes Fest

2 **Vitriol:** Verbindung von Schwefel und Metallen, wirkt konservierend

Kirchhof und ihn die Bergleute holten, schloss sie ein Kästlein auf, legte ihm das schwarzseidene Halstuch mit roten Streifen um und begleitete ihn in ihrem Sonntagsgewand, als wenn es ihr Hochzeitstag und nicht der Tag seiner Beerdigung wäre. Denn als man ihn auf dem Kirchhof ins Grab legte, sagte sie: „Schlafe nun wohl, noch einen Tag oder zehn im kühlen Hochzeitsbett, und lass dir die Zeit nicht lang werden. Ich habe nur noch wenig zu tun und komme bald, und bald wird's wieder Tag. – Was die Erde einmal wiedergegeben hat, wird sie zum zweiten Mal auch nicht behalten“, sagte sie, als sie fortging und noch einmal umschaute.

9 a) Erörtert die Erzählung im Rahmen des Themas „Jung sein – alt werden“.
b) Welche Überschrift würdet ihr der Geschichte geben?
c) Die Geschichte beruht auf einer wahren Begebenheit. Rekonstruiert den Zeitschriftenbericht, der Hebel als Vorlage diente.
d) Mit welchen Mitteln hat der Autor die Information über das Geschehen literarisch ausgestaltet?

Tipp

Achtet bei eurer Textuntersuchung auf
- die Gliederung,
- die Technik der Zeitraffung/Zeitdehnung,
- das Verhältnis von Erzählzeit und erzählter Zeit,
- die Verwendung von symbolischen Motiven.

1.2 Parabeln entschlüsseln – Den Lebenssinn suchen

Aufbruch und Heimkehr

Franz Kafka

Der Aufbruch

Franz Kafka wurde 1883 als Sohn einer deutschsprachigen jüdischen Familie in Prag geboren. Er starb früh, 1924, an einer Lungenkrankheit. Zuvor hatte er den Wunsch geäußert, dass seine zumeist unveröffentlichten Texte nach seinem Tod vernichtet werden sollten. Sein Freund Max Brod hat sich nicht daran gehalten und Kafkas Werke in den Druck gegeben. Heute gilt Franz Kafka als einer der bedeutendsten Schriftsteller des 20. Jahrhunderts. Die typisch „kafkaeske“ Atmosphäre seiner Erzählungen und Romane ist gekennzeichnet durch eine rätselhafte Unwirklichkeit, oft auch eine nicht konkret fassbare Bedrohlichkeit.

Ich befahl, mein Pferd aus dem Stall zu holen. Der Diener verstand mich nicht. Ich ging selbst in den Stall, sattelte mein Pferd und bestieg es. In der Ferne hörte ich eine Trompete blasen, ich fragte ihn, was das bedeute. Er wusste nichts und hatte nichts gehört. Beim Tore hielt er mich auf und fragte: „Wohin reitest du, Herr?“ – „Ich weiß es nicht“, sagte ich, „nur weg von hier, nur weg von hier. Immerfort weg von hier, nur so kann ich mein Ziel erreichen.“ – „Du kennst also dein Ziel?“, fragte er. – „Ja“, antwortete ich, „ich sagte es doch: ‚Weg-von-hier‘, das ist mein Ziel.“ – „Du hast keinen Essvorrat mit“, sagte er. – „Ich brauche keinen“, sagte ich, „die Reise ist so lang, dass ich verhungern muss, wenn ich auf dem Weg nichts bekomme. Kein Essvorrat kann mich retten. Es ist ja zum Glück eine wahrhaft ungeheuere Reise.“

1 Der Ich-Erzähler scheint nach dem Motto „Der Weg ist das Ziel“ zu handeln. Was haltet ihr davon?

2 Welche Bedeutung hat eurer Meinung nach das Motiv der blasenden Trompete?

Die in diesem Teilkapitel abgedruckten Texte von Franz Kafka, Bertolt Brecht und Martin Buber gehören der literarischen Gattung der **Parabel** an, einer Form gleichnishaften Sprechens oder Schreibens. Solche verschlüsselten Texte wollen nicht wortwörtlich verstanden werden, sondern verweisen indirekt auf die beabsichtigte Aussage **(Sachteil).** Anhand eines **Bildteils,** der eine beispielhafte, konkrete Handlung zeigt, wird der Leser dazu angeregt, Rückschlüsse auf eine allgemeine Erkenntnis oder auf eine Verhaltensregel zu ziehen.

3 Versucht die verborgene Aussage der Parabel „Der Aufbruch" durch einen **szenischen Dialog** zu entschlüsseln. Der Diener fragt hartnäckig weiter nach den wahren Beweggründen des Aufbruchs und gibt sich nicht mit den gegebenen Antworten zufrieden.

Franz Kafka

Im Tunnel

Wir sind, mit dem irdisch befleckten Auge gesehn, in der Situation von Eisenbahnreisenden, die in einem langen Tunnel verunglückt sind, und zwar an einer Stelle, wo man das Licht des Anfangs nicht mehr sieht, das Licht des Endes aber nur so winzig, dass der Blick es immerfort suchen muss und immerfort verliert, wobei Anfang und Ende nicht einmal sicher sind. Rings um uns aber haben wir in der Verwirrung der Sinne oder in der Höchstempfindlichkeit der Sinne lauter Ungeheuer und ein je nach der Laune und Verwundung des Einzelnen entzückendes oder ermüdendes kaleidoskopisches Spiel. Was soll ich tun? oder: Wozu soll ich es tun? sind keine Fragen dieser Gegenden.

1 a) Beschreibt die einzelnen Elemente, aus denen sich die Tunnel-Metapher des **Bildteils** zusammensetzt.
b) Formuliert die beabsichtigte Aussage des **Sachteils.**

2 Verfasst eine Antwort-Parabel:
Wir sind in der Situation von ...

Franz Kafka (1906)

Franz Kafka

Heimkehr

Ich bin zurückgekehrt, ich habe den Flur durchschritten und blicke mich um. Es ist meines Vaters alter Hof. Die Pfütze in der Mitte. Altes, unbrauchbares Gerät, ineinander verfahren, verstellt den Weg zur Bodentreppe. Die Katze lauert auf dem Geländer. Ein zerrissenes Tuch, einmal im Spiel um eine Stange gewunden, hebt sich im Wind. Ich bin angekommen. Wer wird mich empfangen? Wer wartet hinter der Tür der Küche? Rauch kommt aus dem Schornstein, der Kaffee zum Abendessen wird gekocht. Ist dir heimlich, fühlst du dich zu Hause? Ich weiß es nicht, ich bin sehr unsicher. Meines Vaters Haus ist es, aber kalt steht Stück neben Stück, als wäre jedes mit seinen eigenen Angelegenheiten beschäftigt, die ich teils vergessen habe, teils niemals kannte. Was kann ich ihnen nützen, was bin ich ihnen, und sei ich auch des Vaters, des alten Landwirts Sohn. Und ich wage nicht, an der Küchentür zu klopfen, nur von der Ferne horche ich, nur von der Ferne horche ich stehend, nicht so, dass ich als Horcher überrascht werden könnte. Und weil ich von der Ferne horche, erhorche ich nichts, nur einen leichten Uhrenschlag höre ich oder glaube ihn vielleicht nur zu hören, herüber aus den Kindertagen. Was sonst in der Küche geschieht, ist das Geheimnis der dort Sitzenden, das sie vor mir wahren. Je länger man vor der Tür zögert, desto fremder wird man. Wie wäre es, wenn jetzt jemand die Tür öffnete und mich etwas fragte. Wäre ich dann nicht selbst wie einer, der sein Geheimnis wahren will.

Lukas

Das biblische Gleichnis vom verlorenen Sohn

Jesus erzählte weiter: „Ein Mann hatte zwei Söhne. Der jüngere sagte: ‚Vater, gib mir den Teil der Erbschaft, der mir zusteht!' Da teilte der Vater seinen Besitz unter die beiden auf. Nach ein paar Tagen machte der jüngere Sohn seinen ganzen Anteil zu Geld und zog in die Fremde. Dort lebte er in Saus und Braus und verjubelte alles. Als er nichts mehr hatte, brach in jenem Land eine große Hungersnot aus; da ging es ihm schlecht. Er fand schließlich Arbeit bei einem Bürger des Landes, der schickte ihn zum Schweinehüten aufs Feld. Er war so hungrig, dass er auch mit dem Schweinefutter zufrieden gewesen wäre; aber selbst das verwehrte man ihm. Endlich ging er in sich und sagte: ‚Die Arbeiter meines Vaters bekommen mehr, als sie essen können, und ich werde hier noch vor Hunger umkommen. Ich will zu meinem Vater gehen und zu ihm sagen: Vater, ich bin vor Gott und vor dir schuldig geworden; ich verdiene es nicht mehr, dein Sohn zu sein. Nimm mich als einen deiner Arbeiter in Dienst!'

Hieronymus Bosch (1450–1516): Der verlorene Sohn

So machte er sich auf den Weg zu seinem Vater. Der sah ihn schon von weitem kommen, und voller Mitleid lief er ihm entgegen, fiel ihm um den Hals und küsste ihn. ‚Vater‘, sagte der Sohn, ‚ich bin vor Gott und vor dir schuldig geworden, ich verdiene es nicht mehr, dein Sohn zu sein!‘ Aber der Vater rief seine Diener: ‚Schnell, holt das beste Kleid für ihn, steckt ihm einen Ring an den Finger und bringt ihm Schuhe! Holt das Mastkalb und schlachtet es! Wir wollen ein Fest feiern und uns freuen! Mein Sohn hier war tot, jetzt lebt er wieder. Er war verloren, jetzt ist er wiedergefunden.‘ Und sie begannen zu feiern.
Der ältere Sohn war noch auf dem Feld. Als er zurückkam und sich dem Haus näherte, hörte er das Singen und Tanzen. Er rief einen der Diener herbei und fragte, was da los sei. Der sagte: ‚Dein Bruder ist zurückgekommen, und dein Vater hat das Mastkalb schlachten lassen, weil er ihn gesund wiederhat.‘ Da wurde der ältere Bruder zornig und wollte nicht ins Haus gehen. Schließlich kam der Vater heraus und redete ihm gut zu. Aber der Sohn sagte zu ihm: ‚Du weißt doch: All die Jahre habe ich wie ein Sklave für dich geschuftet, nie war ich dir ungehorsam. Was habe ich dafür bekommen? Mir hast du nie auch nur einen Ziegenbock gegeben, damit ich mit meinen Freunden feiern konnte. Aber der da, dein Sohn, hat dein Geld mit Huren durchgebracht; und jetzt kommt er nach Hause, da schlachtest du gleich das Mastkalb für ihn.‘ ‚Mein Sohn‘, sagte da der Vater, ‚du bist immer bei mir, und dir gehört alles, was ich habe. Wir konnten doch gar nicht anders als feiern und uns freuen. Denn dein Bruder war tot, jetzt ist er wieder am Leben! Er war verloren, aber jetzt ist er wiedergefunden!‘“

1 Ist der Ich-Erzähler in Kafkas Parabel nun heimgekehrt oder nicht? Diskutiert diese Frage in der Klasse. Untersucht dabei jeden einzelnen Satz und formuliert die Eindrücke, die jeweils hervorgerufen werden.

2 Vergleicht Kafkas Parabel mit dem biblischen Gleichnis vom verlorenen Sohn. Was sind eurer Meinung nach die entscheidenden Unterschiede?

3 **Mögliches Referat**
a) Informiert euch in der Bibliothek oder im Internet über das Leben Franz Kafkas, insbesondere über die Beziehung zu seinem Vater.
b) Betrachtet vor diesem Hintergrund noch einmal die „Heimkehr“-Parabel.

Robert Walser

Die Geschichte vom verlorenen Sohn

Robert Walser, 1878 in Biel (Schweiz) geboren, versuchte vergeblich, im bürgerlichen Leben Fuß zu fassen. Er arbeitete in wechselnden Stellen als Bürogehilfe, war auch als freier Schriftsteller weitgehend erfolglos und wurde 1929 in eine psychiatrische Klinik eingewiesen, wo er 1956 starb. Obwohl in der Öffentlichkeit beinahe unbekannt, übte er doch starken Einfluss auf seine wesentlich berühmteren Dichterkollegen Franz Kafka, Robert Musil und Hermann Hesse aus. Seine Romane und Erzählungen stellen meist in ironischer Weise dar, wie gesellschaftliches Scheitern als persönliche Größe verstanden werden kann.

Wenn ein Landedelmann nicht zwei Söhne gehabt hätte, die glücklicherweise vollständig voneinander abstachen, so würde eine lehrreiche Geschichte unmöglich haben zu Stande kommen können, nämlich die Geschichte vom verlorenen Sohn, die mitteilt, dass der eine von den beiden verschiedenartigen Söhnen sich durch Leichtlebigkeit auszeichnete, während der andere durch denkbar soliden Lebenswandel hervorragte.
Wo der eine frühzeitig sozusagen die Offensive

ergriff und in die Welt hinausmarschierte, blieb der andere säuberlich daheim und verharrte mithin so zäh wie möglich gewissermaßen im Zustand abwartender Verteidigung. Wo wieder Ersterer gleichsam im Ausland herumvagabundierte, lungerte wieder Letzterer scheinbar höchst ehrbar gleichsam ums Haus herum.

Während der Erste artig ausriss und hübsch eilig auf und davon rannte, hielt sich der Zweite beständig erstaunlich brav an Ort und Stelle auf und erfüllte mit unglaublicher Regelmäßigkeit seine täglichen Obliegenheiten.

Während wieder der eine weiter nichts Besseres zu tun hatte, als abzudampfen und fortzugondeln, wusste leider wieder der andere weiter nichts Gescheiteres anzufangen, als mitunter vor lauter Tüchtigkeit, Ordentlichkeit, Artigkeit und Nützlichkeit schier umzukommen.

Als der entlaufene oder verlorene Sohn, dem die Geschichte ihren Titel verdankt, nach und nach merkte, dass es mit seinen Aktien in der Tat verhältnismäßig recht, sehr übel stehe, trat er den Rückzug an, was zweifellos ziemlich vernünftig von ihm war. Der Daheimgebliebene würde auch ganz gerne einmal einen Rückzug angetreten haben, das Vergnügen war ihm aber durchaus nicht gegönnt, und zwar ganz einfach vermutlich deshalb nicht, weil er nicht fortgegangen, sondern zu Hause geblieben war, wie bereits bekannt ist.

Wenn vermutet werden darf, der Fortgelaufene habe das Fortlaufen ernstlich bereut, so wird nicht weniger vermutet oder angenommen werden dürfen, dass der Daheimgebliebene sein Daheimbleiben tiefer bereute, als er dachte. Wenn der verlorene Sohn innig wünschte, dass er lieber nie verloren gegangen wäre, so wünschte seinerseits der andere, nämlich der, der niemals weggegangen war, durchaus nicht weniger innig oder vielleicht noch inniger, dass er doch lieber nicht beständig zu Hause geblieben, sondern lieber tüchtig fortgelaufen und verloren gegangen wäre oder er sich auch ganz gern einmal gehörig würde haben heimfinden wollen.

Da der verlorene Sohn, nachdem er längst verloren geglaubt worden war, Abbild vollkommener Herabgekommenheit, zerlumpt und abgezehrt, eines Abends plötzlich frisch wieder auftauchte, stand gewissermaßen Totes wieder lebendig auf, weshalb ihm alle Liebe naturgemäß wie wild entgegenstürzte.

Der wackere Zuhausegebliebene hätte auch ganz gern einmal tüchtig tot und hernach wieder tüchtig lebendig sein mögen, um erleben zu dürfen, dass ihm alle Liebe naturgemäß wie wild entgegenkäme.

Die Freude über das unerwartete Wiederfinden und das Entzücken über ein so schönes und ernstes Ereignis zündeten und loderten hell und hoch wie eine Feuersbrunst im Haus herum, dessen Bewohner, Knechte, Mägde sich fast wie in den Himmel hinaufgehoben fühlten. Der Heimgekehrte lag der Länge nach am Boden, von wo ihn der Vater aufgehoben haben würde, wenn er die Kraft dazu gehabt hätte. Der alte Mann weinte so sehr und war so schwach, dass man ihn stützen musste. Selige Tränen. In allen Augen war ein Schimmer, in allen Stimmen ein Zittern. Von so mannigfaltigem Anteil, so aufrichtig liebendem Verstehen und Verzeihen umflossen, musste der Fehlbare beinahe wie heilig erklärt erscheinen. Schuldig sein hieß zu solch schöner Stunde nichts anderes als liebenswürdig sein. Alles redete, lächelte, winkte hier und dort dicht durcheinander, derart, dass nur glückliche, zugleich aber auch nur feuchte Augen zu sehen und nur gutherzige, zugleich aber auch nur ernste Worte zu hören sein konnten. Bei der fröhlichen Begebenheit blieb nicht das Mindeste unbeleuchtet, da bis in das Hinterste geringer schwacher Abglanz vom allgemeinen Glanze und kleine Lichter vom großen Lichte drangen.

Irgendwelchem Zweifel kann kaum unterliegen, dass ein gewisser anderer auch ganz gern einmal Gegenstand so großer Freude gewesen wäre: der sich sein Lebtag nie etwas hatte zu Schulden kommen lassen, würde auch ganz gern einmal schuldig gewesen sein. Der immer einen anständigen Rock getragen hatte, würde auch ganz gern ausnahmsweise einmal recht zerlumpt und abgerissen ausgesehen haben. Sehr wahrscheinlich würde er auch ganz gern einmal der Länge nach im Mitleid erregenden Fetzen am Boden gelegen sein, von wo ihn der Vater würde haben aufheben wollen. Der nie Fehler begangen hatte, würde vielleicht auch ganz gern einmal armer Sünder gewesen sein.

Unter so holden Umständen verlorner Sohn zu sein war ja geradezu ein Genuss, doch der Genuss blieb ihm ein für alle Mal versagt.
Inmitten allseitiger Zufriedenheit und Vergnügtheit blieb niemand missvergnügt und übel gelaunt als doch hoffentlich nicht er? Jawohl! Inmitten gemeinschaftlicher Fröhlichkeit und Geneigtheit blieb niemand ungefreut und abgeneigt als doch hoffentlich nicht er? Jawohl!
Was aus den übrigen Personen geworden ist, weiß ich nicht. Sehr wahrscheinlich sind sie sanft gestorben. Der wunderliche Unzufriedene hingegen lebt noch. Neulich war er nämlich bei mir, um sich mir murmelnd und brummelnd als ein Mensch vorzustellen, der verlegen sei, weil er mit der Geschichte vom verlornen Sohn zusammenhänge, von welcher er auf das Lebhafteste wünschen müsse, dass sie lieber nie geschrieben worden wäre. Auf die Frage, die ich an ihn richtete, wie man dies zu verstehen habe, antwortete er, dass er jener Daheimgebliebene sei.
Ich wunderte mich über des sonderbaren Kauzes Unbehagen keine Sekunde lang. Für seine Verdrießlichkeit besaß ich uneingeschränktes Verständnis. Dass die Geschichte vom verlornen Sohn, worin er eine offenbar wenig empfehlenswerte Rolle spielte, eine angenehme und erbauliche Geschichte wäre, hielt ich für unmöglich. Vielmehr war ich in jeder Hinsicht vom Gegenteil überzeugt.

Robert Walser

1 a) Vergleicht die biblische Geschichte vom verlorenen Sohn (S. 17/18) und Robert Walsers Fassung im Hinblick auf die jeweilige Aussage.
b) Untersucht die sprachlichen Mittel, mit denen Walser seine Aussage deutlich macht.

2 Schreibt die biblische Vorlage gegenwartsbezogen um. Dabei kann es auch um eine verlorene Tochter gehen.

„Mein Leben ist Schwimmen auf hoher See“

Martin Buber

Der vollkommene Schwimmer

Martin Buber (1878–1965), Schriftsteller und Religionsphilosoph, hat Anfang des 20. Jahrhunderts die Erzählungen der Chassidim, einer jüdischen Gemeinschaft in Osteuropa, gesammelt und ins Deutsche sowie ins moderne Hebräisch übertragen. Er hat sie dadurch sowohl den modernen Juden als auch der westlichen Kultur zugänglich gemacht. Die Erzählungen geben in Jahrhunderten gewachsene reiche Lebens- und Glaubenserfahrungen wieder. Bei den Chassidim war die Religion eng mit dem Alltagsleben verwoben. Die religiösen Lehrer, die Rabbi und Zaddikim, waren zugleich Ratgeber in Alltagsfragen und Führer der meist dörflichen oder kleinstädtischen Gemeinschaften. Äußeres Kennzeichen chassidischer Geistlicher war es oft, besonders anschaulich und bewegungsreich zu beten.

Als der Sohn des Rabbi von Lentschno noch ein Knabe war, sah er einst Rabbi Jizschak von Worki beten. Voller Verwunderung kam er zum Vater gelaufen und fragte ihn, wie das zugehe, dass solch ein Zaddik ganz ruhig und schlicht ohne alle Äußerung der Verzückung bete. „Wer nicht gut schwimmen kann“, antwortete der Vater, „muss sich heftig bewegen, um sich über Wasser zu halten. Der vollkommene Schwimmer legt sich auf die Flut, und sie trägt ihn.“

Martin Buber

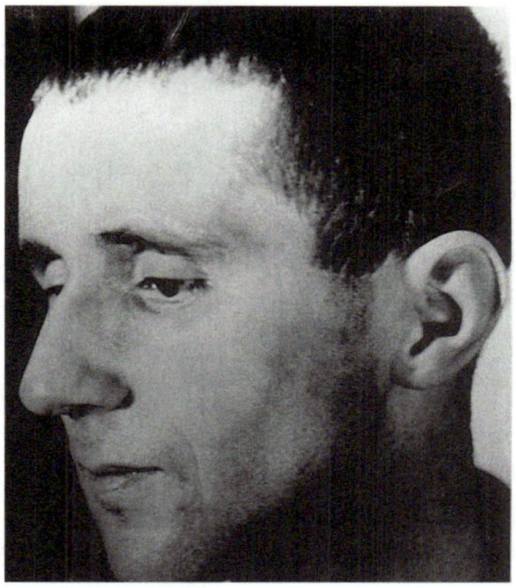
Bertolt Brecht

Bertolt Brecht

Herr Keuner und die Flut

Der Schriftsteller Bertolt Brecht (1898–1956) verfasste eine ganze Reihe von kurzen, lehrhaften Geschichten, die allesamt von einem gewissen Herrn Keuner, einer fiktiven Gestalt, handeln. Herr Keuner verkörpert „den Denkenden", der den Leser dazu anregen soll, in jeder Lebenssituation neu nachzudenken, um ja keine eingefahrenen Wege zu gehen. – Mehr über Brecht erfahrt ihr auf S. 208.

Herr Keuner ging durch ein Tal, als er plötzlich bemerkte, daß seine Füße in Wasser gingen. Da erkannte er, daß sein Tal in Wirklichkeit ein Meeresarm war und daß die Zeit der Flut herannahte. Er blieb sofort stehen, um sich nach einem Kahn umzusehen, und solange er auf einen Kahn hoffte, blieb er stehen. Als aber kein Kahn in Sicht kam, gab er diese Hoffnung auf und hoffte, daß das Wasser nicht mehr steigen möchte. Erst als ihm das Wasser bis ans Kinn ging, gab er auch diese Hoffnung auf und schwamm. Er hatte erkannt, daß er selber ein Kahn war. [R]

Gerold Späth

Heidi Blöchlinger

Der Text stammt aus einem ungewöhnlichen Roman des Autors Gerold Späth (geb. 1939). In seiner „Commedia", so der Titel des Werks, tauchen nicht weniger als 203 erfundene literarische Figuren auf, die alle das Wort zu einer kurzen Selbstdarstellung bekommen; so hat man es mit einer Art Menschenmuseum zu tun, das ein sehr realistisches Abbild unserer Gesellschaft und Zivilisation zu zeigen scheint.

Ich las einmal von einem deutschen Seekadetten[1], der eines Abends auf hoher See irgendwo weitab vor der brasilianischen Küste unbemerkt über Bord fiel. Er wurde erst am Morgen vermisst, worauf der Kapitän das Schulschiff wenden und auf demselben Kurs zurückfahren ließ. Nach insgesamt 22 Stunden wurde der Kadett lebend gefunden und geborgen. Er habe, sagte er später, sich einfach gesagt: Nun, es ist aus mit mir, aber bevor es ganz aus ist, schwimme ich noch, solange ich kann. Er schwamm sparsam. Er ließ sich eigentlich nur treiben, um möglichst lange nicht von Kräften zu kommen. Er hatte Glück, denn die See war ruhig und das Wasser war relativ warm. Seine Angst sei aber unbeschreiblich gewesen nach einiger Zeit und am meisten habe er sich nicht vor der früher oder später unweigerlich aufkommenden Erschöpfung, sondern davor gefürchtet, dass er unvernünftig werde und vor Angst durchdrehe. Angst vor der Angst.

1 **Seekadett:** Soldat, der sich in der Ausbildung zum Offizier bei der Marine befindet

Unbeschreiblich dann das überwältigende Glücksgefühl, als er plötzlich ein Schiff über der Kimm habe auftauchen und auf ihn zufahren sehen, immer größer. Sein Schiff. Die Rettung.

Mein Leben ist Schwimmen auf hoher See. Ich bin irgendwann weit weg von jeder Küste über Bord gefallen. Niemand vermisst mich. Kein Schiff kehrt um. Das Wasser ist nicht warm, es ist kalt. Ich suche den Horizont vergeblich ab, ich suche den Horizont vergeblich. Meist ist es dunkel. Erschöpfung wird eintreten. Ich habe entsetzliche Angst, keine Hoffnung. Ich bin bereit, vor Glück zu sterben. Einmal Erlösung, Rettung, gewaltiges Glück durch und durch erleben und darob vor Freude zerspringen. Aber ich muss schwimmen. Selbst der Tod wird mich nicht erlösen, nur löschen. Außer Angst und Bangen werde ich nie etwas von Belang gefühlt, gespürt, erlebt haben. Millionen schwimmen, treiben im gleichen Meer der Angst. Aber: Mal de muchos consuelo de tontos.[2] Das las ich auch einmal. Auf dem Meer treibt das Unglück und am dunklen Grund der Meere bleibt es liegen, wenn es schwer genug geworden und abgesunken ist. Es häuft sich. Es ist hoch aufeinander getürmt. Alle wissen oder ahnen es. Aber niemand schaut in die Tiefe. Alle schwimmen.

Ich habe mich als Kindergärtnerin mit Kindern abzugeben. Manchmal kaufe ich ein paar Flaschen guten Wein, meist am Samstag. Ich habe unmögliche Wünsche und bin meist allein. Dann koche ich mir ein gutes Essen. Dann esse und trinke ich bei Kerzenlicht und schöner Musik. Dann ziehe ich mich aus und vergehe. Ich trinke und lache und weine und schwimme manchmal ganz oben auf der Oberfläche. Aber es hat schon immer zu viel Angst gegeben. Es hat sich angehäuft. Eine Decke von Angst liegt über der Welt wie schmutziger, aschiger, rußiger Schnee. In allem, was gedacht oder angefasst oder gemacht wird, ist Angst. Die meisten Gegenstände in der Welt sind nicht aus irgendeinem Stoff, sondern aus Angst. Auch die Ideen sind aus Angst. Auch der Zwilling Dummheit.

Angst und Dummheit sind sogar besonders oft kopuliert. Unerschöpfliche Rohstoffe. Immer wird's noch mehr, wie im Märchen das alles erstickende Mus aus dem unaufhaltsam überkochenden Topf. Ich habe viel, eigentlich sehr viel, gemessen an vielen Frauen, die ich kenne oder fast täglich sehe, und ich weiß nicht, wie viel mir fehlt.

2 **Mal de muchos ...:** Das Unglück der Vielen ist den Dummen ein Trost.

1 Die beiden Parabeln von Bertolt Brecht und Martin Buber thematisieren eine Lebensweisheit. Sucht konkrete Beispiele aus eurem Alltag, die sich auf die beiden Texte beziehen lassen, und formuliert die Weisheit der Parabeln mit eigenen Worten.

2 Vergleicht die Selbstbeschreibung in Gerold Späths Text „Heidi Blöchlinger" mit den beiden Parabeln von Brecht und Buber.
   a) Untersucht den Aufbau der Texte und die jeweilige Verwendung des Schwimm-Motivs.
   b) Beschreibt die Lebenssituation von Heidi Blöchlinger und überlegt, ob diese durch das Bild des Schwimmens angemessen veranschaulicht wird.
   c) Die Parabeln von Brecht und Buber lassen sich auf die Selbstbeschreibung in Späths Text beziehen. Zu welchen Teilen des Textes scheinen sie jeweils gut zu passen? Begründet eure Entscheidung.

3 Sammelt andere Bilder und Metaphern, die sich besonders gut zur Veranschaulichung der Höhen und Tiefen eines Lebenslaufs anbieten. Erläutert, was mit den Bildern jeweils gemeint ist und warum in der Literatur, in der Werbung wie im Volksmund gerne darauf zurückgegriffen wird.

4 a) Den Personen in Parabeln widerfahren häufig so genannte Schlüsselerlebnisse. Überlegt, welches Erlebnis in eurem Leben eine besondere Rolle gespielt hat.
   b) Sucht ein passendes Bild für euer Erlebnis und gestaltet es zu einer parabolischen Erzählung aus.

1.3 Unsere Klasse – 30 Jahre später: Ein Hörspiel umgestalten

Erwin Wickert

Der Klassenaufsatz

Fast dreißig Jahre nach dem Abitur treibt es den wenig erfolgreichen Komponisten Geiger anlässlich der Beerdigung des alten Deutschlehrers Siebusch zum ersten Mal wieder in seine alte Schule. Es ist Nachmittag und er findet schnell wieder den Weg in den Klassenraum der ehemaligen Oberprima (Stufe 13). Eine Kette von Erinnerungen an sechs frühere Mitschülerinnen und Mitschüler ruft diese Situation in ihm wach. Nacheinander wird dem Zuhörer das Schicksal der Schüler zu Gehör gebracht.
Auf Grund verschiedener Andeutungen im Hörspieltext lässt sich der zeitliche Rahmen gut bestimmen. Die Schüler haben wohl zwischen 1922 und 1924 Abitur gemacht. Geiger besucht also seine Schule zu Beginn der 50er-Jahre wieder. Dazwischen liegt die Zeit der Weimarer Republik, des Nationalsozialismus, des Zweiten Weltkrieges und die Nachkriegszeit. Das Lebensgefühl dieser Kriegsgeneration war geprägt vom Verlust vieler Illusionen.
Im Folgenden kommen der Anfang des Hörspiels und zwei der sieben Lebenswege zum Abdruck.

Das Hörspiel

Das Hörspiel ist eine durch die Erfindung des Rundfunks entstandene Sonderform des Dramas. Das Hörspiel ist einerseits beschränkter als das Bühnenspiel, da es allein auf akustische Mittel angewiesen ist, kann aber andererseits verschiedene technische Möglichkeiten nutzen wie Ein-, Aus-, Überblenden, Montage, Klangeffekte usw.
Die Blütezeit des Hörspiels waren die Jahre zwischen 1950 und 1960, bevor die visuellen Medien, allen voran das Fernsehen, das Freizeitverhalten der Menschen und ihren Umgang mit Literatur, Theater, Musik usw. zunehmend bestimmten. Dennoch hat sich das Hörspiel als literarische Gattung bis heute behauptet, viele Rundfunkanstalten haben ein festes Hörspielprogramm. Alljährlich verleiht die Vereinigung der Kriegsblinden einen bedeutenden Hörspielpreis. Seit den 1960er-Jahren gab es auch zahlreiche Versuche, neue Elemente für die Hörspielproduktion zu nutzen. Es entstanden die so genannten O-Ton-Hörspiele; das heißt, man nutzte Originaltöne, per Mikrofon aufgezeichnete authentische Sprache und Geräusche (z. B. eine Lautsprecherdurchsage, Ausschnitte aus den Fernsehnachrichten, ein Interview usw.), und baute sie in die Hörspielhandlung ein („Montage“).

Personen

GEIGER	JOURNALIST
SIEBUSCH	LOKALREDAKTEUR
CHRISTA DANIELS	GEORGI
LOHMANN	LEHRER
MÜLLER-DETMOLD	HAUSMEISTER
VON SCHOLZ	KILIANS TANTE
KILIAN	SEKRETÄRIN
EVA	

Geiger, Christa Daniels, Lohmann, von Scholz, Eva und Kilian treten als Primaner, dann als 40- bis 48-Jährige auf.

Erstsendung: Südwestfunk, 19. Januar 1954.

GEIGER *(raumlos, Sprecherstudio):* Es ist noch dasselbe alte Eisentor. Ich gehe über den Hof zum Schülereingang. Der Himmel ist wieder klar und die Sonne scheint; aber von den Blättern der Kastanienbäume fallen noch Tropfen. Damals bei der Entlassungsfeier sang der Chor: *(Er summt parodierend auf dum-tata-tataa:)*

Nun zu guter Letzt
geben wir dir jetzt

(schmelzend:)
auf die Wandrung das Geleite.

Mendelssohn. Ging aber damals noch.[1] Nein, ging damals auch nicht, weil es erlogen ist.
(Singt parodierend:)
Nun zu guter Letzt
geben wir dir jetzt …

(Spricht:) Zweimal drei Stufen und dann ein sentimentaler Schlittschuhlauf:
(Singt:) … Auf die Wandrung das Geleite.
Wandern müssen wir auf Erden
unter Mühen und …

(Bricht ab.) Ausrutschen müssen wir auf Erden, hinfallen, wieder aufstehen, stürzen, liegen bleiben. Aber davon ist nichts in diesem Lied. Wie verlogen wir früher waren oder wie naiv! Oder haben wir es damals doch schon bemerkt? Vielleicht. Kilian sah mich an und zog die Nase kraus, als wir im blauen Anzug in der Aula saßen, als der Chor auf das Podium getrampelt war, der alte Gesanglehrer Haarich den Ton leise angegeben hatte und als die Sänger dann lossäuselten *(summt wieder parodierend:)* Dum-tata-tataa …
Die Steintreppe ist in den vergangenen achtundzwanzig Jahren abgewetzt worden. Überhaupt ist alles schäbiger. Oder war es früher auch schon so, ohne dass es uns aufgefallen wäre?
(Er geht langsam einige Steinstufen hinauf, streift sich umständlich die Sohlen ab und klingelt. Das Klingelgeräusch ist weit entfernt. Er klingelt noch einmal, streift die Schuhe noch einmal ab. Dann öffnet er eine Tür, die ins Schloss fällt, als er eingetreten ist – Raumveränderung: Korridor – und weitere Stufen hinaufsteigt. Er bleibt im Flur stehen, ruft, aber nicht laut:) Hallo? Hallo? – […]

SCHIRMER *(fern):* Ja?
(Heranschlurfend.)

GEIGER: Sind Sie der Schuldiener?

SCHIRMER: Der Hausmeister. Ja. […]

GEIGER: Ist die Oberprima noch oben neben dem Zeichensaal?

SCHIRMER: Ja, immer noch. Dritter Stock, neben dem Zeichensaal rechts. In einer halben Stunde ist wieder Unterricht, aber so lange wird's ja wohl nicht dauern.

(Raumlos.)

GEIGER: Oberprima. Da hängt das Bild vom alten Siebusch. Aber jetzt wird man es bald in eine dunklere Ecke hängen, der Pietät wegen vielleicht mit einem Trauerflor, oder ins Konferenzzimmer an die Wand, an der alle Bilder der ehemaligen Lehrer hängen. Nur der Blick der Putzfrau wird dann noch über Siebuschs Bild gleiten, wenn sie beim Großreinemachen in den Ferien von den Rahmen den Staub wischt. Deutsch von Obersekunda bis Oberprima[2]. Ja, es ist dunkler in der Klasse, weil die Bäume jetzt so hoch stehen. Schön, wie die sieben, acht Kurven der Wipfel sich überschneiden. Hier habe ich gesessen, und ich konnte von meinem Platz über den Schulhof auf die Stadt sehen. Da muss der Kirchturm sein, dahinten das Schloss und das alte Stadttor. Gut, dass jetzt die Kastanien davorstehen! Die Stadt täuscht Romantik vor *(parodierend gesungen:)* Wandern müssen wir auf Erden … Die Romantiker müssen sich doch selbst über diese Spießbürgerei halb totgelacht haben. Gockel, Hinkel und Gackeleia[3]. Heine war noch der Aufrichtigste von allen.
Da saß Lohmann. Und da? Vergessen. Nein, *dort* saß Lohmann und hier neben mir Scholz. Dann Kilian. Ganz hinten Christa Daniels, die wir „das Reh" nannten, und hinter mir Eva. Vor mir: Müller-Detmold. Gott ja: Der Aufsatz! Und da am Fenster stand Siebusch und lehnte sich an die Wand. Er trug eine goldgefasste Brille, setzte sie dauernd auf und ab, und unter dem Arm hatte er unsere Aufsatzhefte.

(Klasse.)

SIEBUSCH *(langsam einblenden):* Ich gebe Ihnen heute den Aufsatz zurück. Sie waren anscheinend alle auf das Thema vorbereitet. Es hat sich wohl herumgesprochen, dass ich immer, wenn ich in der Oberprima unterrichte, über das Thema „Wie ich mir mein Le-

1 Die Musik des jüdischen Komponisten **Felix Mendelssohn-Bartholdy** (1809–1847) war in der Zeit des Nationalsozialismus verboten.

2 **Obersekunda bis Oberprima:** Klassen 11 bis 13

3 **„Gockel, Hinkel und Gackeleia":** Märchen des romantischen Dichters Clemens Brentano (1778–1842)

ben vorstelle“ einen Aufsatz schreiben lasse. Ich habe ihn auf gesonderte Bogen schreiben lassen, damit Sie die Blätter mit nach Hause nehmen und gut aufbewahren können. Für diesen Aufsatz habe ich keine Noten verteilt.

(Lärmender Beifall.)

Bitte freuen Sie sich nicht zu früh! Auch Sie nicht, Geiger! Die endgültigen Noten über dieses Thema, das Sie hier schriftlich behandelt haben, werden Sie sich selbst geben. Allerdings nicht heute und morgen; aber vielleicht in zwanzig, dreißig oder vierzig Jahren. [...]

Ich gebe Ihnen nun die Blätter zurück und bitte Sie, die angestrichenen Stellen vorzulesen. Christa Daniels?

CHRISTA: Ja?

SIEBUSCH: Bitte fangen Sie an! – Haben Sie Lampenfieber?

CHRISTA *(lächelnd):* Ein bisschen; aber es wird schon gehen.

(Räuspert sich und liest dann:)

Wenn ich das Abitur bestanden habe, will ich Archäologie studieren. Vor allem lockt mich die Beschäftigung mit der griechischen und römischen Kultur. Nach der Promotion möchte ich nicht an einem Institut oder einem Museum arbeiten. Ich werde mich bemühen, bei Ausgrabungen selbst dabei zu sein.

SIEBUSCH: Haben Sie sich einmal Gedanken darüber gemacht, wie Sie das praktisch durchsetzen wollen?

CHRISTA *(naiv):* Nein.

SIEBUSCH: Oder ob Sie sich das finanziell leisten können?

CHRISTA *(etwas erschrocken):* Nein.

SIEBUSCH: Wollen Sie nicht lieber Ihre griechischen und lateinischen Kenntnisse anders anwenden? Zum Beispiel als Lehrerin?

CHRISTA *(entrüstet):* O nein!

(Heiterkeit.)

SIEBUSCH *(auch etwas amüsiert):* Von Lehrern scheinen Sie also nicht viel zu halten?

CHRISTA *(verlegen):* Nein. Doch. Nein, so habe ich es nicht gemeint. Ich meine ...

SIEBUSCH: Na was?

CHRISTA: Ich meine ... Unterricht geben, das lenkt zu sehr ab von dem, was eigentlich wichtig ist. *(Ist mit ihrer Erklärung selbst nicht ganz zufrieden.)* Ach, am besten lese ich einmal weiter, vielleicht wird es dadurch deutlicher.

SIEBUSCH *(etwas ironisch):* Also gut, erklären Sie uns, was eigentlich wichtig ist!

CHRISTA *(lesend):* Wenn ich die antiken Schriftsteller lese, nähere ich mich zwar der alten Welt; aber sie wird mir dadurch doch nie ganz wirklich. Ich möchte sagen, es ist, als ob ich von einem Bild nur die Umrisszeichnung, aber nicht die Farben kenne. Mit der Archäologie glaube ich einen Einblick in die wirkliche Welt der Antike zu gewinnen; natürlich nicht, wenn ich nur wissenschaftliche Werke oder systematische Darstellungen einer Epoche studiere, aber vielleicht, wenn mir bei einer Ausgrabung eine Scherbe, ein Marmorbruchstück oder ein antikes Kinderspielzeug in die Hand fällt. Es muss solche Augenblicke geben, in denen man plötzlich ganz in die Existenz eines anderen Zeitalters versinkt ... [...] so, als habe man d a m a l s e i g e n t l i c h gelebt. In einem solchen Augenblick würde ich ganz glücklich sein, und ich glaube, dass mir kein anderer Beruf dieses Gefühl gewähren kann.

(Sie setzt sich.)

SIEBUSCH: Bitte, Geiger?

GEIGER: Ich möchte eine Frage an Christa stellen: Ist das nicht ein Märchenglück? Gibt es nicht auch ein Glück in unserer Welt?

CHRISTA: Vielleicht, aber nicht für jeden.

(Pause.)

GEIGER *(raumlos):* Ich traf Christa Ende der 30er-Jahre an einer Straßenbahnhaltestelle in München. Es war kurz nach der Sudetenkrise[4], als meine Vertonungen der Kilian-Gedichte uraufgeführt wurden. Wir sprachen von Kilian. Christa hatte einen Luftwaffenoffizier geheiratet.

(Straßenlärm.)

GEIGER: Und die Archäologie?

CHRISTA: An den Nagel gehängt.

GEIGER: Ist es dir nicht schwergefallen?

4 **Sudetenkrise:** Im September 1938 trat die Tschechoslowakei unter den Kriegsdrohungen Hitlers das Sudetenland an das Deutsche Reich ab.

GEIGER *(raumlos):* Sie sah in die Ferne, als sei der Englische Garten ein Zauberwald, und lächelte.

CHRISTA *(im Freien):* Ich bin doch verheiratet.

GEIGER: Und du bist glücklich?

CHRISTA: Ach, da kommt meine Bahn.

GEIGER: Und du bist glücklich?

(Straßenbahn.)

CHRISTA: Wenn man liebt und geliebt wird, muss man da nicht glücklich sein?

(Klingeln und Bremsen.)

GEIGER *(raumlos):* Christa stieg in die Straßenbahn und winkte noch einmal zurück. Seitdem habe ich sie nicht wieder gesehen. Ihr Mann ist 41 über England abgestürzt. Sie hat zwei Kinder, einen Jungen und ein Mädchen, und jetzt soll sie Lehrerin sein, irgendwo in der Ostzone …

(Etwas unruhige Quarta einblenden.)

CHRISTA: Ich habe geliebt?

1. SCHÜLER: Amavi.

CHRISTA: Ich bin geliebt worden?

1. SCHÜLERIN: Amatus sum.

CHRISTA: Aber du bist doch kein Junge.

1. SCHÜLERIN: Ach so, ja: Am*a*ta sum.

CHRISTA: Er hatte mich geliebt.

2. SCHÜLER: Amaverat me.

CHRISTA: Ich werde ihn immer lieben. […] *(Ihre Stimme rutscht ab; lange Pause; Christa räuspert sich, etwas zu hart und beherrscht:)* Ich habe ihn so geliebt, dass ich noch heute glücklich bin. In K a u s a lsätzen dagegen regiert die Consecutio Temporum. Zum Beispiel: Semper felix ero, cum amata sim. Das heißt?

1. SCHÜLERIN: Ich werde immer glücklich sein, da ich geliebt worden bin.

CHRISTA *(etwas verträumter, ausblenden):* Ich werde immer glücklich sein, da ich geliebt worden bin.

(Klassenzimmer.)

SIEBUSCH: Müller-Detmold?

MÜLLER: Ja?

SIEBUSCH: Ihr Aufsatz.

MÜLLER: Zu solchen Höhenflügen in eine romantische Geschichtsphilosophie, wie Christa sie unternommen hat, sah ich mich leider nicht imstande.

SIEBUSCH: Ich hätte Ihnen solche Höhenflüge auch nicht geglaubt.

MÜLLER: Also: Müller-Detmolds 50-Jahres-Plan.

(Heiterkeit.)

(Er liest:) Ich werde Jurisprudenz studieren, und zwar die ersten beiden Semester in Kiel, dann zwei Semester in Heidelberg und die letzten vier Semester in Berlin. Im achten Semester werde ich das Referendarexamen bestehen. Dreiundeinhalb Jahre werde ich mich auf das Gerichtsassessor-Examen vorbereiten, das ich mithin im Jahre 1932 bestehen werde. Ich beabsichtige, dann in die Verwaltungslaufbahn einzutreten. Die Ernennung zum Regierungsrat wird nach meiner Berechnung 1936 erfolgen. Ein Jahr danach heirate ich. Kinder erwarten wir 1939 und 1940 –

(Heiterkeit.)

(Er spricht frei:) Warum soll ich nicht davon reden? Ich werde zwar schon ab 1938 in der Besoldungsklasse A 2 C 2 sein, möchte aber bis zur Gründung einer Familie noch die erste Gehaltserhöhung auf Grund der Dienstjahre abwarten. *(Wieder lesend:)* Meine Frau und ich werden unsere Familie auf die eben erwähnten zwei Kinder beschränken.

GEIGER: Söhne oder Töchter?

(Heiterkeit.)

SIEBUSCH *(geht nicht darauf ein):* Müller-Detmold, fahren Sie bitte fort!

MÜLLER: Ich wette gerne mit Geiger, dass ich meine Ziele zu den festgesetzten Zeitpunkten erreiche. Die Entscheidung, ob Sohn oder Tochter, will ich mir noch vorbehalten.

(Heiterkeit.)

Und zwar wette ich um eine Flasche Sekt, dass ich jede Stufe …

SIEBUSCH *(ungeduldig):* Das können Sie in der Pause abmachen. Also bitte weiter!

MÜLLER: Die Ernennung zum Oberregierungsrat erfolgt 1944. Mit dem Ministerialrat lasse ich mir Zeit bis 1955. Weiter beabsichtige ich nicht zu steigen. Mit fünfundsechzig Jahren lasse ich mich pensionieren, ziehe in eine mitteldeutsche Stadt und werde in Muße malen.

SIEBUSCH: Und warum wollen Sie dann malen?

MÜLLER: Der Mensch braucht ein Steckenpferd, und ich denke daran, mich dem Malen als Nebenbeschäftigung schon zu widmen, sobald die Kinder aus dem Gröbsten heraus sind. Es ist, glaube ich, ein guter Ausgleich zu meiner amtlichen Tätigkeit.

SIEBUSCH: Danke. Ja, Lohmann?

LOHMANN: Ich möchte Müller-Detmold den Vers Wilhelm Buschs ins Gedächtnis rufen: Erstens kommt es anders, zweitens als man denkt.

SIEBUSCH: Nun, das ist ein etwas banaler Einwand, und das Wort trifft ja wohl auf alle Aufsätze zu, auch Ihren, Lohmann, damit ist jedoch noch gar nichts Entscheidendes gesagt, und um Ihnen nur *diese* Lehre zu geben, brauchte ich die Aufsätze nicht schreiben zu lassen.

GEIGER *(raumlos):* Aber es kam merkwürdigerweise gar nicht anders. Nur ein einziges Mal wich Müller-Detmold von seinem Lebensplan ab. Er schickte mir jedes Mal eine Postkarte, wenn er planmäßig eine Stufe erreicht hatte, und ich antwortete mit einer Flasche Sekt. Acht Semester Studium, Referendar, Gerichtsassessor, Regierungsrat, Heirat. Immer genau nach dem Terminkalender, den er in der Oberprima aufgestellt hatte. Es kam die Geburtsanzeige eines Jungen und zwei Jahre später die eines Mädchens. Aber dann gab er seinen 50-Jahres-Plan, dessen Soll er bis dahin regelmäßig erfüllt hatte, ganz unvermittelt und ohne jede entschuldigende Erklärung auf. Als seine Frau eines Tages von einem Wochenendausflug nach Hause kam und die Tür öffnete, fand sie ihn im Flur. Er hatte sich erhängt. Und niemand erfuhr, warum.

1 a) Diskutiert, ob das Hörspiel einen anderen Titel tragen sollte.
b) Beschreibt, welche Vorstellungen von weiblichen und männlichen Rollen in den verschiedenen Lebensläufen zum Ausdruck kommen. Bewertet diese Geschlechterrollen aus heutiger Sicht.

2 Am Ende des Hörspiels beginnt in der Klasse der wegen der Beerdigung Siebuschs auf den Nachmittag verschobene Unterricht. Dabei ergibt sich der nachfolgende Dialog zwischen dem Lehrer und Geiger. Gebt mögliche Antworten auf die Schlussfrage des Lehrers und stützt sie mit Hilfe von Textstellen.

LEHRER: Ein großer Verlust. Ein hervorragender Pädagoge ... Bitte, meine Herrschaften, etwas mehr Ruhe! Erdmann, kommen Sie und verteilen Sie schon die Hefte! – Ich habe viel von ihm gelernt, zum Beispiel auch das Aufsatzthema von heute: „Wie stelle ich mir mein Leben vor?“ Es gibt einem ja auch die interessantesten Einblicke in die Psyche der Schüler.

GEIGER *(zögernd):* Gewiss ...

LEHRER: Oder meinen Sie nicht?

GEIGER: Doch, doch! Aber ob Siebusch den Aufsatz allein aus diesem Grund hat schreiben lassen?

LEHRER: Meinen Sie, er hatte noch einen anderen Grund?

3 Untersucht den inhaltlichen und technischen Aufbau des Hörspiels. Achtet besonders auf folgende Punkte:
- die verschiedenen Zeitebenen **(Rückblenden)** und ihre Funktion,
- die Handhabung der Blende **(Ein- und Ausblenden)** und der Geräusche **(akustischer Raum),**
- die Rolle des **Erzählers** und seiner **inneren Monologe.**

PROJEKTVORSCHLAG: Von der Story zum Hörspieltext

- Wie würden heute Schulaufsätze aussehen, die eine Antwort auf die Frage zu geben versuchen: *Wie stelle ich mir mein Leben vor?*
  Verfasst entsprechende Arbeiten, diskutiert sie anschließend in der Klasse und trefft eine Auswahl. Sie stellen die Grundlage für eure **Aktualisierung des Hörspiels** „Der Klassenaufsatz" von Erwin Wickert dar. Wer sich nicht „outen" möchte, kann einen fiktiven Lebensentwurf schreiben.

Tipp Vier bis fünf möglichst unterschiedliche Lebenspläne bzw. Ansichten über die eigene Zukunft reichen aus. Hörspiele beschränken sich auf Ausschnitte der Wirklichkeit. Dies erleichtert auch die technische Umsetzung.

- Eure Klasse dreißig Jahre später. Erstellt gemeinsam in der Klasse einen Vorschlag für die **Rahmenhandlung,** die Handlungsebene in der Zukunft, nachdem 30 Jahre verstrichen sind. Anlass für die **Rückblenden** könnte z. B. ein Klassentreffen eures Jahrgangs in der Schule sein oder eine zufällige Begegnung zweier ehemaliger Schüler, bei der dann entsprechende Erinnerungen bzw. Neuigkeiten über nicht Anwesende ausgetauscht werden („Was macht eigentlich Bärbel? Hast du mal was von ihr gehört?"). Ihr könnt euch natürlich auch an der Rahmenhandlung von Wickerts Hörspiel orientieren.
- Verteilt die ausgewählten Arbeiten auf eine entsprechende Anzahl von Arbeitsgruppen. Diese sollen auf der Basis des vorgestellten Lebensplans eine Entwicklung des tatsächlichen Lebenswegs erfinden. Auch sollten sie schon erste Entwürfe für **Dialoge** und **Hörspielszenen** im Kontext der Rahmenhandlung entwerfen.
- Nun geht es an die Montage und die Erstellung des eigentlichen **Hörspielskripts.** Ihr könnt dabei folgendes Muster verwenden; es erleichtert die Arbeit und die anschließende Abstimmung mit den anderen Gruppenergebnissen (gemeinsame Endfassung):

Zeitebene	*Story*	*Dialog/innerer Monolog/O-Ton*	*Geräusche/Technik*
Handlungsebene	*Zwei ehemalige Schüler treffen sich zufällig in einem Café*	*Schüler 1: Entschuldigen Sie, heißen Sie vielleicht Bärbel Schuster? Schülerin 2: Mensch, Peter, das darf doch nicht wahr sein! Ich erkenn dich auf Anhieb wieder, hast dich kaum verändert …*	*Klirren von Geschirr/Stühlerücken/Stimmengewirr/Geräusch einer Espressomaschine. Langsam ausblenden*
Rückblende/Schulzeit	…	…	…
…			

- Die **technische Umsetzung:** Falls jemand über ein Tonbandgerät verfügt (möglichst ein Vierspurgerät), sollte darauf zurückgegriffen werden, denn gegenüber Kassettenrekordern ist die Tonqualität besser. Es geht aber natürlich auch mit zwei Kassettenrekordern. Auf dem einen Gerät nehmt ihr z.B. die Geräusche auf und spielt sie synchron ab, wenn ihr auf das zweite Gerät den Hörspieltext sprecht.
  Der Aufnahmeraum sollte möglichst hallfrei sein. Achtet auch auf den richtigen Abstand der Mikrofone. Nicht die Geduld verlieren und genügend Zeit zum Ausprobieren einplanen!
  Nutzt eure Schul- und Stadtbücherei: Ihr werdet eine ganze Reihe Bücher finden, die ausführlich Tipps und Tricks der Hörspielproduktion vorstellen. Ihr könnt auch bei der Hörspielredaktion einer nahe gelegenen Rundfunkanstalt nachfragen.

2 Meinungen über Meinungen – Argumentieren und Erörtern

2.1 Diskutieren und Debattieren

1 In den meisten Kommunikationssituationen werden Meinungen ausgetauscht. Benennt die Situationen, die auf den Bildern dargestellt sind. Worüber könnte jeweils diskutiert werden?

2 Skizziert weitere Situationen, in denen Meinungen ausgetauscht werden.

Standpunkt und Perspektive

Welchen Standpunkt jemand vertritt, hängt auch damit zusammen, aus welchem Blickwinkel, welcher Perspektive er einen Sachverhalt sieht. Dahinter stehen Wertvorstellungen, Erfahrungen, gesellschaftliche oder private Rollen und häufig auch handfeste Interessen.
Die Perspektivität von Standpunkten könnt ihr euch auf folgende Weise leicht klarmachen:

1 Wählt ein **Thema,** über das ihr diskutieren wollt. Vorschläge:

- *Sollten Hausaufgaben abgeschafft werden?*
- *Soll in der Schule eine Kantine eingerichtet werden?*
- *Soll das Biotop am Ortsrand einer Umgehungsstraße weichen?*
- *...*

2 Diskutiert über das gewählte Thema nach der Methode **„Markt der Meinungen".** Das geht folgendermaßen:

- Ihr legt **Rollen** fest für diejenigen, die an der Diskussion teilnehmen. Schreibt die Rollenbezeichnungen an die Tafel.
  Für das Thema „Hausaufgaben" etwa:
  Elternvertreter/in – Schüler/innen mit verschiedenen Einstellungen – eine Schülerin oder ein Schüler, die/der für das Amt der Schülersprecherin/des Schülersprechers kandidiert – Lehrerin/Lehrer – Personalchef/in einer Firma ...
- Die Rollen werden zugelost: Schreibt die Rollenbezeichnungen auf **Karteikarten.** Bedenkt dabei, dass bestimmte Rollen eventuell mehrmals vertreten sein sollen und dass es auch eine Moderatorin/einen Moderator gibt.
  Außerdem schreibt ihr so viele Karteikarten mit der Aufgabe „Beobachter/in", dass jede/r in der Klasse eine Karte aus dem Lostopf ziehen kann.
  Achtung: Nur wer eine Karte mit der Aufschrift „Beobachter/in" oder „Moderator/in" gezogen hat, gibt dies bekannt. Die anderen halten ihre Rollen geheim.
  Die Diskussionsteilnehmer/innen setzen sich anschließend in einen inneren Kreis, die Beobachter/innen sitzen um sie herum.
- Führt die Diskussion durch, nachdem sich die Diskutierenden ein paar Stichworte zu ihren Argumenten notiert haben, z. B. zum Thema „Hausaufgaben":

Schüler/in	*Lehrer/in*	*Elternvertreter/in*
Man muss nachmittags auch mal was anderes machen: Hobbys pflegen ...	*Übung ist wichtig, im Unterricht allein ist dafür nicht genug Zeit ...*	*Zu Hause kann ich nicht die nötige Hilfe geben, wenn Probleme auftauchen ...*

- Nach dem Ende der Diskussion äußern die Beobachter/innen ihre Vermutungen darüber, wer welche Rolle hatte, und begründen ihre Meinung aus den Standpunkten und Argumenten der Diskussionsteilnehmer/innen.

✻ Macht euch bewusst, welche Interessen oder Wertvorstellungen in den einzelnen Diskussionsbeiträgen deutlich wurden, und notiert dies hinter den Rollenbezeichnungen, die noch an der Tafel stehen, z. B. zum Thema „Hausaufgaben“:

Die Debatte

Die **Debatte** ist eine besonders stark geregelte Form der Diskussion.

- Im Hinblick auf ein bestimmtes Problem stehen sich klar definierte, **unterschiedliche Positionen** gegenüber und häufig auch Fraktionen, die die verschiedenen Positionen vertreten.
- Die Diskussion wird von einem **Moderator**/einer **Moderatorin** geleitet.
- Die Diskussionsteilnehmer können unterstützt werden durch so genannte **Ghost-Speaker.**

Moderator/in:
- eröffnet und schließt die Diskussion, nennt das Thema und bittet je einen Vertreter der Fraktionen um ein erstes Statement
- erteilt das Wort; dabei muss er/sie darauf achten, dass jede Seite in gleicher Weise zum Zuge kommt
- greift lenkend ein, z. B., wenn jemand vom Thema abschweift oder um neue Aspekte einzubringen
- entzieht u. U. das Wort, z. B., wenn jemand ausfallend oder unsachlich wird

Diskussionsteilnehmer/in

Ghost-Speaker:
sitzen während der Diskussion hinter den Diskutierenden und helfen ihnen gegebenenfalls mit Argumenten aus

- Bei der Debatte geht es häufig darum, in einer strittigen Frage zu einer **Entscheidung** zu gelangen. In diesem Fall stellt eine der beteiligten (Meinungs-)Parteien am Anfang oder im Verlauf der Diskussion einen **Antrag,** der am Ende zur **Abstimmung** gestellt wird. Dann setzt sich entweder eine Partei durch oder es kommt zu einem Kompromiss.

Eine Debatte vorbereiten

1 Überlegt euch ein strittiges **Thema,** das ihr in einer Debatte erörtern wollt, und formuliert die verschiedenen **Positionen,** die denkbar sind, etwa mit Hilfe der folgenden Texte zum Beispielthema:
Jobben oder lernen?

Möchten Sie 2 x 3 Stunden wöchentlich arbeiten?

Und mit viel Spaß ca. **500 Euro** dazuverdienen? Dann rufen Sie uns jetzt an!

Kein Verkauf – kein Außendienst!
Telefonische Terminvereinbarung

Kleine
Taschengeld-Aufbesserung
gefällig?

4–5 Std. Lagerarbeit pro Woche.
Anruf genügt!

Aus den Versetzungsbestimmungen des Landes NRW für die gymnasiale Oberstufe:

§ 13: Ein Schüler wird nicht versetzt, wenn seine Leistungen ... in einem der Fächer Deutsch, Mathematik, erste Fremdsprache, zweite Fremdsprache und in einem weiteren Fach mangelhaft sind ...

§ 14: Dem Schüler wird neben dem Sekundarabschluss I ... die Berechtigung zum Besuch der gymnasialen Oberstufe erteilt, wenn er die Versetzungsbedingungen gemäß § 3 und § 13 erfüllt; dabei müssen mangelhafte Leistungen in einem der Fächer Deutsch, Mathematik, erste Fremdsprache, zweite Fremdsprache durch mindestens befriedigende Leistungen in einem anderen dieser Fächer ausgeglichen werden.

2 Verteilt **Rollen** und **Aufgaben:**
a) Überlegt, wie viele Diskutierende und Ghost-Speaker die Debatte bestreiten sollen.
b) Bestimmt eine Moderatorin/einen Moderator.
c) Die übrigen Schüler/innen haben die Aufgabe, die Diskussion zu beobachten.

3 a) Die **Diskussionsteilnehmer/innen** und **Ghost-Speaker** teilen sich nach den von ihnen vertretenen Positionen in „Fraktionen" auf und sammeln **Argumente** auf Karteikarten (s. S. 33).
Ihr solltet auch denkbare Argumente der Gegenseite überlegen, um möglichst gut darauf reagieren zu können.
Zum Schluss ordnet ihr die Karteikarten nach der Wichtigkeit der Argumente.

Argumente pro „Jobben"

Lebensstandard

Man will sich schon mal was leisten können; das Taschengeld reicht dazu aber nicht.

Berufsleben

Man kann Erfahrungen mit dem Berufsleben sammeln; das ist für später wichtig.

Argumente pro „Lernen"

Schulisches Fortkommen

Die Versetzungsbestimmungen in die 11 sind besonders streng.

Wissen erweitern – Chancen vergrößern

Man sollte in der Freizeit sein in der Schule erworbenes Wissen erweitern; denn heute gilt: Je mehr man draufhat …

b) Formuliert in eurer Fraktion ein **Eröffnungsstatement.** Es sollte eure Position möglichst knapp und prägnant darlegen und auch bereits mit einem oder zwei Argumenten untermauern.
Formuliert gegebenenfalls auch den **Antrag,** den ihr einbringen wollt.

Eröffnungsstatement zu „Jobben oder lernen"

Wir plädieren nachdrücklich dafür, als Schülerin oder Schüler vor allem höherer Jahrgangsstufen regelmäßig zu jobben. Schließlich sollen wir in der Jugend aufs Leben vorbereitet werden …

4 Auch die **Beobachter/innen** können sich auf die Diskussion vorbereiten:

a) Macht euch **Gesprächsregeln** bewusst, mit deren Hilfe ihr die Debatte kritisch reflektieren könnt. Haltet die Gesprächsregeln in Stichworten fest. Vor Beginn der Diskussion werden sie noch einmal der Klasse in Erinnerung gerufen (diese Aufgabe könnte der Moderator/die Moderatorin übernehmen).

- *Die Teilnehmer/innen sollen aufeinander eingehen und nicht aneinander vorbeireden.*
- *Die Beiträge sollen sachlich sein.*
- *…*

b) Überlegt, welche Bedingungen erfüllt sein müssen, damit eine Argumentation **überzeugend** ist:

- *Die Argumentation darf nicht widersprüchlich sein.*
- *Die Argumente sollten keine unbewiesenen Behauptungen enthalten.*
- *Sie sollten möglichst mit Beispielen untermauert sein.*
- *…*

c) Entscheidet, ob ihr **Beobachtungsaufgaben** verteilen wollt, z. B. zum Verhalten der Moderatorin/des Moderators, einer bestimmten Fraktion …

Eine Debatte durchführen

5 Führt die Debatte durch. Vereinbart vorher, wie lange sie dauern soll.

6 Um ihre Beobachtungen später bei der Reflexion möglichst umfassend einbringen zu können, sollten die Beobachter/innen in jedem Fall während der Diskussion stichwortartig **Protokoll führen** (s. unten).

7 Setzt euch kritisch mit der geführten Debatte auseinander. Beachtet dabei die verschiedenen Ebenen:
- **Kommunikationsebene:**
  Sind die Gesprächsregeln eingehalten worden?
  Wie hat die Moderatorin/der Moderator ihre/seine Aufgabe erfüllt?
- **Sach- oder Inhaltsebene:**
  Wie beurteilt ihr rückblickend die Argumentation der Fraktionen unter sachlichem Aspekt?

Zieht für die kritische Reflexion die **Protokollnotizen** heran.

Das Protokoll

1 Welche Probleme können nach eurer Erfahrung beim Protokollieren auftreten?

2 Eine Hauptschwierigkeit beim Protokollieren ist es, **Wichtiges** von **Unwichtigem** zu unterscheiden.

a) Vergleicht eure Debatten-Protokolle (s. oben) und diskutiert die Unterschiede unter der Frage „wichtig oder verzichtbar?“.

b) Eine kleine Übung:
- Arbeitet in Gruppen einen kurzen Vortrag aus. Als Themen bieten sich an: *ein Sachgebiet aus dem Deutschunterricht oder aus anderen Fächern – Hobbys – Aktuelles aus der Zeitung ...*
- Fügt absichtlich Unwichtiges in den Vortrag ein: ausschweifende Erläuterungen; Aspekte, die nicht oder nicht ganz zum Thema gehören ...
- Bestimmt eine/n Mitschüler/in aus der Gruppe, die/der den Vortrag vor der Klasse hält, während die anderen Protokoll führen.
- Vergleicht und diskutiert eure Protokolle.

Tipps zum Mitschreiben

Man braucht gar nicht Stenografie zu beherrschen – man kann sich einfach damit behelfen, dass man **Abkürzungen** verwendet, besonders für Wörter, die häufig vorkommen. Außer gängigen Abkürzungen (etwa „z. B.“, „u. a.“) kann man sich eigene zurechtlegen. Wichtig ist, dass man ihre Bedeutung selbst wiedererkennt. Andere müssen sie nicht unbedingt erkennen können, da man Protokollnotizen zunächst nur für sich selbst anfertigt, auch wenn das Protokoll anschließend ins Reine geschrieben wird.

- Oft kann man bei Abkürzungen auf die Vokale verzichten; die Konsonanten genügen, um ein Wort zu identifizieren. So könnte man z. B. „Frht“ für „Freiheit“ schreiben, „Zshg“ für „Zusammenhang“ usw.
- Häufig vorkommende Endungen kann man grundsätzlich abkürzen:
  „-h“ (für „-heit“), „-g“ (für „-ung“), „-n“ (für -„nis“) usw.

3 a) Entwerft einige Abkürzungen und tauscht sie mit eurer Nachbarin bzw. eurem Nachbarn aus.
b) Versucht folgenden Ratschlag zu „übersetzen“:
„Beim Prtkllieren br Rand lassen, damit man evtl aus dem Gedächtn Ergzgen vornehmen kann.“

4 Man unterscheidet zwei Arten des Protokolls: das **Verlaufs-** und das **Ergebnisprotokoll.**
a) Erklärt den Unterschied zwischen den beiden Protokollarten.
b) Überlegt, in welchen Situationen eher ein Verlaufsprotokoll und wann eher ein Ergebnisprotokoll angebracht ist.

Tipps zum Abfassen eines Protokolls

Ein **Ergebnisprotokoll** kann man sachlogisch strukturieren, d. h., man kann verschiedene Aussagen zu einem Themenaspekt zusammenfassen, auch wenn sie in der Diskussion zeitlich getrennt waren. Ein Ergebnisprotokoll ist außerdem deutlich kürzer als ein **Verlaufsprotokoll.** Das Ergebnisprotokoll wird im **Präsens** abgefasst, das Verlaufsprotokoll im Präteritum. Beiträge einzelner Teilnehmer/innen gibt man in der **indirekten Rede** wieder. Dabei muss man auf den Gebrauch des Konjunktivs achten. Zum Verlaufs- wie zum Ergebnisprotokoll gehört eine feste **äußere Form,** die ihr im folgenden Muster seht: ein Protokollkopf mit allen wichtigen Angaben, eine Gliederung nach Tagesordnungspunkten (TOPs), Datum und Unterschrift.

Protokoll der Schülerratssitzung vom ...

Ort: ...
Beginn: ...
Ende: ...

Teilnehmer/innen: ...

Tagesordnung: ...
...

TOP 1: ...
...
...

TOP 2: ...
...
...

Datum der Abfassung — Unterschrift der Protokollantin/des Protokollanten

Das Vorstellungsgespräch

Im Rahmen der Bewerbung um einen Ausbildungsplatz muss man sich in der Regel einem Vorstellungsgespräch stellen. Es gibt Einzel- und Gruppengespräche.

Beim **Einzelgespräch** führt die Personalchefin oder der Personalchef das Gespräch: Sie/Er stellt Fragen, möchte z. B. wissen, warum man sich gerade bei dieser Firma bewirbt; sie/er will außerdem herausfinden, ob man sich schon über den Beruf informiert hat; eventuell interessiert sie/ihn auch die Allgemeinbildung der Bewerberin/des Bewerbers.

Ganz anders verläuft ein **Gruppengespräch:** Mehrere Bewerber/innen sitzen zusammen und erhalten den Auftrag, über ein vorgegebenes Thema zu diskutieren. Dieses Thema hat in der Regel mit dem angestrebten Beruf oder der Firma, in der man sich gerade befindet, gar nichts zu tun.

Offensichtlich geht es bei diesem Gespräch also um ganz andere Kompetenzen als beim Einzelgespräch.

1 Macht euch bewusst, worum es bei einem Gruppenvorstellungsgespräch gehen könnte.

a) Versetzt euch in die Lage der Beobachter und überlegt, nach welchen Kriterien ihr die Bewerber/innen beurteilen wollt:
   - Was könnte man eventuell in einem Gruppengespräch über die Bewerber/innen erfahren, das man in Einzelgesprächen nicht erfährt?
   - Welche Eigenschaften und Verhaltensweisen der Bewerber/innen, die nicht unbedingt etwas mit dem angestrebten Beruf zu tun haben müssen, könnten für eine Firma von besonderem Interesse sein?

b) Stellt eine Checkliste zusammen.

2 Führt ein Gruppengespräch durch. Vereinbart vorher, wie lange das Gespräch dauern soll.
Denkbare Themen für ein Gruppengespräch:
- *Sollte man in öffentlichen Räumen das Rauchen verbieten?*
- *Welche Bedeutung hat der Umweltschutz heute?*
- *Sollte die Koedukation in der Schule ganz oder teilweise aufgehoben werden?*
- ...

Die Beobachter/innen führen ein **Verlaufsprotokoll.**

3 Tragt eure Beobachtungen zusammen. Wer von den Teilnehmer/innen hätte wohl die Stelle bekommen? Begründet eure Meinung mit Hilfe der zuvor aufgestellten Checkliste.

4 Arbeitet eure Verlaufsprotokolle in **Ergebnisprotokolle** um.

2.2 Die Erörterung – Umgang mit argumentativen Texten

Argumentative Texte untersuchen

Kippe an, Lunge tot

Eine jugendliche Raucherin sagt, wieso man Zigaretten meiden muss

„Mach sofort die Kippe aus, du bist noch nicht mal 16!" Sätze wie diesen kennt jeder jugendliche Raucher – auch ich. Allerdings ignorieren die meisten diese Zurechtweisungen und die gesetzlich festgelegte Altersgrenze. Und wahrscheinlich macht sich auch kein Jugendlicher Gedanken darüber, wie er seiner Gesundheit durch Zigaretten schadet.

Dabei ist eines klar: Ein junger Körper wächst noch und jede Zufuhr von Giften – wie Nikotin – verlangsamt oder stört seine normale Entwicklung. Jede Zigarette entzieht lebenswichtige Vitamine, was man durch nahrungsergänzende Präparate ausgleichen müsste – was kaum einer tut. Das schwächt das Immunsystem und der Jugendliche leidet häufiger als Gleichaltrige an Krankheiten. Darüber hinaus wird er stark körperlich und seelisch abhängig: Nach jeder Mathe-Arbeit, in jeder Pause, bei jedem Streit braucht er eine „Beruhigungszigarette" zum angeblichen Stressabbau.

Wer als Jugendlicher raucht, raucht auch als Erwachsener. Der Grundstein für die Sucht liegt wissenschaftlich erwiesen in den Jugendjahren – in denen man noch nicht an die Spätfolgen denkt. Doch je früher man mit der Sucht anfängt und je länger sie dauert, desto gravierender sind die Langzeitschäden: schwere Schäden am Lungen-Bronchien-System sowie ein deutlich höheres Krebsrisiko. Gefäßverengungen und Anämismen[1] führen zu Amputationen und schlimmstenfalls zum Tod. Drastisch ist das Beispiel des „Marlboro"-Mannes: Dem Schauspieler aus der Zigarettenwerbung musste man im höheren Alter den Kehlkopf entfernen.

Es ist wichtig, die Jugend über die Gefahren des Rauchens aufzuklären – denn für das Gefühl höherer Lebensqualität zahlen sie Jahre später einen hohen Preis. Wie gesagt: Ich rauche selbst. Weil ich die möglichen Folgen kenne, werde ich mir wohl eines Tages die Frage stellen müssen, wie viel mir das bisschen Tabak in Papier wirklich bedeutet.

Gesa Schölgens, Klasse 10 f/1
Niedersächsisches Internatsgymnasium, Esens

1 **Anämismus,** hier: Durchblutungsstörung

1 Die Verfasserin sagt gleich zu Beginn, dass die meisten Jugendlichen Zurechtweisungen wegen des Rauchens ignorieren. Sie selbst hofft aber wohl mit ihrem Artikel dazu beizutragen, dass die Leserinnen und Leser Zigaretten meiden, wie der Untertitel deutlich macht.
   a) Wie geht die Verfasserin vor, um ihr Ziel zu erreichen? Untersucht Inhalt und sprachliche Gestaltung, beachtet die Schlagzeile und das Ende des Artikels.
   b) Verfasst einen **Leserbrief** zu dem Artikel von Gesa Schölgens. Orientiert euch dabei an den Tipps auf S. 305/306.

2 Informiert euch, z. B. im Biologie- oder Politikunterricht, über die gesundheitlichen Folgen des Rauchens und des so genannten Mitrauchens.

PRO & KONTRA

Rauchverbot in öffentlichen Gebäuden?

JA
IRMGARD GAERTNER

Die Diplomvolkswirtin (*1930) war von 1992 bis 1995 Senatorin für Gesundheit, Jugend und Soziales der Freien Hansestadt Bremen und stellvertretende Vorsitzende des Gesundheitsausschusses im Bundesrat

„Die Freiheit der Raucher stößt an eine Grenze, wenn die Gesundheit anderer gefährdet wird"

Tabakrauch schädigt auch die Gesundheit von Nichtrauchern, die mitrauchen müssen, weil an ihrem Arbeitsplatz gepafft wird. Passivrauchen erhöht das Risiko von Krebs und Herzkrankheiten. Das haben Dutzende von Studien nachgewiesen.

Ich setze mich deshalb dafür ein, die Gesundheit von Nichtrauchern vor gesundheitsschädlichem Tabakrauch zu schützen.

Die Freiheit der Raucher auf freie Entfaltung der Persönlichkeit, also das Recht, überall zu rauchen, findet dort seine Grenze, wo die Gesundheit anderer gefährdet oder verletzt wird. Ich habe deswegen vorgeschlagen, ein Nichtraucherschutzgesetz zu verabschieden, das Rauchen in allen geschlossenen Räumen untersagt, die öffentlichkeitsorientiert sind oder als Arbeitsplatz auch von Nichtrauchern gelten. Raucher könnten dann ihrem Bedürfnis in gesonderten Raucherzonen nachkommen. Auch in größeren Gaststätten und Restaurants sollte Rauchen grundsätzlich verboten sein oder sollten für Raucher Extraräume geschaffen werden.

In Bremen haben wir bereits gute Erfahrungen mit dem Nichtraucherschutz im öffentlichen Dienst. Seit acht Jahren ist in den Behördenräumen Bremens das Rauchen in Gängen, Wartezonen für Besucher, Räumen mit Besucherverkehr, bei Sitzungen und in Kantinen verboten; ebenso in Büros, in denen Raucher und Nichtraucher gemeinsam arbeiten müssen. Nach anfänglichen Schwierigkeiten hat sich dieses Rauchverbot bei uns in Bremen bewährt.

NEIN
HARALD KÖNIG

Der Diplomvolkswirt (*1937) aus Hamburg ist seit 1976 Hauptgeschäftsführer des Verbandes der Cigarettenindustrie (VdC), der Interessenvertretung der Zigaretten produzierenden Unternehmen Deutschlands

„Das Rauchverbot ist nur mit einem Heer von Raucherpolizisten durchsetzbar"

Ein generelles Rauchverbot in öffentlichen Einrichtungen ist unredlich. Es gibt vor, nur Nichtraucher schützen zu wollen, verfolgt Raucher aber auch dort, wo keine Nichtraucherschutzbelange berührt sind. Das Verbot ist unnötig, weil nach einem Bericht der Bundesregierung von 1992 bereits für alle Bundes- und Landesbehörden Regelungen vorliegen, die sich bewährt haben. Die Länder Hamburg und Berlin haben erst kürzlich in ihren Behörden über Befragungen ermittelt, dass sich Regelungen, die auf Toleranz und freiwillige Rücksichtnahme setzen, bereits bewährt haben und eingehalten werden.

Unsinnige Regelungen hingegen werden nicht befolgt. Das Rauchverbot wäre unverhältnismäßig, weil es keine gesicherte wissenschaftliche Erkenntnis gibt, wonach Tabakrauch in der Raumluft eine Gesundheitsgefährdung darstellt.

Die für den Arbeitsschutz zuständige MAK-Kommission[1] hat daher auch keine generellen Rauchverbote gefordert, sondern zu „geeigneten Präventivmaßnahmen[2] an stark durch Tabakrauch kontaminierten[3] Arbeitsplätzen" geraten. Das Verbot ist sozialschädlich, weil es eine künstliche Konfrontation zwischen Rauchern und Nichtrauchern herbeiführt und in der Praxis nur mit einem Heer von Raucherpolizisten durchsetzbar ist. Immerhin wollen über 80 Prozent der Deutschen das Zusammenleben von Rauchern und Nichtrauchern im Sinne des Gedankens der Eigenverantwortung und eines vernünftigen Interessenausgleichs vor Ort selber regeln.

1 **MAK-Kommission:** Ausschuss zur Festlegung der maximalen Arbeitsplatz-Konzentration

2 **Präventivmaßnahme:** Schutzmaßnahme

3 **kontaminiert:** verseucht

Thesen und Argumente

1 Formuliert die zentrale **These** der beiden Texte zum Rauchverbot (S. 38) in je einem Satz.

Eine **These** ist syntaktisch in der Regel ein Aussagesatz. Sie kann auftreten als

- **Behauptung**
  In ihr wird behauptet, dass etwas „der Fall", eine „Tatsache" ist. Damit ist allerdings noch nicht gesagt, dass die Behauptung auch stimmt.
  Beispiel: *Die Angebote der elektronischen Medien verdrängen mehr und mehr das Buch aus dem Kinderzimmer. – Immer wieder landen Ufos auf der Erde.*
- **Werturteil**
  In ihm wird etwas als wertvoll und daher wünschenswert oder – im Gegenteil – als wertlos und gefährlich dargestellt.
  Beispiel: *Die Verdrängung des Buches aus dem Kinderzimmer führt zu einer Verarmung der Kultur.*
- **Empfehlung** oder **Forderung**
  Beispiel: *Eltern sollten den Fernsehkonsum ihrer Kinder überwachen.*

2 Ordnet die zentralen Thesen des Pro- und des Kontra-Textes diesen Kategorien zu.

3 Schreibt in Stichworten die **Argumente** aus den beiden Texten heraus.

Ein **Argument** ist jede Aussage, die eine These stützen und damit deren Geltungsanspruch bekräftigen soll.

Man kann verschiedene Arten unterscheiden:

- **Faktenargumente** sind Hinweise auf Tatsachen, die mit eigenen Erfahrungen belegt oder auch mit wissenschaftlichen Erkenntnissen oder statistischen Erhebungen abgesichert sein können.
- **Wertargumente** sind ausdrückliche oder unausgesprochene Berufungen auf Normen und allgemein anerkannte Werte wie Gesundheit, Meinungsfreiheit, Unverletzlichkeit der Privatsphäre usw.
- **Autoritätsargumente** sind Berufungen auf Autoritäten bzw. Expertinnen/Experten, die als anerkannt vorausgesetzt werden. Je nach Thema und Adressatenkreis können das Wissenschaftler/innen, Politiker/innen, Popstars usw. sein.

4 Bestimmt, welche Arten von Argumenten in den Texten über das „Rauchverbot in öffentlichen Gebäuden" auftreten.

5 Welche Art von Argumenten verwendet die Verfasserin des Artikels „Kippe an, Lunge tot" (S. 37)?

6 Diskutiert die **Überzeugungskraft** der einzelnen Arten von Argumenten: Welche Arten von Argumenten erscheinen euch besonders überzeugend? Welche sind möglicherweise leicht zu entkräften? Fasst eure Ansichten schriftlich zusammen.

7 Sehr häufig wird beim Argumentieren auf die **Folgen** einer Entscheidung oder einer Handlung hingewiesen. Dies ist keine zusätzliche Form des Arguments, weil der Hinweis auf Folgen entweder Fakten oder Werte – oft auch beides – betrifft.

a) *„Wenn Rauchen in öffentlichen Räumen verboten wird ...“* Überlegt euch einen Hinweis auf mögliche Folgen und macht deutlich, inwiefern dabei Fakten- und Wertargumente vorkommen.

b) Der Hinweis auf Folgen kann seriös sein, er kann aber auch bewusst Angst machen wollen, also an ein Gefühl appellieren. Sucht auch dafür Beispiele.

8 Die Verfasserin des Artikels „Kippe an, Lunge tot“ (S. 37) schreibt über die negativen Auswirkungen des Nikotinkonsums u. a.:

„Darüber hinaus wird er [der Jugendliche] stark körperlich und seelisch abhängig: Nach jeder Mathe-Arbeit, in jeder Pause, bei jedem Streit braucht er eine ‚Beruhigungszigarette‘ zum angeblichen Stressabbau.“

a) Wodurch wird dieses Argument gegen das Rauchen besonders wirkungsvoll?

b) Welche Funktion hat in diesem Zusammenhang der Doppelpunkt?

9 Formuliert schriftlich eine allgemeine Regel zur **wirkungsvollen Gestaltung** von Argumenten.

Gedankenführung und sprachliche Verknüpfung

„Die Freiheit der Raucher auf freie Entfaltung der Persönlichkeit, also das Recht, überall zu rauchen, findet dort seine Grenze, wo die Gesundheit anderer gefährdet oder verletzt wird. Ich habe deswegen vorgeschlagen, ein Nichtraucherschutzgesetz zu verabschieden ...“

„Das Verbot ist unnötig, weil nach einem Bericht der Bundesregierung von 1992 bereits für alle Bundes- und Landesbehörden Regelungen vorliegen, die sich bewährt haben.“

1 Untersucht die Gedankenführung in diesen beiden Auszügen aus den Texten zum „Rauchverbot in öffentlichen Gebäuden“ und beschreibt sie möglichst genau.

2 Welche sprachlichen Elemente („Signalwörter“) weisen jeweils auf den **logischen Zusammenhang** zwischen den einzelnen Aussagen hin?

Man kann einen Gedankengang deduktiv oder induktiv aufbauen.

- Bei einer **deduktiven Gedankenführung** steht die Kernaussage am Anfang, die stützenden Argumente folgen.
  Sprachlich werden diese meist mit **kausalen Konjunktionen** (z. B. *weil, denn*) angefügt.

These (Behauptung)
kausale Verknüpfung
↓
Argumente

- Die **induktive Gedankenführung** ist schlussfolgernd: Die Kernaussage steht am Ende, die stützenden Argumente führen zu ihr hin.
  Die sprachliche Verknüpfung geschieht in diesem Fall in der Regel mit **konsekutiven Adverbien** (Adverbien, die die Folge anzeigen, wie *deshalb, daher* usw.).

Argumente
konsekutive Verknüpfung
↓
These (Schlussfolgerung)

Konjunktionen und Adverbien, aber auch Wendungen wie „ein weiterer Gesichtspunkt", „auf der anderen Seite", „daraus folgt" u. Ä. machen die **Kohärenz** eines Textes, d. h. den logischen Zusammenhang zwischen den einzelnen Sinnabschnitten, sprachlich deutlich.
Oft fehlt die sprachliche Verknüpfung, sie kann dann aber in Gedanken hinzugefügt werden. Eine fehlende sprachliche Verknüpfung zu ergänzen kann sehr hilfreich sein, um den logischen Zusammenhang zwischen zwei Sätzen zu erkennen.

3 a) Sucht aus den Texten zum Rauchverbot (S. 38) Beispiele für die beiden Formen der Gedankenführung.
b) Achtet auf die sprachliche Verknüpfung. Ergänzt sie, wo sie fehlt, und bestimmt jeweils, ob es sich um eine kausale Konjunktion oder um ein konsekutives Adverb handelt.

4 *„Ein generelles Rauchverbot in öffentlichen Einrichtungen ist unredlich"* (S. 38, Z. 33–35).
Ist dieser Satz eine **These** oder ein **Argument?** Begründet eure Meinung. Bezieht die Aussage zuerst auf den nachfolgenden Satz (Z. 35–38), dann auf die zentrale These des Textes von H. König.

Eine Aussage kann je nach ihrer Stellung im Gedankengang eine andere Funktion haben:
Was zunächst als These erscheint (Aussagesatz ohne kausale oder konsekutive Elemente), kann im **Kontext** (Zusammenhang) des gesamten Gedankengangs die Funktion eines Arguments bekommen. Den entscheidenden Hinweis auf die Funktion im Kontext des Gedankengangs liefert die – vorhandene oder zu ergänzende – sprachliche Verknüpfung:

These (Forderung)	*Rauchen sollte verboten werden,*		
Kausale Konjunktion	*denn*		...
Argument (Faktenargument)	*Rauchen ist schädlich.*	*Rauchen ist schädlich.*	...
Entfaltung des Arguments	*Das zeigen Untersuchungen, die ...*	*Das zeigen Untersuchungen, die ...*	...
		deshalb	...
		sollte Rauchen verboten werden.	...

5 a) Ergänzt die rechte Spalte entsprechend der linken. Erläutert, inwiefern eine Aussage je nach ihrer Stellung im Gedankengang eine andere Funktion bekommt.
b) Ordnet den beiden Gedankengänge die Begriffe „induktiv" und „deduktiv" zu.
c) Konstruiert ähnliche Gedankengänge und stellt sie entsprechend dar.

6 Verfasst zu einer der beiden Positionen zum Rauchverbot eine **textgebundene Erörterung:**
a) Fasst zusammen, um welches Problem es geht, und stellt die zentrale These des Textes mit ihren wichtigsten Argumenten in eigenen Worten dar.
b) Nehmt selbst Stellung zum Text, indem ihr die dort angeführten Argumente kritisch prüft (S. 39, Aufgabe 6) und eigene (Gegen-)Argumente formuliert. Nutzt dabei auch die Tipps auf S. 45.

Argumentative Texte verfassen

Sollte auf Fahrten der Klasse 10 erlaubt werden, Alkohol zu trinken?

Anlässlich der bevorstehenden Abschlussfahrt der 10 wird in unserer Klasse seit Tagen heftig über die Frage gestritten, ob die Lehrer uns auf dieser Fahrt erlauben sollten, Alkohol zu trinken. Da die Diskussionen oft ziemlich unsachlich verlaufen, man andererseits aber auch so einiges von anderen Klassenfahrten gehört hat, ist es sicher sinnvoll, einmal sachlich abzuwägen, was für und was gegen eine solche Erlaubnis spricht.
Viele sind der Meinung, dass Alkohol heute einfach dazugehört und es deshalb „unrealistisch" wäre, den Alkoholkonsum zu verbieten. Auf Feten ist zumindest Bier selbstverständlich und eigentlich kein Thema mehr. Man kann deshalb davon ausgehen, dass viele im Umgang mit Alkohol schon Erfahrungen gesammelt haben ...

1 Welche strittigen Fragen sind bei euch in letzter Zeit diskutiert worden? Schreibt sie auf ein großes Plakat, das ihr in der Klasse aushängen könnt.

Eine Möglichkeit, sich über das Für und Wider einer Sache klar zu werden, ist eine **Erörterung.**
In einer Erörterung wird ein strittiger Sachverhalt schriftlich diskutiert, Standpunkte (pro und kontra) und ihre jeweiligen Begründungen werden abwägend einander gegenübergestellt; am Ende steht die begründete eigene Meinung, die sich schlüssig aus dem Gedankengang der Erörterung ergibt. Eine Erörterung kann sich auf einen vorgegebenen Text beziehen **(textgebundene Erörterung,** s. S. 37–41), sie kann aber auch selbstständig entwickelt werden **(freie Erörterung).**
Die Erörterung besteht grundsätzlich aus drei Teilen: Einleitung – Hauptteil – Schluss.
Um eine freie Erörterung zu schreiben, sind verschiedene Schritte notwendig, die im Folgenden dargestellt werden.

1. Schritt: Ideen sammeln für den Hauptteil („Stoffsammlung")

2 Notiert in Stichworten alles, was euch zu dem folgenden Beispielthema einfällt:
Sollte auf Fahrten der Klasse 10 erlaubt werden, Alkohol zu trinken?
Haltet die Stichworte auf einzelnen Zetteln fest. Das erleichtert den Übergang von der Stoffsammlung zur Gliederung.

Verbot
→ Heimlichkeit
→ Kontrollverlust

...

Umgang mit Alkohol lernen

Gesundheitliche Gefahren

2. Schritt: Den Aufbau des Hauptteils planen

Text 1:

...

Für viele Jugendliche in unserem Alter ist regelmäßiger Alkoholkonsum schon selbstverständlich; manche meinen, ein Bier gehört zum Feiern einfach dazu, damit man in Stimmung kommt. Dagegen muss man die Frage stellen: Geht es nicht auch ohne? Man kann doch auch so seinen Spaß haben. Leute, die unbedingt ein Bierchen brauchen, um „gut drauf" zu sein, sind doch wohl eher zu bedauern. Eine Klassenfahrt sollte daher eher zeigen, dass es auch ohne geht, dass man auch ohne Alkohol eine Menge erleben kann.

Ein weiteres Argument ist aber sicher noch viel wichtiger. Gerade bei Jugendlichen führt Alkoholkonsum leider oft zu Missbrauch. Wenn man sich mal auf Feten umsieht, kann man das immer wieder beobachten; da liegen dann spätestens ab 22 Uhr die ersten „Bierleichen" in den Ecken, was kein erfreulicher Anblick ist. Eine Klassenfahrt sollte ein solches Verhalten sicher nicht auch noch fördern. Schließlich muss man auch bedenken, dass manche Mitschüler, die eigentlich noch keinen Alkohol trinken wollen, unter Druck geraten könnten, wenn das auf einer Klassenfahrt offiziell genehmigt wird; denn dann gehört es einfach dazu ...

Neben den Argumenten, die für ein Alkoholverbot auf Klassenfahrten sprechen, gibt es aber auch eine ganze Reihe, die einen liberaleren Umgang damit nahelegen ...

Text 2:

...

Für viele Jugendliche in unserem Alter ist regelmäßiger Alkoholkonsum schon selbstverständlich, und leider kommt es sogar oft zum Missbrauch. Wenn man sich mal auf Feten umsieht, kann man das immer wieder beobachten; da liegen dann spätestens ab 22 Uhr die ersten „Bierleichen" in den Ecken, was kein erfreulicher Anblick ist. Eine Klassenfahrt sollte ein solches Verhalten sicher nicht auch noch fördern.

Diese Überlegung ist sicher nicht einfach von der Hand zu weisen. Allerdings kann man ihr entgegenhalten, dass Alkohol einfach nicht mehr aus unserer Umgebung zu verbannen ist – und schon gar nicht durch ein Verbot. Vielmehr ...

Ein weiteres Argument für ein Verbot von Alkohol wäre der Gruppenzwang: Mitschüler, die eigentlich noch keinen Alkohol trinken wollen, könnten unter Druck geraten, wenn das auf einer Klassenfahrt offiziell genehmigt wird; denn dann gehört es einfach dazu. Aber auch dieses Argument lässt sich entkräften ...

3 Untersucht die **Gedankenführung** der beiden Texte.

4 a) Ordnet die beiden Texte den Aufbauformen zu, die in der nachfolgenden Übersicht (S. 44) dargestellt sind.
b) Überlegt, welche Voraussetzungen erfüllt sein müssen, damit eine Argumentation fortlaufend gegenüberstellend (antithetisch) aufgebaut werden kann.

Für den Hauptteil einer Erörterung gibt es **zwei Aufbauformen:**

Pro und Kontra im Block

Pro-Argument
(Argument zur These)
↓
Pro-Argument
↓
…

Überleitung

Kontra-Argument
(Argument zur Gegenthese)
↓
Kontra-Argument
↓
…

Fortlaufende Antithetik
(= Gegenüberstellung)

Bei dieser Aufbauform wechselt man regelmäßig zwischen den Pro- und den Kontra-Argumenten:

Pro-Argument
↘
Kontra-Argument
↙
Pro-Argument
(Entkräftung des Kontra-Arguments)
↘
Kontra-Argument
↙
…

Die **Reihenfolge der Argumente** ist steigernd: Man beginnt mit den weniger wichtigen und endet mit den wichtigeren. Die Argumente, die die eigene Meinung stützen, setzt man sinnvollerweise ans Ende; denn was man zuletzt gelesen hat, prägt sich meist am besten ein.

5 a) Ordnet die Stichworte zu dem Thema „Sollte auf Fahrten der Klasse 10 erlaubt werden, Alkohol zu trinken?", die ihr auf Zetteln gesammelt habt (Aufgabe 2, S. 42). Ihr könnt dazu einen großen Tisch, aber auch eine Pinnwand verwenden.
b) Probiert die verschiedenen Aufbauformen und diskutiert ihre Vor- und Nachteile.

3. Schritt: Einleitung und Schlussteil konzipieren

Für die inhaltliche Gestaltung von Einleitung und Schluss einer Erörterung gibt es verschiedene Möglichkeiten, zwischen denen man je nach Thema oder verfügbarem Material wählen kann.

Als **Einleitung** kann z. B. dienen:
- ein aktuelles Ereignis/ein aktueller Fall,
- eine aktuelle Diskussion (Zeitung),
- ein historischer Fall,
- eine beobachtete geschichtliche Entwicklung/neue Tendenz,
- Definition eines Begriffs (z. B. „Alkoholmissbrauch") …

In der Einleitung sollte in jedem Fall das Problem oder die Frage, um die es geht, noch einmal formuliert werden. Das muss allerdings nicht mit den gleichen Worten geschehen wie in der Überschrift.

Am **Schluss** formuliert man
- die eigene Position (die sich schlüssig aus der vorangegangenen Darstellung ergeben muss) mit kurzer Begründung (das Hauptargument wiederholend, kein neues Argument!)
- oder eine begründete Feststellung, dass man sich nicht für eine Position entscheiden kann,
- und eventuell den Hinweis auf weiteren Klärungsbedarf ...

Wichtig ist, dass Einleitung und Schluss nicht zu umfangreich geraten, sie sollten jeweils nicht mehr als ein Fünftel der gesamten Erörterung ausmachen.

6 Sammelt zum Thema „Sollte auf Fahrten der Klasse 10 erlaubt werden, Alkohol zu trinken?" Ideen für die Einleitung. Notiert sie in Stichworten.

4. Schritt: Die Erörterung verfassen

Beim Abfassen einer freien oder einer textgebundenen Erörterung können folgende Hinweise nützlich sein:

- Den **Adressaten** und die **Absicht** im Blick haben
  Es ist ein Unterschied, ob ich einen erörternden Text für die Schülerzeitung schreibe oder ob ich mich an Erwachsene wende, z. B. die Schulleitung oder eine Behörde. Es ist auch ein Unterschied, ob ich mit meinem Text andere zum Mitdenken und Mitdiskutieren auffordern will oder ob die argumentierenden Elemente Teil eines Antrags sind.
  Vor dem Schreiben muss man sich klarmachen, welche Konsequenzen Adressat und Absicht für die Erörterung haben.
- Die **Argumente entfalten**
  Ein Argument ist besonders überzeugend, wenn es möglichst anschaulich ist; also: Beispiele verwenden. Auch der Hinweis auf Folgen eines Verhaltens oder einer Entscheidung ist hier wichtig.
- **Sprachliche Verknüpfungen** beachten
  Wichtig ist, dass der **gedankliche Zusammenhang** zwischen den verschiedenen Teilen eures Textes (seine Kohärenz) und damit zugleich seine gedankliche Gliederung auch sprachlich deutlich wird **(Kohärenzsignale).**
  Besonderen Wert solltet ihr legen auf Wörter und Wendungen mit
  - **kausaler** (einen Grund angebender) Bedeutung, z. B. *weil, da, denn ...,*
  - **konsekutiver** (eine Folgerung angebender) Bedeutung, z. B. *also, folglich, infolgedessen ...,*
  - **adversativer** (einen Gegensatz ausdrückender) Bedeutung, z. B. *aber, jedoch, indes, andererseits/auf der anderen Seite, hingegen, dagegen ...,*
  - **additiver** (anreihender), z. T. auch steigernder Bedeutung, z. B. *außerdem, ferner, darüber hinaus, überdies, schließlich, nicht zuletzt ...*
- **Absätze** machen
  Achtet darauf, dass die gedankliche Gliederung auch optisch deutlich wird, indem ihr Absätze macht – und zwar nicht nur zwischen den drei großen Teilen der Erörterung. Absätze machen euren Text übersichtlich und erleichtern damit das Lesen; man liest einen auch äußerlich gegliederten Text lieber als einen ungegliederten.

7 a) Untersucht arbeitsteilig die beiden Texte auf S. 43 auf ihre Kohärenzsignale hin.
b) Lest die Texte vor, indem ihr die Kohärenzsignale weglasst, und vergleicht die Wirkung mit dem Original.

8 Schreibt nun eine vollständige Erörterung zum Thema *„Sollte auf Fahrten der Klasse 10 erlaubt werden, Alkohol zu trinken?“*.
a) Stimmt euch darüber ab, wer welche Aufbauform des Hauptteils wählt (s. S. 44), sodass ihr zu beiden Formen Beispiele habt und die Wirkungen vergleichen könnt.
b) Probiert auch Möglichkeiten der induktiven und deduktiven Gedankenführung aus (s. S. 40).

5. Schritt: Die Erörterung kritisch durchlesen und überarbeiten

9 Wenn ihr euren fertigen Text kritisch durchseht, solltet ihr vor allem auf folgende Punkte achten:
- Ist der **Inhalt** schlüssig?
- Wird die gedankliche Struktur durch Kohärenzsignale **sprachlich** verdeutlicht?
- Wird die gedankliche Gliederung durch **Absätze** kenntlich gemacht?

Korrigiert eure Texte gegenseitig mit Blick auf diese drei Kriterien.

10 Untersucht eure eigene Argumentation daraufhin, inwiefern **Wertungen** eine Rolle spielen.

2.3 Freies Erörtern – Der Essay

Allgemeinbildung geht vom Fernsehen aus

Ein Essay über das Wesen von Quiz-Sendungen
von Richard David Precht

In einem Land, in dem die massenmedial[1] grundversorgte Nation Thomas Gottschalk, Harald Schmidt, Ulrich Wickert, Hans Meiser und Margarethe Schreinemakers zu den „zehn bedeutendsten Deutschen“ zählt, muss sich das Fernsehen wenig Sorgen machen.
Umso mehr Aufmerksamkeit verdient es, wenn ein leibhaftiger Bundespräsident der oft gescholtenen Flimmerkiste staatsmännischen Beistand leistet. Das Zusammenspiel von verantwortungsbewussten Medienveranstaltern und der Vernunft des mündigen Bürgers, verkündete Roman Herzog auf den Münchner Medientagen, werde die Gesellschaft zum Besseren wenden. Ja, sie werde, fügte der damalige Bundespräsident zukunftsfroh hinzu, nichts Geringeres leisten als die Wiederbelebung von Bewährtem: der so genannten Bildung. Wer sich bisher fragte, warum Tag für Tag das Fernsehen Kübel von Informationen in die Häuser schüttet, braucht sich nun nicht länger zu sorgen. Das Fernsehen erfüllt damit seine Bildungspflicht. Bleibt eigentlich nur die Frage, was das deutsche Wohnzimmer, der zweitgrößte Fernsehmarkt der Welt, damit machen soll.
In keiner Zeit wurde so viel Wissen vermittelt wie in der unseren, und noch nie wusste eine Gesellschaft so wenig damit anzufangen. Kein Mensch verdient heute sein Geld mit Allgemeinbildung – mit einer einzigen Ausnahme: in einer Quiz-Show. Ratesendungen im Fernsehen sind das beste Mittel, das große Loch zu füllen, das man „Bildung“ nennt. Nicht nur Turtle Heroes und drollige Dinos, Euro-Cops und Dingsbums-Kinder – auch Albert Einstein, der Eiffelturm und die Hauptstadt von Aserbaidschan sind seit geraumer Zeit wieder so richtig wissenswert: bei „Jeopardy!“ auf RTL zum Beispiel und neuerdings bei „Jeder gegen Jeden“ auf

1 **massenmedial:** durch Rundfunk, Fernsehen usw.

SAT 1. […] Die schlichte Weisheit, dass Bildung sich am Ende auszahlt, gilt wortwörtlich auch in der Fernsehwelt der Neunziger: in einigen Tausendern in diesem Fall.

Ansonsten gibt sich die Quiz-Show alle Mühe, die Verwechslung mit echtem Denken zu vermeiden. Schon das Interieur[2] des Fernsehstudios steht symbolisch für die hier produzierte Ware, die Instant[3]-Bildung aus der Kapsel. Kandidaten in galaktischem Spielhöllen-Ambiente[4], die einander mit ihrem Wissen abschießen, sind eine feine Allegorie[5] vom „Sitz im Leben" der postmodernen[6] Allgemeinbildung. Schonungslos überzeugend zeigt sie die totale Entwürdigung eines hehren Ideals. Bedauerlich nur, dass die Hochleistungsastronauten im Bildungskosmos keine Weltraumanzüge tragen wie einst die Raumpatrouille Orion. […]

Kaum ein Fernsehphänomen ist so abgestanden, dass es sich nicht wieder aufwärmen lässt: als amerikanisches Fast Food. Schnell und kostengünstig gekocht, erfreuen „Jeopardy!" und „Jeder gegen Jeden" als anglo-amerikanische Cover-Produktionen[7] die Herzen ihrer Programmchefs. Kein Detail lässt sich dabei an Lieblosigkeit noch übertreffen. Während „Einer wird gewinnen" mit großem Zirkus durch Bundesdeutschlands Stadthallen tourte, bleckt bei RTL und SAT 1 kaltes Neonlicht durch seelenlose Lagerhäuser. Wo früher der Quizmaster im Mittelpunkt stand, degradiert das private Quiz-TV seine Moderatoren, Elstner und Gockel, zu Statisten mit dem unaufdringlichen Charme von Herrenausstattern, aufgezogen wie ein Uhrwerk, reduziert aufs bloße Vorlesen von Fragen und Antworten: eine Ballwerfmaschine mit Schiedsrichterfunktion.

Mit kaum verhohlenem Spott ersetzt das Lizenz-Quiz nach angelsächsischem Vorbild die Aura[8] des humanistischen Gymnasiums durch die Ästhetik der Turnhalle. An die Stelle der durchdachten tritt die Sportwelt. Je stärker die gesellschaftliche Relevanz[9] der so genannten Allgemeinbildung abnimmt, umso größer scheint die athletische Leistung des Kandidaten, die Welt des Nutzlosen virtuos zu beherrschen. Das abgefragte Wissen ist genauso wenig alltagstauglich wie Bodybuilding: ein schöner Schein, den man nicht braucht und der als leere Pose des Luxus populärästhetisch goutiert[10] wird. Auf dem Information-Highway beeindruckt nicht die Bildung, sondern ihre aufgeblasene Schwester: die Gedächtniskunst.

Kein Zweifel: Schneller zu antworten, höher zu setzen und weiter zu kommen als die anderen ist eine sportliche Herausforderung. So kommt es bei „Jeder gegen Jeden" zwar nicht auf die Schnelligkeit an wie bei „Jeopardy!", dafür umso mehr auf den gegenseitigen Knock-out. Von zehn Kandidaten stehen nach fünfzehn Minuten Bildungsgemetzel gerade noch drei im Ring, bis kurz darauf der Meister aller Schlagworte feststeht. […]

Ein Trost nur, dass die Fernsehbildung ebenso schnell wieder verfällt. Ein Weilchen noch, und auch die Namen von SAT-1-Moderatoren lagern in den tiefen Schichten des kulturellen Sediments[11]. Und dort werden sie Gott sei Dank lange ruhen – bis ein nächstes Quiz, in sieben Jahren oder so, sie wieder ausgräbt: Wie hieß das Wissens-Quiz mit Hans-Hermann Gockel, das SAT 1 1996 das erste Mal ausstrahlte?

Sie haben drei Sekunden.

Na?

2 **Interieur:** die Ausstattung eines Innenraums
3 **instant:** Anspielung auf Instant-Nahrungsmittel (schnell zubereitete Fertigprodukte)
4 **Ambiente:** die Umgebung oder Ausstattung, die eine besondere Atmosphäre hervorruft
5 **Allegorie:** bildliche Darstellung eines abstrakten Begriffs
6 **postmodern,** hier: ohne den ursprünglichen Sinn in die heutige Zeit übertragen
7 **anglo-amerikanische Cover-Produktion:** aus dem englischen oder amerikanischen Fernsehen übernommene, neu gestaltete Sendung
8 **Aura:** Ausstrahlung
9 **Relevanz:** Wichtigkeit, Bedeutsamkeit
10 **populärästhetisch goutiert:** dem Massengeschmack nach gutgeheißen
11 **Sediment:** (Gesteins-)Ablagerung

1 a) Prechts Essay ist nicht leicht zu verstehen. Formuliert nach dem ersten Lesen eine vorläufige Hypothese, worum es in dem Text geht.
b) Lest den Text ein zweites Mal und klärt schwer verständliche Passagen im Klassengespräch.

2 Fasst die im Essay vertretene Meinung über das „Wesen von Quizsendungen" in einem Satz zusammen.

3 Beschreibt die charakteristischen Eigenschaften des Textes. Belegt eure Meinung mit Beispielen.

4 a) Versucht die charakteristischen Merkmale eines Essays, die in dem folgenden Lexikonauszug genannt werden, an dem Text „Allgemeinbildung geht vom Fernsehen aus" nachzuweisen.

> **Essay** [eigentlich „Versuch", von lateinisch exagium „das Wägen"]: Bezeichnung für einen kürzeren, stilistisch anspruchsvollen Prosatext, in dem Fragen aus den verschiedensten geistig-kulturellen und gesellschaftlichen Bereichen behandelt werden. In mancher Hinsicht anderen literarischen Zweckformen wie Bericht, Traktat, Feuilleton verwandt, unterscheidet sich der Essay von ihnen durch die betonte Subjektivität der Auffassung und v. a. durch die lockere Art der Behandlung des Themas, für die eine assoziative, oft sprunghafte Gedankenführung, variationsartiges Umkreisen des Gegenstandes, Durchspielen von Denkmöglichkeiten, oft paradoxe und provokative Aussagen grundlegend sind. In seiner Abkehr von einer streng wissenschaftlich-objektiven Darstellung zählt der Essay zu den offenen, unabgeschlossenen Ausdrucksformen der Wahrheitssuche, in denen es nicht auf konkrete Ergebnisse, sondern v. a. auf Denkanstöße für den Leser ankommt. *(Schülerduden „Die Literatur", S. 137 f.)*

b) Eine weitere charakteristische Eigenschaft des Essays besteht darin, dass er von einem konkreten Fall, einer konkreten Beobachtung usw. ausgeht, die Überlegungen dann aber ins Allgemeine, Grundsätzliche gehen. Inwiefern ist dies in Prechts Text der Fall?

Einen Essay verfassen

1 Wählt gemeinsam ein **Thema,** das sich für einen Essay eignet.

a) Als „Aufhänger" eignen sich Beobachtungen oder Erfahrungen, die „Nachdenklichkeiten" in euch auslösen; vielleicht ein Verhalten, das euch merkwürdig erscheint, ein Zeitungsartikel, der euch anspricht, usw.

b) Nehmt diese „Aufhänger" zum Ausgangspunkt für grundsätzliche Fragen.
So könnte man z. B. die Beliebtheit von Fernsehserien, so genannten Daily Soaps, zum Anlass nehmen für ein Nachdenken darüber, was denn den medialen Konsum der alltäglichen Probleme um Liebe, Lust und Frust so reizvoll macht, welche Bedeutung das für den Zuschauer hat …
Sammelt weitere Themen:

- „Verbotene Liebe" – ich brauch meine Daily Soap
- „Wir talken bis zum jüngsten Talk" – Talkshows auf allen Kanälen
- Telefonrausch – immer wenn ich telefonieren will, hängt meine Schwester am Apparat
- Comedyshows und Blödelfilme – das Phänomen der seichten Unterhaltung

- *Unterricht – nicht für die Schule, sondern fürs Leben?*
- *Ecstasy: Hauptsache fit, Hauptsache gut drauf*
- *Nur Top-Typen. Menschen in der Werbung*
- *Der PC als Freund? Computer und Sozialkontakte*
- *Surfen im Internet. Kontakt mit der ganzen Welt?*
- *...*

2 Sammelt in Stichworten Gedanken für euren Essay. Lasst schon hier eure Überlegungen ins Allgemeine oder Grundsätzliche schweifen.
Für eure Stoffsammlung bieten sich **Brainstorming** oder **Cluster** an. Ein weiteres Verfahren ist die **„Écriture automatique“:**

Écriture automatique

Zu dem Thema, das ihr gewählt habt, schreibt ihr zehn Minuten lang alles auf, was euch einfällt. Alle Gedanken, die irgendwie zum Thema passen, sind „richtig“ und sollen zugelassen werden. Wichtig ist auch, dass ihr keine Pause macht. Wenn euch vorübergehend nichts einfällt, malt ihr Kringel, bis die Ideen wieder aus der Feder fließen. Auf eine bestimmte – etwa schlüssige – Reihenfolge kommt es nicht an.
Lest euch nach der Beendigung der Schreibphase durch, was ihr geschrieben habt, und unterstreicht, was euch für euren Essay brauchbar zu sein scheint. Wenn euch jetzt noch neue Ideen kommen, solltet ihr sie in Stichworten festhalten.

Zu der lockeren Art der Behandlung des Themas, die für den Essay typisch ist, gehört auch die oft geistreich-witzige **Sprache.**
a) Wählt aus den folgenden Anregungen diejenigen aus, die zu eurem Thema passen.

Spiel mit der Doppeldeutigkeit von Wörtern
Das Prinzip kennt ihr von dem bei Kindern beliebten „Teekesselchen-Raten“; man kann es sich im Essay zu Nutze machen, um besondere sprachliche Effekte zu erzielen. Als „Teekesselchen“ können dabei nicht nur Nomen, sondern auch andere Wortarten dienen.
So kann man etwa von Steuerbeamten sagen, sie hätten ein „einnehmendes Wesen“. Sucht solche doppeldeutigen Attribute zu zwei oder drei zentralen Begriffen eures Themas.

Spiel mit dem gleichen oder ähnlichen Klang von Wörtern
„Internet“ – „inter-nett“, „top“ – „Flop“: Aus dem Klang von Wörtern lassen sich oft Wortspiele entwickeln.
Klopft die Stoffsammlung zu eurem Essay auf geeignetes Wortmaterial hin ab.

Spiel mit Wörtern desselben Wortstamms
Man kann bewusst eine Häufung von Wörtern verwenden, die von demselben Wortstamm abgeleitet sind, z. B.: „fallen – gefallen – gefällig sein – gefälligst – Gefallsucht – Verfall – Verfallsdatum ...“ Bietet sich bei eurem Thema eine solche Wortfamilie an?

Spiel mit Assoziationen
Wenn man über „Computer und Sozialkontakte" schreibt, könnte man z. B. „elektrische Kontakte" erwähnen, bei denen es „funkt" und man einen Schlag bekommt, wenn man nicht aufpasst. Welche Assoziationen stellen sich bei eurem Thema ein?

Vergleiche, Metaphern, ungewöhnliche Wortverbindungen
Man kann Begriffe aus ihrem eigentlichen Zusammenhang herausreißen und in einem anderen verwenden, in dem sie gewöhnlich nicht vorkommen.
So könnte man bei jemandem, der sich gegen alle gut gemeinten Ratschläge taub stellt, von „geistiger Zentralverriegelung" sprechen und die Daily Soap könnte als „nachmittäglicher Weichspüler" bezeichnet werden. Vielleicht findet ihr für eine oder zwei Kernstellen eures Essays derartige überraschende Wendungen mit übertragener Bedeutung.

Spiel mit der wörtlichen Bedeutung von Metaphern
Bei Metaphern kann man ihre „eigentliche" Bedeutung ins Spiel bringen und auf Verstehensmöglichkeiten hin abhorchen, mit der sich die Metapher ausbauen lässt.
Beim „Surfen im Internet" könnten z. B. auch günstige „Winde" oder „Strömungen" eine Rolle spielen, man könnte dabei „kentern" und „untergehen" …
Achtet beim Verfassen eures Essays auf die Möglichkeiten, die in Metaphern stecken. Manchmal sind uns diese Metaphern so geläufig, dass wir sie gar nicht mehr bemerken, z. B. „hängt" jemand dauernd am Telefon, sieht immer „fern" usw.

Verharmlosungen
Ein Euphemismus (Beschönigung) liegt etwa dann vor, wenn man Auenlandschaften zubetoniert und das Ergebnis „Versiegelung von Flächen" nennt. Eine Verharmlosung ist es aber z. B. auch, wenn man kostenaufwändiges Spielen im Internet als „Opfer für die Pflege internationaler Kontakte" bezeichnet.
In eurem Essay könntet ihr Beschönigungen in ironischer Absicht verwenden.

b) Wortspiele könnt ihr auch gemeinsam entwickeln:
- Bildet kleine Gruppen.
- Jede/r schreibt ein Schlüsselwort ihres/seines Themas auf einen Zettel und reicht diesen an die/den Nachbarin/Nachbarn weiter.
- Diese/r schreibt zwei oder drei Assoziationen auf, die ihr/ihm zu dem Wort einfallen; dann wird das Blatt wieder weitergereicht.
- Überlegt, ob ihr in bzw. zu den Wörtern, die ihr nun vor euch habt, eine Doppeldeutigkeit, ein ähnlich klingendes Wort oder eine metaphorische Bedeutung entdeckt.
- Tauscht eure Ergebnisse aus und wählt die Beispiele, die euch am besten gefallen.

4 Mit Hilfe eurer Materialsammlung könnt ihr euren Essay nun **ausformulieren.**
Wichtig ist, dass ihr nicht krampfhaft nach witzigen Ausdrucksweisen sucht, sondern nur eure gelungensten Sprachspiele verwendet. Die ausgefallene Sprache ist im Essay Mittel zum Zweck, aber nicht Selbstzweck.

5 a) Tauscht eure Texte aus und vermerkt jeweils, welche Stellen euch besonders gut gefallen und wo ihr noch Veränderungen vornehmen würdet. Vielleicht könnt ihr auch schon einige konkrete Verbesserungsvorschläge machen.
b) **Überarbeitet** dann eure eigenen Texte und nutzt dabei die Checkliste auf S. 152/153.

3 Sich politisch entscheiden – Angewandte Rhetorik

3.1 Wählen mit 16? – Wir schreiben Statements

1. Betrachtet das Foto und sammelt eure spontanen Eindrücke, Gedanken, Empfindungen.

2. Seit 1995 dürfen Jugendliche ab 16 in Niedersachsen den Landtag wählen. Was haltet ihr davon? Notiert eure persönlichen Einschätzungen.

3 Führt in der Klasse eine geheime Abstimmung durch, ob Jugendliche ab 16 bereits wählen sollen. Die Wahlleiter können das Ergebnis bis zu einer späteren zweiten Abstimmung (nach einer Pro-und-Kontra-Diskussion) geheim halten. Ihr könnt aber auch beschließen, dass sie es mitteilen sollen. Überlegt, ob euch die Bekanntgabe des Ergebnisses in eurer eigenen Meinung beeinflussen würde.

4 a) Teilt die Klasse in zwei gleich große Parteien. Die eine soll die Ausgangsfrage, ob 16-Jährige wählen sollten, befürworten (Pro), die andere soll die Gegenmeinung vertreten (Kontra). Die Parteien sollten unabhängig von der eigenen Meinung ihrer Mitglieder gebildet werden. Je nach Größe der Klasse empfiehlt es sich, die Parteien in gleich große Gruppen zu unterteilen.

b) Sammelt Argumente für eure Gruppenposition. Notiert jede Idee auf einer eigenen **Karteikarte.** Ihr könnt von den folgenden Äußerungen niedersächsischer Jugendlicher auf einer Chat-Seite im Internet ausgehen:

> Soll zur Wahl wirklich eine Generation gehen, die gerade mal zwischen Tic Tac Toe und den Backstreet Boys unterscheiden kann?
>
> Wählen erfordert ein Mindestmaß an Lebenserfahrung, deshalb meinen viele, dass Jungwähler nicht die Reife und bei vielen Dingen Verständnisprobleme hätten, deshalb zu einfachen Lösungen neigen, was dann den extremen Parteien, die sich diese Stimmen erschmeicheln, zugutekommt.
>
> **ERST INFORMIEREN, DANN WÄHLEN!**
>
> *Ein herabgesetztes Wahlalter gibt den Jugendlichen die Möglichkeit, auf die Politik Einfluss zu nehmen, und es zwingt die Politiker, sich mit ihren Themen auseinanderzusetzen.*

c) Sortiert die Karteikarten eurer Gruppe nach sinnvollen Gesichtspunkten, z. B.:
Allgemeine Folgen eines anderen Wahlrechts – Folgen für die Parteien – Folgen für Jugendliche.

d) Nach der Ideensammlung erstellen die Gruppen jeweils eine Ergebnistabelle, in der zu den Argumenten auch Beispiele eingetragen werden:

Unsere Argumente (Kontra)	*Belege/Beispiele*
– Jungwähler neigen zu einfachen Lösungen.	*– Bei jeder Wahl erhalten radikale Parteien überdurchschnittlich viele Stimmen von Erstwählern.*
– …	*– …*

5 Führt auf der Grundlage der Tabellen eine Pro-und-Kontra-Diskussion durch.

Und was sagt das Parlament dazu?

Über die Frage des vorgezogenen Wahlalters wurde auch schon im Bundestag debattiert. Die PDS hatte 1996 einen umfangreichen Antrag auf Änderung des Wahlrechts eingebracht, auf den Vertreter der anderen Parteien reagierten. Einige Auszüge aus der Debatte:

Bundestagsdebatte zur Herabsetzung des Wahlalters

VIZEPRÄSIDENT HANS-ULRICH KLOSE: Das Wort hat der Kollege Michael Teiser, CDU/CSU.

MICHAEL TEISER (CDU/CSU): Herr Präsident! Meine Damen und Herren! [...] Das Wahlalter wollen Sie auf 16 Jahre herabsetzen. Sie haben die Mündigkeit und die Weitsicht 16- und 17-Jähriger beschrieben. Ich darf daran erinnern, dass Jugendliche unter 18 Jahren in der Regel selbstständige private Verpflichtungen und Geschäfte kaum eingehen können, dass sie nur begrenzt für Schäden haftbar sind.

(DR. GREGOR GYSI [PDS]: Aber strafrechtlich verantwortlich sind sie!)

Wir haben erst vor kurzem eine Diskussion darüber geführt, die, unabhängig davon, wer welche Position einnahm, zu folgendem Ergebnis geführt hat: Bis zur Vollendung des 14. Lebensjahres sind die Menschen völlig unwissend; sie wissen nicht einmal, was Straftaten sind, und sie werden deswegen nicht bestraft. Zwei Jahre später haben dieselben Menschen nach Ihrer Auffassung dann die Reife, im Prinzip die Geschicke dieses Staates durch ihre Stimme mit zu lenken. Was die Geschäftsfähigkeit, die Strafmündigkeit usw. betrifft, wollen Sie wahrscheinlich alle Einschränkungen beibehalten. Insofern ist das in sich nicht schlüssig. Wir werden das ebenfalls zurückweisen. [...]

VIZEPRÄSIDENT HANS-ULRICH KLOSE: Das Wort hat der Kollege Wiefelspütz, SPD.

DIETER WIEFELSPÜTZ (SPD): Herr Präsident! Liebe Kolleginnen und Kollegen! Wir bekommen ja häufiger Besuch von Parlamentariern aus dem Ausland, zum Teil von weit her. Mit unseren Gästen reden wir auch häufiger über das Wahlrecht. Insbesondere wenn Vertreter aus so genannten jungen Demokratien zu uns kommen, unterhalten wir uns sehr häufig über Probleme des Wahlrechts, weil man fragt: Wie macht ihr das in Deutschland?

Herr Gysi, ich stelle bei meinen Gesprächen immer wieder fest, dass unser Wahlrecht in Deutschland sehr hoch eingeschätzt wird. Unser Wahlrecht ist fast ein – auch wenn der Ausdruck vielleicht nicht ganz präzise ist – Exportartikel geworden. Viele junge Demokratien interessieren sich für unser Wahlrecht, weil sie der Auffassung sind, dass das Wahlrecht in der Bundesrepublik Deutschland zumindest einen wichtigen Beitrag zu einer stabilen demokratischen Kultur geleistet hat, die auch bestimmte Belastungen ausgehalten hat, aushält und hoffentlich auch in Zukunft aushalten wird.

Das schließt nicht aus, dass wir in verschiedenen Bereichen durchaus offen sein sollten für Weiterentwicklungen.

Unsere Position ist: Wir stehen grundsätzlich zu unserem Wahlrecht, aber es gibt durchaus zwei, drei Punkte, wo sich Nachdenken lohnt und wo auch Weiterentwicklungen nötig sind. [...]

Ich bin aber der Auffassung, wir sollten einmal in Ruhe überlegen, ob die Rechte und Pflichten von 16-Jährigen auch wirklich stimmig sind. Das sollte man sich einmal im Gesamtzusammenhang anschauen. Ich habe ein bisschen die Sorge, dass wir Kindheit und Jugend, gesamtgesellschaftlich gesehen, immer enger zusammenrücken. Die Frage ist, ob man einen jungen Menschen unter Umständen nicht auch überfordert.

Wenn wir, Herr Gysi, das mit jungen Leuten diskutieren – wie Sie das getan haben und wie auch ich es regelmäßig tue –, stelle ich eigentümlicherweise immer wieder fest: Bei 16-, 17-Jährigen gibt es eine deutliche Mehrheit gegen das Wahlrecht für 16-Jährige. Ich sage das einmal so als Nachricht. Es überrascht mich immer wieder, dass sie es selber nicht wollen. Trotzdem glaube ich, dass wir uns dem öffnen sollten, weil es vielleicht doch eine Chance sein könnte, junge Menschen stärker einzubinden. Wir sollten diese Frage noch einmal ernsthaft und verantwortlich miteinander diskutieren und darum ringen, ob das ein richtiger und geeigneter Weg ist. [...]

VIZEPRÄSIDENT HANS-ULRICH KLOSE: Das Wort hat der Kollege Kleinert, F.D.P.

DETLEF KLEINERT (F.D.P.): Herr Präsident! Meine sehr verehrten Damen! Meine Herren! An sich möchte ja jede hier anwesende Partei in diesem Hause möglichst zahlreich vertreten sein. Bei einer feststehenden Zahl von Mandaten stößt sich aber dieser Wunsch etwas mit dem Streben nach Harmonie und Kollegialität. Man muss dann doch sehen, wie man die Wähler dazu bekommt, dass sie das eigene Bedürfnis nach möglichst vielen Mandaten befördern. Dessen ungeachtet werden nach sorgfältiger Betrachtung der Lage immer wieder Versuche unternommen, durch eine Änderung des Wahlrechts in die eine oder andere Richtung mehr Unterstützung für die eigene Partei zu gewinnen. Diejenigen, die diese Versuche machen, laufen ein großes Risiko, weil das Ende häufig ganz anders aussieht, als man am Anfang erhoffte. Alle diese Versuche sind also in Bezug auf das Ziel, durch Wahlrechtsänderungen die Situation der jeweils eigenen „Abteilung“ zu verbessern, zu relativieren. Das möchte ich vorab sagen. […]

Der entscheidende Hinweis ist doch wohl der: Was sagen politisch interessierte Jugendliche im Gemeinschaftskundeunterricht? Was sagen sie zu der Frage, ob sie dieses Wahlalter wollen oder nicht? Die Antworten sind negativ. Leider ist auch eine Reihe anderer Antworten auf einfache Wissensfragen negativ. Das ermutigt nicht zu glauben, eine Herabsetzung des Wahlalters sei der Entwicklung unserer Demokratie förderlich.

1 Untersucht die Statements der Bundestagsabgeordneten im Hinblick auf die jeweilige Position des Redners, die angeführten Argumente und deren Stützen (Beispiele, Fakten, Zitate …).
Erstellt dazu eine Tabelle:

Redner	Teiser	Wiefelspütz	Kleinert
Position	…	…	Kontra Änderung
Argument 1	Jugendliche sind noch nicht geschäftsfähig.	Unser Wahlrecht ist weltweit anerkannt.	…
Stütze	…	Viele Besucher wollen etwas darüber wissen.	…
Argument 2 Stütze …	…	…	…

2 Die Statements unterscheiden sich nicht nur in ihrer Argumentation, sondern vor allem auch in ihrer rhetorischen Absicht.

a) Beschreibt, wie die Beiträge auf euch wirken.

b) Wie würdet ihr sie empfinden, wenn ihr den Antrag eingebracht hättet?

3 Gängige rhetorische Intentionen sind

- Aufwertung der eigenen Position,
- Abwertung der Gegenposition,
- Beschwichtigung und Vereinnahmung des Gegners.

Sucht Textstellen, an denen eine solche Absicht deutlich wird, und tragt sie in eine Übersicht ein:

Intention	Teiser	Wiefelspütz	Kleinert
Aufwertung der eigenen Position Abwertung der Gegenposition Beschwichtigung und Vereinnahmung	...	...	...

Wir schreiben Statements

Im Gegensatz zu einer Pro-und-Kontra-Diskussion, die einen offenen Schlagabtausch von Argumenten vorsieht, wird in der Bundestagsdebatte von 1996 die Form des **Statements** verwendet. Ein Statement ist eine relativ kurze, konzentriert zur Sache argumentierende Meinungsäußerung (ca. 3 Minuten), die darauf zielt, die Zuhörer/innen von der eigenen Meinung zu überzeugen.

1 Führt selbst eine Debatte durch. Jede Gruppe sollte zwei Statements halten.

a) Teilt eure Gruppen in zwei Untergruppen auf (Pro 1 und Pro 2; Kontra 1 und Kontra 2). Die Gruppen Pro 1 und Kontra 1 halten jeweils das **Einführungs-Statement,** das noch nicht auf die Gegenpartei Bezug nimmt, sondern die eigene Position mit einigen Argumenten darlegt. Einigt euch in den Gruppen 1 über folgende Fragen, die ihr ergänzen könnt:

- *Worin liegt genau unsere Wirkungsabsicht?*
- *Wen wollen wir überzeugen?*
- *Welche Argumente sind dafür besonders geeignet?*
- *Welche Reihenfolge unserer Argumente ist die wirksamste – starke Argumente ans Ende, an den Anfang?*
- *Wie können wir so einleiten, dass wir die Zuhörer/innen interessieren?*
- *Welche Intentionen verfolgen wir vor allem (Aufwertung unserer Position, Beschwichtigung und Vereinnahmung)?*
- ...

b) Das **Antwort-Statement** (Gruppen Pro 2 und Kontra 2) hat die Aufgabe, die Position des Gegners argumentativ zu entkräften. Dies kann man natürlich nur ansatzweise vorbereiten. Hier ist auch eine spontane Reaktion wichtig; allerdings gilt: Je besser man vorgedacht hat, desto schneller und zielsicherer ist die Antwort auf den Gegner. Die Gruppen 2 stellen folgende Überlegungen an:

- *Warum sind unsere Argumente gut?*
  Welche Stützen (Beispiele, Fakten, Zitate) gibt es noch zusätzlich?
- *Welche Gegenbeispiele finden wir zu möglichen Argumenten der Gegenseite?*
  Bei mehreren Argumenten: Welche Reihenfolge ist sinnvoll?
- *Wie ordnen wir unsere Erwartungen und die Antworten, sodass wir möglichst schnell reagieren können?*
- *Welche Intention verfolgen wir vor allem (Abwertung des Gegners, Beschwichtigung und Vereinnahmung)?*
- ...

2 Schreibt in den jeweiligen Untergruppen eure Einführungs- und Antwort-Statements nieder.

„Der Vortrag macht des Redners Glück"

Bevor ihr eure Statements haltet, solltet ihr euch einige Gedanken zur Technik des Redens machen:

	Eine erwünschte Wirkung erzielt hier	Eine unerwünschte Wirkung ergibt sich durch
Sprache	klare Aussprache ...	...
Blickkontakt	...	Anstarren der Zuhörer/innen ...
Körperhaltung	...	Verstecken hinter einem Pult ...
Gestik	...	wildes Herumfuchteln ...
Mimik	zur Aussage passend ...	...

1 Übertragt die Tabelle in euer Heft und füllt sie in Einzel- oder Partnerarbeit aus. Ihr könnt mit eurem Partner oder eurer Partnerin die Wirkungen unterschiedlicher Verhaltensweisen erproben, indem ihr ihm/ihr euer Statement entsprechend vortragt. Es hat sich bewährt, dabei Schwerpunkte der Aufmerksamkeit auf einen, höchstens zwei Bereiche zu legen (z. B. Sprache und Haltung *oder* Blickkontakt und Gestik ...).

2 Stellt bei jedem Statement der Debatte einen Bereich der Vortragstechnik in den Mittelpunkt.
Die Eingangsredner/innen achten z. B. vor allem auf Sprachgestaltung und Blickkontakt; die Mitschüler/innen geben nach dem Statement eine Einschätzung der Wirkung.

3 a) Legt eine Redezeit fest und haltet nun eure Eingangsstatements.
b) Die Antwortredner/innen müssen während der Statements besonders aufmerksam sein: Notiert, welche Argumente der Gegner anführt, welche davon ihr vorausbedacht habt, worauf ihr keine Antwort habt, wo ihr sofort gegenhalten könnt.
Nach den Statements sollte dafür fünf Minuten Zeit gegeben werden.

4 Wenn ihr eure Antwort-Statements haltet, könnten die Redner/innen z. B. besonders auf Mimik, Gestik und Körperhaltung achten. Die Antwort-Statements sollten unmittelbar aufeinanderfolgen.

5 Nach der Debatte könnt ihr eine erneute Abstimmung durchführen. Für diese Wahl seid ihr nicht mehr an die Gruppenposition gebunden. Hat sich das Abstimmungsergebnis im Vergleich zur Eingangsbefragung (Aufgabe 3, S. 51) geändert?

6 Wertet eure Statements und die Vortragstechnik (Haltung, Blickkontakt und Sprache, Mimik, Gestik) aus. Was ist gelungen? Was kann man verbessern?

3.2 Die Weiße Rose – Rhetorische Texte untersuchen

Die Weiße Rose

Ein Flugblatt

In der zweiten Hälfte des Jahres 1942 – Deutschland steht mitten im Krieg, die Nationalsozialisten sind seit mehr als neun Jahren an der Macht – tauchen in München und Umgebung plötzlich Flugblätter auf, die zum Widerstand gegen Hitler aufrufen.

„Salus publica suprema lex"[1]

[...] Die Familie ist so alt wie die Menschen selbst, und aus diesem anfänglichen Zusammensein hat sich der vernunftbegabte Mensch einen Staat geschaffen, dessen Grund die Gerechtigkeit und dessen höchstes Gesetz das Wohl aller sein soll.

[...] Jeder einzelne Mensch hat einen Anspruch auf einen brauchbaren und gerechten Staat, der die Freiheit des Einzelnen wie auch das Wohl der Gesamtheit sichert. Denn der Mensch soll nach Gottes Willen frei und unabhängig im Zusammenleben und Zusammenwirken der staatlichen Gemeinschaft sein natürliches Ziel, sein irdisches Glück in Selbstständigkeit und Selbsttätigkeit, zu erreichen suchen.

Unser heutiger „Staat" aber ist die Diktatur des Bösen. „Das wissen wir schon lange", höre ich dich einwenden, „und wir haben es nicht nötig, dass uns dies hier noch einmal vorgehalten wird." Aber, frage ich dich, wenn ihr das wisst, warum regt ihr euch nicht, warum duldet ihr, dass diese Gewalthaber Schritt für Schritt offen und im Verborgenen eine Domäne[2] eures Rechts nach der anderen rauben, bis eines Tages nichts, aber auch gar nichts übrigbleiben wird als ein mechanisiertes Staatsgetriebe, kommandiert von Verbrechern und Säufern? Ist euer Geist schon so sehr der Vergewaltigung unterlegen, dass ihr vergesst, dass es nicht nur euer Recht, sondern eure *sittliche Pflicht* ist, dieses System zu beseitigen? Wenn aber ein Mensch nicht mehr die Kraft aufbringt, sein Recht zu fordern, dann muss er mit absoluter Notwendigkeit untergehen. Wir würden es verdienen, in alle Welt verstreut zu werden wie der Staub vor dem Winde, wenn wir uns in dieser zwölften Stunde nicht aufrafften und endlich den Mut aufbrächten, der uns seither gefehlt hat. Verbergt nicht eure Feigheit unter dem Mantel der Klugheit. Denn mit jedem Tag, da ihr noch zögert, da ihr dieser Ausgeburt der Hölle nicht widersteht, wächst eure Schuld gleich einer parabolischen[3] Kurve höher und immer höher.

Viele, vielleicht die meisten Leser dieser Blätter sind sich darüber nicht klar, wie sie einen Widerstand ausüben sollen. Sie sehen keine Möglichkeiten. Wir wollen versuchen, ihnen zu zeigen, dass ein jeder in der Lage ist, etwas beizutragen zum Sturz dieses Systems. Nicht durch individualistische Gegnerschaft, in der Art verbitterter Einsiedler, wird es möglich werden, den Boden für einen Sturz dieser ‚Regierung' reif zu machen oder gar den Umsturz möglichst bald herbeizuführen, sondern nur durch die Zusammenarbeit vieler überzeugter, tatkräftiger Menschen, Menschen, die sich einig sind, mit welchen Mitteln sie ihr Ziel erreichen können. Wir haben keine reiche Auswahl an solchen Mitteln, nur ein einziges steht uns zur Verfügung – der *passive Widerstand.*

Der Sinn und das Ziel des passiven Widerstandes ist, den Nationalsozialismus zu Fall zu bringen, und in diesem Kampf ist vor keinem Weg, vor keiner Tat zurückzuschrecken, mögen sie auf Gebieten liegen, auf welchen sie auch wollen. An *allen* Stellen muss der Nationalsozialismus angegriffen werden, an denen er nur angreifbar ist. Ein Ende muss diesem Unstaat möglichst bald bereitet werden – ein Sieg des faschistischen Deutschlands in diesem Kriege hätte unabsehbare, fürchterliche Folgen. Nicht der militärische Sieg über den Bolschewismus darf die erste Sorge für jeden Deutschen sein, sondern die Niederlage der Nationalsozialisten. Dies muss *unbedingt* an erster Stelle stehen. Die

1 **„Salus ...":** Das Wohl aller ist das höchste Gesetz
2 **Domäne:** Herrschaftsbereich
3 **parabolisch,** hier: ins Unendliche ansteigend

größere Notwendigkeit dieser letzten Forderung werden wir ihnen in einem unserer nächsten Blätter beweisen.
Und jetzt muss sich ein jeder entschiedene Gegner des Nationalsozialismus die Frage vorlegen: Wie kann er gegen den gegenwärtigen „Staat" am wirksamsten ankämpfen, wie ihm die empfindlichsten Schläge beibringen? Durch den passiven Widerstand – zweifellos. Es ist klar, dass wir unmöglich für jeden Einzelnen Richtlinien für sein Verhalten geben können, nur allgemein andeuten können wir, den Weg zur Verwirklichung muss jeder selber finden.
Sabotage[4] in rüstungs- und kriegswichtigen Betrieben, Sabotage in allen Versammlungen, Kundgebungen, Festlichkeiten, Organisationen, die durch die Nationalsozialistische Partei ins Leben gerufen werden. Verhinderung des reibungslosen Ablaufs der Kriegsmaschine (einer Maschine, die nur für einen Krieg arbeitet, der *allein* um die Rettung und Erhaltung der Nationalsozialistischen Partei und ihrer Diktatur geht). *Sabotage* auf allen wissenschaftlichen und geistigen Gebieten, die für eine Fortführung des gegenwärtigen Krieges tätig sind – sei es in Universitäten, Hochschulen, Laboratorien, Forschungsanstalten, technischen Büros. *Sabotage* in allen Veranstaltungen kultureller Art, die das ‚Ansehen' der Faschisten im Volke heben könnten. *Sabotage* in allen Zweigen der bildenden Künste, die nur im Geringsten im Zusammenhang mit dem Nationalsozialismus stehen und ihm dienen. *Sabotage* in allem Schrifttum, allen Zeitungen, die im Solde der ‚Regierung' stehen, für ihre Ideen, für die Verbreitung der braunen Lüge kämpfen. Opfert nicht einen Pfennig bei Straßensammlungen (auch wenn sie unter dem Deckmantel wohltätiger Zwecke durchgeführt werden). Denn dies ist nur eine Tarnung. In Wirklichkeit kommt das Ergebnis weder dem Roten Kreuz noch den Notleidenden zugute. Die Regierung braucht dies Geld nicht, ist auf diese Sammlungen finanziell nicht angewiesen – die Druckmaschinen laufen ja ununterbrochen und stellen jede beliebige Menge Papiergeld her. Das Volk muss aber dauernd in Spannung gehalten werden, nie darf der Druck der Kandare nachlassen! Gebt nichts für die Metall-, Spinnstoff- und andere Sammlungen. Sucht alle Bekannten auch aus den unteren Volksschichten von der Sinnlosigkeit einer Fortführung, von der Aussichtslosigkeit dieses Krieges, von der geistigen und wirtschaftlichen Versklavung durch den Nationalsozialismus, von der Zerstörung aller sittlichen und religiösen Werte zu überzeugen und zum *passiven Widerstand* zu veranlassen! […]
Bitte vervielfältigen und weitergeben!

4 **Sabotage:** absichtliche Behinderung wirtschaftlicher oder militärischer Abläufe

1 Beschreibt die Wirkung, die dieses Flugblatt auf euch hat.

2 Unterteilt den Text in Sinnabschnitte, denen ihr jeweils eine zusammenfassende Überschrift zuordnet.

3 Tragt zusammen, was sich dem Text entnehmen lässt über
- die historische Situation,
- die Verfasser/innen,
- die Adressaten,
- die Textsorte.

Begründet eure Aussagen jeweils anhand von Textstellen.

4 Zur Analyse eines rhetorischen Textes gehört vor allem die Bestimmung seiner **Intentionen.**
a) Welche Absichten verfolgen die Mitglieder der Gruppe „Weiße Rose" mit ihrem Flugblatt?
b) Markiert Stellen (auf Kopie oder Folie), an denen diese Absichten besonders deutlich werden.
c) Beschreibt die sprachliche Gestaltung dieser Stellen.
d) Stellt die Intentionen des Flugblatts zusammenfassend in einem Schaubild dar. Zusammenhänge können zum Beispiel durch beschriftete Pfeile aufgezeigt werden.

5 Untersucht den **Argumentationsaufbau** des Flugblatts der „Weißen Rose“. Markiert auf einer Kopie oder Folie in unterschiedlichen Farben, wo
- Thesen (Behauptungen, Forderungen) aufgestellt,
- Argumente (Begründungen) angeführt,
- Gegenargumente gegen den Widerstand benannt und entkräftet,
- Beispiele zur Stützung der Argumente herangezogen werden.

6 Das Flugblatt setzt einige klassische **rhetorische Figuren** ein:
- die *Anapher:* mehrere aufeinanderfolgende Sätze beginnen mit dem gleichen Wort,
- die *rhetorische Frage:* eine Scheinfrage, deren Antwort schon feststeht,
- die *Metapher* und den *Vergleich.*

Sucht entsprechende Stellen im Text, tragt sie vor und beschreibt, welche Wirkung sie haben.

7 Versucht in einem abschließenden Vortrag des Textes die rhetorische Intention durch angemessene Intonation, Gestik, Mimik und Stimmführung auszudrücken. Evtl. könnt ihr den Text auf mehrere Sprecher und Sprecherinnen verteilen.

Roland Freisler

Ein Urteil

Der Volksgerichtshof war ein 1934 eingesetztes Gericht, das über Fälle von so genanntem Hoch- und Landesverrat in einziger Instanz entschied, d. h., dass seine Urteile nicht mehr durch ein weiteres Gericht rückgängig gemacht werden konnten. Die Richter wurden von Hitler selbst eingesetzt. Damit war der Volksgerichtshof sein Instrument, um jegliche Opposition durch eine Scheingerichtsbarkeit anzuklagen und zu verurteilen. Insgesamt hat der Volksgerichtshof etwa 5000 vollstreckte Todesurteile zu verantworten. Von 1942 bis Februar 1945 war Roland Freisler der gefürchtete Vorsitzende dieses Gerichts.
Die Geschwister Hans und Sophie Scholl sowie Christoph Probst, drei Mitglieder der Gruppe „Weiße Rose“, wurden am 18. Februar 1943 in der Münchner Universität beim Verteilen von Flugblättern überrascht und festgenommen. Unmittelbar danach wurden sie vom Volksgerichtshof angeklagt und bereits am 22. Februar verurteilt und hingerichtet.

Im Namen des deutschen Volkes

In der Strafsache gegen

1.) den Hans Fritz Scholl aus München, geboren in Ingersheim am 22. September 1918,

2.) die Sophia Magdalena Scholl aus München, geboren in Forchdenberg am 9. Mai 1921,

3.) den Christoph Hermann Probst aus Aldrans bei Innsbruck, geboren in Murnau am 6. November 1919 […]

Die Angeklagten haben im Kriege in Flugblättern zur Sabotage der Rüstung und zum Sturz der nationalsozialistischen Lebensform unseres Volkes aufgerufen, defätistische[1] Gedanken propagiert und den Führer aufs Gemeinste beschimpft und dadurch den Feind des Reiches begünstigt und unsere Wehrkraft zersetzt.

Sie werden deshalb mit dem
Tode
bestraft.
Ihre Bürgerehre haben sie für immer verwirkt.

Gründe.

Der Angeklagte Hans Scholl hat seit Frühjahr 1939 Medizin studiert und steht – dank der Fürsorge der nationalsozialistischen Regierung – im achten Semester! Zwischendurch war er im Frankreichfeldzug in einem Feldlazarett und von Juli bis November 1942 an der Ostfront im Sanitätsdienst tätig.
Als Student hat er die Pflicht vorbildlicher Gemeinschaftsarbeit. Als Soldat – er ist als solcher zum Studium kommandiert – hat er eine besondere Treuepflicht zum Führer. Das und die Für-

1 **defätistisch:** entmutigend, jede Hoffnung zerstörend

sorge, die gerade ihm das Reich angedeihen ließ, hat ihn nicht gehindert, in der ersten Sommerhälfte 1942 Flugblätter der „Weißen Rose“ zu verfassen, zu vervielfältigen und zu verbreiten, die defätistisch Deutschlands Niederlage voraussagen, zum passiven Widerstand, der Sabotage in Rüstungsbetrieben und überhaupt bei jeder Gelegenheit auffordern, um dem deutschen Volk seine nationalsozialistische Lebensart und also auch Regierung zu nehmen.

Das, weil er sich einbildete, dass nur so das deutsche Volk durch den Krieg durchkommen könne!!

Von Russland im November 1942 zurückgekehrt, forderte Scholl seinen Freund, den Mitangeklagten Probst, auf, ihm ein Manuskript zu liefern, das dem deutschen Volk die Augen öffne! Einen Flugblattentwurf wie gewünscht lieferte Probst dem Scholl auch tatsächlich Ende Januar 1943.

In Gesprächen mit seiner Schwester Sophia Scholl entschlossen sich beide, Flugblattpropaganda im Sinne einer Arbeit gegen den Krieg und für ein Zusammengehen mit den feindlichen Plutokratien[2] gegen den Nationalsozialismus zu treiben. Die beiden Geschwister, die ihre Studentenzimmer bei derselben Vermieterin hatten, verfassten gemeinsam ein Flugblatt „An alle Deutschen“. In ihm wird Deutschlands Niederlage im Krieg vorausgesagt, der Befreiungskrieg gegen das „nationalsozialistische Untermenschentum“ angesagt und werden Forderungen im Sinne liberaler Formaldemokratie aufgestellt. Außerdem verfassten die Geschwister ein Flugblatt „Deutsche Studentinnen und Studenten“ (in späteren Auflagen „Kommilitoninnen und Kommilitonen“). Sie sagten der Partei den Kampf an, der Tag der Abrechnung sei gekommen, und scheuen sich nicht, ihren Aufruf zum Kampf gegen den Führer und die nationalsozialistische Lebensart unseres Volks mit dem Freiheitskampf gegen Napoleon (1813) zu vergleichen und auf ihn das Soldatenlied „Frisch auf, mein Volk, die Flammenzeichen rauchen“ anzuwenden!!! [...]

Wer so handelt, versucht gerade jetzt, wo es gilt, ganz fest zusammenzustehen, einen ersten Riss in die geschlossene Einheit unserer Kampffront zu bringen. Und das taten deutsche Studenten, deren Ehre allzeit das Selbstopfer für Volk und Vaterland war!

2 **Plutokratie:** Herrschaft auf Grund von Geld und Besitz

Todesurteile wegen Vorbereitung zum Hochverrat

Der Volksgerichtshof verurteilte am 22. Februar 1943 im Schwurgerichtssaal des Justizpalastes den 24 Jahre alten Hans Scholl, die 21 Jahre alte Sophie Scholl, beide aus München, und den 23 Jahre alten Christoph Probst aus Aldrans bei Innsbruck wegen Vorbereitung zum Hochverrat und wegen Feindbegünstigung zum Tode und zum Verlust der bürgerlichen Ehrenrechte. Das Urteil wurde am gleichen Tag vollzogen.

Die Verurteilten hatten sich als charakteristische Einzelgänger durch das Beschmieren von Häusern mit staatsfeindlichen Aufforderungen und durch die Vorbereitung hochverräterischer Flugschriften an der Wehrkraft und dem Widerstandsgeist des deutschen Volkes in schamloser Weise vergangen. Angesichts des heroischen Kampfes des deutschen Volkes verdienen derartige verworfene Subjekte nichts anderes als den raschen und ehrlosen Tod.

(„Münchner Neueste Nachrichten“, Februar 1943)

1 Sprecht über die Reaktionen, die die Lektüre der beiden Texte bei euch ausgelöst hat.

2 a) Untersucht, welche Intentionen Freisler mit seiner Rede verfolgt. Stützt eure Aussagen durch entsprechende Textstellen.
b) Setzt euch kritisch mit den Wertvorstellungen und Vorwürfen des Volksgerichtshofs auseinander.

3 Beschreibt die **Rolle,** in der sich der Volksgerichtshofsvorsitzende Freisler darstellt, und belegt eure Einschätzung am Text.

4 Fragt eure/n Geschichtslehrer/in, ob die Schule Tondokumente mit Freisler-Reden zur Verfügung hat. Wie schätzt ihr seine Vortragsweise ein?

5 Vergleicht die Zeitungsmeldung der „Münchner Neuesten Nachrichten" mit Freislers Worten. Beschreibt Gemeinsamkeiten und Unterschiede.

Kurt Huber

Eine Verteidigungsrede

Kurt Huber, Professor für Psychologie und Philosophie in München, hatte die Studenten bei ihren Flugblattaktionen unterstützt. Er wurde kurz nach dem ersten Prozess gegen die Geschwister Scholl und Christoph Probst mit zwei weiteren Mitgliedern der Weißen Rose, Willi Graf und Alexander Schmorell, verhaftet, angeklagt und zum Tode verurteilt. Er hielt die folgende Schlussrede vor dem Volksgerichtshof:

Als deutscher Staatsbürger, als deutscher Hochschullehrer und als politischer Mensch erachte ich es als Recht nicht nur, sondern als sittliche Pflicht, an der Gestaltung der deutschen Geschichte mitzuarbeiten, offenkundige Schäden aufzudecken und zu bekämpfen. Was ich bezweckte, war die Weckung der studentischen Kreise nicht durch eine Organisation, sondern durch das schlichte Wort, nicht zu irgendeinem Akt der Gewalt, sondern zur sittlichen Einsicht in bestehende schwere Schäden des politischen Lebens. Rückkehr zu klaren sittlichen Grundsätzen, zum Rechtsstaat, zu gegenseitigem Vertrauen von Mensch zu Mensch, das ist nicht illegal[1], sondern umgekehrt die Wiederherstellung der Legalität[2]. Ich habe mich im Sinne von Kants kategorischem Imperativ[3] gefragt, was geschähe, wenn diese subjektive Maxime meines Handelns ein allgemeines Gesetz würde. Darauf kann es nur eine Antwort geben: Dann würden Ordnung, Sicherheit, Vertrauen in unser Staatswesen, in unser politisches Leben zurückkehren. Jeder sittlich Verantwortliche würde mit uns seine Stimme erheben gegen die drohende Herrschaft der bloßen Macht über das Recht, der bloßen Willkür über den Willen des sittlich Guten. Die Forderung der freien Selbstbestimmung auch des kleinsten Volksteils ist in ganz Europa vergewaltigt, nicht minder die Forderung der Wahrung der rassischen und völkischen Eigenart. Die grundlegende Forderung wahrer Volksgemeinschaft ist durch die systematische Untergrabung des Vertrauens von Mensch zu Mensch zunichte gemacht. Es gibt kein furchtbareres Urteil über eine Volksgemeinschaft als das Eingeständnis, das wir uns alle machen müssen, dass keiner sich vor seinem Nachbarn, der Vater nicht mehr vor seinen Söhnen, sicher fühlt.

Das war es, was ich wollte, musste.

Es gibt für alle äußere Legalität eine letzte Grenze, wo sie unwahrhaftig und unsittlich wird. Dann nämlich, wenn sie zum Deckmantel einer Feigheit wird, die sich nicht getraut, gegen offenkundige Rechtsverletzung aufzutreten. Ein Staat, der jegliche freie Meinungsäußerung unterbindet und jede, aber auch jede sittlich berechtigte Kritik, jeden Verbesserungsvorschlag als „Vorbereitung zum Hochverrat"

1 **illegal:** ungesetzlich
2 **Legalität:** Gesetzmäßigkeit
3 **Kants kategorischer Imperativ:** Der Philosoph Immanuel Kant (1724–1804) entwickelte als Leitlinie eines moralisch vertretbaren Handelns den so genannten kategorischen Imperativ: „Handle nur nach derjenigen Maxime [Grundsatz], von der du zugleich wollen kannst, dass sie ein allgemeines Gesetz werde."

unter die furchtbarsten Strafen stellt, bricht ein ungeschriebenes Recht, das im gesunden Volksempfinden noch immer lebendig war und lebendig bleiben muss.

Ich bitte und beschwöre Sie in dieser Stunde, diesen jungen Angeklagten gegenüber im wahren Wortsinn schöpferisch Recht zu sprechen, nicht ein Diktat der Macht, sondern die klare Stimme des Gewissens sprechen zu lassen, die auf die Gesinnung schaut, aus der die Tat hervorging. Und diese Gesinnung war wohl die uneigennützigste, idealste, die man sich denken kann! Das Streben nach absoluter Rechtlichkeit, Sauberkeit, Wahrhaftigkeit im Leben des Staates. Für mich selbst aber nehme ich in Anspruch, dass meine Mahnung zur Besinnung auf die allein dauerhaften Fundamente eines Rechtsstaates das oberste Gebot der Stunde ist, dessen Überhören nur den Untergang des deutschen Geistes und zuletzt des deutschen Volkes nach sich zieht.

Ich habe das eine Ziel erreicht, diese Warnung und Mahnung nicht in einem privaten kleinen Diskutierklub, sondern an verantwortlicher, an höchster richterlicher Stelle vorzubringen.

Ich setze für diese Mahnung, für diese beschwörende Bitte zur Rückkehr mein Leben ein. Ich fordere die Freiheit für unser deutsches Volk zurück. Wir wollen nicht in Sklavenketten unser kurzes Leben dahinfristen, und wären es goldene Ketten eines materiellen Überflusses.

Ich hinterlasse eine gebrochene Frau und zwei unglückliche Kinder in Not und Trauer. Wollen Sie meiner armen Familie wenigstens einen Lebensunterhalt gewähren, der meiner Stellung als deutscher Hochschullehrer entspricht. Sie haben mir den Rang und die Rechte des Professors und den „summa cum laude"[4] erarbeiteten Doktorhut genommen und mich dem niedrigsten Verbrecher gleichgestellt. Die innere Würde des Hochschullehrers, des offenen, mutigen Bekenners seiner Welt- und Staatsanschauung kann mir kein Hochverratsverfahren rauben. Mein Handeln und Wollen wird der eherne Gang der Geschichte rechtfertigen; darauf vertraue ich felsenfest. Ich hoffe zu Gott, dass die geistigen Kräfte, die es rechtfertigen, rechtzeitig aus meinem eigenen Volk sich entbinden mögen. Ich habe gehandelt, wie ich aus einer inneren Stimme heraus handeln musste. Ich nehme die Folgen auf mich nach dem schönen Wort Johann Gottlieb Fichtes[5]:

Und handeln sollst du so, als hinge
Von dir und deinem Tun allein
Das Schicksal ab der deutschen Dinge
Und die Verantwortung wär dein.

4 **summa cum laude:** „mit höchstem Lob"; beste Note bei einer Doktorarbeit

5 **Johann Gottlieb Fichte** (1762–1814): Philosoph, der an Immanuel Kants Lehren anknüpfte

1 Diskutiert den Sinn einer solchen Verteidigungsrede. Was soll sie bezwecken (Intention)? In welcher Rolle sieht sich der Redner?

2 Fasst zusammen, wie Kurt Huber die Situation Deutschlands 1943 sieht.

3 Man kann Hubers Rede als Antwort auf die Urteilsbegründung Freislers (S. 59/60) lesen.
   a) Beschreibt Kurt Hubers Idealbild vom Staat und seinen Bürgern.
   b) Untersucht, auf welche Wertbegriffe sich Huber bei seiner Argumentation stützt, z. B.:
      sittliche Pflicht (Z. 3/4),
      ...
   c) Vergleicht seine Vorstellungen mit denen Freislers und bewertet die unterschiedlichen Positionen.

4 Huber beruft sich auf die deutschen Philosophen Kant (Z. 17) und Fichte (Z. 101). Stellt die entsprechenden Aussagen mit euren eigenen Worten dar und sucht nach Begründungen für seinen Rückgriff auf diese Philosophen.

Hartmut von Hentig

Eine Gedenkrede

Hartmut von Hentig, ein bekannter Pädagogikprofessor und Gründer der „Laborschule Bielefeld“, hielt zum 20-jährigen Bestehen des „Geschwister-Scholl-Gymnasiums“ in Pulheim eine Ansprache, der dieser Auszug entnommen ist.

Die Geschwister Scholl

An einer Geschwister-Scholl-Schule über die Geschwister Scholl sprechen zu wollen war freilich unvorsichtig. Ich musste doch befürchten, dass die Schülerinnen und Schüler, die Lehrerinnen und Lehrer über diese beiden Menschen gründlich Bescheid wissen, sodass man ihnen über sie nichts Neues sagen kann und sie den hohen (vielleicht gelegentlich auch hohlen) Ton womöglich leid sind – die moralische Forderung „So sei auch du!“ oder die quälende Frage „Und ich?“

Ich versichere, dass ich etwas anderes tun will als uns ermahnen. Ich will aufklären – mit Hilfe eines Vergleichs. Während ich über die Geschwister Scholl spreche, spreche ich eigentlich ständig von uns.

Die Geschwister Scholl – wie Antigone[1] und meine anderen „Lieblingshelden“ sind sie Menschen, die ihren Weg kompromisslos gegangen und darum „gescheitert“, zu Fall gekommen sind. Kann das ein Vorbild sein? Was ließe sich da lernen? Wer möchte schon scheitern? Schrecken meine Helden nicht im gleichen Maß, in dem ihre Unbedingtheit, ihre Kompromisslosigkeit anzieht, auch ab? Aber sind nicht auch Sokrates[2] und Christus gescheitert? Und haben sie nicht gerade dadurch ihre Idee, die Wahrheit und Kraft ihrer Lehre bestätigt? Wozu also verhelfen uns die Geschwister Scholl? – Meine vorgreifende und zusammenfassende Aussage lautet: An den Geschwistern Scholl können wir erstens erkennen, dass zur moralisch befriedigenden Tat die Eindeutigkeit der Entscheidung gehört; an ihnen nehmen wir zweitens wahr, dass uns – anders als ihnen – solche Eindeutigkeit versagt ist.

Was machte die Geschwister Scholl sehend?

Da war ihr christlicher Humanismus[3], der durch Kierkegaards[4] und Haeckers[5] christlichen Existenzialismus vitalisiert worden war. So erlebten sie, was den Juden in ihrer eigenen Umgebung geschah, anders als die nicht christlichen oder bloß christlichen Zeitgenossen. Sie erkannten die Menschenfeindlichkeit der Euthanasie[6], wie sie von den Nazis an Geistesgestörten geübt wurde. Die Geschwister Scholl waren empört über das, was die Nazis als „Korrektur“ der Kriegsverluste ankündigten: eine zynische Bevölkerungspolitik, die die jungen Frauen aufforderte, dem Führer „ein Kind zu schenken“, das sie mit einem SS-Mann zeugen sollten. Der pazifistische[7] Vater ließ sie die verbrecherische Willkür des Krieges erkennen, den Hitler vom Zaun gebrochen hatte. In der Jugendgruppe d. j. 1. 11[8] erfuhren sie eine Gemeinschaft, wie sie sie von den Hitlerjugend-Verbänden umsonst erhofft hatten. Die vielleicht nicht stärkste, aber nützlichste, nämlich politisch unmittelbar verwend-

1 **Antigone:** Gestalt der griechischen Mythologie und Hauptfigur eines Dramas des Sophokles (5. Jh. v. Chr.); Antigone widersetzte sich dem Gebot des Herrschers von Theben, ihres Onkels Kreon, weil es gegen die göttlichen Gebote verstieß, und ging dafür in den Tod.

2 **Sokrates** (470 v. Chr. – 399 v. Chr.): griechischer Philosoph, der als Begründer der Ethik, d. h. der Lehre vom richtigen Handeln, gilt. Er wurde zum Tod durch den Giftbecher verurteilt.

3 **Humanismus:** Weltanschauung, bei der der Mensch, insbesondere die Wahrung der Menschenwürde, im Mittelpunkt steht

4 **Søren Kierkegaard** (1813–1855): dänischer Philosoph, ist der Begründer des Existenzialismus, einer Denkhaltung, die vom ganz auf sich selbst gestellten Einzelnen und seiner moralischen Verantwortung ausgeht.

5 **Theodor Haecker** (1879–1945) wendete sich gegen die rassenbiologischen Anschauungen seiner Zeit und erhielt von den Nationalsozialisten Rede- und Veröffentlichungsverbot.

6 **Euthanasie:** zu Zeiten der Nationalsozialisten war damit die Tötung körperlich oder geistig Behinderter gemeint.

7 **pazifistisch:** jede Form von Krieg ablehnend

8 **d. j. 1. 11:** Deutsche Jungenschaft vom 1. 11. Diese Jugendorganisation wurde am 1. 11. 1929 gegründet und war im Gegensatz zur Hitlerjugend, der sie pro forma angehörte, allem Kulturellen gegenüber aufgeschlossen.

bare Quelle von Erkenntnis war ihnen ihre Bildung. In den Flugblättern zitieren sie unsere Klassiker und die großen Geister der Weltgeschichte: Schiller, Goethe, Aristoteles[9], Laotse[10] und immer wieder Immanuel Kant[11]: „... dass du die Menschheit sowohl in deiner Person als auch in der Person eines jeden anderen jederzeit zugleich als Zweck, niemals bloß als Mittel gebrauchst."

Die Kinder des liberalen Vaters, der vor der Machtergreifung durch die Nazis politische Verantwortung trug und diese bei der Machtergreifung verlor, mochten skeptisch gegenüber den neuen Herrschern sein. Feindlich waren sie nicht von vornherein. Sie standen im Zwiespalt zwischen den vordergründigen Erfolgen, den pompösen, aber nicht immer verkehrten Absichtserklärungen einerseits und dem von ihnen selbst erfahrenen Ungeist andererseits: dem Drill, der Hetze, der Gleichmacherei, der Kadermentalität[12] in der Hitlerjugend. Die idealistischen Bürgerkinder waren prädestiniert[13] für Führerschaft und Verantwortung in den Jugendgruppen – aber eben da wurde ihnen Stupides, Kleinliches, Unwürdiges zugemutet.

Es muss noch mehr gewesen sein als „Erkenntnis", was die Geschwister Scholl zur Verurteilung der abgründigen Unsittlichkeit, Verderbtheit und Lüge des neuen Staates befähigte. Sie haben die Verwerflichkeit erkannt, das war das eine. Sie haben beschlossen zu handeln, das war das Zweite, und sie haben auf Sicherheit verzichtet, das war das Dritte. „Seid Täter des Wortes – nicht Hörer allein!", dieser Satz aus dem Jakobusbrief[14] war für sie entscheidend. Ein Wort ist wahr, wenn es sich bewährt. Wenn sie die Wahrheit wussten, durften sie diese nicht nur, sie mussten sie ausrufen. Die Ausrufung der Wahrheit war ihr politisches Programm. Sie beschlossen, die Lüge bloßzustellen, das Wahrheitsbedürfnis der Menschen zu wecken, die die Wahrheit verhindernde Vereinzelung zu durchbrechen.

Die Geschwister Scholl haben zur totalen moralischen Mobilmachung aufgerufen und sind dabei weder vor Hochverrat noch vor Landesverrat zurückgeschreckt. Zu den von ihnen gedachten Mitteln gehörten kleine Sabotage (kein Pfennig für die Winterhilfe) und große Sabotage (die Störung der Kriegsproduktion, der Kriegsforschung, der Kriegsnachrichtenvermittlung). Das Wort „Widerstand" genügt schon deshalb nicht, weil es um die Tat ging, die man selbst zur eigenen Befreiung tut. Das letzte Flugblatt beschwört die Freiheit und die Ehre. Die Freiheit war in der Unehre nicht zu haben, aber die Ehre doch noch in der Unfreiheit. Dieses außer Gebrauch gekommene Wort „Ehre" ist nur die Außenseite der „Scham". Sie war vielleicht das stärkste aller Motive der Geschwister Scholl. Das sollten wir uns merken, wenn wir selber Schweres, gar Großes vorhaben. [...]

9 **Aristoteles** (384 v. Chr. – 322 v. Chr.): griechischer Philosoph, der u. a. an Sokrates anknüpfte
10 **Laotse:** chinesischer Philosoph, der als einer der Begründer des Taoismus gilt. In dieser Weltanschauung geht es u. a. darum, die eigene Natur zu erkennen und anzunehmen.
11 **Immanuel Kant** (1724–1804): deutscher Philosoph, der sich insbesondere der Frage nach dem richtigen menschlichen Handeln widmete; s. die Rede von Kurt Huber, S. 60/61
12 **Kadermentalität:** kritikloses Übernehmen der Werte und Ansichten von Parteiorganisationen
13 **prädestiniert:** vorbestimmt, hier: wie geschaffen
14 **Jakobusbrief:** Bibeltext, Teil des Neuen Testaments

1 a) Diskutiert auf der Grundlage der Rede H. v. Hentigs die Bedeutung der Geschwister Scholl für euch.
b) Formuliert eure persönliche Haltung zum Handeln der Weißen Rose in einem Statement, das ihr der Klasse vortragt.

2 Fertigt eine Übersichtsskizze an, die die Motive von Hans und Sophie Scholl, Widerstand zu leisten, verdeutlichen.

3 a) Untersucht mit Hilfe der nachfolgenden Übersicht (S. 65), welche rhetorischen Figuren Hartmut von Hentig in seiner Rede verwendet.
b) Erläutert die jeweilige Intention der rhetorischen Figuren.

Übersicht rhetorischer Figuren

Akkumulation (= Häufung): Ein Satz enthält mehrere (oft drei) aufeinanderfolgende gleiche Teile (Einzelwörter oder größere Einheiten), die erst zusammen die ganze Aussage prägen. Beispiel: „Als deutscher Staatsbürger, als deutscher Hochschullehrer und als politischer Mensch erachte ich es als Recht ..." (S. 61, Z. 1 ff.)

Anapher: Zwei oder mehrere Sätze oder Satzteile beginnen mit demselben Wort. Beispiel: „Sabotage in rüstungs- und kriegswichtigen Betrieben, Sabotage in allen Versammlungen ..." (S. 58, Z. 90 ff.)

Klimax: Die Aussage wird steigernd aufgebaut. Beispiel: „... dass keiner sich vor seinem Nachbarn, der Vater nicht mehr vor seinen Söhnen, sicher fühlt." (S. 61, Z. 37 ff.)

Metapher: Beim metaphorischen Sprechen werden Vorstellungen aus einem Bedeutungsbereich in einen anderen übertragen. Beispiel: „Deckmantel einer Feigheit" (S. 61, Z. 43 f.)

Personifikation: Sonderform der Metapher, bei der ein Gegenstand oder Begriff vermenschlicht wird. Beispiel: „Stimme des Gewissens" (S. 62, Z. 58)

rhetorische Frage: Es wird eine Scheinfrage gestellt, deren Antwort in den Augen des Redners bereits feststeht. Beispiel: „Kann das ein Vorbild sein?" (S. 63, Z. 22)

Vergleich: Eine Aussage wird veranschaulicht, indem sie durch eine Vergleichspartikel, z. B. „wie", mit einem anderen Bereich in Beziehung gesetzt wird. Beispiel: „... in alle Welt verstreut zu werden wie der Staub vor dem Winde ..." (S. 57, Z. 35 ff.)

Ein Referat über die Weiße Rose

Von links nach rechts: Hans Scholl, Sophie Scholl und Christoph Probst (1942)

Ihr habt die Geschwister Scholl und die anderen Mitglieder der Weißen Rose in den vorangegangenen Texten nur kurz kennen gelernt. Um mehr über sie und ihren Widerstand gegen das Hitler-Regime zu erfahren, könnt ihr ein Referat erarbeiten und in der Klasse halten (s. S. 66–69).

Wie erhalte ich Informationen?

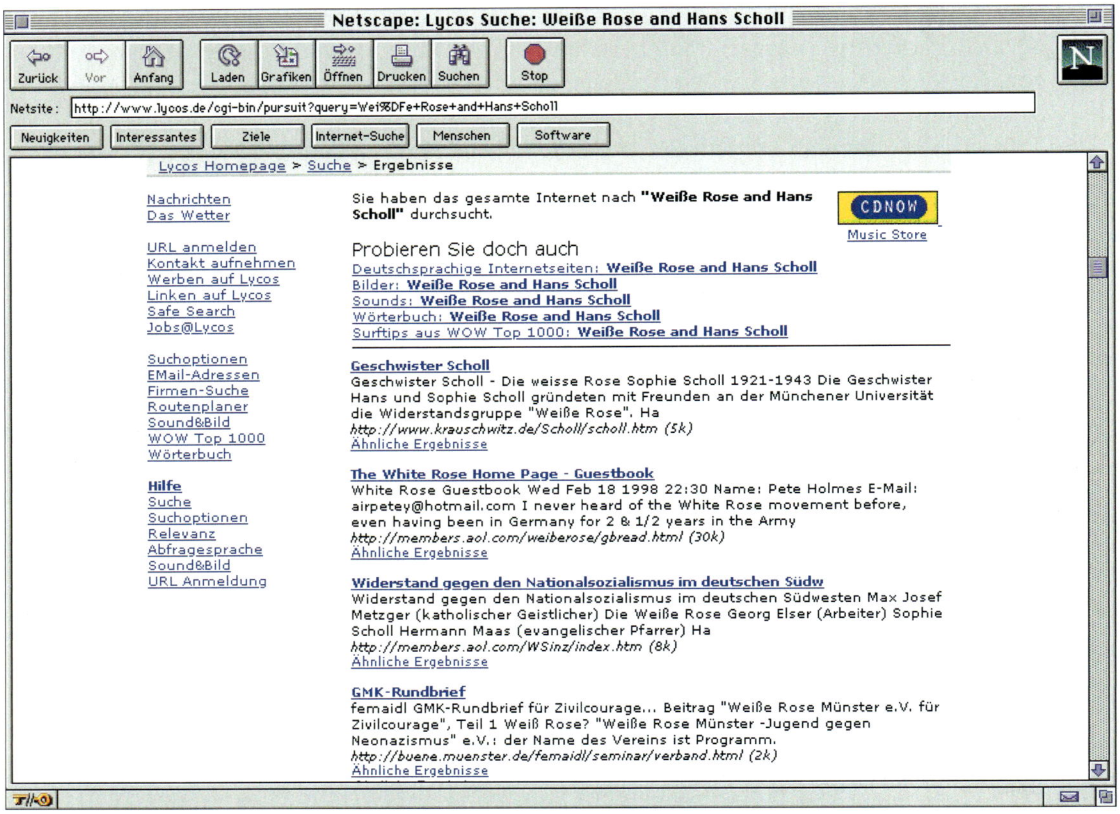

Weisse Rose

Dann sind's die besten Köpfe, die man henkt. Die junge Generation im deutschen Widerstand. *Schwerin, Detlef von.* 1991. 571 S., 20 Abb., Piper / KNO' Ln 29,80 / ÖS 218,–/ SFr 29,90 [3-492-03358-X]

Freundschaften in der Weissen Rose. *Fürst-Ramdohr, Lilo.* 1995. 202 S., 35 Abb. – 20,5 x 14 cm. 400 g 'Geschichtswerkstatt Neuhausen' Ln 29,80 [3-931231-0-3]

Die Geschichte der Weissen Rose. *Dumbach, Annette E./Newborn, Jud.* Aus d. Amerik. v. Gierlichs, Annerose. 4. Aufl. 1997, 266 S. (Herder Spektrum., 4269) 'Herder Freiburg/ KNO' Kt 1980 / ÖS 145,– / SFr 19,80 [3-451-04269-X]

Hochverrat? Die „Weisse Rose" und ihr Umfeld. Beitr. v. Altgeld, Wolfgang / Freise, Gerda/ Hirzel, Hans / Kissener, Michael / Knoop-Gaf, Anneliese. Hrsg.: Karlsruher Forschungsstelle Widerstand gegen den Nationalsozialismus im deutschen Südwesten/ Lill, Rudolf. 1993. 224 S., 21 schw.-w. Abb. (Porträts d. Widerstands, 1) 'Universitätsvlg Konstanz / BRO' Br 24,80/ÖS 181,–/ SFr 24,80 [3-87940-456-9]

Weisse Rose / CD-ROM

Die Weisse Rose. PC-Version. Hrsg. v. Chaussy, Ulrich, Bearb. v. Rehr, Hans. 1995. 1 CD-ROM. (CD-ROM-Ausg.) 'Systhema 98,–' / ÖS 745,–/ SFr 85,– [3-634-23107-6]

Weisse Rose / Tonträger

Alle Gewalten zum Trutz sich erhalten. Die Geschichte der Weissen Rose. Ein Hörbild von Ulrich Chaussy. *Chaussy, Ulrich.* 1993, 1 Texth., 2 Audiokass., Gesamtlaufzeit ca. 113 Min. (Tonkassetten.) Tondok. d. Bayer. Rundf. Unser Jahrh. im Radio) 'TR Verlagsunion' 39,80 [3-8058-2728-8]

Die Weisse Rose (Film)

Der Film „Die weisse Rose". Das Drehbuch. *Verhoeven, Michael / Krebs, Mario.* 1982. 150 S., zahlr. Fotos – 29,8 x 21 cm, 500 g 'Loeper Karlsruhe' Kt 1980 / ÖS 152,– / SFr 1980 [3-86059-750-7]

Internet-Seite, Ausriss aus dem in Buchhandlungen einsehbaren „Verzeichnis lieferbarer Bücher"

Hermann **Vinke:** Das kurze Leben der Sophie Scholl, Ravensburger Buchverlag, Ravensburg 1986

Inge **Scholl:** Die Weiße Rose, Fischer-Verlag, Frankfurt am Main 1955, erweiterte Taschenbuchausgabe Februar 1993

Harald **Steffahn:** Die Weiße Rose (rororo monografien), Rowohlt TB Verlag, Reinbek bei Hamburg 1992

Hans **Scholl** und Sophie Scholl: Briefe und Aufzeichnungen, hg. von Inge Jens, Fischer-Verlag, Frankfurt am Main 1984

Hildegard **Hamm-Brücher:** Zerreißt den Mantel der Gleichgültigkeit. Die „Weiße Rose" und unsere Zeit, hg. von Wilhelm von Sternburg, Aufbau TB Verlag, Berlin/Weimar 1997

Karteikarten aus einem Bibliothekskatalog

1 a) Sichtet die bibliografischen Hinweise zum Thema „Weiße Rose".
b) Prüft, ob eine fächerverbindende Zusammenarbeit mit Geschichte, Politik oder Religion möglich ist.

Wie werte ich Material aus? Wie ordne ich meine Informationen?

2 Formuliert Leitfragen, die euch und den Hörern/Hörerinnen des Referats wichtig sind, und sucht gezielt nach Antworten.

– *Wie sehen die biografischen Daten aus?*

Hans Scholl	*Sophie Scholl*	*Christoph Probst*
geboren am 22. 9. 1918	...	...
...	...	...
...	*Studentin der Biologie und Philosophie in München*	
hingerichtet durch das Fallbeil am 22. 2. 1943	...	

– *Was waren das für Menschen?*
– *Aus welchem Grund haben sie Widerstand geleistet?*
– ...

3 Bearbeitet die von euch ausgewählten Materialien nach folgendem Muster:

	An Kurt Huber Russland, 17. 8. 1942 Sehr geehrter Herr Professor!	ebenfalls zum Tode verurteilt, Mitglied der Weißen Rose
Reiseroute: Wiasma als Ziel	Nach einer langen und abwechslungsreichen Fahrt sind wir vor zwei Wochen in einem kleinen, halb zerschossenen Städtchen östlich Wiasma angekommen. Hier verbringen wir unsere Tage mit Nichtstun. Nicht, dass ich mich nach „Arbeit" sehnte, mit Medizin beschäftige ich mich nur, um besonders leeren Stunden zu entgehen. Auch der immer währende Regen stört mich keineswegs, sondern die verdammte Inaktivität in wesentlicheren Dingen, die Ausweglosigkeit, das Abgeschnittensein ärgert mich oft maßlos.	
über Warschau	Von Warschau aus, wo die ganze Studentenkompanie noch beisammen war, wollte ich Ihnen schon eine Postkarte schreiben, aber es ging alles viel zu schnell. Die Stadt, das Ghetto und alles Drum und Dran hatte auf alle einen sehr entscheidenden Eindruck gemacht.	Polen ? Was meint er damit?
Beschreibung Russlands	Es ist unmöglich, auch nur ein schwaches Bild dessen zu geben, was in Russland vom ersten Tage an nach der Grenzüberschreitung auf mich eingestürmt ist. Ich weiß nicht, wo ich anfangen sollte zu beschreiben. Russland ist in jeder Beziehung so ungeheuer groß, so ohne jede Grenze, und grenzenlos ist die Heimatliebe seiner Bewohner. Der Krieg geht über das Land dahin wie ein Gewitterregen. Aber nach dem Regen scheint wieder die Sonne. Das Leid ergreift die Menschen ganz und gar, reinigt sie – aber dann lachen sie wieder.	mehrdeutiger Ausdruck – Metapher
Verhältnis zu russischen Menschen	Ich bin mit drei guten Freunden, die Sie kennen, bei derselben Kompanie. Besonders wertvoll ist mir mein russischer Freund. Auch ich bemühe mich sehr, die russische Sprache zu lernen. Wir gehen abends zu den Russen und trinken Schnaps mit ihnen und singen.	Russen sind für ihn keine „Untermenschen".
Kriegslage	Die Russen sind wohl nördlich und südlich von hier mit starken Kräften im Angriff, aber es ist noch unklar, was daraus entstehen wird.	Hoffnung?
	Viele Grüße! Ihr ergebener Hans Scholl und Ihr Alexander Schmorell und Ihr Willi Graf und Ihr Hubert Furtwängler	„Weiße Rose"

a) Markiert wesentliche Stellen und notiert am Rand zusammenfassende Stichwörter, mit deren Hilfe ihr die Aussagen überblickartig erfassen könnt.

b) Schreibt wichtige Informationen, die ihr während des Vortrags zitieren (wörtlich wiedergeben) wollt, auf Karteikarten heraus. Vergesst nicht, jeweils die Textquelle mit zu notieren.

c) Ordnet eure Informationen nach den Leitfragen, erstellt eine sinnvolle Reihenfolge.

4 Beim Aufbau und Vortrag eures Referats könnt ihr euch an den folgenden Hinweisen orientieren.

Tipps zum Aufbau und Vortrag eines Referats

Aufbau:

- Die **Einleitung** verfolgt den Zweck, das Thema für die Zuhörer/innen interessant zu machen.
- Das Referat sollte eine eindeutige **Themenformulierung** haben und klar gegliedert sein. Diese **Gliederung** wird den Hörern/Hörerinnen zu Beginn vorgestellt. Im Verlauf des Vortrags kann man an die Gliederung erinnern, sodass die Hörer/innen immer wissen, worum es gerade geht.
- Mehrkanaliges Lernen erleichtert das Verständnis: Die Aussagen eines Referats sollten möglichst **veranschaulicht** werden. Hierfür eignen sich zum Beispiel Bilder, Skizzen oder Modelle, die Zusammenhänge darstellen, Karten, Videoeinspielungen, aber auch Originalzitate, die ein anderer Sprecher vorträgt …
- Der **Schlussteil** fasst die wichtigsten Ergebnisse zusammen. Abschließend wird nach Möglichkeit eine Verbindung zwischen den Zuhörerinnen/Zuhörern und dem Thema hergestellt.

Vortrag:

- Sprecht möglichst **frei** – ein Vortrag ist keine Lesung!
- Stellt euch eine **Vortragsfassung** eures Referates auf Karteikarten her: wichtige Fakten, einige hervorzuhebende Stichwörter, den Rest ergänzt ihr im Vortrag selbst.
- Sprecht **langsam** und **klar,** Wiederholungen sind keine verschenkte Zeit, sondern an wichtigen Stellen unerlässlich.
- Plant **Pausen** für Hörerfragen ein.

3.3 Aktuelle Themen – Reden verfassen und vortragen

Eine Rede zum Asylrecht – Abgucken bei den Profis

In den Jahren nach der Wiedervereinigung Deutschlands 1990 kam es zu einem starken Anstieg der Anträge auf politisches Asyl. 1993 wurde im Bundestag eine Änderung des Asylrechts beschlossen: Die Neuregelung, zu der eine Zweidrittelmehrheit des Bundestages notwendig war, sieht nun vor, dass Asylsuchende, die aus einem „sicheren Drittland" in die Bundesrepublik einreisen, sofort wieder dorthin zurückgeschickt werden. „Sichere Drittländer" sind solche Länder, in denen ebenfalls Asyl beantragt werden kann und in denen man nicht politisch verfolgt wird, de facto also alle Länder, die an Deutschland angrenzen. Darüber hinaus erstellt die Regierung so genannte Länderlisten, in denen die Staaten aufgezählt werden, in denen keine politische Verfolgung stattfindet. Flüchtlinge aus diesen Ländern (z. B. aus Ghana) werden grundsätzlich nicht als politisch verfolgte Flüchtlinge anerkannt und können ohne weitere Prüfung sofort wieder in ihr Heimatland zurückgeschickt werden. – Die Frage dieser Grundgesetzänderung war eine der umstrittensten der letzten Jahre. Die Debatte im Bundestag am 26. Mai 1993 machte das deutlich. In dieser Debatte hielt auch die Abgeordnete Dr. Sigrid Skarpelis-Sperk eine Rede (S. 70/71). Allerdings war sie recht weit hinten auf einer langen Rednerliste. Wollte sie also noch Aufmerksamkeit, so musste ihre Rede schon etwas auffälliger sein.

Dr. Sigrid Skarpelis-Sperk (SPD):
Liebe Kolleginnen und Kollegen! Frau Präsidentin!

A

Zur Zeit der griechischen Militärjunta[1] sammelte ich als Frau eines politisch Verfolgten persönliche Erfahrungen und heute noch werden schreckliche Bilder in mir wach: das im Polizeiverhör grässlich zerschlagene Gesicht eines Mannes, der eines Nachts übermüdet, abgerissen, mittellos und ohne Papiere verzweifelt vor der Tür stand; der Unterarm eines anderen Mannes mit kaum verheilten Brandwunden, Male durch ausgedrückte Zigaretten, Folge von Verhören durch die griechische Geheimpolizei, sein angstvolles Zusammenzucken bei jedem Anzünden einer Zigarette; schließlich das wehe Lächeln meiner Freundin Katja, als sie Jahre später meine Tochter auf meinem Arm sah. Sie selbst war als Schwangere so bestialisch gefoltert worden, dass sie ihr Kind verlor und nie wieder ein Kind empfangen konnte.
Aber es gab in dieser Zeit auch viel Positives, die überwältigende Solidarität mit dem Freiheitskampf im Geburtsland der Demokratie, Freundschaften über Parteien hinweg, die sich in diesen Zeiten unter den Verfolgten auf deutschem Boden und mit uns Deutschen bildeten. Der größte Teil der politischen Führung aller Parteien Griechenlands suchte und fand Asyl in Deutschland, in Europa und in den USA.
Wir sollten bei unserer Debatte also nicht vergessen, dass die Gewährung von Zuflucht für Verfolgte nicht nur eine Last für das Gastland ist, sondern auch und nicht zuletzt eine Chance für mehr Freiheit und Demokratie, eine Chance für mehr Freiheit und Demokratie in der Welt, aber auch für ein positives Deutschlandbild.

1 **Militärjunta:** von Offizieren nach einem Putsch gebildete Regierung

B

Drei Dinge sind es, die mich im Laufe unseres Entscheidungsprozesses besonders bestürzen: Wir schaffen ein Grundrecht ab, ohne die Ursachen der Armutswanderung zu beseitigen oder die Immigration in der Realität auch nur zu begrenzen.
Wir produzieren eine Scheinlösung, wie bald sichtbar werden wird. Dadurch, dass wir die Zuwanderung auf dem Gesetzespapier abschaffen, verschieben wir die Probleme nur in die Illegalität mit der unausweichlichen Folge steigender Kriminalität.
Wir wissen das aus anderen Ländern, die kein Asylrecht in unserem Sinne, keine Sozialhilfe kennen. Wozu die Zuwanderung Illegaler in den USA, aber auch in Griechenland führt, können wir sehen: zu mehr Kriminalität und zu nichts anderem.
Ein Drittes ist uns im Entscheidungsprozess um das politische Asyl verloren gegangen: das gemeinsame Suchen und Finden von praktischen und politischen Lösungen für die neuen Probleme. Herausforderungen aller Institutionen und politischen Ebenen.
Im Grunde wissen alle, dass wir auch deswegen vor so großen Problemen stehen, weil in einer unverantwortlichen Mischung aus stets zu geringem Organisationsaufwand, stets zu spät bewilligtem Personal, schlecht geregelten Zuständigkeiten von Bund, Ländern und Ge-

meinden und Finanzierungstricks bei den Bürgerkriegsflüchtlingen ein Verwaltungs- und Rechtsprechungsnotstand entstanden ist, über den sich alle zu Recht erregen. Diesen Notstand abzuschaffen wäre unsere Aufgabe als Gesetzgeber, nicht, Grundrechte zu ändern.

C

Vor knapp 30 Jahren erhielt eine Schülerin in der Reifeprüfung einen Dialog des Philosophen Platon zur Übersetzung und Interpretation. Der Text schilderte eine Geschichte aus dem Leben des Athener Bürgers Sokrates während der Zeit der Tyrannei der Dreißig[2]. Sokrates, so erzählt der Dialog, wurde neben einigen anderen in das Rathaus bestellt. Dort wurden sie angewiesen, auf eine Nachbarinsel zu gehen, um geflohene Anhänger der athenischen Demokratie zu töten, die dort Asyl gefunden hatten. Der Schlusssatz des Dialogs ist mir bis heute im Gedächtnis geblieben: Die anderen gingen nach Salamis, ich aber ging nach Haus. – Im Jahre 399 vor Christus wurde Sokrates wegen Gottlosigkeit zum Tode verurteilt. Er floh nicht. Er wollte nicht als alter Mann in einem anderen Land um Asyl bitten und wurde hingerichtet.

2 **Tyrannei der Dreißig:** 404 v. Chr. wurden, nach einer vernichtenden Kriegsniederlage, 30 Athener Bürger berufen, um die demokratische Verfassung des Stadtstaats wieder herzustellen. Sie rissen jedoch die Macht an sich und errichteten ein Schreckensregiment.

D

Heute entscheiden wir als Gesetzgeber darüber, ob das Recht auf Asyl für politisch, religiös und rassisch Verfolgte in Deutschland faktisch noch in Anspruch genommen werden kann oder nurmehr als ein bedeutungsloser Merksatz in Art. 16 des Grundgesetzes verbleibt. Wir entscheiden, ob wir ein uraltes Recht – in primitiven Völkern war es ein religiöses Tabu und in zivilisierten Völkern hieß es Gastrecht und nicht Gastgnade –, ein Recht, das in zivilisierten Völkern lange vor der Antike selbstverständlich war, jetzt noch gewährleisten wollen. Es geht darum, ob wir die ethischen Grundlagen unserer Zivilisation, den Zusammenklang von christlichen, liberalen und sozialistischen Grundwerten, die den breit getragenen gesellschaftlichen Konsens des Staatswesens Bundesrepublik Deutschland ausmachen, den ersten größeren wirtschaftlichen und politischen Schwierigkeiten der Nachkriegsgeschichte opfern wollen, und dies in einer Zeit zunehmender Barbarei und Verfolgung weltweit und vor unserer europäischen Haustür.

1 Versetzt euch in die Situation von Frau Dr. Skarpelis-Sperk. Bringt die vier Abschnitte der Rede in eine Reihenfolge, die euch in dieser Situation sinnvoll erscheint, und begründet eure Anordnung.

2 Vergleicht eure Versionen und tauscht eure Begründungen aus.

Projekt: Wir halten eine Rede

Nach wie vor können Reden vor einem größeren Publikum Meinungen beeinflussen. Für die Meinungsbildung in einer Demokratie ist rhetorische Kommunikation grundlegend.

1 Sammelt Themen, zu denen ihr eine Rede formulieren wollt. Einige Anregungen:

- Aufruf zur Mitarbeit in der SV
- Geschlossene Heime für kriminelle Kinder und Jugendliche?
- Tempolimit auf Autobahnen
- ...
- ...

2 Eine Hilfe zur Themenfindung könnte auch das **Brainstorming** sein: Zwei Schüler/innen stehen an der Tafel, die in der Mitte die Aufschrift „Man müsste …" trägt. Die Klasse ruft nun spontan ihre Einfälle, die alle sofort notiert werden. Auch scheinbar sinnlose Vorschläge werden notiert, sie können Anreiz zu weiteren, sinnvolleren sein. In dieser Phase findet noch keine Auswahl statt.
Aus dem Angebot an der Tafel können im zweiten Schritt besonders interessante Themen für eine Rede ausgewählt werden.

3 Schreibt in Vierergruppen zu den von euch selbst gewählten Themen eine Rede. Es kann eine Hilfe sein, sich dabei an den vier Abschnitten der Bundestagsrede von Frau Skarpelis-Sperk (S. 70/71) zu orientieren und parallel zu formulieren:

- ein Beispiel aus der Geschichte oder das Vorbild eines berühmten Menschen,
- persönliche Erlebnisse, die Emotionen im Zuhörer wecken und für den Appell positiv sind,
- eine Aufwertung der eigenen Position oder des gewünschten Verhaltens (etwa durch die Wahl von „Hochwertwörtern") bei gleichzeitiger Abwertung der Gegenposition,
- eine argumentative Auseinandersetzung – wenn nötig, auch durch Entkräftung von Gegenargumenten –, die in einen Appell mündet.

4 Eure Rede könnte zwischen 600 und 900 Wörter enthalten, ihr dürft die einzelnen Abschnitte also durchaus etwas umfangreicher ausgestalten.
Versucht auch, rhetorische Mittel anzuwenden, wo ihr es für sinnvoll haltet (s. S. 65).

5 Tragt eure Reden vor. Beachtet dabei die Tipps auf Seite 56. Denkt daran: Ablesen ist nicht Vortragen!

4 Den Alltag satirisch betrachten – Kreatives Schreiben

4.1 Satirische Effekte erproben

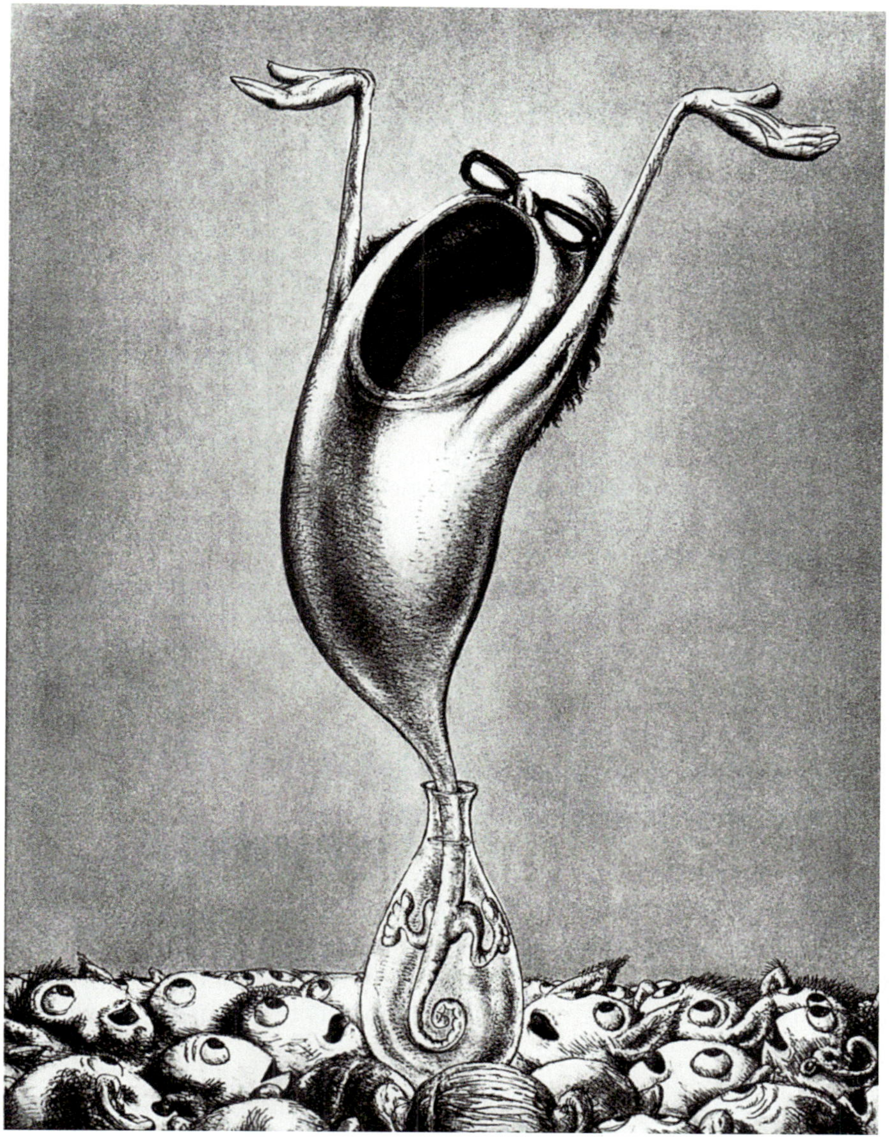

A. Paul Weber: Die Phrase

1 a) Beschreibt genau die einzelnen Elemente der Zeichnung von A. Paul Weber. Achtet besonders auf Körperhaltung und Mimik der Figuren.

b) Welche Intention (Absicht) verfolgt der Zeichner eurer Meinung nach?

Zeichnungen, die menschliche Eigenschaften oder Verhaltensweisen stark übertrieben bzw. verzerrt darstellen und dadurch lächerlich machen, nennt man **Karikaturen.** Texte, die diese Absicht verfolgen, heißen **Satiren.**

2 Stellt Themen für Karikaturen zusammen und skizziert einige eurer Ideen.

3 a) Überlegt, wie das von euch oder von A. Paul Weber (S. 73) karikierte Verhalten in einem satirischen Text dargestellt werden könnte.
b) Formuliert Kurztexte zu den Karikaturen und vergleicht ihre Wirkung.

Von Politikern geschätzt:
Das automatische Schnellformuliersystem

Das **„automatische Schnellformuliersystem"** stützt sich auf eine Liste von 30 sorgfältig ausgesuchten Schlüsselwörtern:

Spalte 1	**Spalte 2**	**Spalte 3**
0. konzertierte	0. Führungs-	0. -struktur
1. integrierte	1. Organisations-	1. -flexibilität
2. permanente	2. Identifikations-	2. -ebene
3. systematisierte	3. Drittgenerations-	3. -tendenz
4. progressive	4. Koalitions-	4. -programmierung
5. funktionelle	5. Fluktuations-	5. -konzeption
6. orientierte	6. Übergangs-	6. -phase
7. synchrone	7. Wachstums-	7. -potenz
8. qualifizierte	8. Aktions-	8. -problematik
9. ambivalente	9. Interpretations-	9. -kontingenz

Die Handhabung ist denkbar einfach. Denken Sie sich eine beliebige dreistellige Zahl und suchen Sie sich die entsprechenden Wörter in jeder Spalte aus. Die Nummer 257 zum Beispiel ergibt „permanente Fluktuationspotenz", einen Ausdruck, der praktisch jedem Bericht eine entschiedene, von Fachwissen geprägte Autorität verleiht. Keiner wird im Entferntesten wissen, wovon Sie reden. Aber entscheidend ist, dass niemand es wagen wird, dies zuzugeben.
Allen, die sich bisher noch klar und deutsch ausdrückten, wird die Anwendung dieses Systems dringend empfohlen.

4 a) Fertigt mit Hilfe des „automatischen Schnellformuliersystems" verschiedene Sprechblasen und fügt sie in Kopien der Karikatur auf S.73 ein. Welche Sprechblasen ergeben die interessanteste Wirkung?
b) Entwerft ähnliche Schnellformuliersysteme für andere Personengruppen, z.B. für Fernsehmoderatorinnen und -moderatoren von Musiksendungen und Talkshows.
c) Gestaltet Collagen, in denen ihr Abbildungen bekannter Figuren aus dem Fernsehen verwendet. Legt ihnen jeweils ein paar verrückte Sätze aus eurem Schnellformuliersystem in den Mund.

Christine Nöstlinger

Die Pribils

Bonsai, der 15-jährige Ich-Erzähler des gleichnamigen Romans von Christine Nöstlinger, heißt eigentlich Sebastian. Er ist außerordentlich intelligent, aber für sein Alter reichlich klein, weswegen ihn seine Klassenkameraden „Bonsai" (japanisch für „Zwergbaum") nennen. Sebastian wehrt sich, indem er immer wieder in einer schnoddrig-satirischen Weise über seine Umwelt und besonders über die Erwachsenen herzieht. Im folgenden Ausschnitt lässt er sich über die Familie Pribil aus, deren Kinder er im Urlaub kennen gelernt hat.

Sie sind [...] insofern sehr angenehme Freizeitgenossen für mich, als sie von meiner Körperkürze überhaupt nicht irritiert sind. Woher dieses außergewöhnliche Verhalten kommt, wurde mir gleich am Sonntag klar, als ich am Vormittag ins Pribil-Landhaus kam, um mir aus dem reichlichen Vorrat einen Tennisschläger rauszusuchen: Vater Pribil ist ein winziger Glatzkopf, er reicht seiner platinblonden Sioux-Squaw gerade bis zur heidelbeerjoghurtfarbenen Unterlippe. Wer von einem Mini-Vater und einer Maxi-Mutter großgezogen wird, der entwickelt da keine bornierten Vorurteile.

Da muss schon eher ich aufpassen, dass ich pribilmäßig in mir keine snobistischen Vorurteile aufkommen lasse. Das ländliche Pribil-Anwesen ist nämlich ein katastrophales Bauernkitsch-Museum, in dem garantiert eine Tonne Schmiedeeisen zu Lüstern, Türklinken, Fensterkäfigen, Laternen, Stehlampen, Trennwänden und weiß der wahnsinnige Raumausstatter was noch verarbeitet wurde. Die Jahresproduktion einer ganzen miserablen Sandler-Hinterglasmaler-Sippe hängt an den Rauputzwänden rum. Alte Schubkarren, Hackstöcke, Kindswiegen und Waschbottiche dienen als Seidenblumenständer, ein Butterfass spielt Schirmständer, hölzerne Wagenräder mit dicken Glasplatten drauf sind Beistelltische, und wo an den Wänden zwischen den Hinterglas-Zumutungen noch Platz frei ist, baumeln alte Sicheln, Dreschflegel, Brotschieber, Preiselbeerrechen und sonstiges hölzernes Arbeitsgerät vergangener Epochen herum. Zwei alte, wahrscheinlich vorher sehr schöne Bauernschränke hat die Squaw herself restauriert. Mit Acryllack-Blumen in Saure-Drops-Farben und so viel handwerklichem Geschick, dass es einem die Magenschleimhaut entzündet.

Sehr erstaunlich ist auch der Umgangston im Hause Pribil. Sie zwitschert gummibärlisüß drauflos und bringt alles, was immer nur möglich, mit -chen und -erl und -le in die Verkleinerungsform.

Er brummt umständlich gedrechselte Satzmonster, Marke Behördenformular, raus. Der Nachwuchs liebt es cool-karg, macht eigentlich nur, wenn es unbedingt erforderlich ist, das Maul auf, und was dann rauskommt, ist ungefähr so interessant anzuhören wie eine Waschmaschine im Schongang. Die Alten akzeptieren, dass die Jungen Bierchen trinken und heftig qualmen, fragen höchstens freundlich nach, ob im Zigaretterl nicht vielleicht doch Haschisch drinnen sei, das würden sie nämlich nicht sehr mögen.

Es erregt sie auch nicht, dass ihr Sohn und ihre Tochter höchstwahrscheinlich im kommenden Zeugnis zwei beziehungsweise drei Nichtgenügend haben werden und die Klasse wiederholen müssen. Schwester Pribil geht in die dritte Klasse, Bruder Pribil ebenfalls.

Ich habe aus Taktgründen noch nicht nachgefragt, aber da Schwester Pribil genauso alt wie ich ist und Bruder Pribil um ein Jahr jünger als ich, muss sie bereits zweimal sitzen geblieben sein und er einmal. Und sollten sie tatsächlich Ende dieses Monats wieder Pinsch-Zertifikate fürs abgeschlossene Schuljahr überreicht bekommen, dann hätte Schwester Pribil in ihrem jungen Leben das Sitzenbleiben schon dreimal geschafft – was wohl eine rare Leistung wäre!

Aber die Eltern Pribil vollbringen ja auch eine rare Leistung, was das verständnisvolle und gelassene Hinnehmen ihrer schulischen Nieten betrifft!

Da sagt sie: „Unsere Kinderchen sind doch hundsarme Würmchen! Ist schließlich ein grauslicher Frust für sie, dauernd nur so miese Noterln verpasst zu kriegen und nie ein bisserle ein kleines Loberl!"

Sagt er: „Deucht mir wahrlich, dass heutiges

Lehrpersonal nicht fähig ist, die ihnen Anvertrauten begierig auf Wissensstoff zu machen, dürfte an der mangelnden Didaktikausbildung liegen."
Sagt sie: „Aber nächstes Jährchen sind unsere Kinderchen ein Jährchen älter, da werden ihre Kopferln schon ein bisserle reifer sein!"
Sagt er: „Darauf Hoffnung zu hegen hieße übermäßiges Vertrauen in einen zwangsläufig naturgegebenen Zuwachs an Bildungswillen zu setzen."
Sagt sie: „Unsere Kinderchen brauchen nur ein bisserle mehr Sitzfleischerl zum Lernen, das wächst ihnen schon noch auf die Popscherln drauf, da musst nur ein bisserle Geldulderl haben!"
Und die Kinderchen, übrigens heißen sie Mercedes-Miriam und Maxim-Marcel, hören sich das milde grinsend an, wo doch jeder normale Nachwuchs über derartiges Altengequatsche ausflippen und täglich zehnmal einen Anfall kriegen müsste. Ich jedenfalls würde das keinen Tag durchstehen. Zumindest das Gummibärligerede der Sioux-Squaw nicht. Wie der kleine Glatzkopf redet, hat ja immerhin gewisse Reize.

1 Beschreibt die Elterntypen, die in diesem Romanauszug kritisch betrachtet werden, mit eigenen Worten.

2 Untersucht die sprachlichen Mittel, die die Autorin in ihrer Satire eingesetzt hat.
a) Ergänzt die nachfolgende Tabelle.
b) Beschreibt jeweils die Wirkung der verwendeten Mittel im Zusammenhang der Satire.

Sprachliche Mittel

Ironie	...	...	...
vorher sehr schöne	Satzmonster	eine Tonne Schmiedeeisen	Kinderchen
das Sitzenbleiben geschafft	schulische Nieten	...	...

...	Aufzählung	Alliteration	...
	Lüstern, Türklinken, Fensterkäfigen, Laternen ...	cool-karg	wie eine Waschmaschine im Schongang
	...	Mercedes-Miriam	Marke Behördenformular

3 a) Legt einen weiteren Vater- und Muttertyp fest, der eurer Meinung nach gut in einer Satire darstellbar ist.
b) Schreibt selbst eine Familiensatire. Der Aufbau (Beschreibung der Wohnungseinrichtung, Gespräch zwischen Vater und Mutter usw.) kann ähnlich wie bei Christine Nöstlinger sein. Verwendet einige der sprachlichen Mittel, die ihr herausgearbeitet habt.

Kirstin Therstappen (Klasse 10)

Familienfeier

Muss das denn schon wieder sein? Mit Augen, die wohl um die ganze Welt rollen sollen, stehen mein Bruder und ich vor dem Wohnzimmer. „Sind sie nicht süß?“, kreischt meine Oma Berta, und von allen Seiten bekommen wir Geld zugesteckt für „die schlechten Zeiten“, die für uns allerdings nur dann anbrechen, wenn wir wieder einmal zum Familientreffen müssen. Mehr als einmal kneift Tante Maria uns in die Wange, wohl um sicherzugehen, dass wir real sind.

Wenn dann das begrüßende Umarmen, das im Falle unserer beleibten Verwandtschaft eher an einen Ringkampf erinnert, überstanden ist, quetschen sich alle fünfzehn Personen um Oma Bertas kleines Sofa im Wohnzimmer. Das Schlimmste ist das liebliche Grinsen, welches alle Beteiligten über Stunden aufgesetzt haben; das lässt mich immer an die Models in einer Eiswerbung denken. Nur Opa Heinrich ist ein bisschen aus der Übung. Aber wer verübelt schon einem alten Mann, der höchstens noch drei Zähne im Mund hat, dass ihm die Freude am Lachen vergangen ist!? Nach Opa Heinrichs zweistündigen Kriegsberichten wird die Fanfare zur Eröffnung des Büfetts geblasen. Dabei stürzen sich alle auf Oma Bertas kleinen Esstisch, auf dem im Fett schwimmende Bratenstücke, verschrumpelter Brokkoliauflauf und zerlaufenes Eis dargeboten werden. Nach dem Essen kommt ein für meinen Bruder und mich eher angenehmer Teil des Tages, der Verdauungsspaziergang – wie ihn mein Onkel Eduard nennt. Das Angenehme daran ist, dass man nicht von irgendeinem uralten Parfümgeruch verfolgt wird, dass man ansatzweise Kontakt zur Zivilisation hat und dass man von den mitleidigen Blicken der Passanten aufgebaut wird. Wenn man sich all diesen Prozeduren unterzogen hat, kommt das Kaffeetrinken an die Reihe.

Den Sinn dieses unnützen Herumsitzens haben wir zu ergründen versucht. Wir haben die Sache regelrecht studiert. Dabei haben wir festgestellt, dass diese Frage schwerer zu klären ist als die nach dem Sinn des Lebens. Es könnte dazu dienen, seine sinnliche Schmerzgrenze zu erproben, indem man sich tonnenweise Sahne auf ein winziges Stückchen Ananastorte wirft oder versucht, eine ganze Donauwelle ohne Zähne hinunterzuwürgen. Dann und wann fällt es meinem Vater auch noch ein, die Urlaubsdias zu zeigen, was für meinen Bruder und mich die absolute Hölle bedeutet und uns peinlicher ist, als nackt über die Kö[1] zu rennen.

Nachdem man all diese Foltern hat über sich ergehen lassen, muss man noch einmal in den Ring, um sich vom einen zum anderen Verwandten bis zur Türe durchzucatchen. Auf Sprüche wie „Kommt uns doch bald wieder besuchen“ lächeln wir höflich und verlassen scheinbar traurig die Wohnung. Fällt jemandem dabei so etwas wie „Wollt ihr nicht doch noch eine Nacht hierbleiben?“ ein, dann hilft nur noch ein simulierter Magen-Darm-Virus.

1 **Kö:** Prachtstraße in Düsseldorf

„Die Satire muss übertreiben und ist ihrem tiefsten Wesen nach ungerecht. Sie bläst die Wahrheit auf, damit sie deutlicher wird.“
Kurt Tucholsky

„Dem Satiriker ist es verhasst, erwachsenen Menschen Zucker in die Augen und auf die Windeln zu streuen. Dann schon lieber Pfeffer! Es ist ihm ein Herzensbedürfnis, an den Fehlern, Schwächen und Lastern der Menschen Kritik zu üben.“
Erich Kästner

1 a) Wo wird den Lesern im Text von Kirstin Therstappen „Pfeffer in die Augen gestreut“ (Kästner)?
b) Welche Leser könnten sich davon besonders provoziert fühlen?
c) Gibt es satirische Äußerungen, die manche Leser für „ungerecht“ (Tucholsky) halten könnten?

2 a) Beschreibt möglichst genau, mit welchen sprachlichen Mitteln die folgenden Wendungen aus dem Text „Familienfeier“ (S. 77) satirische Wirkung erzielen, und sucht passende Bezeichnungen für sie.

... an einen Ringkampf erinnert ...
... Fanfare zur Eröffnung des Büfetts ...
... tonnenweise Sahne ...

b) Findet weitere Beispiele dieser Art.

3 Schreibt Familiensatiren und verwendet darin die von euch zusammengestellten satirischen Mittel. Sammelt zunächst Situationen, die für eine Satire geeignet sind.

Situationen für Familiensatiren

- belagertes Badezimmer morgens um halb sieben
- Streit um das richtige Programm abends vor dem Fernseher
- ...

Kerstin Osthold (Klasse 10)

Laber geht zu einer Fete

Samstag, na ja, eigentlich wollte ich nicht auf die Party gehen, also, ist ja auch egal, auf jeden Fall hab ich dann meine Freundin abgeholt, die hat so braune Haare, heute hatte die 'ne blaue Jeans an und so; also, ich hab die dann abgeholt, und wir sind zusammen zu der Party, da an der Langestraße ist das, glaube ich, wir sind dann da hingegangen und haben geklingelt, aber die Klingel war so komisch, die hat immer so gesirrt, wenn man draufgedrückt hat, ich glaube, die müssen die mal reparieren lassen; na ja, der Typ, der da an der Langestraße die Party gegeben hat, hat dann die Tür aufgemacht und ich weiß nicht, der sah an dem Abend sowieso schon so zu aus, der hat dann also gesagt: „Wer seid ihr denn?“ Wir haben uns dann total geärgert, wir wussten ja auch gar nicht, was das sollte, von wegen, wer seid ihr denn? Auf jeden Fall haben wir uns total geärgert und sind wieder gegangen.

1 Über welche Verhaltensweisen wollte sich die Verfasserin wohl lustig machen?

2 a) Wie hat die Schülerin ihre Satire sprachlich gestaltet?
b) Beurteilt den Text im Hinblick auf Stärken und Schwächen.

3 Sammelt Floskeln und Redewendungen, die ihr öfters zu hören bekommt und die für euch eher nichts sagend sind. Nutzt eure Sammlung, um eigene „Laber“-Texte zu schreiben.

Parodien entwickeln

Um satirische Effekte zu erzielen, kann man auch bestehende Texte **parodieren.** Man ahmt bestimmte Formmerkmale eines Textes nach, übertreibt sie aber oder füllt sie mit einem anderen Inhalt, sodass die Vorlage erkennbar bleibt, der Text jedoch eine andere Aussage erhält.

Liebe.doc – Ein Spiel mit Edelkitsch

Längst waren alle ■ Erinnerungen an die ■ Enttäuschungen der letzten Monate verblasst. Draußen hatte die ■ Sonne schon vor geraumer Zeit die ■ Wolken durchdrungen und ihre ■ Strahlen warfen ein ■ Licht in den ■ Raum. Er stand ■ da mit seinen ■ Augen und sie konnte nicht sprechen. Sie streckte nur die ■ Hand aus und ließ sich von ihm ■ an seine ■ Brust ziehen. In ihren ■ Augen lag eine ■ Glut, wie er sie nie an ihr gesehen hatte. Bei dem ■ Gefühl, das sie jetzt ■ durchströmte, funkelten die ■ Tränen in ihren Augen wie ■ Edelsteine und ihre ■ Stimme hauchte ■: „Willst du mir ein Geheimnis sagen?“

1 In trivialen Liebesromanen sind Substantive oft von klischeehaften Adjektivattributen begleitet. Setzt die folgende Liste solcher Adjektive fort.

unaussprechlich, bitter, dunkel, feurig, süß, glühend, heiß, brennend, innig, unvergesslich, lächelnd, tief, schön, kostbar, bebend, heftig, innig, hell, zitternd, sanft …

2 Bereitet eine **Parodie** des Textes vor, indem ihr einige dieser Adjektive steigert („innig → innigst“) oder durch Zusätze übertreibt („süß → kandiszuckersüß“) und sie anschließend – wenn möglich am PC – in den Text einfügt.

3 Besorgt euch triviale Liebesromane und parodiert sie, indem ihr möglichst viele Adjektive einfügt. Prüft, durch welche Kombinationen sich die interessanteste Wirkung ergibt.

Hanns von Gumppenberg

Sommermädchenküssetauschelächelbeichte

An der Murmelrieselplauderplätscherquelle
saß ich sehnsuchtstränentröpfeltrauerbang:
Trat herzu ein Augenblinzeljunggeselle
in verwegnem Hüfteschwingeschlendergang,
zog mit Schäkerehrfurchtsbittegrußverbeugung
seinen Federbaumelriesenkrempenhut –
gleich verspürt' ich Liebeszauberkeimeneigung,
war ihm zitterjubelschauderherzensgut!
[…]

1 Beschreibt genau das sprachliche Verfahren des Textes.

2 Verfasst nach dem Vorbild Hanns von Gumppenbergs (S. 79) selbst kurze Gedichte, in denen ihr Artikel zum Thema „Liebe“ in Jugendzeitschriften („Bravo“, „Young Miss“ usw.) parodiert.

a) Sammelt zunächst typisches sprachliches Material aus solchen Artikeln.

b) Skizziert den Handlungsablauf einer typischen Liebesgeschichte und bildet aus eurem Sprachmaterial passende Wörter nach Art der „Sommermädchenküssetauschelächelbeichte“.
Achtet darauf, dass ihr ein bestimmtes Metrum einhaltet. Am besten kommt ihr mit einem regelmäßigen Wechsel von betonten und unbetonten Silben zurecht.
Komponiert die Wörter schließlich so, dass sich Reime (Paarreime oder Kreuzreime) ergeben.

Christine Busta

Wo holt sich die Erde die himmlischen Kleider?

Wo holt sich die Erde die himmlischen Kleider?
Beim Wettermacher, beim Wolkenschneider.
Sie braucht keine eitlen Samte und Seiden,
sie nimmt, was er hat, und trägt froh und bescheiden
das Regenschwere, das Flockenleichte,
das Schattenscheckige, Sonngebleichte,
das Mondgewobne und Sternbestickte,
das Windzerrissene, Laubgeflickte,
das Gockelrote, das Igelgraue,
das Ährengelbe, das Pflaumenblaue,
das Gräserkühle, das Nesselheiße,
das Hasenbraune, das Schwanenweiße –
und schlendert die Jahre hinauf und hinunter:
je schlichter, je lieber, je schöner, je bunter.

Christian Holmok (Klasse 10)

Wo holen sich Lehrer die peinlichen Kleider?

Wo holen sich Lehrer die peinlichen Kleider?
Beim Rettungsdienst, beim Zelteverleiher?
Sie brauchen Geschmack nicht und keinen Stil,
sie nehmen …
das Rotgewestete, das Entenbestickte,
…
das Birkengestöckte, das Hemdgeblümte,
…
das Blaugetropfte, das Rollkragenverengte,
…
…
…
und schlendern die Gänge hinauf und hinunter,
je peinlich-krasser, je …

1 a) Untersucht, wie Christian Holmok bei seiner Parodie des Gedichts von Christine Busta vorgegangen ist.

b) Formuliert möglichst genau die Intention (Absicht) der Parodie Holmoks.

c) Ergänzt die fehlenden Zeilen des Parodiegedichts.

2 Entwickelt selbst eine Parodie zu Bustas Gedicht. Beschreibt darin z. B., wie jemand aus eurer Klasse vor kurzem bei einer Fete aufgetaucht ist. Auch in diesem Text könnt ihr übertreiben. Übernehmt so viele Strukturelemente wie möglich aus Bustas Gedicht.

4.2 Literarische und journalistische Satiren

Tom Wolfe

Fegefeuer der Eitelkeiten (1)

Sherman und Judy langten vor dem Haus in der Fifth Avenue, in dem die Bavardages wohnten, in einer schwarzen Buick-Limousine mit einem weißhaarigen Chauffeur an; der Wagen war für den Abend von Mayfair Town Car Inc. gemietet. Sie wohnten zwar nur sechs Blocks von den Bavardages entfernt, aber zu Fuß zu gehen kam nicht in Frage. Erstens wegen Judys Kleid. Es war schulterfrei, hatte kurze Puffärmel von der Größe chinesischer Lampenschirme, die die Oberarme bedeckten. Das Oberteil lag eng an, der Rock dagegen blähte sich zu einer Form, die Sherman an eine Montgolfiere[1] erinnerte. Die Einladung zum Dinner bei den Bavardages schrieb „zwanglose" Kleidung vor. Aber in dieser Saison zogen sich die Damen, wie tout le monde[2] wusste, zu zwanglosen Dinners in vornehmen Häusern viel extravaganter an als zu formellen Bällen in großen Sälen. Auf jeden Fall war es für Judy unmöglich, in diesem Kleid über die Straße zu gehen. Ein Gegenwind von fünf Meilen pro Stunde, und sie hätte keinen Schritt mehr laufen können.

Aber es gab noch einen viel zwingenderen Grund für einen Mietwagen mit Chauffeur. Es wäre vollkommen okay gewesen, wenn die beiden zum Dinner in einem Guten Haus (die gängige Bezeichnung) an der Fifth Avenue in einem Taxi gefahren wären, und es hätte sie keine drei Dollar gekostet. Aber was würden sie *nach* der Party tun? Wie konnten sie aus dem Haus der Bavardages treten und sich von aller Welt, tout le monde, dabei ertappen lassen, wie sie auf der Straße standen, die McCoys, dieses zielstrebige Paar, die Hände in der Luft, und tapfer, verzweifelt, bemitleidenswert versuchten ein Taxi anzuhalten? Die Türsteher würden keine Hilfe sein, weil sie damit beschäftigt wären, tout le monde zu ihren Limousinen zu geleiten. Deshalb hatte er diesen Wagen und diesen Chauffeur gemietet, diesen weißhaarigen Chauffeur, der sie die sechs Blocks fahren, dreieinhalb oder vier Stunden warten, sie dann die sechs Blocks zurückfahren und sich empfehlen würde. Einschließlich 15 Prozent Trinkgeld und der Mehrwertsteuer würden die Kosten $ 197,20 beziehungsweise $ 246,50 betragen, je nachdem, ob ihnen im Ganzen vier oder fünf Stunden berechnet würden.

Um alles noch schlimmer zu machen, konnte der Chauffeur nicht an den Bürgersteig am Hauseingang heranfahren, weil so viele Limousinen im Weg standen. Er musste in der zweiten Reihe halten. Sherman und Judy mussten sich zwischen den Limousinen hindurchquetschen ... Neid ... Neid ... An den Nummernschildern erkannte Sherman, dass diese Limousinen nicht gemietet waren. Sie gehörten denen, deren geschmeidige Körper sie hierher transportierten. Ein Chauffeur, ein guter, der bereit war, Überstunden und Spätdienst zu machen, kostete mindestens $ 36 000 im Jahr; Garage, Unterhalt und Versicherung würden noch einmal wenigstens $ 14 000 betragen: zusammen also $ 50 000, von denen kein einziger Dollar steuerlich absetzbar war. *Ich verdiene eine Million im Jahr – und kann mir das trotzdem nicht leisten!*

1 **Montgolfiere:** Heißluftballon
2 **tout le monde:** alle Welt

1 Bestimmt in ein paar Sätzen möglichst genau, wer und was hier verspottet werden soll.

2 Welche Wirkung erzielt der Autor durch die mehrfache Verwendung von „tout le monde"?

Tom Wolfe

Fegefeuer der Eitelkeiten (2)

Alle Männer und Frauen in dieser Diele waren in Trauben, sozusagen in Gesprächsbouquets[1], angeordnet. Es gab keine Einzelfiguren, keine heimatlos Herumirrenden. Alle Gesichter waren weiß. (Schwarze Gesichter mochten gelegentlich bei eleganten Wohltätigkeitsdinners zu sehen sein, aber nicht in eleganten Privatwohnungen.) Es gab keine Männer unter fünfunddreißig und ziemlich wenige unter vierzig. Die Frauen kamen in zwei Spielarten vor. Erstens waren da Frauen Ende dreißig, in den Vierzigern und älter (Frauen „in einem gewissen Alter"), alle Haut und Knochen (fast zur Vollkommenheit gehungert). Um die Sinnlichkeit, die ihren saftlosen Rippen und ausgezehrten Hintern abging, auszugleichen, wandten sie sich an die Modeschöpfer. In dieser Saison waren keine Bäusche, Volants[2], Plissees[3], Krausen, Lätzchen, Schleifen, Wattierungen, Festons[4], Spitzen, Abnäher oder diagonale Raffungen zu extrem. Diese Frauen waren die Society-Röntgenfotos, um den Ausdruck zu benutzen, der Sherman selber eingefallen war. Zweitens gab es die so genannten Lemon Tarts, die Zitronentörtchen. Das waren Frauen in den Zwanzigern oder Anfang dreißig, meistens Blondinen (die Zitrone am Törtchen), die die zweiten, dritten und vierten Frauen oder Lebensgefährtinnen von Männern über vierzig oder fünfzig oder sechzig (oder siebzig) waren, die Sorte Frauen, die Männer, ohne weiter nachzudenken, Mädel nennen. In dieser Saison war das Törtchen in der Lage, mit den natürlichen Vorzügen der Jugend zu protzen, indem es seine Beine ein ganzes Stück weit überm Knie zeigte und seinen runden Hintern betonte (etwas, was kein Röntgenfoto hatte). Was vollkommen fehlte chez[5] Bavardage, war die Art Frau, die weder sehr jung noch sehr alt ist, eine Schicht Fett unter der Haut angesetzt hat und mit ihrer Fülle und ihrem rosigen Gesicht prangt, das ohne Worte von Heim und Herd spricht, von warmem Essen, das um sechs bereitsteht, von abends vorgelesenen Geschichten und Gesprächen auf der Bettkante, kurz bevor der Sandmann kommt. Mit einem Wort, niemand lud jemals die ... Mutter ein.

Shermans Aufmerksamkeit wurde von einem Bouquet ekstatisch moussierender[6] Gesichter unmittelbar im Vordergrund angezogen. Zwei Männer und eine tadellos ausgemergelte Frau lachten einen massigen, jungen Mann mit blassblondem Haar und einer Locke mitten über der Stirn an... *Bin ihm irgendwo begegnet* ... aber *wer ist das?* ... *Natürlich!* ... Wieder ein Gesicht aus der Presse ... Der Goldene Hillbilly, der Blonde Tenor ... So nannte man ihn ... Sein Name war Bobby Shaflett. Er war die neue Tenor-Attraktion an der Metropolitan Opera, ein ungeheuer fettes Geschöpf, das irgendwie aus den Höhlen des Appalachen-Hochlands aufgetaucht war. Man konnte kaum eine Illustrierte oder Zeitung aufschlagen, ohne auf ein Foto von ihm zu stoßen. Während Sherman ihm zusah, ging der Mund des jungen Mannes weit auf. *Ho ho ho ho ho ho ho ho,* brach er in ein gewaltiges bäurisches Gelächter aus, und die lachenden Gesichter um ihn herum wurden noch strahlender, noch hingerissener als zuvor.

Ein Butler erschien und fragte Judy und Sherman, was sie zu trinken wünschten. Judy bat um „Sprudel". (Perrier oder irgendeinen anderen Markennamen zu nennen galt inzwischen als zu banal.) Sherman hatte eigentlich vorgehabt, nichts zu trinken. Er hatte sich vorgenommen, zu allem, was diese Leute, diese Bavardages, betraf, Distanz zu wahren, angefangen mit ihren Alkoholika. Aber der Bienenschwarm hatte sich um ihn geschlossen, und der stirnlockige Blondkopf des Goldenen Hillbilly dröhnte in einem fort weiter.

„Einen Gin Tonic", sagte Sherman von der Höhe seines Kinns herab.

Eine strahlende, knochige kleine Frau tauchte plötzlich mitten aus den Menschentrauben in der Eingangshalle auf und kam auf sie zu. Sie war ein Röntgenfoto mit einem toupierten, blonden Pagenkopf und vielen winzigen grinsenden Zähnen. Ihr ausgemergelter Körper

1 **Bouquet:** Blumenstrauß
2 **Volant:** Besatzkrause
3 **Plissees:** Pressfalten
4 **Festons:** gestickte Bogen
5 **chez:** bei
6 **moussieren:** perlen, schäumen (von Wein oder Sekt)

steckte in einem schwarz-roten Kleid mit heftig gepufften Schultern, einem sehr engen Oberteil und langem Rock. Ihr Gesicht war breit und rund – doch ohne ein Gramm Fleisch. Ihr Hals war viel schlaffer als Judys. Ihre Schlüsselbeine ragten so weit hervor, dass Sherman das Gefühl hatte, er könne die Hand ausstrecken und die beiden Knochen wegnehmen. Er sah Lampenlicht durch ihre Rippen schimmern.
„Liebe Judy!"
„Inez!", sagte Judy, und die beiden küssten einander, vielmehr schwenkten nach europäischer Art ihre Wangen aneinander vorbei, erst auf der einen Seite, dann auf der anderen.

1 a) Stellt in einer Liste die in diesem Romanauszug verwendeten Metaphern wie „Zitronentörtchen" zusammen und klärt ihre satirische Wirkung.
b) **Ironie** ist eine Redeweise, bei der das Gegenteil des Gesagten gemeint ist. Eine ironische Wirkung lässt sich z. B. erzielen, indem man zwei Begriffe verknüpft, die sich dem Sinn nach eigentlich ausschließen oder die zumindest widersprüchliche Vorstellungen beinhalten.
Erklärt, welche widersprüchlichen Vorstellungen der Autor mit der Wendung „zur Vollkommenheit gehungert" zum Ausdruck bringt und welche Wirkung er damit erzielen will.
c) „Er hatte sich vorgenommen, ... Distanz zu wahren" (Z. 74 ff.). Begründet, wieso ein satirischer Blick auf Menschen Distanz zu ihnen voraussetzt.

2 Diskutiert, ob die Darstellung der Frauen in diesem Romanauszug sexistisch genannt werden könnte. Wie weit darf eine Satire in diesem Punkt eurer Meinung nach gehen?

Männer, die alles können

Das machen wir schon

Manche Leute heißen ja Herr Boch, ziehen nebenan ein und tapezieren ihre ganze Wohnung selber. Dann kommen sie hurtig auf ein Willkommensbier rüber, erzählen, dass sie Herr Boch heißen, und wollen wissen, ob man einen „Dreizehnerschlüssel" habe.
Wenn man dann keinen Dreizehnerschlüssel hat (was ist ein Dreizehnerschlüssel?), rufen Leute wie Herr Boch: „Haha, gar nicht schlimm! Ich hab einen dabei!" Und dann geht Herr Boch los und entlüftet mit seinem Dreizehnerschlüssel alle Heizkörper und schmirgelt ungefragt die Küchentür ab, dass es eine Freude ist.
Dabei trinkt Herr Boch dann auch mal gerne ein, zwei Kästen Hefeweizen, rülpst und sagt alle zwölf Minuten: „Die Axt im Haus erspart den Zimmermann." So machen das Hobby-Heimwerker wie Herr Boch.
Hobby-Heimwerker erkennt man außerdem daran, dass sie zu Hause immer in blauen Latzhosen und mit blauen Fingerkuppen herumlaufen und „Das machen wir schon!" sagen. Außerdem schnarchen Hobby-Heimwerker. Das macht das viele Sägemehl in den Atemwegen.
Wenn ein Hobby-Heimwerker einen Nicht-Hobby-Heimwerker trifft, dann sagt er so Sachen wie: „Du, wenn du die Eckventile da hinter die Verkleidung montierst, dann kannst du die Wasserleitungsverlängerungselemente samt Schrumpfmuffe hinter die Feuchtraumgipswand legen und deine Dusche tropft nicht mehr so blöd."
Ich hasse Hobby-Heimwerker. Als Herr Boch noch nicht neben uns wohnte, waren wir glücklich und ließen unsere Wasserhähne tropfen. Manchmal riefen wir auch einen Klempner. Aber dann kam Herr Boch! Herr Boch trank drei Weizenbier und erklärte uns, dass alle Klempner fiese, Blut saugende, geldgierige Geier seien und dass er „das schon machen" werde.

Dann schleifte mich Herr Boch in einen Heimwerkermarkt. Heimwerkermärkte sind, wie man weiß, nur für uns Männer zugelassen. Für Frauen sind sie tabu. Dort leben nämlich Männer, die sich Baumarktleiter nennen und den ganzen Tag lang über „Schrumpfmuffen“, „Fuffziger-Rohre“ und „45-Grad-Winkelstücke“ debattieren. Mit anderen Worten: Jungs.
Wenn man nicht aufpasst, schwatzen diese Jungs einem dann im Handumdrehen das „Feuchtraumgipskartonplattensystem Profi F“ auf, und man findet sich, ehe man sich's versieht, kniend vor seiner heimischen Badewanne wieder, wo man zusammen mit dem Hobby-Heimwerker seines Vertrauens (mit Herrn Boch zum Beispiel) das frisch erworbene Steck- und Muffensortiment „Profi Siffon“ falsch anbringt.
Dann ärgert man sich erst ein bisschen (nicht zu arg, weil: „Das kann dem besten Profi mal passieren. Das machen wir schon!“), und danach reißt man alles wieder auf, zerbricht dabei einen Viersatz Normfliesen (die Sorte, die es seit 1974 nicht mehr passend nachzukaufen gibt) und schlägt wahlweise ein „Eckventil“ oder eine „Absperrarmatur“ kaputt.
Danach ruft man einen Klempner. Das hätte man natürlich auch schon gleich zu Anfang tun können, aber dann wäre das alles billiger geworden. Außerdem: Heimwerken lohnt sich alleine schon deshalb, weil man dabei dauernd „Schrumpfmuffe“ sagen darf.
Morgen um zwölf will Herr Boch („Das machen wir schon!“) mir zeigen, wie ich unsere Esszimmerlampe ohne Profihilfe mit einem „Dimmer“ ausstatten kann. Ich habe einen Kasten Weizenbier gekauft, Brandsalbe besorgt und schon jetzt meine blaue Latzhose rausgelegt. Für 14 Uhr hab ich den Elektriker bestellt.
Es ist schön, wenn man Männer kennt, die alles können!

Frank M. Ziegler

1 Bestimmt die satirische Intention des Textes.

2 a) Untersucht, wo und mit welchem Effekt der Autor verschiedene Sprachebenen aufeinanderprallen lässt.
b) Welche Funktion haben die Wiederholungen?

Bertolt Brecht

Die Kleinbürgerhochzeit

Eine geweißnete Stube mit einem großen rechteckigen Tisch in der Mitte. Darüber eine rote Papierlaterne. Neun einfache, breite Holzsessel mit Armlehnen. An der Wand: rechts eine Chaiselongue[1] und links ein Schrank. Dazwischen eine Portierentür[2]. Links hinten ein niederes Rauchtischchen mit zwei Sesseln. Links seitwärts eine Tür. Rechts seitwärts ein Fenster. Tisch, Stühle und Schrank sind unpoliert und naturfarben. Es ist Abend. Die rote Laterne brennt. Am Tisch sitzen die Hochzeitsgäste und essen.

DIE MUTTER *trägt auf:* Das ist der Kabeljau.
Beifälliges Gemurmel.
DER VATER: Das erinnert mich an eine Geschichte.
DIE BRAUT: Iß doch, Vater! Du kommst immer zu kurz.
DER VATER: Noch die Geschichte! Dein seliger Onkel, der bei meiner Konfirmation, aber das ist eine andere Geschichte, also wir aßen Fisch, alle zusammen, und plötzlich verschluckt er sich, die verfluchten Gräten, gebt recht Obacht, er verschluckt sich also und fängt an, mit Händen und Füßen zu rudern.
DIE MUTTER: Jakob, nimm das Schwanzstück!
DER VATER: Zu rudern und blau zu werden wie ein Karpfen, ein Weinglas schlug er dabei um und erschreckte uns alle furchtbar, man

1 **Chaiselongue:** Liege mit Kopflehne
2 **Portiere:** Türvorhang

klopfte ihm auf den Rücken, trommelte auf ihm herum, und er, er spuckte über die ganze Tafel. Das Essen konnte man nicht mehr essen – uns freute es, wir aßen 's dann draußen allein, schließlich war ich der Konfirmand –, also über die ganze Tafel, und wie wir ihn glücklich wieder flott hatten, sagte er, mit so ganz tiefer, glücklicher Stimme, er hatte einen guten Baß und war in der Liedertafel, da gibt es auch eine kostbare Geschichte, also er sagte: –

DIE MUTTER: Na, wie schmeckt der Fisch? Warum redet denn niemand?

DER VATER: Ausgezeichnet! Also er sagte: –

DIE MUTTER: Aber du hast ja noch keinen Bissen gegessen!

DER VATER: Ja, jetzt esse ich. Also er sagte: –

DIE MUTTER: Jakob, nimm noch ein Stück!

DER BRÄUTIGAM: Mutter, Vater erzählt doch!

DER VATER: Danke. Also der Kabeljau, ach so, er sagte: Kinder, jetzt hätt ich mich fast verschluckt. Und das ganze Essen war ungenießbar.

Man lacht.

DER BRÄUTIGAM: Sehr gut!

DER JUNGE MANN: Er erzählt fabelhaft!

DIE SCHWESTER: Aber Fisch esse ich jetzt nicht mehr.

DER BRÄUTIGAM: Ja, Gänse essen nie Fische. Nur vegetarisch.

DIE FRAU: Ist die Lampe eigentlich nicht fertig geworden?

DIE BRAUT: Ina, tu das Messer weg bei Fisch!

DER MANN: Lampen sind geschmacklos. Das sieht ganz gut aus.

DIE SCHWESTER: Das ist viel romantischer.

DIE FRAU: Ja, aber man hat es nicht.

DER FREUND: Das ist das richtige Licht für einen Kabeljau!

DER JUNGE MANN *zur Schwester:* Finden Sie das? Sind Sie für das Romantische?

DIE SCHWESTER: Ja. Sehr. Besonders für Heine. Der hat so ein süßes Profil!

DER VATER: Starb an der Rückenmarkschwindsucht.

DER JUNGE MANN: Eine schreckliche Krankheit!

DER VATER: Ein Bruder vom Onkel des alten Weber hatte sie. Es war furchtbar, wenn er davon erzählte. Man konnte die Nacht darauf einfach nicht mehr schlafen. Also er sagte zum Beispiel …

DIE BRAUT: Aber Vater, das ist doch so unanständig!

DER VATER: Was?

DIE BRAUT: Die Rückenmarkschwindsucht!

DIE MUTTER: Schmeckt es dir, Jakob?

DIE FRAU: Uns besonders. Heut nacht sollte man doch schlafen können!

DER FREUND *zum Bräutigam:* Prost, alter Kunde!

DER BRÄUTIGAM: Prosit, allseits! […] R

Düsseldorfer Schauspielhaus 1990

1 a) Tragt den Text mit verteilten Rollen vor. Achtet besonders auf die Stellen, wo ihr euch gegenseitig ins Wort fallen müsst.

b) Welche besonderen satirischen Möglichkeiten gewinnt der Text durch seine Dialogform?

2 Untersucht, wie die Figur des Vaters satirisch der Lächerlichkeit preisgegeben wird. Benutzt dazu das „Satirerad“ auf S. 92.

Wiglaf Droste

Familienbande

Niemals bin ich ein Anhänger jenes weit verbreiteten Irrglaubens gewesen, man müsse in all die Mitmenschen, mit denen man zufälliger- und dummerweise verwandt ist, auch noch verliebt sein; seit sich aber nach einer langen Zeit des Exils vom familiären Schrecken immer häufiger Gesichter und Erinnerungen in Tag- und Alpträume hineinschleichen, gestehe ich mir doch die achselzuckende Fügung in die Einsicht zu, dass man seinen Wurzeln allenfalls bedingt entfliehen kann.

Besonders häufig, mitunter sogar recht gern, erinnere ich mich an den fünfzigsten Geburtstag meines Vaters. Dieser Tag erscheint mir heute als Kulminations- und Knotenpunkt meiner menschlichen Erfahrung; mit der Geballtheit aller Worte und Taten, mit der Wucht, die damals innerhalb nur weniger Stunden auf mich einhieb, erhielt ich wohl das Rüstzeug, um in den Fährnissen der menschlichen Gesellschaft zu bestehen.

Dabei ließ sich der festliche Akt zunächst eher harmlos an. Zwar hatten sämtliche Haupt-, Flach- und Nebenkräfte des Freundes-, Bekanntschafts- und Verwandtschaftslebens komplett ihr Erscheinen angedroht, und die gut einhundert Personen starke Meute tröpfelte auch nach und nach recht pünktlich ein, dennoch aber plätscherten die Gespräche zunächst eher zäh und gedämpft, und auch den alkoholischen Getränken wurde nur mäßig zugesprochen. Eine erste einschneidende Wendung erfuhr der Abend möglicherweise mit dem Eintreffen von Onkel Erich; dieser damals soeben in Rente gegangene knorrige Lastkraftwagenfahrer war in der gesamten Verwandtschaft gefürchtet für seine unablässig vor sich hin stinkenden Zehnpfennigzigarren und seinen schier unerschöpflichen Redeschwall, den er auf jedermann, dessen er nur irgend habhaft werden konnte, rückhaltlos ausgoss. Allein seine Frau, Tante Hilla, war in der Lage, ihn in seine Schranken zu verweisen: *Mach doch den Kopp zu, du Tünsel!,* war die Zauberformel, mit der sie sich ihn erfolgreich vom Leibe hielt.

Onkel Erich jedenfalls begann augenblicklich nach seiner Ankunft einen ausladenden Bericht über seinen jüngsten Jugoslawienaufenthalt: *Alles Knallköppe da unten. Keine Ahnung von Rasenmähen und Heckenschneiden. Hab ich ihnen aber alles beigebracht, und nach zwei Wochen spurten die Brüder picobello.* Währenddessen hatte er taktisch geschickt seinen Schwager, Onkel Horst, in eine Ecke des Sofas gedrängt und sich massig halb in ihn hineingedreht, um sich für die nächsten Stunden wenigstens einen Zuhörer fest zu sichern; Onkel Horst aber gehört zu jenen Menschen, die vor den sozialen, kulturellen und ethnischen Konflikten der Welt und ihrer Bewohner die Augen zu verschließen nicht bereit sind; das wie lapidar hervorgestoßene *Jugoschlawen, Jugoschlawen* seines Gegenübers Erich fand daher durchaus nicht seine Zustimmung, nennenswerten Widerspruch aber wagte er keinen, sondern griff wie schicksalsergeben zu einer von ebenjenem Jugoslawienaufenthalt mitgebrachten Literflasche Slivowitz, schüttete sich ein großes Glas ein, schmetterte dieses auf einen Schlag hinab und goss augenblicklich nach, während Onkel Erich mit meckerndem Lachen die Geschichte erzählte, wie er bereits vor einigen Jahren seinem Nachbarn, während dieser einige Monate verreist war, den Garten *in Schuss gehalten* und dort sogar *mal richtig klar Schiff gemacht* hätte; ganze Anhänger voller Unkraut hätte er ausgerissen und weggeschafft, *geschuftet wie ein Berserker* hätte er, bis überraschend früh der Nachbar wiedergekommen sei und augenblicklich auf ihn eingezetert habe, er sei Botaniker und züchte seltene Pflanzen, *zigtausend Mark Schaden* usw., *von wegen seltene Pflanzen, alles gammeliges olles Kroppzeug, hähä,* polterte Onkel Erich.

Nur wenige Plätze weiter juchzte Tante Frieda, schwer gallekrank und strikt auf Diät gesetzt, *Ach was, nur ein kleines Likörchen, das schadet doch nicht* auf ihre Tochter Hannelore ein, die mit den prophetischen Worten *Frieda, morgen ist Galletag* ein- und später auch bereitwillig nachschenkte; vor dem nach einigen Stunden sich dann zügig abspulenden Debakel *Oh! Bin ich schlecht! Bin ich schlecht! Ich hab Malheur gemacht!* aber hatte Tante Frieda zunächst noch Gelegenheit, über ihre Schwägerin Luise herzuziehen, die seit dem Tod ihres Mannes vor sechs Monaten bereits sieben Heiratsanzeigen aufgegeben hatte: *Die ist doch vom Stamme Nimm! Willi war noch nicht kalt, da hatte die schon drei Neue!* […]

1 a) Untersucht, welche menschlichen Eigenschaften und Verhaltensweisen in dieser Satire aufs Korn genommen werden.
b) Welche sprachlichen Mittel findet ihr besonders wirkungsvoll?

2 a) Stellt aus der Erinnerung oder nach aktuellen Beobachtungen Äußerungen von Menschentypen zusammen, deren Verhalten ihr gern lächerlich machen würdet.
b) Schreibt mit Hilfe eurer O-Ton-Sammlung eine Fortsetzung der Satire.

Kurt Tucholsky

Klavierspiel nach dem Essen

Manchmal nach dem Essen setzt sich ein Gast oder eine Gästin hin und spielt etwas auf dem Pianino. Die Dame streift sich die Armbänder ab, der Herr zieht die Halshaut aus dem Kragen – aber habt ihr schon einmal, ein einziges Mal erlebt, daß euch dieses Spiel Vergnügen und Freude gemacht hätte? Kuchen.

Sie „spielen vor“, die Affen. Sie produzieren sich. Sie geben ein kleines Konzert. Sie machen etwas vor. Sie wollen angestaunt sein, bewundert, beglückwünscht. Die Mitgäste dürfen dabeisitzen, und das tun sie auch. Sie blicken gelangweilt zur Decke auf, verzweiflungsvoll an den Fußboden, sie bestarren ihre Nägel und sondern viel Innenleben ab. Nachher pritscheln sie diskret in die Handflächen …

Wie schön wäre das, wenn einer einmal, nur ein einziges Mal, so spielte:

Eine Erinnerung an Mozart; ein Stück Symphonie, die aus irgendeinem Grunde dem Freundeskreis ans Herz gewachsen ist, Erinnerung auch sie; ein altes spanisches Volkslied, auf einer Reise gehört; einen dummen Schlager, in Moll und in Dur, als Boston und als Charleston; ein paar Töne aus malayischen Tempelgesängen – und noch ein Häppchen Mozart. Und eine Arie. Und einen alten dunkelgebeizten Walzer von Chopin.

Das befriedigt unsern musikalischen Appetit. Das wäre erst Musik – an Stelle jenes dummen Jahrmarkts der Eitelkeiten. Aber darauf können wir wohl lange warten … „Wollen Sie uns nicht die Freude machen, lieber Meister, uns zu erfreuen …? Ach, bitte, bitte! – Ich weiß, daß es für Sie ein Opfer … Wir haben uns so gefreut … Herr Professor Klotzekuchen wird sich erlauben – darf ich bitten, meine Herrschaften, vielleicht hier Platz zu nehmen, Emmi, sei doch still …!“

Aber nun nichts wie raus. R

1 Untersucht die beiden ersten Absätze des Textes. Überlegt bei jeder Formulierung, wie Tucholsky seine satirische Absicht herausarbeitet.

2 a) Wie müsste der Text vorgetragen werden? Legt für jede Formulierung eine Vortragsweise fest. Achtet dabei auf Variation der Tonlage, der Stimmhöhe, der Lautstärke. Verwendet die ganze Bandbreite von übertriebener Artikulation bis hin zum „Nuscheln“.
b) Studiert den Vortrag gründlich ein und führt ihn der Klasse vor.

4.3 Satire-Werkstatt

Themen finden – Ein Projekt planen

1 Nutzt das folgende Schema, um ergiebige Themen für Satiren und Parodien zu sammeln. Über wen oder was würdet ihr gerne kritisch schreiben?

Alltägliche Situationen	Typen	Verhaltensweisen/Laster
– Schulunterricht	– Fotomodell	– Arroganz
– Einkaufen im Kaufhaus	– Boygroup	– Phlegma (Trägheit)
– Werbung im Fernsehen	– Lehrer	– ...
– ...	– ...	

2 Entscheidet, ob ihr ein gemeinsames Thema oder arbeitsteilig verschiedene Themen bearbeiten wollt.

3 Einige von euch bereiten eine Dokumentation eurer Texte in Form eines Heftes oder einer Broschüre vor.

Darstellungsverfahren erproben

Es gibt eine Reihe sprachlicher Verfahren, die sich für die Gestaltung satirischer Texte besonders eignen. Prüft die folgenden Verfahren „Sprachmusterverschiebung“, „Rollenwechsel“ und „Der fremde Blick“. Klärt, welche Verfahren zu euren Themen besonders gut passen, und verfasst entsprechende Texte.

Julia Wessel (Klasse 10)

Leider kein Microsofti – Eine Sprachmusterverschiebung

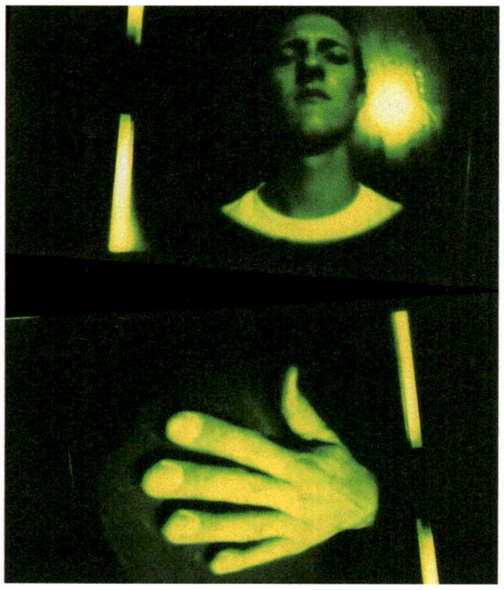

Computerprogrammierer Mike zog es mal wieder magnetisch in die Disko, den Pool der Objektverknüpfung. Für den Fall eines Erstellens weit reichender Verknüpfungen hatte er sicherheitshalber sein persönliches Anti-Virus-Programm in seiner rechten Hosentasche. Gleich an der Eingangstür ließ eine echt scharfe Maus mit gigantisch langem Laufwerk seinen Datenspeicher heißlaufen. Sogleich startete er seine Anmachattacke, indem er erst einmal den physischen Abstand komprimierte. Das ganz im Sinne der Leistungsoptimierung reichlich aufgelegte Deodorant kitzelte seinen Berechnungen zufolge gerade in diesem Moment die Datenbahn ihrer Nase.

„Na, wie wär's mit 'nem Ehrenplatz in meiner Ablage?" – „Nee danke, Alter! Auf die Option kann ich echt verzichten. Ich steh nicht so auf Machosprüche. Da is' mir 'n Microsofti echt lieber."

Offensichtlich war sie nicht kompatibel. Auch beim zweiten Objekt war er nicht besonders erfolgreich. Als er nämlich versuchte, seine Hand wie zufällig auf ihr zu installieren, blitzte ihr männliches Zubehör ihn böse an und drohte bei erneutem Installationsversuch mit totalem Systemausfall. Seine Freundin sei nämlich keine Shareware. Zu allem Übel tauchte dann auch noch seine Verflossene auf, die die gelöschte Verknüpfung partout aktualisieren wollte. Da entschloss er sich zum schnellen Rückzug, was es ihm ermöglichte, noch an diesem Abend sein Buch „Windows für glückliche Singles" mit dem Untertitel „Dein Computer – dein zuverlässigster Beziehungspartner" zu beenden, das später ein absoluter Bestseller in der Megabyte-Junkie-Szene wurde, was er aber natürlich zu diesem Zeitpunkt noch nicht wissen konnte, und so definierte er das Ganze nach kurzem Durchchecken seiner Speicherverwaltung einfach als Absturztag.

1 a) Satire ist Spott und Entlarvung. Sie will Missstände, Unsitten, bestimmte Menschentypen usw. der Lächerlichkeit preisgeben. Über welchen Typ von Diskobesucher macht sich die Autorin hier lustig?

b) Beschreibt genau das sprachliche Verfahren, das die Autorin für ihre Satire verwendet hat.

2 a) Stellt in der folgenden Liste weitere „Sprachmuster" zusammen, mit deren Hilfe man bestimmte Diskobesucherinnen und Diskobesucher lächerlich machen könnte.

Sprachmuster zur satirischen Darstellung

Wörter und Redewendungen
- *aus einer Anleitung zur Zucht von Zierfischen*
- *aus Gebrauchsanleitungen für Kochplatten, Herde und Kühlschränke*
- *aus Zutatenlisten und Koch-/Backanleitungen für ...*
- *aus ...*
- *...*

b) Sammelt Wörter und Wendungen dieser Sprachmuster, die man gut auf Vorgänge in einer Diskothek übertragen könnte, und verfasst mit Hilfe dieses Sprachmaterials verschiedene satirische Texte.

3 Sammelt Ideen und Sprachmaterial für Sprachmusterverschiebungen zu weiteren Themen. Ihr könnt dabei auf eure Liste (Aufgabe 1, S. 88) zurückgreifen.

Eine „steife" Feier mit Mehrgangmenü
Sprachmuster: – Straßenverkehrsordnung
– ...

Tanzen
Sprachmuster: – Chemiebuch
– ...

Eine Spritztour mit der Clique
Sprachmuster: – Sportreportagen
– ...

...

Günter Lietzmann

Rollenwechsel

Kürzlich hatte ich Gelegenheit, den folgenden Dialog zwischen dem Regierungssprecher und seinem Sohn zu belauschen:
„Papa, unser Lehrer hat mir heute zu verstehen gegeben, dass er nicht ausschließen will, dass ich das Klassenziel unter den derzeit gegebenen Umständen möglicherweise nicht voll erreichen könnte. Er hat dabei angedeutet, dass dieses, besonders im fremdsprachlichen Bereich, auch durch einen Mangel an gezielten Maßnahmen meinerseits verstärkt worden sei. Außerdem hat er durchblicken lassen, auch andere Lehrer hätten ihm signalisiert, meine verbale Beteiligung sei noch außerordentlich ausbaufähig."
Der einigermaßen erschütterte Vater verlor schnell die sonst übliche Zurückhaltung. „Soll das heißen, dass du sitzen bleibst, weil du in Englisch und Latein nichts getan hast und dich insgesamt zu wenig am Unterricht beteiligst?"
„Diese Formulierung, Papa, ist sicher überspitzt. Ich würde meinen, dass die auf uns zukommenden Probleme auch durch eine sehr undifferenzierte Analyse meiner Zurückhaltung seitens der mich unterrichtenden Lehrer zu erklären ist. Natürlich übersehe ich dabei nicht, dass mir unreflektiertes Auswendiglernen von Wörtern einer fremden Sprache, die völlig beziehungslos nebeneinanderstehen, nicht eben liegt."
„Du hast also zu wenig Vokabeln gelernt?"
„Ich bin der Auffassung, dass man mit dieser sehr pauschalen Fragestellung dem doch sehr komplizierten Problem kaum gerecht wird. Diese Ansicht wird übrigens von allen meinen Freunden geteilt. Wir sind auch der Meinung, dass die anstehende Problematik nicht durch unglaubwürdiges Moralisieren oder gar Drohen gelöst werden kann. Dagegen versprechen wir uns eine motivationsfördernde Wirkung von finanziellen Anreizen, die natürlich nur langsam greifen würden. Wir überschätzen die bildungspolitischen Auswirkungen solcher finanziellen Stimulanzien durchaus nicht, sehen zum gegenwärtigen Zeitpunkt aber keine praktikableren Möglichkeiten."
„Du möchtest also nicht nur deine Ruhe, sondern auch noch eine Erhöhung des Taschengeldes? Darüber werden wir uns später wohl noch mal unterhalten müssen. Sag mal, warum erzählst du mir das eigentlich heute? Habt ihr bald Elternsprechtag oder bekommst du einen blauen Brief?"
„Nun, die Konferenz hat beschlossen, ihr Meinungsbild auch einigen Eltern zugänglich zu machen. Dabei ist in der Tat erwogen worden, diese Mitteilungen in geeigneter schriftlicher Form zu überbringen. Natürlich sind meine Informationen über die Details dieser Vorwürfe zur Stunde nur sehr lückenhaft. Über die Farbe der Mitteilungen ist mir derzeit nichts bekannt."

1 Was wird hier mit welchen Darstellungsmitteln der Lächerlichkeit preisgegeben?

2 a) Stellt Situationen zusammen, in denen ihr selbst ähnlichen Sprachbombast ertragen müsst (s. auch Aufgabe 1, S. 88).
b) Wählt in Gruppen je eine Situation aus, sammelt Sprachmaterial (Anredeformen, Redewendungen usw.), das für diese Situation typisch ist, und schreibt eine Satire, indem ihr nach dem Muster des Lietzmann-Textes einen der Beteiligten aus der Rolle fallen lasst.

Umberto Eco

Inter Mailand – Der fremde Blick

Im folgenden Text lässt Umberto Eco einen Eingeborenen aus Melanesien als Wissenschaftler auftreten, der im Stil eines Völkerkundlers Vorgänge in Mailand beschreibt. Dabei versteht er einiges völlig falsch.

Ständig im Zustand der Verwirrung gehalten, lebt der Eingeborene in einer andauernden Spannung, die abzuführen ihm die Häuptlinge

nur an den kollektiven Festen erlauben, wenn die Bevölkerung massenhaft in riesige ellipsenförmige Bauwerke strömt, aus denen ein pausenloses grässliches Brüllen ertönt.

Wir haben vergeblich versucht, in eines dieser Gebäude hineinzugelangen; mit einer primitiven, aber höchst gerissenen Diplomatie haben uns die Eingeborenen jedes Mal daran gehindert, indem sie uns aufforderten, am Eingang symbolische Botschaften vorzuweisen, die es anscheinend zu kaufen gab, aber für die man uns eine so große Zahl von Hundezähnen abverlangte, dass wir den Preis nicht hätten bezahlen können, ohne die Expedition danach abzubrechen. So blieb uns nichts anderes übrig, als die Darbietung von außen zu verfolgen. Zuerst vermuteten wir, gestützt auf das pausenlose hysterische Brüllen, es handle sich um orgiastische Riten, dann aber ging uns die schreckliche Wahrheit auf. In diesen gut abgeschirmten Bauten obliegen die Eingeborenen, mit dem Konsens ihrer Häuptlinge, kannibalischen Riten, indem sie Menschen verzehren, die sie von anderen Stämmen käuflich erworben haben. Die Nachricht von solchen Ankäufen wird sogar in den gewohnten hieratischen[1] Morgenbotschaften mitgeteilt, in denen man Tag für Tag eine regelrechte Chronik der gastronomischen Neuerwerbungen finden kann. Aus dieser Chronik geht hervor, dass die farbigen Fremden und die Angehörigen einiger nordischer Stämme, vor allem aber die Südamerikaner besonders geschätzt werden. Soweit wir die Sache rekonstruieren konnten, werden die Opfer in großen Portionen verschlungen, in so genannten „Partien", die aus mehreren Individuen zusammengesetzt sind, nach komplizierten Rezepten, die öffentlich in den Straßen bekannt gemacht werden und in denen sich eine Kunst der Dosierung nicht ohne alchimistische[2] Untertöne ausdrückt, mit Formeln wie „2 zu 1", „3 zu 2" oder „4 zu 0" … Dass der Kannibalismus gleichwohl nicht nur eine religiöse Vorschrift darstellt, sondern ein weit verbreitetes und tief in der ganzen Bevölkerung eingewurzeltes Laster, zeigt sich an den enormen Summen, welche die Eingeborenen für den Ankauf von Menschenfleisch auszugeben bereit sind.

Es scheint allerdings, dass in den bessergestellten Kreisen diese allsonntäglichen Gelage einen ausgesprochenen Abscheu hervorrufen, sodass im selben Moment, in dem der größere Teil des Stammes sich zu den kollektiven Menschenfressereien begibt, die anderen eine verzweifelte Flucht über alle Ausfallstraßen des Dorfes antreten, wobei sie sich im Gedränge verletzen, einander mit ihren Fahrzeugen überrollen und in blutigen Karambolagen das Leben verlieren. Es scheint, als erblickten diese anderen, von einer Art Raserei ergriffen, das einzige Heil in der Straße zum Meer.

Wie gering das Verstandesniveau der Eingeborenen ist, zeigt sich daran, dass sie offenbar gar nicht wissen, dass Mailand nicht am Meer liegt, und ihr Erinnerungsvermögen ist so schwach, dass sie sich jeden Sonntagmorgen erneut auf die übliche hektische Flucht begeben, um dann am selben Abend in verschreckten Herden zurückzukehren und Zuflucht in ihren Hütten zu suchen, bereit, ihr blindes Abenteuer über Nacht zu vergessen.

1 **hieratisch:** priesterlich

2 **alchimistisch:** vorwissenschaftlich

1 Welche Wirkung ergibt sich durch den betont fremden Blickwinkel des Erzählers?

2 Sucht Themen, die mit dem Verfahren des fremden Blicks gestaltet werden könnten (s. auch Aufgabe 1, S. 88), und überlegt euch, welcher Blickwinkel zu welchem Thema passt. Schreibt anschließend Satiren, die den fremden Blick nutzen.

Textentwürfe überarbeiten und verbessern

1 Bildet Kleingruppen und setzt euch in **Schreibkonferenzen** mit euren Texten auseinander. Lest die Texte reihum und streicht jeweils diejenigen Textpassagen an, die euch gut gelungen erscheinen. Überprüft:

- Welche Textteile sind von mehreren angestrichen worden?
- Können nicht angestrichene Passagen entfallen, um die Textaussage effektvoller zu machen?
- Welche Textteile sind für den Zusammenhang unverzichtbar, könnten aber verbessert werden?
- An welchen Stellen bieten sich Texterweiterungen an?

2 Überprüft, wie man Satiren aussagekräftig gestalten kann. Nutzt dabei das folgende Entscheidungsrad.

Satire-Entscheidungsrad
Wer eine Satire schreibt, trifft – bewusst oder unbewusst – in jedem Feld des nebenstehenden Rades wichtige Entscheidungen.

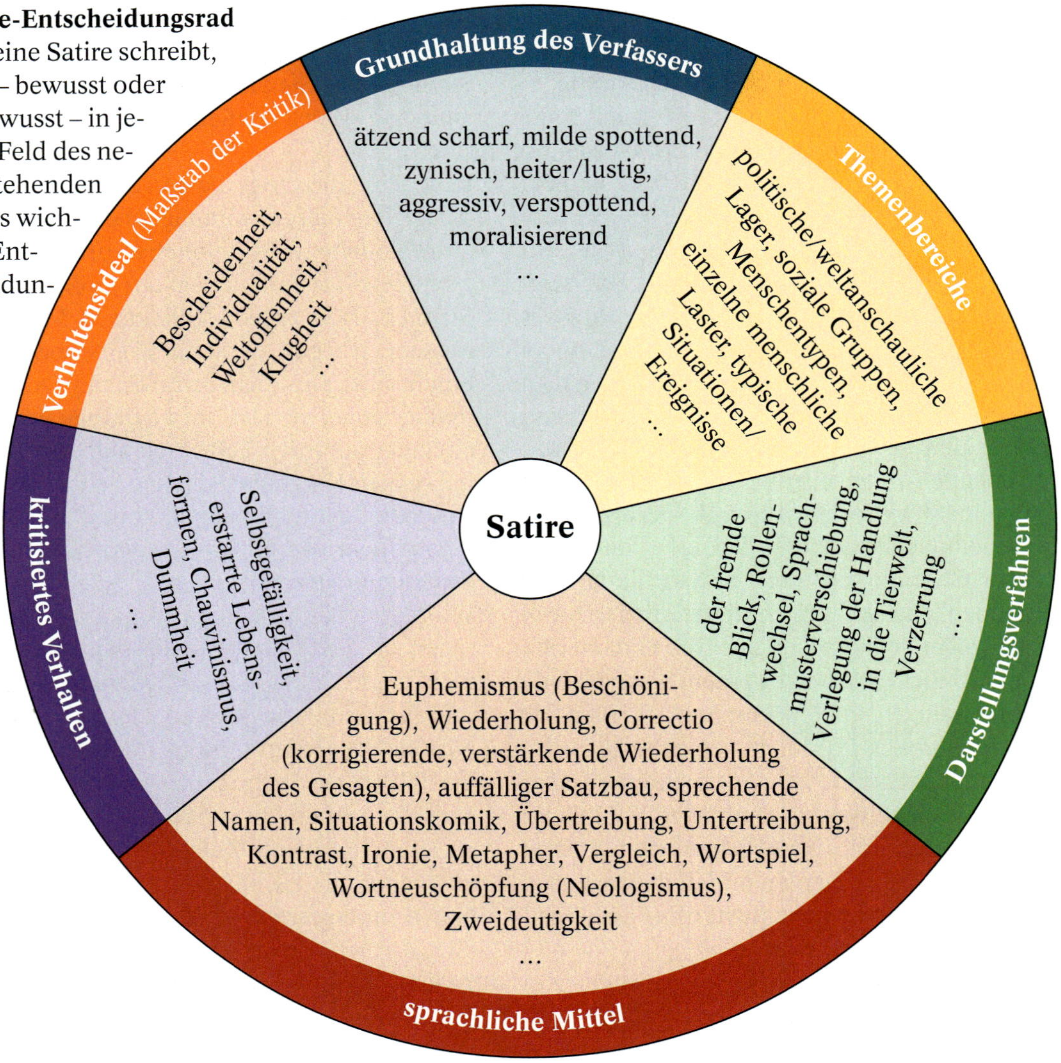

3 a) „Nicht drastisch im Inhalt, sondern sprachlich raffiniert!" ist das Motto des Satirikers, das bei eurer Überarbeitung als Leitlinie dienen könnte.
b) Tauscht in jedem der von euch verfassten Texte zehn Wörter durch noch treffendere aus.
c) Nutzt die Checkliste auf Seite 152/153 für eure Überarbeitung.

5 Gestörte Kommunikation: Sprache und Wahrnehmung

5.1 Die Sprache der Beziehungen

Gedachtes und Gesagtes

Edward Hopper: Nachtschwärmer (1942)

1 a) Welchen Eindruck macht die nächtliche Szene im Bild von Edward Hopper auf euch?
b) Betrachtet die Figuren einzeln, achtet besonders auf ihre Blicke und ihre Hände: Was könnten der Mann und die Frau an der Theke möglicherweise denken? Notiert ihre Gedanken in Stichworten.

2 a) Verfasst einen kurzen Text, in dem sich die Gedanken der Frau und des Mannes neben ihr wie in einem Dialog abwechseln.
b) Vergleicht eure Texte: Nehmen die beiden in ihren Gedanken Bezug aufeinander oder „denken“ sie aneinander vorbei?

Peter Handke

Die Angst des Tormanns beim Elfmeter

Ein Elfmeter wurde gegeben. Alle Zuschauer liefen hinter das Tor.
„Der Tormann überlegt, in welche Ecke der andere schießen wird“, sagte Bloch. „Wenn er den Schützen kennt, weiß er, welche Ecke er sich in der Regel aussucht. Möglicherweise rechnet aber auch der Elfmeterschütze damit, daß der Tormann sich das überlegt. Also überlegt sich der Tormann weiter, daß der Ball heute einmal in die andere Ecke kommt. Wie aber, wenn der Schütze noch immer mit dem Tormann mitdenkt und nun doch in die übliche Ecke schießen will? Und so weiter, und so weiter.“ [R]

1 Führt die Gedanken des Tormanns weiter aus. Zu welchem Ergebnis könnte er kommen?

2 Diskutiert, welche Auswirkungen es haben könnte, wenn beide Gesprächspartner während einer Unterhaltung überlegen, was der andere gerade über ihn denkt.

3 Versucht den Text von Handke und eure Überlegungen dazu auf Hoppers „Nachtschwärmer“ (S. 93) zu beziehen.

Gesagtes und Gehörtes

1 a) Wie beurteilt ihr die Reaktion des Jungen?
b) Welche Bedeutung haben Tonfall und Körpersprache des Mädchens für die Reaktion des Jungen? Erprobt mögliche Variationen.

2 a) Auf welches Verhältnis der Gesprächspartner, auf welchen üblichen Umgang miteinander lässt die Reaktion schließen?
b) Entwerft ein Gespräch, in dem beide ihre Erwartungen und Interessen offen äußern.

3 Untersucht die folgende Variation des Wortwechsels: Probiert, welche Sprechweise angemessen ist, und erklärt die Veränderung: *„Wo hast du die Jeans her?" – „Wenn du nicht willst, dass ich mitkomme, bleibe ich zu Hause."*

4 a) Setzt die Tabelle mit eigenen Beispielen fort und diskutiert die unterschiedlichen Wirkungen:

„Komm jetzt mit!"	*„Komm <u>doch</u> jetzt mit!"*
„Wo bleibst du?"	*„Wo bleibst du <u>nur</u>?"*
„Ich hab 's geahnt!"	*„Ich hab 's <u>ja</u> geahnt!"*
...	...

b) Sammelt weitere **Modaladverbien** wie „doch" und „ja", durch die die Aussagen von der Sprecherin/vom Sprecher eine bestimmte subjektive Tönung erhalten.

c) Mit welchen der Modaladverbien unterstreicht der Sprecher Freude, Verärgerung, Bedauern, Enttäuschung, Verwunderung, Verzweiflung, Resignation, Vermutungen oder Bestätigungen?

5 a) Welche Reaktionen sind auf die Äußerungen zu erwarten? Beachtet neben der Funktion der Modaladverbien auch die der Satzarten.

b) Schreibt auf, wie die Gespräche jeweils fortgesetzt werden könnten.

6 Führt eure Szenen im Rollenspiel vor. Beim Proben der Szenen sollten die Sprecher/innen von Beobachtern beraten werden.

7 Untersucht eure Gespräche hinsichtlich folgender Aspekte:

- Um welche Sache, welchen Inhalt geht es?
- Auf welche Beziehung zwischen den Partnern lässt der Gesprächsverlauf schließen?
- Was möchten die Sprecher/innen mit ihren Äußerungen bewirken?
- Was sagen sie mit den Äußerungen über sich selbst aus?

Die Inhalts- und die Beziehungsseite der Kommunikation

In Gesprächen geht es niemals nur um den Inhalt, der besprochen wird **(Inhaltsseite).** Neben dem Austausch von Informationen spielt es auch eine Rolle, welche Beziehung die Kommunikationspartner zueinander haben, welche Absichten sie verfolgen, welche Erwartungen sie voneinander haben und in welcher Situation das Gespräch stattfindet **(Beziehungsseite).**
Auf der sprachlichen Ebene kann die Beziehungsseite einer Aussage neben der Betonung besonders durch die Wahl der Satzart (Aussage, Frage, Ausruf) und durch die Verwendung von Modaladverbien zum Ausdruck gebracht werden.

Eine Mutter fragt ihre Tochter, die vor dem Fernseher sitzt: „Wann schreibt ihr eigentlich die nächste Klassenarbeit?"

Hinter dieser Frage können sich unterschiedliche Interessen verbergen:

- Information zur Sache: „Wann ist der genaue Termin?"
- Aufforderung: „Fang jetzt endlich an zu lernen, sonst ist es zu spät!"
- Aussage über die Beziehung zueinander: „Wenn ich mich nicht immer um deine Angelegenheiten kümmere, tust du nichts!"
- Aussage über ihre Gefühle und Wünsche: „Ich ärgere mich, dass du immer nur vor dem Fernseher sitzt!"

8 Dass eine scheinbar harmlose Frage bzw. Aussage nicht nur unterschiedlich gemeint sein, sondern auch unterschiedlich aufgefasst werden kann, zeigt sich an den Reaktionen. Überlegt, wie die Tochter die Frage der Mutter jeweils wahrnehmen könnte, und schreibt mögliche Antworten auf.

9 Ein Kommunikationswissenschaftler behauptet: „Jeder ist für das verantwortlich, was er hört." Beurteilt die Aussage anhand von Beispielen.

Karl Otto Mühl

Wohnküche Bajorat

Der Bühnenautor Karl Otto Mühl zeigt in seinen realistischen Stücken den tristen Alltag kleinbürgerlicher Arbeiter und Angestellter. In „Rosenmontag" (1974) gerät der Packer Bajorat wegen einer Affäre in die Rolle des Sündenbocks.

Bajorat füllt den Lottozettel aus. Dora bügelt.

DORA: Was hast 'en da für 'n komischen Kuli. Nen dreieckigen.

BAJORAT: Der gefiel mir eben.

DORA: So. Gefiel dir.

BAJORAT: So teuer war der nicht, dass du so dumm daherreden musst. Bei der kleinsten Kleinigkeit redst du rein. So, als ob man überhaupt nichts dürft.

DORA: Ich kann mir auch nicht so 'nen Quatsch kaufen. Da ham wir das Geld nicht für.

BAJORAT: Grad heut hatt ich mir vorgenommen, dass ich dir am Samstag was kauf.

DORA: Mir wolltste was schenken?

BAJORAT: Ja.

DORA: Komisch.

BAJORAT: Was ist denn da komisch dran?

DORA: Für mich ist es komisch, wenn mir einer was schenkt.

BAJORAT: Du weißt doch, dass ich dir früher öfter was geschenkt hab?

DORA: Weiß ich nicht.

BAJORAT: Und auf einmal wolltste nicht mehr. So nach zwei, drei Jahren. – Warum nicht?

DORA: Weiß ich überhaupt nichts von.

BAJORAT: Du hast dann immer gesagt, du willst nix. Nun sag mal ehrlich –

DORA: Kann ich eben nicht mehr vertragen. Dann würd mir ganz komisch. Nee, möcht ich auch nicht. – Wenn du kämst und würdst mir wat hinlegen und tätst so daherreden.

BAJORAT: Weil de *mich* nicht willst, nicht?

DORA: Nee, die ganze Tour, weißte. Nachher wickeln se einen um 'n Finger.

BAJORAT *erstaunt:* Nee. Denk einfach, es steht dir auch mal wat zu.

DORA: Hör mit dem Süßreden auf. Reparier lieber das Bügeleisen. Hörste, wie es knistert.

BAJORAT: Mach ich am Samstag. Wenn wir in der Stadt einkaufen waren. Wart 's mal ab.

DORA: Früher kriegt ich schon mal was geschenkt.

BAJORAT: Ja, ja, ich weiß. Vom Heinz.

DORA: Was soll dat denn? Das war 'n richtig Lieben.

BAJORAT: Hättsten doch geheirat.

DORA: Dann hätt ich heut 'n Baugeschäft.

BAJORAT: Tatsache ist, dass er dich nicht geheiratet hat.

DORA: Du musst nicht so blöd daherreden, verstehst du. Du weißt doch, dass seine Mutter dagegen war.

BAJORAT: Und außerdem wärste jetzt Witwe.

DORA: Dass auch niemand bei ihm war, wie es passiert ist.

BAJORAT: Vielleicht hätt er dich doch noch geheiratet, wenn ich nicht gekommen wär.

DORA: Wenn du nicht gekommen wärst?

BAJORAT: Ja.

DORA: Ach so.

BAJORAT: War das 'ne Aufregung damals.

DORA: Du wolltst ja unbedingt.

BAJORAT: Du denn nicht?

DORA: Ach. Weiß ich doch heut nicht mehr.

BAJORAT: Wie du so redest!

DORA: Was denn?

BAJORAT: So redet man doch nicht. Ich bin dir wohl ganz und gar egal?

DORA: Denkste vielleicht, du wärst so schön?

BAJORAT: Meinste das alles im Ernst?

DORA: Von mir aus nicht.

BAJORAT: Nicht wahr, du machst Blödsinn?

DORA: Ach, weiß ich doch nicht.

BAJORAT *lenkt ab:* Wir haben einen Prokuristen in der Firma, der riecht immer nach Kölnischwasser.

DORA: Wennste die Frau von 'nem Arbeiter bist, dann biste der letzte Dreck.

BAJORAT: Ja, sie lassen ein' nich hochkommen. Aber grad darum müsst se doch manchmal 'n gutes Wort für mich haben. *Bajorat nimmt sich was zu essen.*

DORA: Dein' Kittel hier krieg ich einfach nich sauber beim Waschen.

BAJORAT: Solln wir uns heut mal richtig schön früh hinlegen?

DORA: Bild dir nur keine Schwachheiten ein.

BAJORAT: Dora, immer muss ich drum angehen. Das is doch nix.

DORA: Mich fragt auch keiner, was ich will.

Uraufführung von „Rosenmontag", Essener Bühnen 1975

1 Lest den Dialog laut mit verteilten Rollen.

2 a) Um welche konkreten Inhalte geht es in dem Gespräch?
b) Durch welche Interessen und Gefühle wird das Gespräch gelenkt? Zeigt die Stellen im Text auf, an denen deutlich wird, dass die Beziehung der Partner im Vordergrund steht.
c) Begründet eure Überlegungen anhand auffälliger Redewendungen im Text.

Robert Gernhardt

Die Katz ist weg

Die Gastkatze war weg. Zuerst herrschte Ratlosigkeit. „Wie konnte das nur passieren?" – „Aus dem dritten Stock!" „Und es ist nicht mal unsere Katze!" „Ich weiß, ich weiß!"

Dann ließ ich 500 Handzettel drucken: „Hohe Belohnung. Katze entlaufen: schmal, graubraun-weiß gefleckt, sehr scheu, hört auf den Namen Rosa."

Wir plakatierten das Westend[1] und steckten die Handzettel in alle umliegenden Briefkästen.

Leute riefen an.

„Also, ich habe Ihre Katze nicht. Aber haben Sie schon mal daran gedacht, im Schrank nachzusehen?"

„Ich habe Ihren Aushang gelesen. Sie, mir ist auch mal eine Katze entlaufen. Eine Siamkatze. Auf dem Frankfurter Hauptbahnhof ist sie mir entsprungen. Sie, der Zug nach Hamburg hat eine halbe Stunde Verspätung gehabt. Ich wollte nach Kassel, ich habe dem Zugführer gesagt: ‚Sie fahren mir nicht weg. Rafi sitzt unter dem Zug. Ich nenne ihn Rafi, er heißt eigentlich Raffael. Ich kratz Ihnen die Augen aus, wenn Sie losfahren!' Und er ist nicht losgefahren. Später fand ich Rafi, er saß in einer Blumenschale. Was ich ausgestanden habe!"

„Sie suchen doch eine Katze. Es geht mir nicht um die Belohnung."

„Ja …"

„Bei uns im Garten ist eine rumgestrolcht. Die kam gestern schon."

„Wo wohnen Sie denn?"

„In Buchschlag. Das ist bei Sprendlingen. Und diese Katze –"

„Ja?"

„Wir haben einen Pudel."

„Ja und?"

„Und der Pudel ist jetzt im Haus. Aber die Katze, die kriegt eben dahinten im Garten etwas zu fressen. Von den Nachbarn."

„Wie sieht sie denn aus?"

„So schwarz."

„Schwarz? Die, die ich suche, ist grau-weiß gefleckt."

„Ja – Weiß hat die auch."

„Und Grau?"

„Na ja … so ein Grau … So ein dunkles Grau …"

„Ich habe ein Foto der Katze vor mir. Also, die hat einen weißen Kopf, weiße Brust, weiße Beine und oben, um die Ohren – das ist schwer zu beschreiben –"

„Die Ohren sind spitz."

„Nein, ich will sagen – oben, um die Ohren, da ist eine dunkle Zeichnung. Wie ein Madonnenscheitel, verstehn Sie?"

„Nein."

„Das Grau geht auf beiden Seiten schräg und gleichmäßig runter."

„Ja, ein schwarzes Näschen hat die hier auch."

„Ein schwarzes Näschen? Das hat die, die ich suche, nämlich nicht. Die hat eine weiße Nase."

„Also die hier, die ist auch nicht richtig schwarz."

„Könnten Sie das nicht genau sagen? Ich komme gerne nach Buchschlag, wenn etwas Hoffnung ist, aber Buchschlag ist ja recht weit von hier und ich …"

„Hören Sie: Ich kann die Katze nicht ewig im Garten behalten!"

„Bleibt sie denn wenigstens im Garten? Damit sie nicht weg ist, wenn wir kommen …"

„Woher soll ich denn das wissen? Was heißt das: Bleibt sie im Garten? Wir haben einen großen Garten, das Tier kann überall hinlaufen. Wir können es doch nicht festhalten!"

„Verstehn Sie doch. Ich möchte nur vermeiden, dass ich den ganzen Weg umsonst mache."

„Ja – suchen Sie das Kätzchen oder nicht? Was soll denn das? Ich lasse mir hier wegen Ihrer Katze den Kaffee kalt werden, ich habe noch nicht gefrühstückt und –"

„Ich komme gern, aber wenn sie ein schwarzes Näschen hat –"

„Was reden Sie denn da von einem schwarzen Näschen? Sie haben das Tier doch überhaupt nicht gesehen! Und ich frage mich, ob Sie es überhaupt sehen wollen. Mir geht es nicht um die Belohnung. Mir geht es um das Tier. Um die Kreatur. Wir geben ihr schon zwei Tage zu fressen, aber hier sind scharfe Hunde, ich kann da für nichts garantieren. Aber Ihnen scheint das alles ja wohl egal zu sein. Ich muss Ihnen ehrlich sagen, so wie Sie sich verhalten, da muss ich ja

1 **Westend:** Stadtteil in Frankfurt/Main

annehmen, dass Ihnen Ihre Katze völlig egal ist. Warum – “

„Sie ist – “

„Warum geben Sie denn dann überhaupt eine Anzeige auf, wenn Sie Ihre Katze nicht holen wollen?“

„Sie ist mir nicht egal!“

„Und warum kommen Sie dann nicht? Erleichtern Sie Ihr Gewissen! Schauen Sie sich das Tier an!“

„Könnten wir noch einmal die Frage klären: Hat sie ein weißes oder ein schwarzes Näschen?“

„Schaun Sie sich das Tier doch an! Eben sehe ich es vom Fenster aus schon nicht mehr. Ich werde mir jetzt einen neuen Kaffee kochen müssen. Wir haben einen scharfen Pudel – “

„Gut, ich komme.“

Fast alle Anrufer waren Frauen.

„Sie haben doch die Anzeige wegen der entlaufenen Katze aufgegeben?“

„Ja.“

„Wir haben das Kätzchen. Sie können es abholen.“

„Ja? Wo wohnen Sie denn?“

„Im Grüneburgweg. Am Sonntagnachmittag hat es vor unserer Haustür gesessen, das Kätzchen. Direkt vor der Haustür.“

„Dann muss es eine andere sein. Die Katze, die ich suche, ist vom Montag auf den Dienstag entlaufen.“

„Nein. Das war am Sonntag. Wir kamen gerade vom Spaziergang, mein Mann und ich, da saß es vor der Haustür. So ein kleines Siamkätzchen.“

„Ich suche eine Hauskatze. Grau-weiß gefleckt.“

„Nein, die ist ganz braun. Ein Siamkätzchen.“

„Dann muss es eine andere Katze sein.“

„Nein, ich kenn mich da etwas aus. Das ist ein Siamkätzchen. Braun und das Gesicht schwarz und ganz blaue Augen.“

„Die, die ich suche, ist eine Hauskatze mit auffallend gelben Augen.“

„Nein, die sind blau beim Kätzchen. Das sieht man doch. Die sitzt doch vor mir.“

„Dann muss es eine andere Katze sein, glauben Sie mir.“

„Nein, das ist keine andere Katze. Das ist ein Siamkätzchen.“

Ich führte mehrere Dutzend solcher Gespräche. Die Katze blieb verschwunden und wurde nie wieder gefunden.

1 a) Beschreibt die von Gernhardt dargestellten Gespräche. Warum führen sie nicht zu einem befriedigenden Ergebnis?
b) Welche Funktion haben die Modaladverbien „ja“ und „nein“ in dem Dialog?

2 a) Kennt ihr Gespräche ähnlicher Art?
b) Schreibt einen Dialog am Telefon, in dem es um eine alltägliche Sache geht. Die Gesprächspartner sollen sich dabei – fixiert auf ihre Eigeninteressen – missverstehen.

Erwartetes und Erreichtes

F. K. Waechter

Feierabend

Herr und Frau Klose sitzen gemütlich bei ihrer Feierabendbeschäftigung im Sessel.

FRAU KLOSE: Sei doch nicht immer so aufbrausend.

HERR KLOSE: Wie?

FRAU KLOSE: Ach, ich sagte nur, du sollst nicht immer gleich so aufbrausend sein.

HERR KLOSE: So was?

FRAU KLOSE: So aufbrausend.

HERR KLOSE: Ich?

FRAU KLOSE: Ja, wer sonst?

HERR KLOSE: Ich?!!! Aufbrausend?!!!

1 a) Spielt die kurze Szene nach. Achtet auf die Körperhaltung der Figuren und auf Tonfall und Lautstärke ihrer Äußerungen.
b) Was bewirkt der Appell von Frau Klose bei ihrem Mann?
c) Was könnte der Situation vorausgegangen sein?

2 Kennt ihr ähnliche Situationen aus Alltagsgesprächen? Entwickelt kurze Dialoge.

Mutter und Sohn

MUTTER: Du machst ja überhaupt nicht deine Hausaufgaben!

Sohn beginnt.

MUTTER: Du machst das jetzt nur, weil ich was gesagt habe. Du solltest das freiwillig tun.

Sohn sieht nicht auf.

MUTTER: Jetzt machst du so ein Gesicht. Du solltest das nicht nur freiwillig tun, du solltest es auch gerne tun.

SOHN: Hausaufgaben machen halt keinen Spaß! Du kannst nicht auch noch verlangen, dass ich dabei Spaß habe!

MUTTER: Du musst immer nur murren. Schon als kleines Kind hast du immer nur Widerworte gegeben. Ich bin das jetzt langsam leid!

SOHN: Ach, du kannst mich mal. *Er will wütend aufstehen.*

MUTTER: Wenn du jetzt gehst, brauchst du nicht mehr wiederzukommen!

Sohn schiebt das Heft weg und sieht Mutter starr an.

MUTTER: Da siehst du 's!

1 Formuliert zu jedem Teil des Dialogs, was die Gesprächspartner vermutlich denken, aber nicht sagen.

2 Beschreibt genau, warum die Mutter das Gegenteil von dem erreicht, was sie möchte.

Absichten und Erwartungen

Die meisten Alltagsgespräche laufen nahezu automatisch ab. Wir sprechen und reagieren oftmals, ohne über das Gesagte nachzudenken. So hat man mitunter das Gefühl, nicht verstanden zu werden oder aneinander vorbeizureden. Missverständnisse, Verletzungen und Streit kann man vermeiden, wenn man sich bewusstmacht, welche Intentionen, Interessen und Gefühle das Gesprächsverhalten bestimmen.
In manchen Situationen beeinflusst eine Erwartung bzw. Befürchtung das eigene Verhalten und Reden so, dass man, ohne es zu wollen, das vorhergesehene Ereignis herbeiführt. In diesem Fall spricht man von einer **Self-fullfilling prophecy** (sich selbst erfüllende Voraussage).

3 Wie könnten Mutter und Sohn ihren Konflikt lösen? Erprobt verschiedene Möglichkeiten im Rollenspiel.

5.2 Kurzgeschichten der Gegenwart: Störungen und Konflikte

Gabriele Wohmann

Denk immer an heut nachmittag

Gabriele Wohmann wurde 1932 in Darmstadt geboren. Ihre Erzählungen und Romane geben meist Momentaufnahmen des Alltäglichen wieder. Mit scheinbar unerbittlichem und gefühllosem Blick entlarvt sie gestörte und entfremdete zwischenmenschliche Beziehungen.

„Eine halbe Stunde Fahrt auf der Hinterplattform", sagte der Vater, „wieder was Schönes zum Drandenken."
Die Bahn ruckelte durch die dunklen feuchten Gäßchen von Gratte. Spätnachmittags, die Zeit, in der noch einmal alle Frauen ihre Einkaufstaschen zu den Krämern trugen, in die Auslagen der engen Schaufenster starrten und wie im Gebet die Lippen bewegten, während sie die Münzen in ihren klebrigen Portemonnaies zählten. Die letzten Minuten, bevor die Kinder endgültig hinter den schartigen Hausmauern verschwänden, ehe die Männer auf ihren Motorrädern in das Delta[1] der Gassen donnern würden.
Das Kind hielt die Messingstange vor der Fensterscheibe fest, aber immer wieder rutschte die glatte Wolle seiner Handschuhe ab.
„Wie im Aussichtswagen. Lauter lustige Dinge", sagte der Vater. „Du kannst immer dran denken: wie lustig wars doch, als wir plötzlich bei Wickler im Fenster die Mannequins entdeckten und als der Vater sagte: schön, wir fahren eine Bahn

1 **Delta:** vielarmiges Mündungsgebiet eines Flusses

später. Die hübschen Mannequins; weißt dus noch?" „Ja", sagte das Kind. Sein Knie spürte den Koffer.

Die Bahn fuhr jetzt durch eine Straße mit eckigen, unfrisierten Gärtchen, und Gratte sah nur noch wie ein dicker dunkler Pickel aus. Dann Bäume, die meisten noch kahl, eine Bank mit einem Mädchen, das die Fingernägel reinigte, gekrümmte nackte Kiefernstämme in sandigen Kahlschlägen. „Der Wald von Laurich", sagte der Vater, „er zieht sich bis zu deinem Schulheim. Ihr werdet ihn wahrscheinlich oft zu sehen bekommen. Spiele im Wald veranstalten, Schnitzelversteck und was weiß ich. Räuberspiele, Waldlauf."

Ein fetter Junge auf dem Fahrrad tauchte auf und hetzte in geringem Abstand hinter der Bahn her. Sein schwitzendes bläuliches Gesicht war vom Ehrgeiz verunstaltet, die farblose dicke Zunge lag schlaff auf der Unterlippe. „Zunge rein", rief der Vater und lachte. „Ob ers schafft? Was meinst du?" „Ich weiß nicht", sagte das Kind. „Ach, du Langweiler", sagte der Vater.

Das Kind merkte mit einer geheimen Erregung, daß seine Augen jetzt schon wieder naß wurden; das Fahrrad, der hechelnde schwere Körper und das besessene Gesicht des Jungen schwammen hinter der Scheibe. Mit gekränkter Stimme sagte der Vater:

„Und vergiß nicht die Liebe deiner Mutter. Sie ist dein wertvollster Besitz. Präge es dir ein. Vergiß nicht, wie lieb sie dich hatte, und handle danach. Tu nur, was sie erfreut hätte. Ich hoffe sehr, du kannst das behalten."

Immer größer wurde der Abstand zwischen dem Fahrrad und der Plattform, aber obwohl keine Aussicht mehr bestand, in diesem Wettbewerb zu gewinnen, gab der Junge nicht auf.

„Siehst du", sagte der Vater, „der läßt nicht locker." Seine Stimme war stolz und fast zärtlich. Das Kind sah in das fleckige Gesicht des Jungen, aus dem die Zunge sich plötzlich listig reckte, zugespitzt, blaß zwischen den weißen verzogenen Lippen.

Der Vater lachte:

„Siehst du, jetzt streckt er dir die Zunge raus! Vielleicht ist es sogar ein Lauricher, ein zukünftiger Kamerad. Dann würdest du schon einen kennen."

Sie sahen von der Plattform aus die hellgrün gestrichenen Gebäude vor dem Ulmenwäldchen, alles sah doch anders aus als auf den Bildern des Prospekts. Sie gingen zwischen Äckern den großen Gebäuden entgegen. „Wie freundlich das da liegt", sagte der Vater. „Zu meiner Zeit waren Schulen noch nicht so nett. Da, der Sportplatz! Ich hoffe sehr, du wirst hier allmählich Spaß am Sport bekommen. Richtige Muskeln, weißt du. Du mußt sonst auf sehr viel Gutes im Leben eines Mannes verzichten."

Ein hoher Drahtzaun umschloß den Platz. Eine Horde von Kindern, die aus der Entfernung einheitlich schwarz wirkte, rannte und stieß und schrie planlos durcheinander, und ab und zu erhob sich plump und dunkel ein eiförmiger Ball, einem kranken Vogel ähnlich, über die Masse der Köpfe. „Komm", sagte der Vater und griff nach der Hand des Kindes, „komm, wir eilen uns ein bißchen, vielleicht können wir noch sehen, wer gewinnt."

Durch die Handschuhwolle spürte das Kind den Wärmestrom. Es hatte Lust, den Handschuh auszuziehen, aber es regte seine Finger nicht. Von neuem schwoll das Nasse in seinen Augen, es war ein Gefühl, als wollten die Augen selbst aus der Spange der Lider platzen. Das Nasse schmierte die Gebäude, den Sportplatz, das Gewimmel der Kinder in eine mattglasige Einheit, aus der jetzt der Ball wieder schwarz und träge in den Himmel aufstieg; und dann sah es nichts mehr, gar nichts, es hörte die kreischenden Rufe, los, los, vorwärts, es spürte die Hand seines Vaters und roch den fauligen dumpfen Abendgeruch der aufgeworfenen Erde, aber es sah nichts mehr, so daß es nur die Erinnerung an den hochtorkelnden Ball festhielt. Es ließ den Ball sich höher hinaufschrauben, es ließ ihn nicht wieder zurückfallen zwischen die stoßenden und wetzenden Beine, es schraubte ihn so hoch, bis es sich nicht mehr vorstellen konnte, daß er wieder auf die Erde zurückmüßte.

„Behalte all das in Erinnerung", sagte der Vater. „All das Schöne und Liebe, das deine Mutter und ich dir zu geben versucht haben. Und wenns mal trübe aussehen sollte, denk zum Beispiel an heut nachmittag. Das war doch wie ein richtiger lustiger Ausflug. Denk immer an heut nachmittag, hörst du? An alles, an die Wäffelchen, an Wicklers Schau, die Plattform, an den Jungen auf dem Fahrrad. Hörst du?“

„Ja“, sagte das Kind.

Gegen seinen Willen mußte es feststellen, daß die Augen wieder ordentlich und klar zwischen den Lidern saßen.

Sie waren jetzt nah am Sportplatz, die quadratischen Maschen des Zaungitters lösten sich einzeln aus dem Dunkelgrau, in das wie eine gegorene, von Würmern geschwollene Pflaume der Ball zurückklatschte. Nun erst fiel ihm auf, daß es noch nie daran gedacht hatte, seinen Vater zu bedauern. R

1 Erläutert den Titel der Kurzgeschichte.

2 a) Beschreibt die familiäre Situation in der Kurzgeschichte.
b) Untersucht die Gesprächsanteile und die Sprechweisen von Vater und Sohn.
c) Welche Erwartungen des Vaters verbergen sich hinter seinen Appellen?
d) Was bewegt den Jungen während der Fahrt zum Schulheim?

3 a) Untersucht die sprachliche Gestaltung des Schlussteils der Geschichte (Z. 83–134).
b) Erklärt die Funktion des Balls für den Jungen.

4 Verfasst einen inneren Monolog des Jungen. Geht dabei vom Schlusssatz der Geschichte aus.

Siegfried Lenz

Die Flut ist pünktlich

Siegfried Lenz, 1926 in Lyck/Ostpreußen geboren, gehört zu den meistgelesenen deutschen Nachkriegsschriftstellern. Er verfasste Romane und Erzählungen, auch Theaterstücke, Hörspiele und Essays. Seine Kurzgeschichten, in denen der Einfluss des amerikanischen Dichters Ernest Hemingway spürbar ist, stellen meist eine Situation dar, in der ein Mensch sein Leben entscheidend verändern kann.

Zuerst sah er ihren Mann. Er sah ihn allein heraustreten aus dem flachen, schilfgedeckten Haus hinter dem Deich, den Riesen mit dem traurigen Gesicht, der wieder seine hohen Wasserstiefel trug und die schwere Joppe mit dem Pelzkragen. Er beobachtete vom Fenster aus, wie ihr Mann den Pelzkragen hochschlug, gebeugt hinaufstieg auf den Deich und oben im Wind stehenblieb und über das leere und ruhige Watt blickte, bis zum Horizont, wo die Hallig[1] lag, ein schwacher Hügel hinter der schweigenden Einöde des Watts. Und während er noch hinüberblickte zur Hallig, stieg er den Deich hinab zur andern Seite, verschwand einen Augenblick hinter der grünen Böschung und tauchte wieder unten neben der tangbewachsenen eisernen Spundwand[2] auf, die sie weit hinausgebaut und mit einem Steinhaufen an der Spitze gesichert hatten. Der Mann ging in die Hocke, rutschte das schräge Steinufer hinab und landete auf dem weichen, grauen Wattboden, der geriffelt war von zurückweichendem

1 **Hallig:** kleinere Insel im nordfriesischen Wattenmeer, die bei Flut überschwemmt wird

2 **Spundwand:** wasserdichte Bohlen- oder Eisenwand

Wasser, durchzogen von den scharfen Spuren der Schlickwürmer; und jetzt schritt er über den weichen Wattboden über das Land, das dem Meer gehörte; schritt an einem unbewegten Priel[3] entlang, einem schwarzen Wasserarm, der wie zur Erinnerung für die Flut dalag, nach sechs Stunden wieder zurückzukehren und ihn aufzunehmen mit steigender Strömung. Er schritt durch den Geruch von Tang und Fäulnis, hinter Seevögeln her, die knapp zu den Prielen abwinkelten und suchend und schnell pickend voraustrippelten; immer weiter entfernte er sich vom Ufer, in Richtung auf die Hallig unter dem Horizont, wurde kleiner, wie an jedem Tag, wenn er seinen Wattgang zur Hallig machte, allein, ohne seine Frau. Zuletzt war er nur noch ein wandernder Punkt in der dunklen Ebene des Watts, unter dem großen und grauen Himmel hier oben: er hatte Zeit bis zur Flut ...

Und jetzt sah er von seinem Fenster aus die Frau. Sie trug einen langen Schal und Schuhe mit hohen Absätzen; sie kam unter dem Deich auf das Haus zu, in dem er wartete, und sie winkte zu seinem Fenster hinauf. Dann hörte er sie auf der Treppe, hörte, wie sie die Tür öffnete, zögernd von hinten näher kam, und jetzt wandte er sich um und sah sie an.

„Tom“, sagte sie, „oh, Tom“, und sie versuchte dabei zu lächeln und ging mit erhobenen Armen auf ihn zu.

„Warum hast du ihn nicht begleitet?“ fragte er.

Sie ließ die Arme sinken und schwieg; und er fragte wieder: „Warum bist du mit deinem Mann nicht rübergegangen zur Hallig? Du wolltest einmal mit ihm rübergehen. Du hattest es mir versprochen.“

„Ich konnte nicht“, sagte sie. „ich habe es versucht, aber ich konnte es nicht.“

Er blickte zu dem Punkt in der Verlorenheit des Watts, die Hände am Fensterkreuz, die Knie gegen die Mauer gedrückt, und er spürte den Wind am Fenster vorbeiziehen und wartete. Er merkte, wie die Frau sich hinter ihm in den alten Korbstuhl setzte, es knisterte leicht, ruckte und knisterte, dann war sie still, nicht einmal ihr Atem war zu hören.

Plötzlich drehte er sich um, blieb am Fenster stehen und beobachtete sie; starrte auf das braune Haar, das vom Wind versträhnt war, auf das müde Gesicht und die in ruhiger Verachtung herabgezogenen Lippen, und er sah auf ihren Nacken und die Arme hinunter bis zu ihrer schwarzen kleinen Handtasche, die sie gegen ein Bein des alten Korbstuhls gelehnt hatte.

„Warum hast du ihn nicht begleitet?“ fragte er.

„Es ist zu spät“, sagte sie. „Ich kann nicht mehr mit ihm zusammen sein. Ich kann nicht allein sein mit ihm.“

„Aber du bist mit ihm hier raufgekommen“, sagte er.

„Ja“, sagte sie. „Ich bin mit ihm auf die Insel gekommen, weil er glaubte, es ließe sich hier alles vergessen. Aber hier ist es noch weniger zu vergessen als zu Hause. Hier ist es noch schlimmer.“

„Hast du ihm gesagt, wohin du gehst, wenn er fort ist?“

„Ich brauche es ihm nicht zu sagen, Tom. Er kann zufrieden sein, daß ich überhaupt mitgefahren bin. Quäl mich nicht.“

„Ich will dich nicht quälen“, sagte er, „aber es wäre gut gewesen, wenn du ihn heute begleitet hättest. Ich habe ihm nachgesehen, wie er hinausging, ich stand die ganze Zeit am Fenster und beobachtete ihn draußen im Watt. Ich glaube, er tat mir leid.“

„Ich weiß, daß er dir leid tut“, sagte sie, „darum mußte ich dir auch versprechen, ihn heute zu begleiten. Ich wollte es deinetwegen tun; aber ich konnte es nicht. Ich werde es nie können, Tom. – Gib mir eine Zigarette.“

Der Mann zündete eine Zigarette an und gab sie ihr, und nach dem ersten Zug lächelte sie und zog die Finger durch das braune, versträhnte Haar.

„Wie sehe ich aus, Tom?“ fragte sie. „Sehe ich sehr verwildert aus?“

„Er tut mir leid“, sagte der Mann.

Sie hob ihr Gesicht, das müde Gesicht, auf dem wieder der Ausdruck einer sehr alten und ruhigen Verachtung erschien, und dann sagte sie: „Hör auf damit, Tom. Hör auf, ihn zu bemitleiden. Du weißt nicht, was gewesen ist. Du kannst nicht urteilen.“

„Entschuldige“, sagte der Mann. „Ich bin froh, daß du gekommen bist“, und er ging auf sie zu

3 **Priel:** schmaler Wasserlauf im Wattenmeer

und nahm ihr die Zigarette aus der Hand. Er drückte sie unterm Fensterbrett aus, rieb die Reste der kleinen Glut herunter, wischte die Krümel weg und warf die halbe Zigarette auf eine Kommode.

Die untere Seite des Fensterbretts war gesprenkelt von den schmutzigen Flecken ausgedrückter Zigaretten. Ich muß sie mal abwischen, dachte er; wenn sie weg ist, werde ich die Flecken abwischen, und jetzt trat er neben den alten Korbstuhl, faßte ihn mit beiden Händen oben an der Lehne und zog ihn weit hintenüber.

„Tom", sagte sie, „oh, Tom, nicht weiter, bitte, nicht weiter, ich falle sonst, Tom, du kannst das nicht halten." Und es war eine glückliche Angst in ihrem Gesicht und eine erwartungsvolle Abwehr...

„Laß uns hier weggehen, Tom", sagte sie danach, „irgendwohin. Bleib noch bei mir."

„Ich muß mal hinaussehen", sagte er, „einen Augenblick."

Er ging zum Fenster und sah über die Einsamkeit und Trübnis des Watts; er suchte den wandernden Punkt in der Einöde draußen, zwischen den fern blinkenden Prielen, aber er konnte ihn nicht mehr entdecken.

„Wir haben Zeit bis zur Flut", sagte er. „Warum sagst du das nicht? Du bist immer nur zu mir gekommen, wenn er seinen Wattgang machte zur Hallig raus. Sag doch, daß wir Zeit haben für uns bis zur Flut. Sag es doch."

„Ich weiß nicht, was mit dir los ist, Tom", sagte sie, „warum du so gereizt bist. Du warst es nicht in den letzten zehn Tagen. In den letzten zehn Tagen hast du mich auf der Treppe begrüßt."

„Er ist dein Mann", sagte er gegen das Fenster. „Er ist noch immer dein Mann, und ich hatte dich gebeten, heute mit ihm zu gehen."

„Ist es dir heute eingefallen, daß er mein Mann ist? Es ist dir spät eingefallen, Tom", sagte sie, und ihre Stimme war müde und ohne Bitternis. „Vielleicht ist es dir zu spät eingefallen. Aber du kannst beruhigt sein: er hat aufgehört, mein Mann zu sein, seitdem er aus Dharan zurück ist. Seit zwei Jahren, Tom, ist er nicht mehr mein Mann. Du weißt, was ich von ihm halte."

„Ja", sagte er, „du hast es mir oft genug erzählt. Aber du hast dich nicht von ihm getrennt; du bist bei ihm geblieben, zwei Jahre, du hast es ausgehalten."

„Bis zum heutigen Tag", sagte sie, und sie sagte es so leise, daß er sich vom Fenster abstieß und sich umdrehte und erschrocken in ihr Gesicht sah, in das milde Gesicht, über das jetzt eine Spur heftiger Verachtung lief.

„Ist etwas geschehen?" fragte er schnell.

„Was geschehen ist, geschah vor zwei Jahren."

„Warum hast du ihn nicht begleitet?"

„Ich konnte nicht", sagte sie, „und jetzt werde ich es nie mehr brauchen."

„Was hast du getan?" fragte er.

„Ich habe versucht zu vergessen, Tom. Weiter nichts, seit zwei Jahren habe ich nichts anderes versucht. Aber ich konnte es nicht."

„Und du bist bei ihm geblieben und hast dich nicht getrennt von ihm", sagte er. „Ich möchte wissen, warum du es ausgehalten hast."

„Tom", sagte sie, und es klang wie eine letzte resignierte Warnung, „hör mal zu, Tom. Er war mein Mann, bis sie ihm den Auftrag in Dharan gaben und er fortging für sechs Monate. So lange war er es, und als er zurückkam, war es aus. Und weil du dein Mitleid für ihn entdeckt hast heute und weil du wohl erst jetzt bemerkt hast, daß er mein Mann ist, will ich dir sagen, was war. Er kam krank zurück, Tom. Er hat sich in Dharan etwas geholt, und er wußte es. Er war sechs Monate fort, Tom, sechs Monate sind eine Menge Zeit, und es gibt viele, die es verstehen, wenn so etwas passiert. Vielleicht hätte ich es auch verstanden, Tom. Aber er war zu feige, es mir zu sagen. Er hat mir kein Wort gesagt."

Der Mann hörte ihr zu, ohne sie anzusehen; er stand mit dem Rücken zu ihr und sah hinaus, sah den grünen Wulst des Deiches entlang, der in weitem Bogen zum Horizont lief. Ein Schwarm von Seevögeln kam von den Prielen draußen im Watt zurück, segelte knapp über den Deich und fiel in jähem Sturz in das Schilf bei den Torfteichen ein. Sein Blick lief suchend über das Watt zur Hallig, wo sich jetzt der wandernde Punkt lösen mußte; jetzt mußte er die Rückwanderung antreten, um vor der Flut auf dem Deich zu sein: er war nicht zu erkennen.

„Und du bist zwei Jahre bei ihm geblieben", sagte der Mann. „So lange hast du es ausgehalten und nichts getan."

„Ich habe zwei Jahre gebraucht, um zu begreifen, was passiert ist. Bis heute morgen hat es gedauert. Als ich ihn begleiten sollte, habe ich es gemerkt, Tom, und du hast mir geholfen dabei, ohne daß du es wolltest. Du hast aus Mitleid oder aus schlechtem Gewissen verlangt, daß ich ihn begleiten sollte."

„Er ist immer noch nicht zu sehen", sagte der Mann. „Wenn er vor der Flut hier sein will, müßte er jetzt zu erkennen sein."

Er öffnete das Fenster, befestigte es gegen den Widerstand des Windes mit eisernen Haken und blickte über das Watt.

„Tom", sagte sie, „oh, Tom. Laß uns weggehen von hier, irgendwohin. Laß uns etwas tun, Tom. Ich habe so lange gewartet."

„Du hast dir lange etwas vorgemacht", sagte er, „du hast versucht, etwas zu vergessen, und dabei hast du gewußt, daß du es nie vergessen kannst."

„Ja", sagte sie, „ja, Tom. So etwas kann kein Mensch vergessen. Wenn er es mir gleich gesagt hätte, als er zurückkam, wäre alles leichter gewesen. Ich hätte ihn verstanden, vielleicht, wenn er nur ein Wort gesagt hätte."

„Gib mir das Fernglas", sagte er.

Die Frau zog das Fernglas vom Bettpfosten, gab es ihm mit dem ledernen Etui, und er öffnete es, hob das Glas und suchte schweigend das Watt ab.

„Ich kann ihn nicht finden", sagte der Mann, „und im Westen kommt die Flut."

Er sah die Flut in langen Stößen von Westen herankommen, flach und kraftvoll über das Watt hin ziehend; sie rollte vor, verhielt einen Augenblick, als ob sie Atem schöpfe, und stürzte sich in Rinnen und Priele und kam dann wieder schäumend aus ihnen hervor, bis sie die eiserne Spundwand erreichte, sich sammelte und hochstieg an ihr und unmittelbar neben dem schrägen Steinufer weiterzog, so daß die dunkle Fläche des Watts gegen Osten hin abgeschnitten wurde.

„Die Flut ist pünktlich", sagte er. „Auch dein Mann war pünktlich bisher, aber ich kann ihn jetzt nicht sehen."

„Laß uns weggehen von hier, Tom, irgendwohin."

„Er kann es nicht mehr schaffen! Hörst du, was ich sage? Er ist abgeschnitten von der Flut, weißt du das?"

„Ja, Tom."

„Er war jeden Tag pünktlich zurück, lange vor der Flut. Warum ist er noch nicht da? Warum?"

„Seine Uhr, Tom", sagte sie, „seine Uhr geht heute nach." R

1 a) Stellt den Dialog zwischen dem Mann und der Frau szenisch dar.
b) Was beschäftigt die beiden Sprecher jeweils am meisten? Prüft, wo die beiden aufeinander eingehen und wo sie aneinander vorbeireden.

2 a) Untersucht folgende Aspekte der Kurzgeschichte arbeitsteilig:
- den Gebrauch der Pronomen
- die Funktion der Naturdarstellung
- die Funktion der Gegenstände (Fenster, Zigaretten, Korbstuhl)
- die nonverbale Kommunikation (Gesicht, Mimik, Körperhaltung)
- das Motiv der Pünktlichkeit

b) Setzt eure Ergebnisse in Beziehung zur Analyse der verbalen Kommunikation (Aufgabe 1).

3 Stellt Vermutungen darüber an, ob die Beziehung zwischen der Frau und ihrem Geliebten Bestand haben wird.

Thomas Hürlimann

Der Filialleiter

Thomas Hürlimann (geb. 1950) stammt aus Zug (Schweiz). Seine Theaterstücke und Erzählungen beruhen auf präzisen Beobachtungen des Alltags und zeigen oft in grotesker Zuspitzung Fremdheit und Isolation des Einzelnen.

Als der Filialleiter des Supermarktes auf dem Fernsehschirm seine Frau erblickte, erschrak er zu Tode. Nein, er täuschte sich nicht – das erste Programm zeigte Maria-Lisa, seine eigene Frau. Im schicken Blauen saß sie in einer größeren Runde, und gerade jetzt, da der Filialleiter seinen Schock überwunden glaubte, wurde Maria-Lisa von der Moderatorin gefragt, was sie für ihren Ehemann empfinde.
„Nichts“, sagte Maria-Lisa.
„Maria-Lisa!“, entfuhr es dem Filialleiter, und mit zittriger Hand suchte er den Unterarm seiner Frau. Wie jeden Abend saßen sie nebeneinander vor dem Fernseher, und beide hatten ihre Füße in rote Plastikeimerchen gestellt, in ein lauwarmes Kamillenbad – das stundenlange Stehen im Supermarkt machte ihnen zu schaffen.
Die Bildschirm-Maria-Lisa lächelte. Dann erklärte sie, über den Hass, ehrlich gesagt, sei sie schon hinaus.
Der Filialleiter hielt immer noch Maria-Lisas Arm. Er schnaufte, krallte seine Finger in ihr Fleisch und stierte in den Kasten. Hier, fand er, war sie flacher als im Leben. Sie hatte ihr Was-darfs-denn-sein-Gesicht aufgesetzt und bemerkte leise, aber dezidiert: „Mein Willy ekelt mich an.“ Und das in Großaufnahme!
Nun sprach eine blonde Schönheit über die Gefahren der Affekteverkümmerung, und der Filialleiter, dem es endlich gelang, die Augen vom Apparat zu lösen, versuchte seine Umgebung unauffällig zu überprüfen. Jedes Ding war an seinem Platz. In der Ecke stand der Gummibaum, an der Wand tickte die Kuckucksuhr, und neben ihm saß die Frau, mit der er verheiratet war. Kein Spuk – Wirklichkeit! Maria-Lisa war auf dem Bildschirm, und gleichzeitig griff sie zur Thermosflasche, um in die beiden Plastikeimer heißes Wasser nachzugießen. Sein Fußbad erfüllte Willy auch an diesem Abend mit Behagen. Dann rief er sich in Erinnerung, was ablief. Ungeheuerlich. Auf dem Schirm wurde das emotionale Defizit eines Ehemanns behandelt, und dieser Ehemann war er selbst, der Filialleiter Willy P.! Er griff zum Glas und hatte Mühe, das Bier zu schlucken. Hinter seinem Rücken war Maria-Lisa zu den Fernsehleuten gegangen. Warum? Willy hatte keine Ahnung. Willy wusste nur das eine: Vor seinen Augen wurde sein Supermarkt zerstört.
Maria-Lisa reichte ihm das Frotteetuch, aber der Filialleiter stieg noch nicht aus dem Eimer. Er hielt das Tuch in der Hand, und so stand er nun, nur mit Unterhemd und Unterhose bekleidet, minutenlang im Kamillenbad – ein totes Paar Füße, im Supermarkt plattgelatscht.
„Das Wasser wird kalt“, sagte Maria-Lisa.
Der Filialleiter rieb sich die Füße trocken, dann gab er Maria-Lisa das Tuch.
Als die Spätausgabe der Tagesschau begann, saßen sie wieder auf dem Kanapee, Maria-Lisa und der Filialleiter, Seite an Seite, er trank sein Bier und sie knabberte Salzstangen.

1 a) Welche Wirkung hat eurer Meinung nach das Medium Fernsehen auf die Kommunikation der Ehepartner in Hürlimanns Text?
b) Überlegt, warum die Kommunikation und damit die Ehe nach der Fernsehsendung genauso weiter funktioniert wie vorher.

2 a) Sucht Textpassagen heraus, in denen Hürlimann das erzählerische Mittel der Ironie benutzt.
b) Haltet ihr den Titel der Geschichte für treffend? Begründet eure Ansicht.

3 Entwickelt aus einem der folgenden Vorschläge eigene Texte zu Hürlimanns Kurzgeschichte (S. 107):
- innere Monologe der Ehepartner während der Tagesschau
- Kommentar des allwissenden Erzählers am Ende der Geschichte
- Maria-Lisa beim Auswahlgespräch (Casting) durch das Fernsehteam
- Reaktionen der Kunden des Supermarktes auf die Fernsehshow
- Willys Darstellung der Beziehung in der nächsten Folge der Fernsehshow, in der er selbst dort auftritt

5.3 Kreativer Umgang mit Gemälden

Wir schreiben zu Gemälden von Edward Hopper

Edward Hopper: Sonne in einem Café (1958)

Edward Hopper (1882–1967): realistischer Maler, der meist typische amerikanische Motive mit Menschen in handlungsarmen Situationen malt (Bars, Hotelzimmer, Hochhausbüros, Theater, Straßen). Das Leben in der Großstadt ist dabei häufig Schauplatz eines hintergründigen Geschehens. Durch schlichte, fast strenge Kompositionselemente, ungewöhnliche Ausschnitte und vor allem durch den variationsreichen Einsatz von Licht schafft Hopper in seinen Bildern eine intensive Atmosphäre, welche die Gemütszustände der abgebildeten Personen unterstreicht.

1 Beschreibt die Situation auf dem Bild. Achtet dabei genau auf die Blicke und Gesten der Figuren.

2 Stellt euch vor, ihr seid ebenfalls Gast in dem Café und beobachtet die beiden von einem Nachbartisch aus. Notiert in einem **Gedankenprotokoll** eure Vermutungen darüber, weshalb sie in dem Café sitzen könnten.

3 Schreibt eine **Erzählung** zum Bild „Sonne in einem Café“ aus der Ich-Perspektive, in der ein Beobachter erlebt, wie die beiden Figuren Kontakt miteinander aufnehmen. Schildert auch die Körpersprache der beiden und lasst Erinnerungen einfließen, die das Beobachtete in euch auslöst.

Edward Hopper: Zimmer in New York (1932)

Wählt aus den folgenden drei Aufgaben diejenige aus, die euch den besten Zugang zu dem Bild „Zimmer in New York“ ermöglicht:

1 Du sitzt in einem Hotelzimmer, langweilst dich und schaust aus dem Fenster. Auf der gegenüberliegenden Straßenseite ist ein Zimmer beleuchtet. Zunächst beobachtest du nur, dann hörst du Geräusche, leise Töne, schließlich Gesprächsfetzen. – Schreibe eine **Prosaskizze** mit dem Titel „Fensterblick“.

2 a) Wählt eine der beiden Figuren aus und schreibt einen **inneren Monolog,** in dem sie ihre Wünsche, Erwartungen, Ängste ausdrückt.
b) Sucht jeweils einen Partner, der zu der anderen Figur einen inneren Monolog verfasst hat. Kombiniert Passagen aus euren Texten abwechselnd so, dass ein neuer Text entsteht, in dem die Gedanken spannungsvoll nebeneinanderstehen.

3 Das Bild dient als Illustration zu einem **Kommentar** in der Sendung „Das Wort zum Montag“.

Edward Hopper: Sommerabend (1947)

Wählt eine der beiden Aufgaben aus, mit der ihr die dargestellte Bildsituation kreativ umsetzen könnt.

1 Nehmt an, das Bild sei die Illustration des Wendepunkts einer **Kurzgeschichte.**
a) Sammelt in einem gemeinsamen Brainstorming Eindrücke zum Bild.
b) Entwickelt Ideen zu schicksalhaften Ereignissen, die der dargestellten Situation vorausgegangen sein könnten.
c) Verarbeitet eure Ideen in einer Kurzgeschichte, die ihr aus der Perspektive eines allwissenden Erzählers schreibt. Beachtet dabei die Merkmale dieser Textsorte (s. S. 299).

2 Nehmt an, das Bild sei ein Standfoto aus einem **Film.**
a) Schreibt ein Exposé (eine Handlungsskizze) zu diesem Film.
b) Entwerft zu der Filmszene, der das Standfoto entnommen ist, einen dramatischen Dialog mit Regieanweisungen.

Wir filmen Gemälde: Ein Projekt

Ein geeignetes Medium für die Kombination von Text und Gemälde ist der Film. Hier ergänzen sich subjektive Eindrücke in Form von Sprache und Ton und sinnlich wahrnehmbare Bildelemente zu einem neuen „Kunstwerk“. Ein solches Kunstwerk könnt ihr gestalten, indem ihr ein Bild mit der Videokamera abfilmt und mit Ton unterlegt (Sprache, Geräusche, Musik).

Aufgabe:
Gestaltet ein Bild mittels Videotechnik in einen kurzen Film von ca. 5 Minuten um. Die dargestellte Bildsituation soll dabei durch Sprache und mit Hilfe filmischer Gestaltungsmittel verlebendigt werden.

Material:

- eine farbige Bildreproduktion (z. B. aus der Kunstsammlung der Schule)
- Informationen zu filmischen Darstellungsmitteln (vgl. Kapitel 12, S. 267 ff.)
- Videokamera, Videoband, entsprechende Verbindungskabel zum Monitor
- Stativ
- Monitor

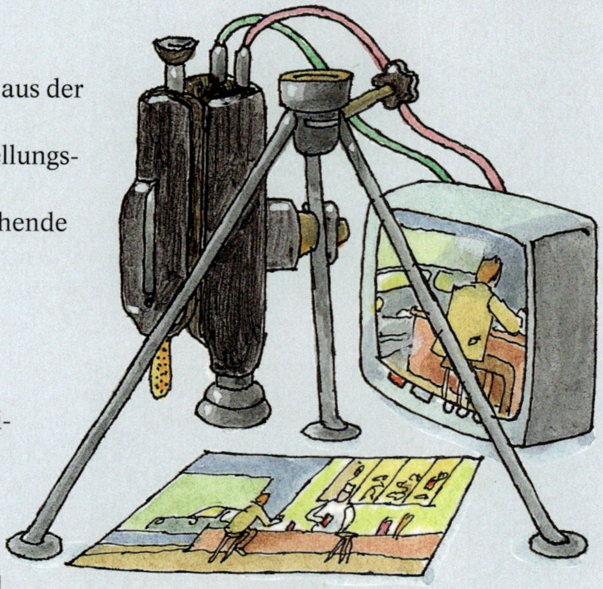

Aufbau der Videoanlage:
Die Gruppen müssen entweder nacheinander an einem Arbeitsplatz drehen oder jede Gruppe muss verschiedene Räume mit der entsprechenden Ausrüstung zur Verfügung haben.
In einem ruhigen und hellen Raum wird das Stativ auf einen dunkel abgedeckten Tisch gestellt. Die Kamera wird möglichst dicht über der Tischplatte mit dem Objektiv nach unten fest an das Stativ montiert. Zwischen die Stativfüße wird das Bild gelegt. Nun werden die Videokamera und ein Monitor verbunden.

Rollen in der Teamarbeit (ca. 4 Personen):

- Drehbuchautorinnen und -autoren
- Sprecher/innen und Toningenieur/innen
- Kamerafrau oder -mann

Arbeitsvorgang:
Die Kamera bleibt fest montiert. Sie wird nicht – wie normalerweise bei Kamerafahrten und -schwenks – bewegt. Stattdessen verschiebt der Kameramann die Bildvorlage unter der Kamera; auf diese Weise werden Bewegungen erzeugt und Bildausschnitte gewählt. An der Kamera selbst wird nur durch Zoomen die Einstellungsgröße verändert.
Alle anderen Beteiligten verfolgen den gefilmten Bildausschnitt direkt auf dem Bildschirm. Bild und Ton werden gleichzeitig aufgenommen: Die Sprecher beobachten das Bild auf dem Monitor und sprechen – so, als synchronisierten sie – ihren Text zu der jeweiligen Bildsituation und setzen parallel Geräusche und Musik ein.

Beispiel: Gefilmte Details aus Edward Hoppers „Hotelhalle" (1943)

Um Spannung aufzubauen, sollte man nicht sofort das ganze Bild in der Totalen zeigen. Am besten beginnt man an einem Bildrand oder mit der Aufnahme eines ansonsten unauffälligen Details. So werden im Zuschauer erste Erwartungen geweckt.

Kameraeinstellungen	**Auszüge aus dem Text**
Groß: Gemälde 	*Stimme einer jungen Frau:* „Düster lagen die schweren Wolken auf dem gewaltigen Rücken des Bergmassivs, als der junge Eduard sich entschloss, ins Tal zurückzukehren, um seiner Amalie endlich zu gestehen, was ihm so lange auf dem Herzen gelegen hatte …"
Schnitt – nah: alte Frau 	*Stimme einer älteren Frau:* „Wie er schon wieder dasteht, stumm und starr wie eine griechische Säule …"
Schnitt – Detail: Säulen 	*Stimme einer älteren Frau:* „… alt, verstaubt, hölzern …"

Schnitt – nah: alter Mann

Stimme eines älteren Mannes: „Wie sie schon wieder dasitzt und irgendetwas erwartet, was nie eintreten wird! Wie ein altes Möbel ..."

Schnitt – groß: Sessel

Stimme eines älteren Mannes: „... langweilig, muffig und auf jugendlich getrimmt ... einfach lächerlich ..."

Schnitt – halbnah: junge Frau

Stimme einer jungen Frau (liest weiter aus einem Heimatroman): „So standen sie nach all den Jahren qualvollen Wartens endlich voreinander, voller Erwartung ..."

Fahrt durch die Hotelhalle auf das Paar *(halbnah)*

Stimme einer jungen Frau: „... die Worte drangen in ihr Herz wie Messerstiche ..."

Zoom in die *Totale*

Stimme eines älteren Mannes: „Ja, so war sie auch einmal … bildungshungrig …“

1 a) Wählt zunächst in Gruppen jeweils ein Bild aus, das euch beeindruckt. Es sollte möglichst mehrere Personen sowie einige interessante Details enthalten und als große Abbildung zur Verfügung stehen (Format ca. DIN A3).

b) Jede/r schreibt zunächst zu dem Bild seine/ihre Eindrücke auf. Diese werden anschließend verglichen.

c) Einigt euch auf eine Handlung und eine Textsorte bzw. eine Darstellungstechnik (z. B. einen dramatisierenden Dialog, innere Monologe, eine Erzählung, eine Prosaskizze oder einen Kommentar aus dem Off).

d) Verfasst ein Drehbuch, in dem ihr die filmischen Mittel (Kameraeinstellung, Schnitt usw.) zur Umsetzung eurer Texte festhaltet.

Bedenkt bei der Konzeption eures Films: Im Blick durch die Kamera auf das Bild muss man sich auf einzelne Ausschnitte konzentrieren, einschränken, auswählen, heranholen, wiederholen, bewegen, verweilen.

Drehbuch „Hotelhalle“ Seite 5

Sequenz	Dauer	Bildausschnitt/Kamera	Ton
12	20 Sek.	Zoom vom Paar in die Totale	Stimme eines älteren Mannes: „Ja, so war sie auch einmal“ – (Pause, seufzt) „bildungshungrig …“

2 Geht bei der Umsetzung eures Drehbuchs in einen Film nach den Tipps auf S. 111 vor. Probt dabei zunächst die einzelnen Einstellungen mit dem entsprechenden Ton, bevor ihr aufnehmt.

3 Stellt eure Ergebnisse vor und wertet sie gemeinsam aus:

a) Wie ist die Gesamtwirkung des Films: Idee und Thema (Handlung, Spannungsbogen), Logik der Kameraführung, Einsatz des Tons, Abstimmung von Bildausschnitt und Ton?

b) Inwiefern verändert sich die Wahrnehmung des Bildes im Blick auf die Kamera?

6 Sprachkritik – Die Sprache verändern, mit Sprache verändern?

6.1 Kritischer Umgang mit Sprache

Sprachliche Trends

Gegen die „Anglizismenflut“

In Köln ist ein „Bürgerforum Deutsche Sprache“ an die Öffentlichkeit getreten

Flugblätter für die Reinhaltung der deutschen Sprache verteilte Dietmar Kinder in der Bergheimer Fußgängerzone.

Gegen eine Sprache, in die Rätsel eingebaut sind, wendet sich das „Bürgerforum Deutsche Sprache e. V.“: „German Call“, „Global Call“, „T-Vote Call“ – zu viele Anglizismen. „Millionen Menschen“, so heißt es in der Satzung des 1997 gegründeten Vereins, würden durch die „vermehrt um sich greifende Anglizismenflut“ im eigenen Land ausgegrenzt.

Etwa 130 Menschen sind bis jetzt dem Kölner Verein beigetreten, der sich am Samstagnachmittag mit einer Pressekonferenz vorstellte. In Zusammenarbeit mit dem Dortmunder „Verein zur Wahrung der deutschen Sprache e. V.“ soll mittels Öffentlichkeitsarbeit und „Satire“ dieser Form der „Sprachverhunzung“ ein Ende gesetzt werden. Zum Beispiel erhält jetzt das Kaufhaus Boecker den „Kölner Sprachmüllmann des Jahres“ für Werbeprospekte mit besonders hohem Englisch-Anteil im Text. Den Grund für die Verarmung der deutschen Sprache durch Ersatzwörter wie „Power“ und „Ticket“ sieht der Verein im „Imponiergehabe einiger weniger in den Schaltzentren des Fernsehens und der Werbeindustrie“, die durch ihr „anbiederndes“ und „unterwürfiges“ Verhalten auch das Ansehen der Deutschen im Ausland schädigten. Ausdrücklich weist man darauf hin, dass man sich als unpolitische Vereinigung versteht, Extremisten, gleich welcher Art, sind nicht erwünscht.

Andererseits: Auch die Sprache macht Politik, und da muss man sich um „Korrektheit“ oft bemühen. „Wir haben einfach keinen Nationalstolz“, sagte ein Vertreter des befreundeten Dortmunder Vereins während der Pressekonferenz. „Sagen wir lieber Kultur – kulturelle Identität“, hielt Dietmar Kinder, Vorsitzender des Kölner Vereins, dagegen. Später erinnerte er daran, dass die deutsche

Sprache vor dem Zweiten Weltkrieg weit verbreitet gewesen sei, besonders auch in den osteuropäischen Ländern, dass sie die Sprache der Wissenschaft gewesen sei. Man müsse verhindern, dass Hitler am Ende auch noch Schuld habe am Niedergang der Sprachkultur in Deutschland.
Sprachdummheit trifft man in der Tat häufig genug an, und sie überschreitet die Grenzen unbedachter oder vorsätzlicher Verwendung angloamerikanischen Wortmaterials oder dessen, was man dafür hält. Es scheint aber weniger allgemein der Mangel an sprachlichem Feingefühl zu sein, der die Vereinsmitglieder stört, als eben der Einfluss der „Sprache des Dollars" in Deutschland. Sie sehen ihn im internationalen Vergleich als einmalig an. *Ulrike Janssen*

1 Würdet ihr euch einem solchen Verein anschließen? Erörtert die Gründe und Gegengründe.

2 Wie steht die Journalistin zu dem Verein? Untersucht ihre Perspektive und ihre Wertungen.

3 Diskutiert anhand selbst gewählter Beispiele, ob die Verwendung angelsächsischer Ausdrücke notwendig oder überflüssig ist.

Dieter E. Zimmer

Das kann man auch anders sehen! – Neudeutsch

Die deutsche Sprache wäre um vieles dürftiger ohne […] die heute einströmenden Anglizismen. – Oft wird das englische Wort importiert, weil es keine deutsche Bezeichnung für den betreffenden Sachverhalt gibt und die Übernahme einfacher ist als die Neuerfindung und Durchsetzung eines deutschen Pendants; oder weil die Übersetzung zu umständlich klänge (so hat vielleicht noch die *Betriebsleitung*, aber kaum noch die *Betriebsleitungstechnik* eine Chance neben dem *Management);* oder weil die Wörter zu Bereichen gehören, in denen Englisch die internationale Verkehrssprache ist, etwa beim Luftverkehr, der dem Neudeutschen das *Ticket* und das *Gate,* den *Piloten* und den *Jet* und das *Cockpit,* das *Einchecken* und die *Airline* beschert hat – oder weil den deutschen Äquivalenten, wo sie vorhanden sind, etwas fehlt, nämlich die Markierung „jung, modern, schwungvoll", die Importen aus Amerika automatisch anhaftet. […] – Einige Fachgebiete etablierten sich so rasch, dass die sprachliche Eindeutschung nicht nachkam, zum Beispiel die elektronische Datenverarbeitung. Gerade noch hat die *Schnittstelle* das *Interface* verdrängt, der *Bildschirm* „die" *Screen,* der *Absturz* „den" *Crash,* der *Rechner* aber nicht mehr „den" *Computer* (eigentümlich, welches grammatische Geschlecht wir diesen englischen Substantiven zuteilen, die in ihrer Heimat allesamt Neutren sind). […]
Das Englische beeinflusst das Deutsche aber noch auf eine andere, sehr viel weniger auffällige Art. Zu den offenen treten immer mehr heimliche Anglizismen: Wörter und Wendungen, die sich auf den ersten Blick so urdeutsch ausnehmen wie aus Grimms Wörterbuch und die dennoch englischer Herkunft sind. Entweder handelt es sich um wörtliche Übersetzungen; oder ein fast vergessen dahinvegetierendes Wort wurde unter dem Einfluss des Englischen wieder entdeckt und reaktiviert; oder ein deutsches Wort erhielt unter dem Einfluss des Englischen zusätzlich eine ganz neue Bedeutung, die ihm bisher fremd war, oder seine althergebrachte Bedeutung wurde von einer aus dem Englischen stammenden Neu-Bedeutung unterwandert und mehr oder weniger außer Kraft gesetzt. *Realisieren* etwa – früher hieß das nichts anderes als „zu Geld machen" und vor allem „verwirklichen": *Solche Hirngespinste lassen sich nicht realisieren.* Noch in um 1960 gedruckten

Fremdwörterbüchern taucht es ausschließlich in diesem Sinn auf. Um 1970 aber nahm es dann auch noch die Bedeutung von „to realize“ an: „verstehen“, „sich klarmachen“: *Er realisiert nicht, dass er ein hohes Risiko eingeht.* […]
Das deutet schon an, woher viele dieser heimlichen Anglizismen kommen: aus flüchtigen Synchronisationen von Filmen und Fernsehspielen. Sie sind oft das Werk von Abc-Schützen der Übersetzergilde, die gar nicht auf die Idee kommen, dass es für manche Begriffe völlig ausreichende deutsche Entsprechungen gibt; dass die erste Frage des Übersetzers sein müsste: Wie sagt man das auf Deutsch? Sie holen den Dialog Wort für Wort heim. […] Daher kommen denn wohl die meisten jener supermodernen Redensarten, die nichts anderes sind als heimliche Anglizismen. Ja, *ich sehe Ihren Punkt* („I see your point“). *Vergiss es* („forget it“). Das ist *eine trickige Geschichte* („a tricky story“). Man wird Ihnen noch *die Schau stehlen* („to steal the show“). Das andere Team *liegt in Front* („is in front“). Es wirkt *dreimal stärker* (statt „dreimal so stark“). *In 1985* wird es passieren. *Habt eine gute Zeit* („have a good time“), *Leute* („folks“)! *Das macht keinen Sinn* (natürlich müsste es „hat“ oder „ergibt“ heißen, aber beides passt nicht immer – also wird „macht“ sich auf jeden Fall endgültig einbürgern). […] Und als gängigster und gleichzeitig entbehrlichster aller heimlichen Anglizismen ist natürlich *einmal mehr* („once more“) zu nennen. Dass das auf Deutsch schlicht „noch einmal“ heißt, gerät bei dem einen oder anderen auf erleseneren Ausdruck bedachten Schreiber nachgerade in Vergessenheit. […]
Manche dieser Sprachimporte sind in der Tat nur modische Protzereien. Andere sind hochwillkommene Bereicherungen. Bleiben werden die einen wie die anderen.

4 Vergleicht die Position dieses Textes mit dem Standpunkt des Bürgerforums (S. 115/116) und setzt euch mit beiden Sichtweisen kritisch auseinander.

5 a) Worin sieht Dieter E. Zimmer die Ursachen für die Verwendung von Anglizismen im Deutschen?
b) Tragt für die einzelnen Ursachengruppen weitere Beispiele zusammen.

Unverständlich

Zur Gründung des Bürgerforums Deutsche Sprache, über die Sie berichteten, kann ich nur gratulieren. Die Geltungssucht etlicher Werbefachleute und Gernegroße ist mir schon lange ein Dorn im Auge. Was soll ein braver Bürger ohne Englischkenntnisse anfangen? Versteht etwa jeder Formulierungen wie new Outfit, simply the best, ever so casual (zur Aussprache fragen Sie Ihren Lehrer oder die Verkäuferin)? Oder: All you need is(!) Jeans! Auf zum Volkshochschulkurs: „How go I round with New-German“!

Fritz Wagner, Hennef

Reader – rieder

Als rieder von ihrem njuspäpa muss ich dem Verfasser des Beitrags über die Sprache zustimmen. Nein, die Medien sind nicht schuld an der Verflachung und Amerikanisierung der deutschen Sprache! Es sind die kids, die geil auf entertainment und fun in future points joggen, um dort im internet zu surfen oder live events zu erleben. Die wissen doch auch nicht mehr, was ein Schwätzchen ist, nein, die halten nur noch … Also vor zwei Wochen hätte ich noch gesagt: „Dä Nubbel is et schuld.“[1] Aber jetzt weiß ich es besser: Es sind die Kinder, oder?

Dr. Gudrun Körner, Leverkusen

1 **Dä Nubbel …:** scherzhafte Ausrede im Sinne von „Der Weihnachtsmann ist schuld.“

Telefonrechung – Unverständlich

Als ich meine Telefonrechnung für März kontrollieren wollte, dachte ich, mich tritt ein Pferd. Wo früher City-Verbindung, Region 50, Fernverbindungen stand, lese ich nun City Call, German Call, Regio Call, 10 Plus usw. Erst nach Anruf bei der Telekom konnte ich meine Rechnung nachvollziehen. Eine Rechnung in Kölsch hätte ich ja verstanden, aber dieses Esperanto halte ich für überzogen.

Dieter Heinen, Köln-Rath

6 Habt ihr ähnliche Erfahrungen gemacht wie die Leserbriefschreiber (S. 117/118)? Gebt Beispiele, wann euch selbst schon einmal ein bestimmter Sprachgebrauch gestört hat.

7 a) Untersucht die Argumente der Leserbriefe: Welche akzeptiert ihr, welche nicht?
b) Schreibt selbst einen Leserbrief zu einem der Texte auf S. 115–118. Bringt dabei eigene Argumente ein. Orientiert euch an den Tipps auf S. 305/306.

8 Mit Satire gegen Sprachverhunzung: Schreibt eine Sprachsatire mit dem Titel *Dengleutsch 4U*. Nutzt dazu einige der satirischen Mittel, die ihr in den Leserbriefen findet.

Institut für deutsche Sprache

Umfrage zur Sprachbewusstheit der Deutschen 1998

2000 Erwachsene wurden zu ihrer Meinung über die Entwicklung des heutigen Deutsch befragt:

1. In Deutschland ist derzeit mit starkem bis mittlerem Interesse an sprachlichen Fragen bei knapp der Hälfte (43,5 %) der erwachsenen Bevölkerung zu rechnen; etwas mehr als die Hälfte (56,5 %) erklärt sich für sprachlich wenig oder gar nicht interessiert.
2. Rund ein Viertel der Befragten (26,5 %) hält die derzeitige Entwicklung der deutschen Sprache für Besorgnis erregend, ein weiteres knappes Drittel (30,7 %) für teilweise bedenklich. Erfreulich finden die Sprachentwicklung nur 4,8 %. Die Einstellung zur Sprachentwicklung hängt deutlich von Schulbildung, sprachlichem Interesse und Alter ab.
3. Unter den negativ bewerteten Erscheinungen der gegenwärtigen Sprachentwicklung fallen vor allem die Anglizismen auf, d. h. die Übernahmen aus dem (amerikanischen) Englisch.
4. Nach Meinung der Gefragten haben das Fernsehen und die Bildungseinrichtungen einen starken Einfluss auf den allgemeinen Sprachgebrauch; Bücher, Kino und Theater nur einen vergleichsweise geringen. Im Meinungsfeld dazwischen liegen Radio, Familie, Zeitungen, Freunde, die Arbeitsumgebung und die Politik. […]

10. Für die deutsche Sprache wünscht sich eine Mehrheit (55 %) eine politisch stärkere Stellung in der Europäischen Union. Zu dieser Frage verhält sich aber auch fast ein Drittel (29,1 %) der Gefragten unentschieden.
11. Für das künftige Europa wünscht sich die überwiegende Mehrheit (70,6 %) den Erhalt der Mehrsprachigkeit, wobei ein knappes Drittel sich daneben eine gemeinsame Hilfs- und Verkehrssprache vorstellen kann. Nur 8,3 % wünschen eine einheitliche Europasprache.
12. Was die erwünschte Stellung des Deutschen nach einigen Generationen angeht, ist das Meinungsbild nicht so deutlich. Fast jeder Fünfte (19 %) kann sich für die Zukunft die öffentliche Kommunikation in Deutschland

auch in einer „Europa-Sprache“ und Deutsch auf den Familien- und Freizeitbereich beschränkt vorstellen. Rund 40 % sehen in einer solchen Entwicklung Vor- und Nachteile („teils/teils“), weitere 40 % bewerten sie als schlecht oder gar sehr schlecht.

Gerhard Stickel

9 Beschreibt die in der Umfrage erkennbaren Tendenzen. Welche Meinungen fallen euch besonders auf?

10 Setzt die Zahlenangaben in Säulen- oder Tortendiagramme um.

11 Schreibt eine Stellungnahme zu den Ergebnissen der Umfrage unter dem Titel:
Besserwisserei oder geschärftes Sprachbewusstsein?

Gebrauch von Wörtern – sprachbewusst oder nachlässig?

1 Was kommt euch an den Hinweisschildern seltsam oder komisch vor?

2 Erklärt das grammatische Problem in den Hinweisen.

Unsichtbar

Es ist nicht sehr weitsichtig, was der Klebebandhersteller auf sein Klebeband schreibt. Es sei „unsichtbar“, behauptet er. Doch man sieht sofort, dass er flunkert. Es ist gar nicht unsichtbar; es ist sichtbar, und zwar sichtbar nur durchsichtig.
Was so ersichtlich kurzsichtig ist, sollte doch einer unterlassen in die Welt zu setzen. Aber so ist das: Viele Leute vertrauen darauf, dass ihren Mitmenschen die Klarsicht fehlt, sodass sie unbesehen ein Klebeband kaufen, von dem versichert wird, es sei „unsichtbar“.
Obwohl selbst ein Kurzsichtiger mit geringer Sehweite schon nach der ersten Besichtigung des Bandes sieht, dass es sichtbar ist.
Womöglich handelt es sich aber auch nur um einen Übersetzungsfehler. Vielleicht wollte endlich mal jemand kein Fremdwort benutzen und versuchte, „transparent“ ins Deutsche zu übertragen. Das wäre ihm dann sichtbar nicht gelungen.

Colonius

Eike Christian Hirsch

Einsichtige Gründe

Einsichtige Gründe – so etwas gebe es gar nicht, versichern uns die Besserwisser. Breitbeinig tun sie das und mit dicken Backen. Ha, wie sollten denn Gründe einsichtig sein, sie seien höchstens einsehbar; nur Menschen könnten einsichtig sein. [...]
Sowohl von Menschen wie auch von Sachen sagen wir, sie seien unvergesslich. Das Gegenteil davon heißt jedoch nicht immer „vergesslich"; vergesslich können wirklich nur Menschen sein. „Gesund" hingegen nennen wir sowohl Menschen wie Dinge; das Gegenteil heißt bei Speisen: „ungesund", bei Menschen „krank". Es ist verwirrend, aber man steigt noch durch. Schlechte Ausreden nennt man „durchsichtig". Warum sollen dann nicht gute Gründe „einsichtig" genannt werden? [...]
Vor allem im Geschäftsleben wimmelt es von vermenschlichten Sachen, wie dieser von mir erdachte Geschäftsbericht erweisen soll: „Ein ehrgeiziges Projekt, das zunächst eine ängstliche Sache zu werden schien und in manche verzweifelte Lage geriet, kam nach bescheidenen Anfängen durch weitsichtige Planung zu stolzen Ergebnissen und befindet sich in zuversichtlicher Entwicklung, die noch in schwindelnde Höhen führen kann, wie eine vertrauliche Mitteilung mit nüchternen Zahlen belegt." Nun, meine lieben Sprachfreunde und Besserwisser, sind das nicht genug einsichtige Beweise?

3 Erklärt das semantische Problem, das die Glosse von „Colonius" (S. 119) aufgreift.

4 Untersucht die von E. Chr. Hirsch angeführten Beispiele und prüft, ob seine Argumentation stichhaltig ist.

5 a) Schreibt eine **Glosse** zu einem der beiden Fotos (S. 119). Eine Glosse (griech. „Zunge, Sprache") ist eine knappe Stellungnahme zu einem aktuellen politischen, kulturellen oder gesellschaftlichen Ereignis in humorvollem bis ironischem Ton und aus subjektiver Sicht.
b) Verfasst einen Leserbrief, mit dem ihr auf den Text von „Colonius" oder E. Chr. Hirsch reagiert.

Satzbau – überlegt oder sorglos?

Mancherlei Unfug

Jetzt wird es also auch schon gedruckt: „Weil: Alle wollen das so sehr" an Stelle von: „weil das alle so sehr wollen". Der Doppelpunkt vermag die Sprachsünde nicht zu verbrämen, die Inversion des Kausalsatzes nämlich durch Vertauschung von Objekt und Prädikat. In der gesprochenen Sprache kommt man kaum noch bei der eigenen Sekretärin dagegen an, zumal die E-Medien von Anfang an dabei waren, etwa Carmen Thomas, Küppersbusch und andere: „Weil – wir müssen jetzt Nachrichten machen!" Von den Medien des geschriebenen Wortes dürfte man allerdings erwarten, dass wenigstens sie nicht jeden Sprachmanierismus unbedarft mitmachen, das schlechte Deutsch also auch noch gedruckt verbreiten. Auch wenn andere Sprachen wie die französische oder englische den Kausalsatz mit dem vorangestellten Prädikat aufbauen, rechtfertigt das nicht die Aufgabe spezieller Charakteristika unserer Sprache auch und gerade im Satzbau.

Wolf-Dietrich Kubeth,
Rechtsanwalt, Köln-Mitte

Satzkonstruktion: Schwierig

Montags las ich: „Der Präsident würdigte die frühere Angestellte des Bundesstaates Arkansas, die ihn in politische Schwierigkeiten gebracht hatte, keines Blickes.“ Eine solche Wort-Rochade ist für mich zu Wochenbeginn schwer verdaulich. Da würdigt der Präsident Paula Jones durch den Nebensatz hindurch so lange, dass das Auge stutzend zurück an den Anfang des Satzes springt, um zu prüfen, ob dort nicht „würgte“ statt „würdigte“ steht, was allemal mehr Sinn machen würde. Erst 31 lange Silben später folgt auf die Würdigung das erlösende „keines Blickes“. Bitte nicht am Montagmorgen.

Rainer Bunkereit, Köln-Fühlingen

Eike Christian Hirsch

Weil, es geht doch!

„Trotzdem, man tut es.“ Das ist ein hochmoderner Satz, so spricht man heute. Zwar, die alte Grammatik erlaubte es nicht. Dennoch, wir haben uns alle daran gewöhnt. An unserem Mustersatz ist uns Sprachfreunden zunächst auffällig, dass schon nach dem ersten Wort ein Komma steht. Dies setzen wir, weil wir das „trotzdem“ als einen eigenen Satz empfinden, der Widerspruch ankündigt und dann den Hauptsatz einleitet: „Man tut es.“ Dieser Restsatz hat dann die uns am meisten vertraute Wortfolge: Subjekt – Prädikat – Objekt. Nach alter Vorschrift hätte unser Satz lauten müssen: „Trotzdem tut man es.“ Steht nämlich ein Adverb am Anfang, so muss die uns vertraute Wortfolge vertauscht werden zu „tut man es“. Aber gerade das tut man heute nicht mehr. […]

Dennoch, diese Vereinfachung hat sich nicht überall durchgesetzt. Nur bei Adverbien, die einen Widerspruch ankündigen (trotzdem, zwar, dennoch, freilich) oder ein Ergebnis einleiten (tatsächlich, sicher), lieben wir diesen Satzanfang und fahren doch mit der vertrauten (und hier nicht erlaubten) Wortfolge fort. Bei anderen Adverbien ginge uns das noch gegen den Strich. Ich nenne dafür drei Beispiele: „Gelegentlich sie braucht noch Hilfe.“ „Wahrscheinlich er kommt gar nicht.“ „So der Koffer wird zu schwer.“

Das waren Hauptsätze. Noch konsequenter vereinfachen wir einige Relativsätze. Es gibt Leute, die vermeiden hier jede Umstellung der Wörter. (Nach der alten Regel müsste es heißen: die hier jede Umstellung der Wörter vermeiden.)

An diesen Relativsätzen fällt uns nichts mehr auf: „Da waren viele Zuschauer, die wurden alle nass.“ Oder: „Ich habe dem einen Brief geschrieben, der kam zurück.“ Es gibt aber auch Relativsätze, bei denen wir wünschen noch die Umstellung (bei diesem zum Beispiel auch). Aber der Trend ist da, der erlaubt uns das.

Am erfolgreichsten ist er in Nebensätzen, die mit „weil“ beginnen. Hier findet sich heutzutage in gesprochenen Sätzen fast nur noch die vertraute Stellung, „weil man kennt es gar nicht mehr anders“. Für diese neuen Weil-Sätze haben wir auch eine besondere Rechtfertigung, denn der Zwillingsbruder des „weil“, das „denn“, verlangte immer schon die vertraute Reihenfolge, „denn man kannte es gar nicht anders“. […]

Sollen wir dem Zug zur Vereinfachung denn nun nachgeben?

1 *Veränderungen am Satzbau der deutschen Sprache.* Verfasst einen Text, in dem ihr die Beobachtungen und Informationen zu diesem Thema zusammenfasst. Unterscheidet Hauptsätze und Satzgefüge, Gliedsatzarten, Pronomen und Adverbien, mündliche und schriftliche Sprache, Hoch- oder Standarddeutsch und Umgangsdeutsch.

2 **Textgebundene Erörterung:** Beantwortet Hirschs Schlussfrage und erörtert, ob es sich um Optimierung oder Verfall der Sprache handelt.

3 Sucht in euren eigenen Texten (Klassenarbeiten, Hausaufgaben, Privates) nach Problemen mit der Syntax. Optimiert problematische Sätze so, dass sie verständlicher werden, und stellt eure Überarbeitung zur Diskussion.

Umgang mit Begriffen – absichtsvoll oder fahrlässig?

Dienstmädchen von 1996 an generell abzugsfähig?

Ankündigung Blüms – SPD: Super-Steuersubvention

BONN/HAMBURG – Bereits vom nächsten Jahr an sollen die Ausgaben für Dienstmädchen und anderes Hauspersonal generell von der Steuer abgezogen werden können. Bundesarbeitsminister Norbert Blüm (CDU), der sich zurzeit in Südafrika aufhält, kündigte in einem Zeitungsinterview an …

„Dienstmädchen" – sinnvoll

Schon die Wortwahl ist eine Unverschämtheit. Wieso ist beispielsweise eine ausgebildete Kinderpflegerin, die eine Tätigkeit im privaten Haushalt aufnimmt, ein „Dienstmädchen"? Wenn sie dann selber Mutter wird und im eigenen Haushalt arbeitet, wird sie ja auch nicht als „Magd" tituliert. […]
Fast jeder kennt Haushalte, in denen Putzhilfen und Kinderbetreuerinnen „schwarzarbeiten". Während nämlich jeder Buchhändler einen Angestellten „absetzen" kann, auch wenn der nur Regale abstaubt, waren bisher die privaten Haushalte steuerlich benachteiligt, wichen oft in illegale Beschäftigungsverhältnisse aus oder gründeten Scheinfirmen. Ist es da nicht sinnvoller, legale Arbeitsplätze zu fördern?
Und wenn es wirklich die Massen von Unternehmer-Gattinnen gäbe, die sich Empfangsdamen und Chauffeure leisten und dafür auch noch Vergünstigungen erhalten sollen – die Steuerausfälle wären leicht wieder hereinzuholen, wenn man den Gatten, die sich ihrer Tricks beim Finanzamt rühmen, auf die Finger sähe.

Ada Brandes

1 a) Erläutert das sprachliche Problem, auf das die Journalistin hinweist.
b) Nehmt Stellung zu ihrem Begriffsgebrauch „Unternehmer-Gattinnen".

2 Welchen Zusammenhang seht ihr zwischen dem Sprachgebrauch und der gesellschaftlichen Realität?

3 a) Sind die Bezeichnungen „Dienstmädchen", „Hausmädchen", „Milchmädchenrechnung" Beispiele für **Abwertungen?** Begründet eure Ansicht von der Sache und von der Formulierung her.
b) Wie stuft ihr die Bezeichnungen „Zimmerfrau", „Perle", „Hausangestellte" ein?

Offener Brief an alle, die über die Entsorgung radioaktiver Abfälle in Deutschland nachdenken.

Deutsche Kernkraftwerke vorn
hal. BONN, 21. Februar. Unter den zehn leistungsfähigsten Kernkraftwerken der Welt waren im vergangenen Jahr sieben deutsche.

Atomlager geplant
POTSDAM – Ungeachtet der Bürgerproteste will das Potsdamer Umweltministerium auch in Brandenburg ein Zwischenlager für schwach- und mittelradioaktive Stoffe einrichten lassen.

Die Entsorgung darf nicht weiter blockiert werden.

Frankreichs Atomschirm auch für Deutschland?

Cäsium-Wolke kam aus spanischem Werk

AKW abgeschaltet
HANNOVER – Das Atomkraftwerk

Höhere Kohleförderung gegen Zugeständnis bei Atommüll?
Sondierungen zu einem Energiekonsens – Regierung: Noch keine Entscheidungen

Sorge in Moskau wegen der Atomwaffen

CASTOR-TRANSPORT NACH GORLEBEN
Der Atom-Aufstand
Bürger und Polizei stehen sich kampfbereit gegenüber – der Kernkraft-Streit wird immer noch mit Gewalt statt mit Argumenten ausgetragen

Nach den Atompannen Merkel unter Druck
FDP fordert „rückhaltlose Aufklärung" der Affäre um verstrahlte Behälter – Umweltministerin lehnt Rücktritt ab

NUKLEARE MUSKELSPIELE
Sabine Rosenbladt über die indischen Atomtests

Die Schweden machen Ernst mit dem Ausstieg aus der Atomkraft
1998 wird der erste Reaktor abgeschaltet – Genauer Zeitplan jedoch noch unklar

Bundesbürger wollen Atomausstieg
In einer Umfrage sprechen sich 76 Prozent für einen solchen Schritt aus

Atom-Verseuchung so lange wie möglich verheimlicht
Schwerster Fall radioaktiver Verstrahlung in Japan – Klare Versäumnisse

1 Untersucht Tendenzen und Unterschiede im Sprachgebrauch dieser Schlagzeilen von 1997 und 1998.

2 a) Vergleicht den unterschiedlichen Gebrauch verwandter Bezeichnungen: *Nuklearenergie – Kernenergie – Atomenergie; KKW – Kernkraftwerk; Schneller Brüter; Energielücke – Ausbau der Kernenergie; Nuklearbrennstoff – Brennmaterial – Brennstäbe; Brennstoffkreislauf – Anreicherung; Entsorgungspark – Entsorgung – Wiederaufbereitung – Zwischenlager – Endlager; Vorkommnis – Störfall – Ernstfall – GAU (größter anzunehmender Unfall) – Super-GAU – Restrisiko; friedliche Nutzung der Kernenergie; Atomschild – atomare Gefechtsköpfe; Deutsches Atomforum – Informationskreis Kernenergie*

b) Welche der Begriffe kann man als **Euphemismus** (Beschönigung), **Aufwertung** oder **Verharmlosung** auffassen? Erklärt dazu den Sachverhalt und die Art, wie er sprachlich verwendet wird.

3 Erläutert die folgende Grafik mit Hilfe des Lexikonartikels:

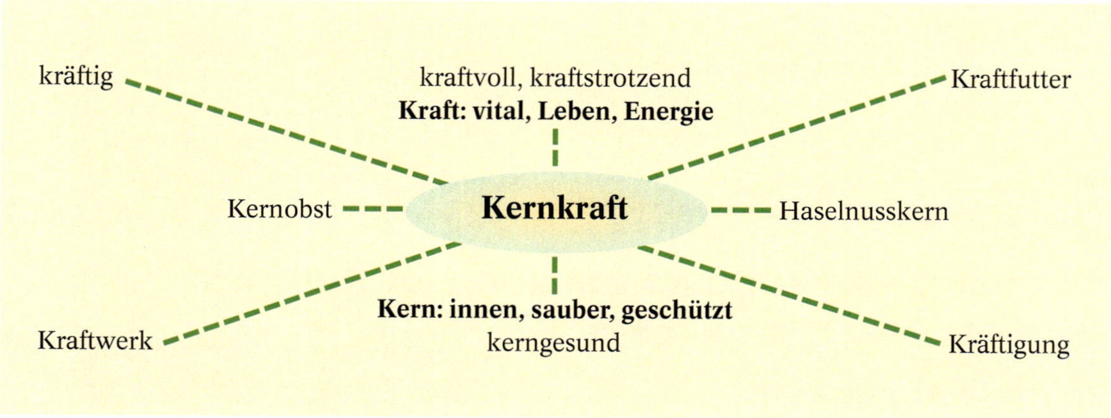

Konnotationen entstehen durch Assoziationen (gedankliche, emotionale, sprachliche Koppelungen), die ein bestimmtes Wort hervorruft, durch die Bedeutung ähnlicher Wörter, durch seine Kombination mit anderen Wörtern in Komposita, durch seinen Gebrauch in bestimmten Kontexten. Dadurch können Wörter in ihrer Bedeutung positiv oder negativ aufgeladen werden. – Dabei wird der Begriff der Konnotation immer auf die individuelle oder gemeinsame Erfahrung einer sozialen Gruppe, einer Subkultur, einer Bewegung oder der gesamten Gesellschaft bezogen. Konnotationen erscheinen so in der Kommunikation, sie sind eine „Kategorie der sozialen Praxis".

4 Entwickelt eine grafische Darstellung und einen erläuternden Text zu: *sanfte Energie – erneuerbare Energie.*

5 Erklärt, wie der sprachliche Mechanismus der Konnotation zur Aufwertung oder Abwertung bei folgenden Beispielen führt: *wilde Ehe, Beziehungskiste, Müll – Abfall – Sondermüll, Nachrüstung, Null-Lösung, Wirtschaftswunder, Butterberg, Fußballer mit Killerinstinkt – Spieler mit Biss, Umweltauto, Ökosteuer …*

6.2 Armut und Reichtum – Sprachlicher Umgang mit Realität

Bettina von Arnim

Dies Buch gehört dem König (1842)

Bettina von Arnim, geb. Brentano (1785 bis 1859), wuchs nach dem frühen Tod ihrer Eltern bei ihrer Großmutter, der Schriftstellerin Sophie von La Roche, auf. Viele ihrer Freunde und Verwandten zählten zu den bedeutenden Dichterinnen und Dichtern ihrer Zeit, so auch ihr Bruder Clemens Brentano und ihr Mann Achim von Arnim. Erst nach dessen Tod wurde sie selber schriftstellerisch tätig. Neben dem von ihr veröffentlichten Briefwechsel mit Goethe wurde das 1842 anonym erschienene „Dies Buch gehört dem König" berühmt. Sie beschreibt darin die Verelendung großer Teile der Bevölkerung im beginnenden Industriezeitalter. Ein zweites „Armenbuch", in dem sie die neue publizistische Form genauer statistischer Erhebungen noch stärker nutzen wollte, wurde wegen Schwierigkeiten mit der Zensur vom Druck zurückgezogen.

Elendsviertel in Berlin um 1870

Vor dem Hamburger Tore, im so genannten Vogtland, hat sich eine förmliche Armenkolonie gebildet. Man lauert sonst jeder unschuldigen Verbindung auf. Das aber scheint gleichgültig zu sein, dass die Ärmsten in eine große Gesellschaft zusammengedrängt werden, sich immer mehr abgrenzen gegen die übrige Bevölkerung und zu einem furchtbaren Gegengewichte anwachsen. Am leichtesten übersieht man einen Teil der Armengesellschaft in den so genannten „Familienhäusern“. Sie sind in viele kleine Stuben abgeteilt, von welchen jede einer Familie zum Erwerb, zum Schlafen und als Küche dient. In vierhundert Gemächern wohnen zweitausendfünfhundert Menschen. Ich besuchte daselbst viele Familien und verschaffte mir Einsicht in ihre Lebensumstände.

In der Kellerstube Nr. 3 traf ich einen Holzhacker mit einem kranken Bein. Als ich eintrat, nahm die Frau schnell die Erdäpfelhäute vom Tische, und eine sechzehnjährige Tochter zog sich verlegen in einen Winkel des Zimmers zurück, da mir ihr Vater zu erzählen anfing. Dieser wurde arbeitsunfähig beim Bau der neuen Bauschule. Sein Gesuch um Unterstützung blieb lange Zeit unberücksichtigt. Erst als er ökonomisch völlig ruiniert war, wurden ihm monatlich fünfzehn Silbergroschen zuteil. Er musste sich ins Familienhaus zurückziehen, weil er die Miete für eine Wohnung in der Stadt nicht mehr bestreiten konnte. Jetzt erhält er von der Armendirektion zwei Taler monatlich. In Zeiten, wo es die unheilbare Krankheit des Beines gestattet, verdient er einen Taler monatlich; die Frau verdient das Doppelte, die Tochter erübrigt anderthalb Taler. Die Gesamteinnahme beträgt also sechseinhalb Taler im Monat. Dagegen kostet die Wohnung zwei Taler; eine „Mahlzeit Kartoffeln“ einen Silbergroschen neun Pfennig; auf zwei tägliche Mahlzeiten berechnet, beträgt die Ausgabe für das Hauptnahrungsmittel dreieinhalb Taler im Monat. Es bleibt also noch ein Taler übrig zum Ankaufe des Holzes und alles dessen, was eine Familie neben rohen Kartoffeln zum Unterhalte bedarf. […]

Eine viel dürftigere und weniger unterstützte Witwe wohnt im Keller Nr. 12 des gleichen Hauses. Ihr Mann, Grenzaufseher Kayser, ist vor elf Jahren gestorben. Erst seit einem Jahre bezieht sie Pflegegeld, und zwar nur für den ältern Knaben, der bald das Alter erreicht, wo jenes gesetzlich entzogen wird. Sie ernährt sich mit Spulen, wobei im Durchschnitt dreidreiviertel Silbergroschen täglich verdient werden. Oft fehlt es an Arbeit. – Man darf sich hier durch den Anblick der wohl erhaltenen Hausgeräte nicht täuschen lassen über die Lage der Familie. Diese Frau hungert lieber einen Tag, als dass sie Bettzeug oder Kleider verkaufte, weil sie diese nie wieder ersetzen könnte. Auch lässt sie die beiden Knaben nicht in zerrissenen Kleidern umhergehen. Lieber flickt sie aus zwanzig Stücken ein Paar Hosen zusammen. Bei Tische muss es schmal zugehen. Heute Mittag wurde vier Personen für sechs Pfennig Hafergrütze gekocht und das Brot so spärlich ausgeteilt, dass es der größere Knabe verdrießlich zurückgab und aus dem Zimmer lief.

Peter Handke
Wunschloses Unglück (1972)

Peter Handke, geboren 1942 in Griffen (Österreich), setzt sich in seinen Romanen, Erzählungen, Hörspielen und Theaterstücken immer wieder mit den Sprach- und Wahrnehmungsmustern auseinander, die das Bewusstsein des Einzelnen prägen. In der Erzählung „Wunschloses Unglück“ (1972) geht er dem Selbstmord seiner Mutter nach.

Das Wort „Armut“ war ein schönes, irgendwie edles Wort. Es gingen von ihm sofort Vorstellungen wie aus alten Schulbüchern aus: arm, aber sauber. Die Sauberkeit machte die Armen gesellschaftsfähig. Der soziale Fortschritt bestand in einer Reinlichkeitserziehung; waren die Elenden sauber geworden, so wurde „Armut“ eine Ehrenbezeichnung. Das Elend war dann für die Betroffenen selber nur noch der Schmutz der Asozialen in einem anderen Land. „Das Fenster ist die Visitenkarte des Bewohners.“

So gaben die Habenichtse gehorsam die fortschrittlich zu ihrer Sanierung bewilligten Mittel für ihre eigene Stubenreinheit aus. Im Elend hatten sie die öffentlichen Vorstellungen noch mit abstoßenden, aber gerade darum konkret erlebbaren Bildern gestört, nun, als sanierte, gesäuberte „ärmere Schicht“, wurde ihr Leben so über jede Vorstellung abstrakt, daß man sie vergessen konnte. Vom Elend gab es sinnliche Beschreibungen, von der Armut nur noch Sinnbilder.

Und die sinnlichen Elendsbeschreibungen zielten auch nur auf das körperlich Eklige am Elend, ja *produzierten* den Ekel erst mit ihrer genießerischen Art der Beschreibung, wodurch der Ekel, statt sich in einen Tätigkeitsdrang zu verwandeln, einen bloß an die eigene Analphase erinnerte, als man noch Scheiße gegessen hatte.

Zum Beispiel kam es in einigen Haushalten vor, daß die einzige Schüssel in der Nacht als Leibschüssel verwendet wurde und daß man am nächsten Tag darin den Teig knetete. Die Schüssel wurde sicher vorher mit kochendem Wasser ausgewaschen und eigentlich war also nicht viel dabei: aber einfach, indem man den Vorgang *beschrieb*, wurde er auch verekelt: „Sie verrichten die Notdurft in den gleichen Topf, aus dem sie dann essen.“ – „Brr!“ Wörter vermitteln ja diese Art von passiv-wohligem Ekel viel eher als der bloße Anblick der von ihnen bezeichneten Sachen. (Eigene Erinnerung, jeweils bei der literarischen Beschreibung von Eidotterflecken auf Morgenmänteln zusammengeschauert zu sein.) Daher mein Unbehagen bei Elendsbeschreibungen; denn an der reinlichen, doch unverändert elenden Armut gibt es nichts zu beschreiben.

Beim Wort „Armut“ denke ich also immer: es war einmal; und man hört es ja auch meist aus dem Mund von Personen, die es überstanden haben, als ein Wort aus der Kindheit, nicht „Ich war arm“, sondern „Ich war ein Kind armer Leute“ (Maurice Chevalier); ein niedlich-putziges Memoirensignal. Aber bei dem Gedanken an die Lebensbedingungen meiner Mutter gelingt mir nicht diese Erinnerungshäkelei. Von Anfang an erpreßt, bei allem nur ja die Form zu wahren: Schon in der Schule hieß für die Landkinder das Fach, das den Lehrern bei Mädchen das allerwichtigste war, „Äußere Form der schriftlichen Arbeiten“; später fortgesetzt in der Aufgabe der Frau, die Familie nach außen hin zusammenzuhalten; keine fröhliche Armut, sondern ein formvollendetes Elend; die täglich neue Anstrengung, sein Gesicht zu behalten, das dadurch allmählich seelenlos wurde.

Vielleicht hätte man sich im formlosen Elend wohler gefühlt, wäre zu einem minimalen proletarischen Selbstbewußtsein gekommen. Aber in der Gegend gab es keine Proletarier, nicht einmal Proleten, höchstens lumpige Armenhäusler; niemand, der frech wurde; die gänzlich Ausgebrannten genierten sich nur, die Armut war tatsächlich eine Schande. [R]

[1] a) Welche Wirkung haben die Texte von Bettina von Arnim und Peter Handke auf euch?
b) Formuliert das **Thema** der Texte mit eigenen Worten.

[2] Untersucht, mit welcher **Absicht** beide Texte geschrieben sind. Erläutert an ausgewählten Textstellen, woraus ihr die Intention erschließt.

[3] Vergleicht die Darstellungsform der beiden Texte. Wie greifen sie ihr Thema auf? Wo wechselt die Vorgehensweise eventuell?

[4] Ein Begriff erhält seine **kontextuelle Bedeutung** durch benachbarte, in der Bedeutung verwandte Wörter im Text, durch ein **semantisches Feld.**
Erstellt das semantische Feld zu „Armut“ in v. Arnims und Handkes Texten:

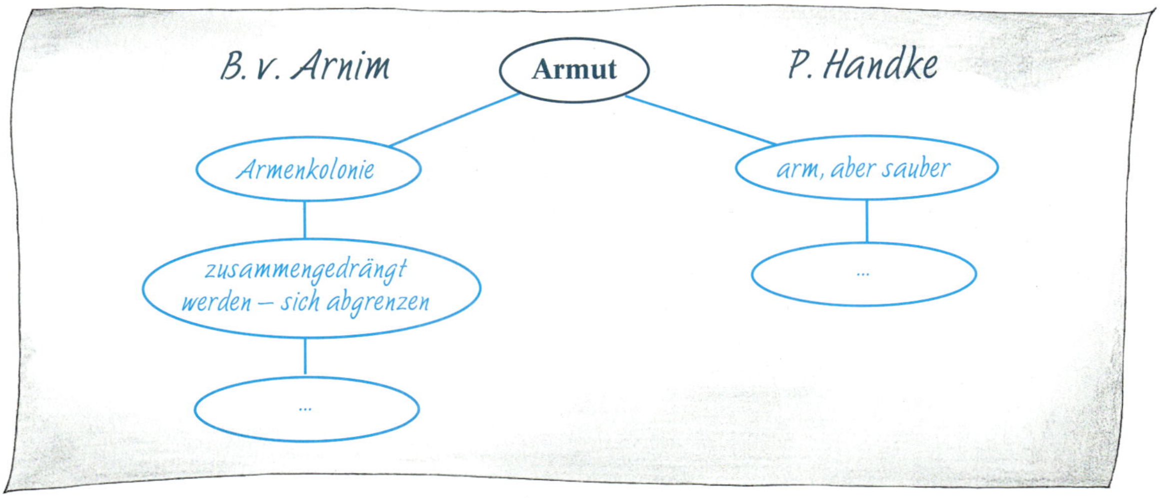

Seine **lexikalische Bedeutung** erhält ein Begriff durch ein Netz von anderen Begriffen:

- **Synonyme:** Armut, Elend, Not, Dürftigkeit …
- **Antonyme** (Gegenbegriffe): Armut – Reichtum
- **semantisches Feld:** Armut, Entbehrung, Ohnmacht, bescheiden, sparsam, Scham, bedürfnislos, Mangel, hungrig, sich sorgen, verzichten müssen, Existenzangst …
- **Euphemismen** (Beschönigungen): statt „arm“: anspruchslos, bescheiden … – statt „Arme“: Geringverdienende …
- **Abwertungen:** statt „Arme“: Penner, Schnorrer, Hungerleider, Schmarotzer, Stützejäger …
- **Redewendungen:** arm, aber glücklich; arm, aber sauber …
- **Sprichwörter:** Armen Mann kennt niemand. Arm oder reich, der Tod macht alle gleich. Besser arm in Ehren als reich in Schanden. Ein armer Mann hat keine Neider. Der Arme mästet dem Reichen die Kühe …

[5] a) Zeigt, wie Handke mit dem Sprachmaterial zu „Armut“ umgeht.
b) Erstellt ein sprachliches Netz zu „Reichtum“.

Man kann ein Phänomen **definieren,** indem man

- einzelne **Merkmale** aufzählt: „Ein Motorrad hat einen Rahmen mit Lenker, zwei Räder, einen Motor, eine Gangschaltung, Scheibenbremsen, einen Sattel, eine Lichtanlage“;
- das Phänomen einem **Oberbegriff** zuordnet und es von den übrigen Unterbegriffen durch seine besonderen Merkmale abgrenzt: „Ein Motorrad ist ein Fortbewegungsmittel auf zwei Rädern, das von einem Motor mit mehr als 50 ccm Hubraum angetrieben wird und mehr als 40 km/h erreicht.“

6 a) Formuliert eine eigene Definition von „Armut“ aus heutiger Sicht. Gütekriterien für eure Definition sind: Klarheit, Vollständigkeit und Kürze.

b) Vergleicht anschließend eure aktuelle Definition mit dem 1843 von Bettina von Arnim erstellten Bild der Armut. Welche Unterschiede seht ihr?

c) Definiert „Reichtum“.

7 Vergleicht folgende Fotos und klärt die heute vielfach gebrauchten Begriffe „neue Armut“ und „Neureiche“.

Sachtexte über „Armut“ lesen

C. D. Grupp

Welt im Wandel (1996)

In den 48 ärmsten Staaten leben zusammen etwa 500 Millionen Menschen.

Unterscheidung:
ärmste Staaten – Entwicklungsländer

Grundgegensatz

Nach Berechnungen der Weltbank leben aber etwa 1,1 Milliarden Menschen in absoluter Armut (das ist fast ein Viertel der Gesamtbevölkerung aller Entwicklungsländer). Das heißt: In den Staaten, die nicht zu den ärmsten der Welt zählen, leben längst nicht alle Menschen über dem Existenzminimum. Besitz und Einkommen sind also in vielen Entwicklungsländern in hohem Maße ungleich verteilt. Armut und Elend findet man hier neben Luxus und Reichtum.

Verbesserung der Situation

In allen Entwicklungsländern zusammen leben heute etwa 4,6 Milliarden Menschen. Dreieinhalb Milliarden Menschen in Entwicklungsländern leben also heute in erträglichen oder guten Umständen. Ein Teil von ihnen ist nach europäischem Maßstab zwar arm, leidet aber nicht Hunger, ist nicht obdachlos und kann aus eigener Kraft überleben. Das heißt: Die Mehrzahl der Menschen in Entwicklungsländern (etwa drei Viertel) leben in Umständen, die ihnen ein menschenwürdiges Dasein ermöglichen.

Definition
Mangel bei:
- *Arbeit*
- *Ernährung*
- *Wohnung*
- *Gesundheit*
- *Bildung*

Ein Leben in absoluter Armut ist gekennzeichnet durch:
– niedriges oder gar kein Einkommen wegen Mangels an Möglichkeiten, gegen Bezahlung zu arbeiten ✔
– mangelhafte Ernährung, Hunger aus Mangel an Kaufkraft oder Mangel an Grund und Boden zur Selbsternährung ✔
– menschenunwürdige Behausung oder Obdachlosigkeit ✔
– Krankheiten, geringe Lebenserwartung ✔
– Mangel an Möglichkeiten zur Grundbildung und Ausbildung ✔

Betroffene

Die meisten Staaten mit großem Anteil an absolut Armen liegen zwar in Afrika, die meisten der Armen aber leben in Asien, und zwar in Indien und Bangladesch (Indien hat mehr als doppelt so viele Einwohner wie Afrika).

1 Erläutert die Randnotizen und Markierungen. Diskutiert mögliche andere Notizen oder Markierungen.

2 Sucht Zeitungstexte zum Thema „Armut“ und bearbeitet sie mit Markierungen und Randnotizen.

3 Definiert „absolute Armut“ und „Entwicklungsländer“.

Armut in Köln: Mehr Reiche, viel mehr Arme

Stadt legt Bericht vor: „Die Kluft wird immer größer" – 24 000 Minderjährige leben von Sozialhilfe

Von unserem Redakteur Andreas Damm

Immer mehr Menschen besitzen ein immer größeres Vermögen, auf der anderen Seite breitet sich die Armut weiter aus. Zu diesem Ergebnis kommt der Kölner Sozialbericht, den Sozialdezernentin Ursula Christiansen am Freitag vorgelegt hat. Der Grundsatz „Wohlstand für alle" verliere offensichtlich an Bedeutung, lautet eine Erkenntnis. „Die Kluft zwischen Arm und Reich wird immer größer."

Laut Angaben des Statistischen Landesamtes über die damals noch bestehende Vermögenssteuer lebten 1993 in Köln 8779 Millionäre. Rund 10 500 Menschen besaßen zwischen einer halben und einer Million Mark[1]. Den Besitz dieser beiden Gruppen bezifferten die Statistiker auf mehr als 13 Milliarden Mark. „Bemerkenswert" findet die Stadtverwaltung die Steuerbelastung der Einkommensmillionäre: „Je höher das Einkommen, desto niedriger die durchschnittliche Steuerbelastung."

In den zurückliegenden Jahren sei der Anteil der Menschen mit einem monatlichen Nettoeinkommen von mehr als 4000 Mark gestiegen, heißt es in dem Sozialbericht. Dem wachsenden Wohlstand steht eine drastische Zunahme der Sozialhilfeempfänger gegenüber. Waren 1980 noch 13 000 Haushalte auf Hilfe angewiesen, so waren es 1992 bereits mehr als 27 000, im vorigen Jahr hat das Sozialamt fast 40 000 Haushalte mit 70 000 Personen unterstützt. Inzwischen erhält jeder 14. Kölner Sozialhilfe, die kommunalen Sozialausgaben sind auf mehr als 500 Millionen Mark im Jahr gestiegen.

Als bedrückend bezeichnete Christiansen die hohe Zahl der Kinder und Jugendlichen, die in Armut aufwachsen. 24 000 Minderjährige leben in Familien, die Geld vom Sozialamt bekommen. Annähernd 9 000 Kinder unter sechs Jahren gelten als bedürftig, fast jedes sechste Kind dieser Altersgruppe. „Je mehr Kinder die Familien haben, desto größer ist das Risiko, in die Armut abzurutschen", berichtet die Dezernentin. Besonders schwierig ist die finanzielle Lage für alleinerziehende Mütter. Von den rund 20 000 Familien, in denen es nur einen Elternteil gibt, bezieht mehr als jede dritte Sozialhilfe; in neun von zehn Fällen sind es die Mütter, bei denen die Kinder wohnen.

Was sind die Ursachen für die wachsende Armut? „Das Hauptproblem ist die Arbeitslosigkeit", sagt Christiansen. In der früher von Großindustrie geprägten Stadt Köln sind überdurchschnittlich viele Menschen ohne festen Job; hinzu kommt, dass die Arbeitsämter ihre Leistungen Schritt für Schritt gekürzt haben. Dennoch glaubt die Beigeordnete, es werde „tendenziell aufwärtsgehen – weil wir alle Anstrengungen unternehmen, um Arbeitsplätze zu halten und neue zu schaffen".

Als ärmsten Stadtbezirk weist der Sozialbericht den ehemaligen Industrievorort Kalk aus. Hier leben – im Verhältnis zur Einwohnerzahl – die meisten Sozialhilfeempfänger. Im Vergleich mit anderen Großstädten liegt Köln im Durchschnitt. In Bremen, Hamburg, Dortmund und Frankfurt gibt es – gemessen an der Gesamtbevölkerung – zum Teil erheblich mehr Bedürftige.

Der 150 Seiten starke, von Kommunalpolitikern seit langem geforderte Bericht soll dem Rat und der Verwaltung Informationen geben, wo Hilfe besonders erforderlich ist. Weitere Studien, etwa zur Lage auf dem Wohnungsmarkt, sollen folgen. *(1998)*

1 Eine **Mark** = ca. 0,50 Euro

1 Um die Informationen eines Textes zusammenzufassen, kann man einen **Konspekt** anlegen: Entwickelt eine solche grafische Übersicht zum Text „Armut in Köln" in der Form eines **Verlaufsdiagramms,** das den Ablauf zeigt, oder eines **Strukturdiagramms,** das mit Pfeilen die gedanklichen Bezüge vermittelt:

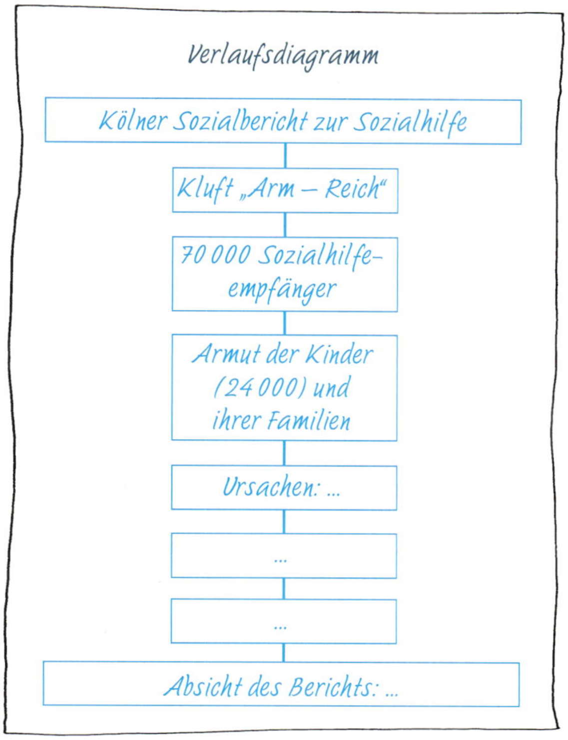

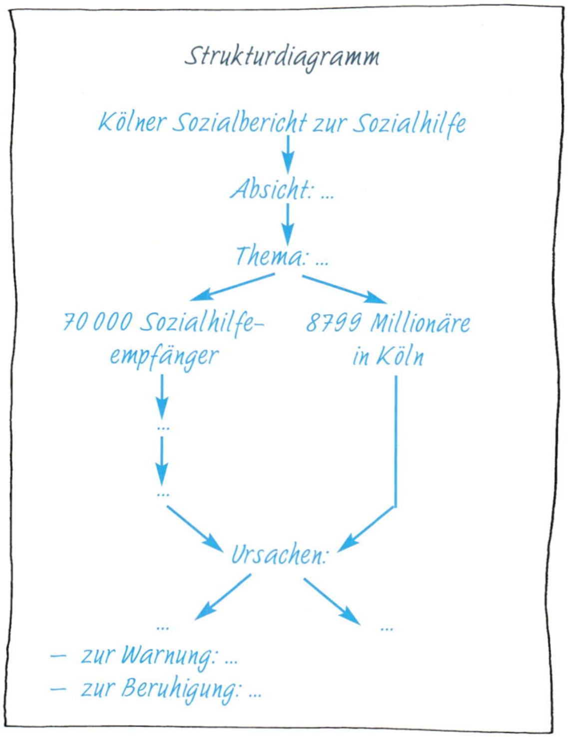

2 Legt für den folgenden Text einen Konspekt an. Benutzt ihn für die **mündliche Textwiedergabe.**

Astrid Wirtz

An der Grenze zur Armut

Für Millionen von Menschen wird es immer schwerer, in Deutschland angemessen zu leben

Jeder ist seines Glückes Schmied. Ein Spruch, so richtig wie immer, schon falsch für die, die es nicht aus eigener Kraft geschafft haben oder daran gehindert wurden, das Leben zu meistern. Falsch und zynisch aber auch heute für eine wachsende Zahl von Menschen in Deutschland, die arbeitslos wurden, die zu alt sind, um noch einen Job zu bekommen, und doch noch zu jung, um zu Hause zu sitzen; für alleinerziehende Mütter, für manch alte Frau und für junge Menschen, die den Sprung ins eigenverantwortliche Leben verpassen. Sie sind die Armen bei uns: 2,7 Millionen Menschen, die von Sozialhilfe leben.

Was man sich nicht leisten kann

Natürlich ist Armut in einem reichen Land nicht vergleichbar mit dem Elend in den Straßen von Kalkutta. Vermutlich käme die alleinerziehende Frau mit zwei Kindern mit dem deutschen Sozialhilfesatz in Süditalien bestens zurecht. Bei uns aber lebt sie am Existenzminimum. Damit verhungert sie nicht, aber am Essen sparen muss sie doch. Und selbst nur bescheiden teilnehmen am sozialen und kulturellen Leben, wie ihr gesetzlich verbrieft ist, kann sie damit sicherlich nicht.

Für Zoo- oder Konzertbesuch fehlt – bei rund 1200 Mark[1] auf die Hand – das Geld. Kindergeburtstage heißt es meiden, Sport- und Musikkurse kann man streichen. Beim Schulausflug meldet die Mutter ihr Kind besser krank. Zuschüsse gibt es in vielen Kommunen schon längst nicht mehr. Das ist nichts Lebensbedrohendes, aber doch ein Beispiel für gesellschaftliche Ausgrenzung von einer Million

1 Eine **Mark** = ca. 0,50 Euro

Kindern in Deutschland, die nur allzu oft nicht wahrgenommen wird. Wer weiter oben auf der sozialen Leiter steht, verliert oftmals das Gefühl für den Mangel.

Mangel erleben aber auch die Erwachsenen. Oft wird eher noch den Kindern etwas ermöglicht und dafür auf neue Schuhe oder den Kegelabend verzichtet. Richtig schlimm ist diese Ausgrenzung deshalb, weil sie zunehmend unabsehbar wird. Gerade die Zahl der Langzeitarbeitslosen steigt. So erhalten 400 000 Haushalte ergänzende Sozialhilfe, weil die Arbeitslosenhilfe nicht reicht.

Und immer mehr werden Kinder zum Armutsrisiko auch für Ehepaare. Mit ihrem Vorschlag, das Kindergeld so anzuheben, dass Eltern nicht in die Sozialhilfe rutschen, hat Familienministerin Nolte dies geradezu bestätigt. Jedes zehnte Ehepaar, das drei und mehr Kinder hat, erhält heute Sozialhilfe. Wer selbst Kinder hat, kann sich nur allzu gut vorstellen, dass ein drittes oder viertes Kind manch kleinen Angestellten an die Armutsschwelle treibt, unabhängig von unnötigem und unreflektiertem Anspruchsdenken. Wer aber erst einmal Sozialhilfe bezieht, dem nützt auch das Kindergeld nichts mehr. Das nämlich wird von der Sozialhilfe wieder abgezogen.

Um den Gang zum Sozialamt zu verhindern, wäre also eine Aufstockung und gleichzeitig soziale Staffelung des Kindergeldes wider alle Bedenken dringend geboten. Die Steuerreform böte eine Möglichkeit, bei niedrigeren Steuersätzen und damit auch automatisch geringeren Kinderfreibeträgen Spielraum für eine Neugestaltung des Familienlastenausgleichs zu schaffen.

Die Betreuung muss stimmen

Das alles ersetzt natürlich nicht eine ideenreichere Arbeitsmarktpolitik. Die Chancen, einem lange Zeit arbeitslosen Sozialhilfeempfänger oder einer alleinerziehenden Mutter eine Arbeit zu verschaffen, sind schlechter denn je. Wirklich Sinn macht nur Arbeit, die die Chancen für den ersten Arbeitsmarkt verbessert. Der Kombilohn, also die verbesserte Chance, neben der Sozialhilfe etwas dazuzuverdienen, ist insofern ein sinnvolles Modell. Auf solche Modelle kommt es an, bevor sich jemand in der Sozialhilfe eingerichtet hat. Aber was soll die Alleinerziehende machen, wenn noch immer die Einrichtungen für die Kinder fehlen oder so viel kosten, dass sie den größten Teil ihres Gehaltes für die Betreuung der Kleinen ausgeben müsste? *(1998)*

3 Verfasst eine **Paraphrase** eines der Sachtexte zur Armut (S. 129–132), d. h. eine Übersetzung in die eigene Sprache. Dabei solltet ihr Unbekanntes nachschlagen, komplizierte Stellen umwandeln und Nominalstil auflösen, z. B.

- adverbiale Bestimmungen → Adverbialsätze: *Wegen der Bedeutung von ... → Weil ... wichtig ist ...*
- Satzgefüge → mehrere Sätze
- Wortungetüme (Komposita) → Wörter mit Erläuterungen (z. B. in Klammern): *Randgruppenphänomene → Erscheinungen, die bei Minderheiten vorkommen ...*
- erweiterte Partizipien → Nebensätze: *die aus der Arbeitslosigkeit erwachsende Armut ... → Armut, die durch Arbeitslosigkeit verursacht ist ...*

Entwickelt Paraphrasen vor allem für schwer verständliche Textabschnitte.

4 Sachtexte **kritisch lesen:**

- Unterscheidet an den Sachtexten zur Armut die Intentionen von **Bericht** und **Kommentar.**
- Untersucht die erkennbaren **Wertungen** durch die Verfasserinnen oder Verfasser sowie durch die zitierten Sprecher. Benutzt für solche Stellen die Zeichen + und –.
- Erschließt daraus die **Standpunkte** dem Problem gegenüber.
- Vergleicht die Standpunkte mit euren Kenntnissen und Einstellungen und diskutiert die unterschiedliche Sicht der Probleme.

6.3 Projekt „Männersprache – Frauensprache: Verändert Sprache die Realität?“

Veränderte Sprache, veränderte Welt

Ist „Political Correctness“ gefährlich? – Eine Diskussion

Von unserem Redakteur Markus Schwering

Wer „PC“ mit „Personal Computer“ übersetzt, dem wird ein mitleidiges Lächeln von Seiten aufgeklärter Mitbürger bedeuten, dass er sich nicht auf der Höhe der Zeit befindet. Nein, im Jargon der Eingeweihten ist PC nichts anderes als „Political Correctness“. […]

Die bekannten Publizisten Konrad Adam, Cora Stephan und Henryk M. Broder entzündeten auf einer Podiumsdiskussion der Karl-Rahner-Akademie ein Feuerwerk polemisch-geistreicher Aperçus[1], das einige Schlaglichter auf das Phänomen zu werfen vermochte. […]

Was also ist PC? Hat sie ausschließlich mit Sprache zu tun – dergestalt, dass da bestimmte Pressure-Groups[2] im Interesse von Nichtdiskriminierung das große Binnen-I („BürgerInnen“), die Bezeichnung „Afroamerikaner“ (an Stelle von „Schwarzer“ oder gar „Neger“) oder „Horizontal Herausgeforderte“ (an Stelle von „Dicke“) durchsetzen wollen? PC ausschließlich als Sprachphänomen – das könnte dann freilich, wie Cora Stephan anmerkte, einen Fortschritt lediglich suggerieren: Die Wörter ändern sich, aber die Wirklichkeit bleibt die nämliche.

Dass dem nicht so ist, darauf wies Konrad Adam hin: Immerhin habe PC in ihrem Ursprungsland, den USA, zur Einführung von Frauenlehrstühlen für „Gender Studies“[3] geführt („gender“ an Stelle von „sex“: auch dies ist Bestandteil des PC-Wörterbuchs). Nicht nur das: Die PC-Kampagne gegen einen Professor, dessen Studentinnen sich durch ein Foto seiner Frau im Bikini auf dem Schreibtisch quasi-vergewaltigt fühlten – der Vorgang führte zu seiner Entlassung –, dürfte der Betroffene kaum als bloßes Sprachspiel empfunden haben. Also: Über die Sprache verändert PC auch Wirklichkeit, weil sie unsere Einstellung zu ihr, unsere Denkmuster verändert.

Mit Vorsicht zu genießen war denn auch Broders Auskunft, wonach PC, die in den Staaten als „Höflichkeitspolster zwischen Minderheiten“ wirke, auf ihrem Weg nach Deutschland zu einer „virtuellen Debatte“ geworden sei. Wenn PC der Definition von Cora Stephan zufolge „die Form ist, die sich eine multikulturelle Gesellschaft gibt“, dann wird sie auch in Deutschland zunehmend real: Der Zusammenprall von Minderheiten, die um Anerkennung ringen, bestimmt längst auch die Lebenswelt unserer Republik. […]

Indes waren sich die Diskutanten einig darüber, dass einstweilen jeder (in unserem Lande) noch (fast) alles sagen darf, sogar den 8. Mai 1945 nicht als Befreiung, sondern als Niederlage bezeichnen kann, aber mit harter Kritik rechnen muss. *(1995)*

1 **Aperçu:** geistreiche Bemerkung
2 **Pressure-Group:** Interessengruppe
3 **Gender Studies:** Geschlechterforschung

1 Erarbeitet, um welches Problem es in diesem Text geht, indem ihr eine Paraphrase zum Text verfasst (s. S. 132, Aufgabe 3).

2 Definiert, was dem Text zufolge unter „Political Correctness“ zu verstehen ist.

3 Nehmt Stellung, ob ihr Veränderungen im Sprachgebrauch, wie sie der Text anführt, für sinnvoll haltet.

4 a) Sammelt Bezeichnungen für die auf den Plakaten dargestellte Person: „Hausmann“, „Softie“ …
b) Welche Begriffe für „berufstätige Frau“ kennt ihr: „Karrierefrau“ …
c) Untersucht, welche Wertungen die Bezeichnungen beinhalten.

5 Diskutiert anhand der Plakate offen über das Projektthema „Männersprache – Frauensprache: Verändert Sprache die Realität?“.

Bei eurem **Projekt „Männersprache – Frauensprache: Verändert Sprache die Realität?“** solltet ihr in folgenden Schritten vorgehen:

Planung:
- Formuliert einen Aspekt des Problems zu einem Thema aus.
- Entwickelt in einem Brainstorming Ideen und Fragestellungen.
- Sichtet und gruppiert das vorliegende Material (S. 135–138).
- Forscht nach weiteren Quellen.
- Verabredet Produktionsziele, die Arbeitsverteilung sowie die Kooperationsformen und den Zeitablauf.

Durchführung:
- Führt eigene Recherchen zum Thema durch.
- Wertet das selber gefundene und das hier präsentierte Material aus.
- Fertigt eine Gliederung eures Themas an, indem ihr Teilthemen bestimmt und das Material zuordnet.
- Erstellt eure Produkte (Texte oder andere Medien); dabei unterscheidet ihr deutlich zwischen Information (Darstellung von Beobachtungen und Fakten) und Stellungnahme (Meinungsäußerung/Wertung), z. B. durch verschiedene Farbleisten an Texten.
- Überarbeitet eure Produkte, bis sie zur Veröffentlichung reif sind.

Präsentation:

- Veröffentlicht eure schriftlichen, grafischen und audiovisuellen Produkte.
- Unterstützt eure Darbietung, z. B. durch Vorträge, möglichst mit Sprecherwechsel, vorgespielte Situationen …
- Ihr leistet eine Leser- oder Hörerführung, indem ihr dem Publikum das Thema, den Arbeitsweg und die Ergebnisse mündlich vorstellt oder durch grafische Signale in euren Produkten hervorhebt.
- Fordert eine Rückmeldung (Urteile und Kritik) des Publikums ein.

Sprachwitz

PARIS, 9. Januar (ap). Den französischen Sprachwächtern geht die Grammatik offenbar vor Gleichberechtigung. In einem Brief an Staatspräsident Jacques Chirac protestieren die Sprachhüter der Académie Française gegen die Bezeichnung „Madame la ministre" (Frau Minister), die die Frauen im Kabinett für sich in Anspruch nehmen. In korrektem Französisch laute es nun mal „le ministre" und folglich auch „Madame le ministre", wenden sie ein. Das bei der Anrede vorausgeschickte „Madame" oder „Monsieur" müsse zur Unterscheidung der Geschlechter genügen, erklärt die Académie – und versucht sich des Vorwurfs zu erwehren, gegen Gleichstellung zu sein: Schließlich gebe es auch Frauen in ihren Reihen. Die seien ihrer Verdienste wegen als „académiciens" (Akademiker) aufgenommen worden, nicht als „académiciennes" (Akademikerinnen). *(1998)*

Marianne Grabrucker

Vater Staat hat keine Muttersprache

Die schweizerische Juristin Dr. Emily Kempin-Spyri, die 1887 als erste Frau in den Rechtswissenschaften promovierte und maßgeblich die Kritik der Frauenbewegung in Deutschland am Bürgerlichen Gesetzbuch von 1900 beeinflusste, kämpfte mit der Tücke der rein männlichen Sprache des Rechts und ihren Auswirkungen, als man ihren Antrag auf Erteilung des Anwaltspatents trotz jahrelangen Rechtsstreits in Zürich abgelehnt hatte. Die Klage wurde 1887 vom Bundesgericht mit der Begründung zurückgewiesen, ihre Interpretation von Artikel 4 der Schweizerischen Bundesverfassung, die Aussage „Jeder Schweizer ist vor dem Gesetz gleich" umfasse Mann *und* Frau, sei „ebenso neu als kühn und könne nicht gebilligt werden …". Eine Norm, welche Frauen von der Parteivertretung vor Gericht ausschließe, sei auf Grund innerlich begründeter erheblicher Verschiedenheit der Tatbestände gerechtfertigt. *(1993)*

Wie kann eine so moderne und, wie ich meine, emanzipierte Wochenzeitung wie Ihre den weiblichen Teil der Bevölkerung als „Männin" bezeichnen und nicht als Frau? Was spricht gegen Landsfrau? Das klingt mindestens genauso erdverbunden wie Landsmann.

Gabriele Harms-Deisinger, Raisdorf (1997)

Tatsächlich konnte sich der Duden als weiblichen Landsmann bislang nur die „Landsmännin" vorstellen. Erst in die neueste, soeben auf der Frankfurter Buchmesse präsentierte Ausgabe des Duden-Bandes „Richtiges und gutes Deutsch" hat nun auch die „feminine Entsprechung", die Landsfrau, Einzug gehalten.

Die Redaktion

Wilhelm Schmidt

Natürliches und grammatisches Geschlecht – „männliche Sprache"

In der deutschen Sprache der Gegenwart greift in den letzten Jahren eine Entwicklung um sich, die viel diskutiert wird und recht umstritten ist; das ist die Unterdrückung des femininen Genus bei Berufsbezeichnungen und Titeln. Sie findet sich einmal bei den Bezeichnungen für solche Funktionen und Berufe, zu denen die Frauen erst in der letzten Zeit Zugang erhalten haben, vgl. *Frau Minister, Staatssekretär; seine Tochter ist Schlosser, Maurer* usw., ferner bei bestimmten Titeln wie *Professor, Doktor […],* und sie breitet sich sogar auch dort aus, wo unsere Sprache schon lange die entsprechenden femininen Formen kennt, etwa wenn eine Frau sich als *Arzt, Direktor, Wissenschaftlicher Mitarbeiter, Bürgermeister, Referent* u.Ä. bezeichnet. Dieser Sprachgebrauch erklärt sich daraus, dass bei Funktions- und Berufsbezeichnungen die maskuline Form nicht eigentlich eine männliche Person benennt, „sondern (ohne Rücksicht auf das natürliche Geschlecht) allein das Subjekt eines Verhaltens". Es geht also um „Rollenbezeichnungen", die die Person, von der die Rolle besetzt wird, nur nach ihrem Verhalten charakterisieren, nicht aber nach ihrem Geschlecht. […]

Von dem grammatischen Geschlecht, dem Genus, ist das natürliche Geschlecht, der Sexus, grundsätzlich zu unterscheiden. Handelt es sich beim Genus, wie der deutsche Name „grammatisches Geschlecht" schon aussagt, um eine grammatische Kategorie, ist das natürliche Geschlecht eine Größe der lexisch-semantischen Sphäre, die in der außersprachlichen Realität vorgegeben ist. Vielfach stimmt das grammatische Geschlecht der Bezeichnungen von Lebewesen mit ihrem natürlichen Geschlecht überein, vgl. *der Vater – die Mutter, der Sohn – die Tochter, der Stier – die Kuh, der Hahn – die Henne, der Löwe – die Löwin.* Es gibt aber nicht wenige Wörter, bei denen das grammatische Geschlecht zu dem natürlichen in Widerspruch steht. *(aus einer 1977 in der DDR erschienenen Grammatik)*

Aus einem Runderlass des Bonner Innenministeriums 1986

Als weibliche Form der Amtsbezeichnung „Amtmann" stehen ab sofort wahlweise die Amtsbezeichnungen „Amtmännin" oder „Amtfrau" zur Verfügung … Weibliche Beamte, die bereits die Amtsbezeichnung „Amtmännin" führen, können der zuständigen Behörde mitteilen, dass sie die Amtsbezeichnung „Amtfrau" führen möchten. Sie erhalten einen schriftlichen Bescheid über die Änderung der Amtsbezeichnung. Ein Amt mit der Amtsbezeichnung „Amtmann" wird weiblichen Beamten nicht mehr verliehen.

Grundgesetz Artikel 3

(1) Alle Menschen sind vor dem Gesetz gleich.
(2) Männer und Frauen sind gleichberechtigt.

(3) *Niemand* darf wegen *seines* Geschlechtes, *seiner* Abstammung, *seiner* Rasse, *seiner* Sprache, *seiner* Heimat und Herkunft, *seines* Glaubens, *seiner* religiösen oder politischen Anschauungen benachteiligt oder bevorzugt werden.

Bisheriger Wortlaut

(3) *Keine Frau und kein Mann* darf wegen *seines oder ihres* Geschlechts, *seiner oder ihrer* Abstammung, Rasse, Sprache, Heimat und Herkunft, *seines oder ihres* Glaubens, *seiner oder ihrer* religiösen oder politischen Anschauungen benachteiligt oder bevorzugt werden.

Alternativformulierung 1

(3) *Keine Frau und kein Mann* darf wegen *des* Geschlechts, *der* Abstammung, *der* Rasse, *der* Sprache, *der* Heimat und Herkunft, *des* Glaubens, *der* religiösen oder politischen Anschauungen benachteiligt oder bevorzugt werden.

Alternativformulierung 2

Sibylle Knauss

Kompetenz hat kein Geschlecht

Der Mensch ist eine männliche Spezies[1]. Ihr sprachlich repräsentativer Phänotyp[2] ein Mann: Homo sapiens[3]. Als ihm das, vor nicht langer Zeit, erstmals zu Bewusstsein kam, entschuldigte er sich vielmals bei seinen Gefährtinnen, versicherte ihnen, dass sie durchaus mit gemeint seien, und versprach, dass er sich fortan bessern wolle: Liebe Mitbürgerinnen und Mitbürger, hub er an, liebe Zeitgenossinnen und Zeitgenossen, liebe Wählerinnen und Wähler – man spürte, wie sehr er sich Mühe gab. Er wollte das Problem eindeutig und gründlich aus der Welt schaffen. Ja, eine gewisse Beflissenheit, ein Übereifer war ihm dabei anzumerken. Was wollt ihr eigentlich noch mehr?, schien er zu sagen. Seht ihr nicht, dass ich bereit bin, bis an die Grenze der Lächerlichkeit zu gehen, damit ihr zufrieden seid? Reden sind seitdem länger geworden, Texte aufgeschwollen, ihr Inhalt bleibt davon unberührt. Es ist eine sprachliche Geste, keine Aussage. Und wie andere höfliche Gesten trägt es dazu bei, das soziale Klima zu bessern, das zwischen den Menschen herrscht, die Begegnung von Männern und Frauen im öffentlichen Bereich zu erleichtern. Wenn ein Mann einer Frau den Vortritt lässt, in den Mantel hilft, so ist auch das eine Geste, nur altmodischer. Sie bedeutet: Ich bin der Mann von uns beiden, aber ich verzichte darauf, den mir gebührenden Vorteil daraus zu ziehen. Ich verzichte freiwillig, weil ich es mir leisten kann.

Die Sprache ist aber ein eigenes Ding. Sie bewahrt sorgfältig die Spuren längst vergangener Wahrnehmungsmuster. Sie ist verräterisch. In ihr wird für immer der weibliche Mensch als Ableitung des männlichen erscheinen. Das feminine Suffix für immer ein Anhängsel. Die Sprache bläht sich auf, sie muss wichtig tun, wenn sie die Aufmerksamkeit auf das Femininum lenkt. Frau Oberärztin – für immer die weibliche Sonderform einer Erscheinung, die genuin[4] männlich ist. Sprachlich, wohlgemerkt. Hat das den Frauen genützt, die insistierende[5] Häufung von weiblichen Endungen in unserem Alltagstext? Bedeutet sie mehr als ein dekoratives Element, das wir im öffentlichen Leben schon immer gewesen sind? Sind wir außerhalb der Sprache, da, wo es zählt, deswegen mehr präsent? Sollten wir nicht vielleicht eher danach trachten, uns mit sprachlicher Unauffälligkeit zu tarnen, um uns in Politik und Wirtschaft, in Medien und Kultur in möglichst großer Zahl einzuschmuggeln?

Es gibt eine sprachliche Geste, die das belegt und deren zunehmende Verbreitung hoffen lässt. Es ist die Sitte, Frauen wie Männer zu zitieren, indem man ohne Zusatz den Nachnamen verwendet, Sätze vom Typ „Müller sagte ...“ „XY führte aus ...“ entstehen so. Vor Jahren hätte es sich noch verstanden, dass sich dahinter ein „Herr“ Müller verbergen muss. Denn hätte man die Äußerungen einer Frau überhaupt als zitierwürdig befunden, so wäre das durch den Zusatz „Frau“ Müller oder die Verwendung des Vornamens hervorgehoben worden. Die kurze, prägnante Benennung mit dem Nachnamen, der seinem Träger als Markenzeichen dient, ihn als Vertreter der eigenen Autorität kennzeichnet, war für Männer reserviert. Wann ist aus Rita Süssmuth einfach „Süssmuth“ geworden, um nur ein Beispiel zu nennen? [...]

Autorität und Kompetenz haben kein Geschlecht. Wo Gleichrangigkeit herrscht, hat das weibliche Suffix ausgedient. Wozu auf den Unterschied hinweisen, wenn es ihn nicht mehr gibt? Einstweilen gibt es ihn jedoch. Freuen wir uns nicht zu früh darüber, dass man neuerdings auch am Stammtisch von „Bürgerinnen und Bürgern“ spricht. Das ist ein Pyrrhussieg[6]. Eine freundliche Geste, weiter nichts. Sie dient der Affirmation[7] bestehender Zustände. *(1998)*

1 **Spezies:** biologische Bezeichnung für Tier- oder Pflanzenart
2 **Phänotyp:** Erscheinungsbild eines Organismus
3 **Homo sapiens:** biologische Bezeichnung für „Mensch“, wörtl.: vernunftbegabter Mensch/Mann
4 **genuin:** naturgemäß
5 **insistieren:** auf etwas bestehen
6 **Pyrrhussieg:** Scheinsieg
7 **Affirmation:** Festigung

„Die Frauen sollen sich um Kinder und Haushalt kümmern“

WIESBADEN. (dpa) Frauen sollten nach Ansicht jedes zweiten Westdeutschen zu Hause bleiben und sich um Kinder und Haushalt kümmern. In Ostdeutschland ist nur jeder Vierte dieser Auffassung. Das geht aus dem neuen Datenreport des Statistischen Bundesamtes hervor, den Innenminister Manfred Kanther (CDU) in Wiesbaden vorstellte.
Zwischen den Geschlechtern gibt es in dieser Frage weniger Unterschiede als zwischen Ost und West. Sowohl in den alten als auch in den neuen Ländern sind fast ebenso viele Frauen (47 Prozent im Westen und 26 im Osten) wie Männer (53 Prozent im Westen und 27 im Osten) der Auffassung, dass es für alle Beteiligten am besten ist, wenn der Mann voll im Berufsleben steht und die Frau zu Hause bleibt.
Ein Drittel der Bürger in den alten Ländern meint, Frauen sollten eher die Karriere ihres Mannes unterstützen als selbst einen hohen Posten anstreben. Im Osten stimmt dieser Aussage nur jeder Vierte zu. Die Unterschiede hingen mit der höheren Erwerbstätigkeit ostdeutscher Frauen zusammen, sagte der Präsident des Statistischen Bundesamtes, Johann Hahlen. … *(1997)*

Recherchen im Internet

Bibliotheken und Bücherdienste: http://www.amazon.de – www.buchhandel.de – www.libri.de – www.buecher.de – www.subito-doc.de (Zeitschriftenartikel in Bibliotheken ordern)

Medien: www.web.de/Medien/ – auch direkt, z. B.: www.focus.de – www.welt.de – www.faz.de – www.berlinonline.de – www.ard.de – www.d-radio.de (Deutschlandradio) – www.dlf.de (Deutschlandfunk) – www.tagesschau.de – www.rhein-zeitung.de/(unter der Adresse beim Anklicken von „Newsticker“ Kurznachrichten der Deutschen Presse-Agentur, dpa) – www.mathematik.uni-ulm.de/germnews/ (Sammlung von Pressemeldungen für heute, Monat, Jahr) – www.paperball.de

Bildungs- und Schulangebote: www.dbs.schule.de (Deutscher Bildungsserver) – www.learn-line.nrw.de (Schulinfos in NRW) – www.hdg.de (Haus der Geschichte, Bonn) – www.deutsches-museum.de (Deutsches Museum, München) – www.fundus.org – www.brandenburg.de/netpol (historisch-politische Projekte) – www.kulturszene.de (Kulturszene Deutschland) – www.referate.de – www.schulhilfen.com

Männer-/Frauenthemen: www.eva.de – www.femina.com – www.woman.de – www.uni-passau.de/passau/Frauen/ – Frauenzeitschriften: www-freundin.de (ebenso amica, elle, brigitte, auch www.cosmopolitan-net.de usw.) – www.poptel.org.uk/women-ww/(Women Working Worldwide, GB) – www.idea.int/women/links.htm – Männerzeitschriften: Für diese Kategorie gibt es nur „Herrenmagazine“ oder allgemein Zeitschriften zu Politik, Sport, Technik, Wissenschaft etc.

Recht: www.recht.de/recht/forum – www.jura.uni-sb.de – www.uni-wuerzburg.de/glaw/german.html – www.rechtsberater.de – www.haufe.de

Politik, Geschichte, Sozialwissenschaften: www.bundestag.de (Infos des Dt. Bundestags) – www.bundesregierung.de – www.bundespräsident.de – www.europarl.de (Europ. Parlament) – http://europa.eu.int./index.htm (Europ.Kommission) – http://citizens.eu.int (Europa) – www.spd.de – www.cdu.de – www.gruene.de – etc. – www.amnesty.de (Amnesty International) – www.arbeitsamt.de – www.jobs.zeit.de (Jobbörse) – www.statistikbund.de (Zahlen des Statistischen Bundesamtes) – www.universum.de/pz (Zeitschrift der Bundeszentrale f. pol. Bildung)

Recherchen „vor Ort": Sozialreportagen

Claudia Kugelmann

Body-Styling für junge Frauen – Faszinosum „Fitnesscenter"

Während das Trimmen zu Hause nach kurzer Zeit immer wieder an der alltäglichen Bequemlichkeit oder an den Umständen scheitert, während im schulischen Sportunterricht schon die Aufforderung zum Warmlaufen als Zumutung erscheint, während der Drop-out-Anteil weiblicher Jugendlicher bei den Sportvereinen besonders hoch ist, haben die kommerziellen Unternehmen keine Existenzsorgen. Sie scheinen einen nicht geringen Anteil daran zu haben, dass Body-Styling Frauen fasziniert; die Modellierung des Körpers ist sozusagen untrennbar verbunden mit dem Szenario „Fitnessstudio".

Der Besuch eines Fitnessstudios kostet im Schnitt 50 Euro im Monat. Unterschiedliche Frauen besuchen die Fitnessstudios: schlanke und kräftige, die auch sonst Sport treiben, und auch schwere, eher unbewegliche. Die meisten Frauen sind Angestellte oder Beamtinnen, aber es gibt auch Selbstständige, ältere Schülerinnen, Studentinnen, junge Mütter und ältere Frauen, die schon in Rente sind. Junge Frauen zwischen 18 und 35 Jahren bilden das Hauptsegment in der Altersstruktur der Besucherinnen; diejenigen, die vor allem Aerobic-Kurse oder Ähnliches besuchen, sind noch jünger, bis Mitte zwanzig im Schnitt.

Um junge Frauen, die schon Studiobenutzerinnen sind oder es in wenigen Jahren sein werden, mit ihren leiblichen Wünschen und Bedürfnissen besser verstehen zu lernen, ist es sinnvoll, sich erst einmal die „Mache", die Inszenierung der Bewegungsräume, näher anzuschauen, in denen die Arbeit am Körper plötzlich so attraktiv zu sein scheint.

Im Prinzip ist das Angebot überall ähnlich: Die Kundinnen der Sportstudios trainieren zum einen an Kraftgeräten, am Stepper und am Laufband, um Muskelaufbau, Koordination und Herz-Kreislauf-System zu verbessern. In neueren Studios sind diese Maschinen sogar elektronisch gesteuert, mit künstlicher Intelligenz ausgestattet, haben ein Sprachmodul und Namen wie Harry, Wally oder Pierre. Sie speichern die persönlichen Daten der Kundinnen und treten in Dialog mit ihnen. „Hallo, Mensch, ich bin dein neuer Trainer. Wie heißt du?" Nach Eintippen des Kodeworts: „Hallo, Barbara, schön, dich zu sehen." Vor dem Training wird das Gewicht kontrolliert: „Seit dem letzten Training hast du zwei Pfund zugenommen." An die Ausdauergeräte (Stepper, Laufband, Ruderanlage, Fahrrad) sind häufig Bildschirme angeschlossen, auf denen Landschaftsaufnahmen

die Illusion der Bewegung in freier Natur vermitteln. Während der ca. zwei Stunden, die eine Frau im Studio verbringt, ist ständig leichte Musik im Hintergrund zu hören, auf dem Stepper und Laufband kann man über Kopfhörer Musik hören.
Neben den Apparaten haben Kundinnen die Möglichkeit, an unterschiedlichen Gruppenangeboten teilzunehmen. Diese tragen bezeichnende Namen wie Problemzonengymnastik, Fat-burner-gymnastics oder Hanteltraining mit Steps. Hier ist die Musik lauter, rhythmischer, mitreißender. Eine Trainerin, jung und fit, das Mikro am Anzug befestigt, gibt – vor- und mitmachend – Rhythmus, Tempo und Übungen akustisch vor. Und stets verbreiten sie gute Laune; ihre Kommandos klingen ermunternd: „Step touch, hop scotch, heel dig, butterfly, bizeps curl." Alle Teilnehmerinnen stehen mit Blick zur Spiegelwand, können sich selbst und die anderen permanent beobachten, korrigieren, bewundern – oder verachten.
In ihrer Einrichtung setzen die Studios auf klare Linien und einfache Materialien: Teppichböden, Pflanzen, Zimmerbrunnen, eine Getränkebar – sachlich, schnörkellos, modern. Einen wesentlichen Anteil an der Inszenierung des Studios hat die Kleidung der Anwesenden. Das Betreuungspersonal zeigt sich im Habitus derer, die es geschafft haben, und gibt den Trend vor. Bei den Kundinnen ist zwar grundsätzlich alles erlaubt und möglich, vom dicken Trainingsanzug bis zum hautengen Glanzbody. Aber den Erfolg des Trainings signalisiert frau gern dadurch, dass sie mit fortschreitender Veränderung der Figur bunte, jugendliche Fitnessmode trägt. „Ich habe seit ein paar Wochen einen Body mit String-slip, weißt du, mit so einem Strick in der Pofalte, orange und schwarz – du kriegst mit der Zeit so richtig Lust auf Farben."
Ellen B., 46 Jahre, geht seit einem Jahr ins „Lady-Fitness-Studio": „Man freut sich, wenn sich die Figur positiv verändert, ich hatte noch nie eine so gute Figur – ganz andere Proportionen sind das jetzt: Ich hab endlich einen Hintern, der auch ein Hintern ist, einen starken Rücken und fast keine Zellulitis mehr. Ich habe eine Bombenkondition, gehe ganz anders als vorher, auch Treppen hinauf. Beim Bergwandern neulich hab ich keinen Muskel gespürt. Ich fühle mich einfach saustark. Es befriedigt mich kolossal, mich stark und gut zu fühlen, schön zu sein."

Astrid Krüger

Zimmermädchen ohne Aussicht

Wenn wir im Urlaub in einem Hotel absteigen, machen wir uns da eigentlich einmal Gedanken darüber, wer in den Zimmern dafür sorgt, dass alles schön sauber und ordentlich ist? Nein, natürlich nicht, schließlich wollen wir uns über so was in der schönsten Zeit des Jahres nicht den Kopf zerbrechen.
Anfang des letzten Jahres suchte ich einen neuen Job auf 630-DM-Basis[1]. Da mich vor allem große Hotels schon immer gereizt haben, kam mir der Gedanke, dort einmal eine Zeit lang als Zimmermädchen tätig zu sein. Das sollte mir natürlich einiges an Geld bringen und mir außerdem auch einmal einen Blick hinter die Kulissen ermöglichen. Vonseiten der Reinigungsfirma, die für das Hotel die Arbeiten übernahm, war mir eine ausreichende Einarbeitung zugesagt worden. Der Stundenlohn hierfür war nicht gerade üppig, er lag gerade einmal bei 9,95 Mark[1].
Aber danach, so hatte man mir angekündigt, käme das große Geldverdienen. Pro Stunde wären nämlich mindestens vier bis fünf Zimmer zu schaffen. Die Betonung liegt hier auf „mindestens". Also ließ ich mich auf dieses Unterfangen ein. Interessanterweise wurde nämlich nach Abschluss der Probezeit nicht mehr pro Stunde, sondern pro Zimmer bezahlt, das gäbe immerhin einen Stundenlohn von 15,48 bis 19,35 Mark (3,87 Mark pro Zimmer) netto. Das ließ sich nicht schlecht an.
Für einen solchen Stundenlohn muss man natürlich auch bereit sein, etwas zu leisten, dachte ich mir. Also ging ich voller Tatendrang an die Arbeit. Die Ernüchterung folgte auf dem Fuße. Die Kolleginnen, die dieser Betätigung schon länger nachgingen, konnten über die An-

1 Eine **Mark** = ca. 0,50 Euro

gabe von vier bis fünf Zimmern pro Stunde nur lachen. Ihr Durchschnitt lag eindeutig bei zwei bis maximal drei Zimmern, wobei Doppelzimmer genauso wie Einzelzimmer bezahlt werden, auch wenn diese natürlich erheblich arbeitsintensiver sind.

Zusätzlich – natürlich hatte man mir das bei der Einstellung verschwiegen – musste der Flur sauber gehalten werden und die Wäschekammer ebenfalls. Die Wagen mussten auch regelmäßig bestückt werden. Und das alles kostenlos zum Wohle der Firma, denn bezahlt wurde ja nur die Reinigung der Zimmer, alles andere war eine Draufgabe der Angestellten für ihren Arbeitgeber. Waren die Arbeitsmaterialien defekt oder verschwunden – kein Problem, auch hier mussten die Angestellten wieder ohne Bezahlung dafür sorgen, dass Ersatz zur Stelle war.

Bei durchschnittlich ca. 20 Zimmern, die von einem hauptberuflich angestellten Zimmermädchen am Tag gereinigt werden sollten, musste also eine Arbeitszeit von mindestens 7,5 Stunden angesetzt werden (nur für die Zimmer und ohne die täglichen Laufereien), und das für einen Lohn von 77,40 Mark und bei harter körperlicher Arbeit.

Ich bekam langsam Zweifel, ob ich mir den richtigen Beruf ausgesucht hatte. Jetzt war mir auch klar, warum die Reinigungsfirma über einen ständigen Wechsel an Personal klagte. Wenn hier jedermann unter falschen Voraussetzungen eingestellt wurde, war schon klar, dass letztendlich nur noch diejenigen übrigblieben, die gar keine andere Chance für sich auf dem Arbeitsmarkt sahen. Und die Hygiene? Die blieb natürlich auch auf der Strecke. Schließlich musste alles besonders schnell gehen. Die Gläser kamen nicht etwa nach Benutzung in die Spülmaschine, nein, sie wurden einfach kurz unter fließendem Wasser abgespült und mit einem benutzten Handtuch des Gastes abgetrocknet.

Meinen Job in diesem Hotel habe ich übrigens ganz schnell wieder aufgegeben. Nach zweitägiger Einarbeitungszeit musste ich am dritten Tag alleine vier Zimmer reinigen. Ich benötigte hierfür knapp vier Stunden, hatte also etwas mehr als 3,87 Mark pro Stunde verdient.

Geschehen ist diese Geschichte übrigens in einem großen Hotel in einer rheinischen Großstadt. Die Zimmerpreise für eine Übernachtung liegen bei 350 bis 500 Mark.

Sozialreportagen schreiben

Reporter/innen berichten aus ihrer Sicht zumeist sehr kritisch von einem wichtigen sozialen Problem. Die kritische Sicht geht oft bis zur Parteilichkeit, mit der sie sich für die Interessen der Benachteiligten, Minderheiten, Geschädigten oder Unterdrückten einsetzen oder Eigennützigkeit und Unmenschlichkeit entlarven. Durch Ergänzung verschiedener Materialien (Texte, Fotos, Interviews, Statistiken, Grafiken) wird ein bestimmter Wirklichkeitsausschnitt genauer aufgearbeitet. Im Vordergrund steht die Information, aber auch unterschiedliche Meinungen und Kontroversen werden dargestellt. Leser und Zuhörer werden zu eigenem Beobachten oder Handeln angeregt.
So entstehen Texte, die kritisch darstellen und problematisieren. Dabei sind beschreibende, schildernde, erklärende und urteilende Sätze und Formulierungen zu unterscheiden. Die Texte können wie Reportagen und Beschreibungen im Präsens oder wie Berichte im Präteritum geschrieben sein. Man kann sich ein Problem, eine Person, einen Ort oder eine Aktivität zum Thema machen. Man kann in der Ich-Form oder in der Er-/Sie-Form schreiben.

Themen könnten z. B. sein:
- Mütter mit Kindern im Shoppingcenter
- Auf dem Kinderspielplatz
- Der Hausmann
- Hausfrauen in der Satellitenstadt
- Marktfrauen
- Junge Männer beim Bodybuilden
- Jungen und Mädchen im Sportverein
- Internet-Surfer
- Frauen am Computer
- Skater
- Sekretärinnen
- Kraftfahrzeugmechanikerinnen
- Väter
- Joggerinnen
- Hundehalter
- Frauen in Männerberufen
- …

7 Wege ins europäische Haus

7.1 Was bedeutet Europa für uns? – Richtiges Zitieren

Europa

Mit klopfendem Herzen erwachte Europa und richtete sich auf. Ein sonnenheller Morgen brach an. Europa stand auf, und als sie vor die Tür trat, eilten ihre Gespielinnen herbei und luden sie auf die blumigen Wiesen am Meer ein. Zeus sah die phönizische[1] Königstochter inmitten ihrer Gespielinnen und ward von ihrer Schönheit entzückt. Er verwandelte sich in einen großen, herrlichen Stier von goldgelber Farbe. Die Mädchen fürchteten sich nicht vor ihm. Europa schwang sich lächelnd auf seinen Rücken. Kaum saß sie oben, als der Stier sich erhob und langsam mit seiner Beute davontrabte. Als er am Strand ankam, sprang er mit einem Satz ins Meer und schwamm davon, ehe Europa sich besinnen konnte. Erst am Abend des nächsten Tages stieg das Tier an Land und ließ die Ermattete vom Rücken gleiten. Dann verschwand er vor ihren Blicken, an seiner Stelle aber stand ein göttergleicher Mann. Er sagte, er sei der Beherrscher dieser Insel, die Kreta heiße, und er wolle Europa schützen, wenn sie ihm ihre Liebe schenken würde. Dann verschwand er. Europa aber fiel in einen tiefen Schlaf. Am nächsten Morgen vernahm sie plötzlich ein Flüstern hinter sich und wandte sich um. Aphrodite, die Göttin der Liebe, stand hinter ihr mit Eros, ihrem Sohne. Sie sprach: „Der Stier wird kommen, der dich geraubt hat. Wisse, es ist Zeus. Du bist die irdische Gattin des unbesiegten Gottes. Dein Name wird unsterblich werden, denn der fremde Erdteil, der dich aufgenommen hat, wird von jetzt an Europa heißen."

1 **phönizisch:** Phönizien war in der Antike ein schmaler Landstrich an der Mittelmeerküste des heutigen Syrien.

1 Welches Bild von Europa entwirft dieser Text?

„**Sage,** volksläufige, zunächst auf mündlicher Überlieferung beruhende kurze Erzählung objektiv unwahrer, oft ins Übersinnlich-Wunderbare greifender fantastischer Ereignisse, die jedoch als Wahrheitsbericht gemeint sind und den Glauben der Zuhörer ernsthaft voraussetzen. […]; die Sage lebt in allen Völkern und Zeiten" *(Gero von Wilpert: Sachwörterbuch der Literatur. Stuttgart, 7. Auflage 1989, S. 804–805).*

Sagen „knüpfen ursprünglich an einen wirklichen äußeren Anlass an" und stellen den Versuch dar, „seltsame und unerklärbare Naturereignisse […], grausame Geschehnisse aus dem Menschenleben" *(ebenda, S. 805)* oder historische Ereignisse, vor allem große Heldentaten, verständlich zu machen. Eine Sonderform der Sage ist der **Mythos,** der vom Walten heidnischer Götter erzählt.

Bei der mündlichen Weitergabe einer Sage wurde das in ihr enthaltene Grundmuster ständig variiert; „sie gestaltete sich in Jahrhunderten zu einem Mittel der volkstümlichen Unterhaltung, der gesellschaftlichen Information und der Verbreitung geschichtlichen Wissens. Daher ist die Sage als Quelle für die Geschichte und die Poesie der Völker immer dann bedeutsam geworden, wenn die Frage nach historischer und nationaler Identität zur Debatte stand" *(Wörterbuch der Literaturwissenschaft. Hrsg. von Claus Träger. Leipzig, 2. Auflage 1989, S. 455).*

2 Überprüft, welche der genannten Textsortenmerkmale auf die Erzählung von Zeus und Europa (S. 143) zutreffen.

3 Die Definition zu „Sage" ist zwei Wörterbüchern der Literaturwissenschaft entnommen und enthält zahlreiche Zitate. Formuliert die Regeln, die beim Zitieren zu beachten sind, und nennt zur Veranschaulichung jeweils ein Beispiel aus dem Text.

Richtiges Zitieren

- *Anführungszeichen markieren …*
- *Auslassungen macht man kenntlich, indem …*

4 a) Diskutiert, ob die Königstochter Europa eine Identifikationsfigur für die Menschen im heutigen zusammenwachsenden Europa sein kann.

b) Begründe deine Position schriftlich und denke bei Textbelegen an korrektes Zitieren.

5 a) Was bedeutet Europa für dich persönlich? Sammle deine Ideen mit Hilfe einer Mind-Map.

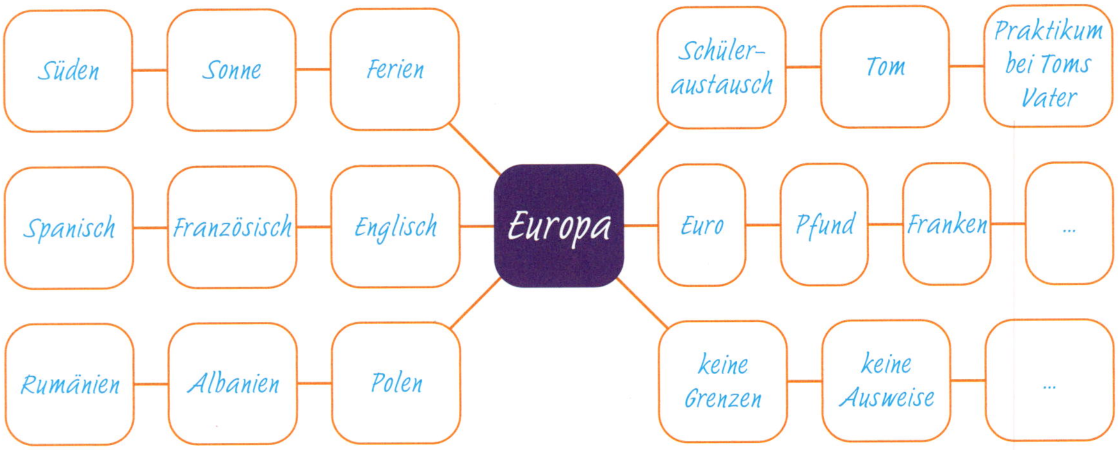

b) Vergleicht eure Assoziationen. Welche Schwerpunkte könnt ihr erkennen?

6 Wo öffnet die Schule Wege nach Europa? Stellt Themenfelder zusammen, in denen Europa in den verschiedenen Unterrichtsfächern eine Rolle spielt.

Ulrich Bliesener

Mit vielen Zungen

Die Neuordnung Europas wird notwendig zu einer Neuorientierung des Fremdsprachenunterrichts führen. Fremdsprachenkenntnisse werden zu einer Schlüsselqualifikation werden, die nicht nur wenigen vorbehalten bleiben darf, sondern *allen* Menschen vermittelt werden muss. [...]

Fremdsprachenunterricht als interkulturelle Erziehung

Wenn das neue europäische Haus durch kulturelle Vielfalt charakterisiert ist und diese kulturelle Vielfalt sich vor allem in den unterschiedlichen Sprachen manifestiert[1] und artikuliert[2], dann muss die *Grundmaxime*[3] *jeglicher Sprachenpolitik eine Intensivierung des Sprachunterrichts und eine Ausweitung des Sprachenangebots* sein, die der sich sprachlich artikulierenden kulturellen Vielfalt Rechnung trägt. Die Beschränkung auf eine gemeinsame Sprache als Lingua franca[4] würde langfristig gesehen die kulturelle Vielfalt einebnen. Die Forderung der Mehrsprachigkeit ist darum nicht eine bildungspolitische Marotte[5], sondern eine begründete Forderung, der alle für Bildung Verantwortlichen sich verpflichtet fühlen sollten.
Zu einem so konzipierten[6] Unterricht gehört auch die *Vermittlung von Überlebenstechniken,* d.h. die Fähigkeit, auch sprachlich schwierige Mitteilungssituationen mit den verfügbaren, notwendig begrenzten Sprachmitteln zu meistern, z.B. das Aufnehmen der im Gespräch vom Partner zugespielten Wörter, Begriffe und Wendungen, „self-monitored learning", d.h. die Fähigkeit, sich im Vergleich zum Muttersprachler selbst zu beobachten und zu korrigieren; schließlich die Entwicklung von Techniken, mit deren Hilfe man sagen kann, was man eigentlich nicht sagen kann (durch Umschreibung, durch Umwandlung des muttersprachlich Gedachten in eine Fassung, die man umsetzen kann, durch begriffliche Vereinfachung, durch Bilder oder Beispiele). Die Erfahrung, dass man mit wenig viel ausdrücken kann, ist von großer Motivationskraft. [...]
Reiner Sprachunterricht allein reicht aber nicht aus, um junge Leute für Europa fit zu machen. Hinzu kommen muss eine *entsprechend andere Gewichtung der Inhalte.* Wenn Verständigung wichtig ist, dann muss man die Vorbedingungen kennen, unter denen die Gesprächspartner sich mitteilen. Das heißt aber nichts anderes, als dass man wissen muss, welche Wertvorstellungen, welche Strukturen, Denkweisen und Verhaltensformen für den Partner verpflichtend und bestimmend sind. Nicht Institutionen, Einrichtungen sind primär wichtig, sondern Lebensplanung, individuelle Organisation des Lebens in der Familie, Formen des Zusammenlebens im Beruf, Einstellungen – weil sie Hinweise darüber geben, was die Zusammenarbeit zwischen verschiedenen Nationalitäten befördert und was sie erschwert. Kurz: Notwendig ist eine *interkulturelle Erziehung,* die Inhalte der traditionellen Landeskunde ergänzen muss. Der Schüler lernt dabei Grundsätzliches: Er lernt Fragestellungen und Haltungen erkennen, die von seinen möglicherweise abweichen, und er lernt die sprachlichen Zeichen erkennen und verstehen, in denen sich solche Haltungen ausdrücken. Außerdem relativiert er seine eigenen Überzeugungen, indem er über sich selbst und seine Lebensplanung und Lebensvorstellung vergleichend reflektiert.

1 **manifestieren:** sichtbar werden
2 **artikulieren:** zum Ausdruck bringen
3 **Maxime:** Grundsatz
4 **Lingua franca:** Verkehrssprache eines großen, verschiedene Sprachen umfassenden Raumes, z.B. Englisch als internationale Handelssprache
5 **Marotte:** Schrulle, verschrobene Angewohnheit
6 **konzipieren:** planen, entwerfen

1 Legt eine Folie über den Text und markiert zentrale Begriffe und Kernstellen. Achtet darauf, sparsam zu markieren, damit der Überblick gewahrt bleibt!

2 Erschließt die Struktur des Textes von Ulrich Bliesener (S. 145), indem ihr mit Hilfe entsprechender Zitate **Thema, These** und **Argumentation** sichtbar macht.
Achtet auf die korrekte Zeichensetzung beim Zitieren (s. S. 296).

Thema: ...

Leitgedanke des gesamten Textes: „Fremdsprachenkenntnisse werden zu einer Schlüsselqualifikation werden, die […] allen Menschen vermittelt werden muss" (Z. 3 ff.).

Hauptthese des Textauszugs: ...

Argumentation: ...

3 a) Sammelt Meinungen zur Position von Ulrich Bliesener, z. B. von Mitschülerinnen und Mitschülern, von älteren Jugendlichen, von euren Fremdsprachenlehrerinnen und -lehrern oder von euren Eltern. Tragt euren Gesprächspartnern kurz gefasst die wichtigsten Gedanken des Autors vor und bittet sie dann um Stellungnahme. Haltet die Äußerungen durch Mitschrift oder Mitschnitt auf dem Kassettenrekorder fest.
b) Wertet die Reaktionen aus. Ordnet sie nach inhaltlichen Aspekten und Häufigkeit der Nennung. Notiert dabei die interessantesten Äußerungen wörtlich.
c) Schreibt einen Bericht über die Umfrage. Überlegt, welche Form der Redewiedergabe jeweils am besten passt: wörtliches Zitat, indirekte Rede oder sinngemäße Zusammenfassung. Nutzt dazu das Orientierungswissen (S. 291/292).
d) Ergeben sich nach eurer Ansicht Folgerungen für den Fremdsprachenunterricht in eurer Schule? Dann stellt den Bericht in der nächsten Fachkonferenz für die Fremdsprachen oder in eurer Schulzeitung zur Diskussion. Überarbeitet euren Text im Hinblick auf die konkrete Verwendungssituation.

7.2 An einem Wettbewerb teilnehmen – Texte überarbeiten

Dieses Plakat hängt eines Tages im Foyer der Nelly-Sachs-Schule. Von ihrer Klassenlehrerin erhalten die Schülerinnen und Schüler der 10 b Broschüren, in denen die Wettbewerbsbedingungen im Einzelnen dargestellt sind. – Die Preise sind recht attraktiv, als Prämien für die besten Beiträge winken sogar Aufenthalte in Paris, London, Luxemburg, Brüssel, Straßburg … Die Klasse plant zum Ende der gemeinsamen Zeit im Klassenverband sowieso eine Kurzreise. Bisher richteten sich die Planungen zwar eher auf ein Ziel in Deutschland, aber Paris klingt natürlich verlockender. Der Versuch könnte sich lohnen.
Bevor die Jugendlichen eine Entscheidung treffen, informieren sie sich genauer über die Teilnahmebedingungen.

Was wird gefordert?

- Die Teilnehmenden senden Projektarbeiten ein (textorientiert oder künstlerisch). Die Projektarbeit kann von einer Gruppe oder von einzelnen Jugendlichen geleistet werden. Die eingereichte Arbeit muss selbst verfasst sein und eine selbstständige Leistung darstellen. Ferner muss sie Angaben darüber enthalten, ob und inwieweit fremde Hilfe in Anspruch genommen wurde.
- Ebenso müssen die verwendeten Quellen angegeben werden.
- **Einsendeschluss** ist der 31. Januar, d. h. das Ende des laufenden Schulhalbjahres.

Themen:

- Politische Wegbereiter des vereinten Europas
- Aufgaben europäischer Institutionen
- Abkommen und Verträge führen ins europäische Haus
- Aus Mark und Pfennig werden Euro und Cent
- Europäer begegnen sich
- Europaschulen – anders als andere Schulen?

Die Schülerinnen und Schüler wollen ihren Politiklehrer bitten, das gewählte Thema in seinem Unterricht zu behandeln, beim methodischen Vorgehen und beim Erstellen der Texte soll die Deutschlehrerin sie unterstützen.
Nach längerer Diskussion einigt sich die Klasse darauf, eine Gemeinschaftsarbeit zum Thema „Aus Mark und Pfennig werden Euro und Cent" anzufertigen. Das passt zum aktuellen Stoff im Politikunterricht und Teamarbeit macht mehr Spaß.
Bei einem ersten Brainstorming, dem Sammeln spontaner Einfälle, tauchen viele Fragen auf, die mit dem Thema zusammenhängen:

Wie berechnet man den Euro?
Welche Bank ist für den Euro zuständig?
Wer hat die Einführung des Euro beschlossen?
Welche Länder sind beteiligt?
Wer hat die Idee zur europäischen Einigung gehabt?
Wie beliebt ist der Euro in den Mitgliedsstaaten?
Welche Bedingungen müssen Länder erfüllen, die bei der Währungsunion mitmachen?
Wie sieht der Zeitplan für die Einführung des Euro aus?
Wie reagieren die Deutschen auf den Euro?
Was sind Maastricht-Kriterien?
Was wird aus der D-Mark?
Spielt der Ecu noch eine Rolle?
...

1 Ordnet die Fragen mit Hilfe einer Mind-Map. Welche Aspekte gehören gedanklich zusammen? Lassen sich über- und untergeordnete Gesichtspunkte unterscheiden? Welche Begriffe müssen geklärt werden?

2 Sammelt Vorschläge, wo und wie man Material zur Bearbeitung der verschiedenen Unterthemen beschaffen kann.

Daten und Fakten zur Geschichte der europäischen Einigung sind relativ leicht zu klären, weil hier schon ein Blick in Geschichtsbücher und Lexika zum Ergebnis führt.
Aber wie entwickelt man daraus einen informativen und interessanten Text? In dem folgenden Artikel sind die Abschnitte noch ungeordnet, außerdem passt ein Abschnitt nicht in den Textzusammenhang.

9. Mai 1950 – Die Geburtsstunde Europas

Der Vertrag über die Gründung der Europäischen Gemeinschaft für Kohle und Stahl (EGKS) und damit der ersten europäischen Gemeinschaft überhaupt wird im April 1951 unterzeichnet und legt den Grundstein für ein Europa der konkreten Fortschritte.

Im Frühjahr 1950 steht Europa am Rande des Abgrunds. Der Kalte Krieg birgt die Gefahr eines realen Konflikts zwischen dem östlichen und dem westlichen Teil des Kontinents. Fünf Jahre nach Ende des Zweiten Weltkriegs sind die ehemaligen Gegner von einer Versöhnung noch weit entfernt.

Der am 9. Mai 1950 von Frankreich offiziell vorgelegte Vorschlag wird von Deutschland, Italien, den Niederlanden, Belgien und Luxemburg einhellig begrüßt.

Eine engere Bindung beider Staaten soll den Anstoß zu einem Zusammenschluss aller freien Staaten Europas zu einer Schicksalsgemeinschaft geben. Wie ist das zu erreichen?

Für den Bürger jedoch wird die Verwirklichung der Wirtschafts- und Währungsunion mit der Einführung des Euro zu den spürbarsten Veränderungen zählen, die sich aus dem am 7. Februar 1992 unterzeichneten Maastrichter Vertrag ergeben. Seit 1. Januar 1999 können alle Mitgliedsstaaten an der Wirtschafts- und Währungsunion teilnehmen, sofern sie die für die Stabilität des Euro erforderlichen Konvergenzkriterien[1] erfüllen.

Europa steht vor der Frage, wie es die Irrtümer der Vergangenheit vermeiden und die Voraussetzungen für einen dauerhaften Frieden zwischen den ehemals feindlichen Lagern schaffen kann. Die Lösung dieses Kernproblems ist nur durch eine Neubestimmung des deutsch-französischen Verhältnisses zu erreichen.

Jean Monnet, ein Politiker mit außergewöhnlichem Verhandlungsgeschick, schlägt dem französischen Außenminister Robert Schuman und dem deutschen Bundeskanzler Konrad Adenauer vor, mit der Gründung eines gemeinsamen Kohle- und Stahlmarktes unter unabhängiger Verwaltung eine gemeinsame Interessensphäre beider Länder zu schaffen.

1 **Konvergenzkriterien:** Bei den an der Währungsunion teilnehmenden Staaten müssen grundlegende Wirtschaftsdaten wie Inflationsrate und Verschuldung annähernd übereinstimmen.

3 a) Ordnet die Abschnitte so, dass sie einen sinnvollen Text ergeben. Vergleicht und diskutiert eure Fassungen. Welcher Abschnitt entfällt?
b) Formuliert allgemein: Nach welchen Kriterien seid ihr bei der Ordnung der Abschnitte vorgegangen?

4 a) Überprüft eure Kriterien zum Aufbau von Texten, indem ihr Texte zum Thema „Europa“ in Abschnitte zerschneidet und euch gegenseitig zur Rekonstruktion vorlegt.
b) Mischt ein paar Mal einen fremden Textabschnitt unter. Woran erkennt ihr diesen jeweils?

Gut lesbare Texte sind auch gut formulierte Texte. Sie sind kohärent, d. h. gedanklich zusammenhängend, und weisen abwechslungsreiche und überschaubare **Satzstrukturen** auf. Auf einer ersten Ebene ist die **Satzreihe,** die aus selbstständigen Hauptsätzen besteht, zu unterscheiden vom **Satzgefüge,** das aus mindestens einem Hauptsatz und einem Nebensatz zusammengefügt ist. Eine wichtige Rolle spielen dabei die **satzverknüpfenden Partikeln,** zu denen u. a. **Konjunktionen** und **Ad-**

verbien gehören. Sie ermöglichen es, Sinnzusammenhänge und argumentative Strukturen eines Textes explizit zu verdeutlichen. Dominieren bestimmte Verknüpfungen, kann man daraus Rückschlüsse ziehen auf die Textsorte bzw. die Intention, mit der der Text geschrieben wurde.

Vorläufer von Mark und Pfennig

Wenn spätestens Ende Juni 2002 der **Pfennig** dem **Cent** weicht, verschwindet aus den Portmonees der Deutschen eine Münze, mit der sie schon im frühen Mittelalter bezahlt haben. Damals war der Pfennig noch eine Silbermünze und er wog zunächst 1,7 Gramm.

Im 12. Jahrhundert enthielt er noch 1 Gramm, um das Jahr 1500 nur noch 0,1 Gramm Silber. Der **Groschen** wurde als große (französisch: gros) Silbermünze im Wert von 12 Pfennigen geprägt. Obwohl im Jahr 1873 abgeschafft, hat sich sein Name bis heute für das Zehnpfennigstück gehalten. Der **Kreuzer** bekam seinen Namen vom Doppelkreuz auf der Vorderseite der Münze. Der **Heller** geht auf Schwäbisch Hall zurück, und er war bis zur Einführung der Mark als kleinste Münzeinheit einen halben Pfennig wert. Der **Gulden**, ab dem 14. Jahrhundert im Süden Deutschlands und im Rheinland verbreitet, war die erste Goldmünze Europas. Sein Gegenstück aus Silber, der **Taler**, wurde 1524 zum Reichstaler und Vorbild für die Münzen in vielen anderen Ländern, etwa für den Dollar. Die **Mark** feierte am 21. Juni 1948 Geburtstag, wurde also im Jahr 1998 50 Jahre alt.

5 a) Bestimmt, wo Satzreihen und wo Satzgefüge vorliegen.
b) Wodurch gelingt es, dass der Text trotz der zahlreichen Hauptsätze nicht zusammenhanglos wirkt?
c) Erläutert den Zusammenhang zwischen Satzstrukturen und Inhalt des Textes.

Wer darf am Euro teilnehmen?

Laut EU-Vertrag bestimmt der Europäische Rat[1] diejenigen Mitgliedsstaaten, ***welche*** die notwendigen Voraussetzungen für die Einführung des Euro erfüllen. Wie bei anderen Entscheidungen des Rates, ***die*** auch mit qualifizierter Mehrheit erfolgen, steht jedem Land eine bestimmte Anzahl von Stimmen zur Verfügung.

1 **Europäischer Rat:** Versammlung der Staats- und Regierungschefs und des Präsidenten der Europäischen Kommission; legt die allgemeinen politischen Zielvorstellungen der EU fest.

Die Verteilung der Stimmen

Deutschland	10 Stimmen
Frankreich	10 Stimmen
Italien	10 Stimmen
Großbritannien	10 Stimmen
Spanien	8 Stimmen
Belgien	5 Stimmen
Griechenland	5 Stimmen
Niederlande	5 Stimmen
Portugal	5 Stimmen
Österreich	4 Stimmen
Schweden	4 Stimmen
Dänemark	3 Stimmen
Finnland	3 Stimmen
Irland	3 Stimmen
Luxemburg	2 Stimmen

Größere Länder haben mehr Stimmen als kleinere: Insgesamt kommen ***also*** 87 Stimmen zusammen. ***Um*** einen Beschluss mit qualifizierter Mehrheit ***zu*** fassen, braucht der Europäische Rat 62 Stimmen. Die Zahl ist gut gewählt – ***wie*** man auch rechnet: ***Um*** eine Entscheidung treffen ***zu*** können, müssen mindestens acht Länder an einem Strang ziehen. ***Denn selbst wenn*** sich die sieben größten Länder zusammentun, reicht das nicht. Sie bringen es nur auf 58 Stimmen, brauchen ***also*** mindestens noch die Unterstützung eines anderen Landes, ***das*** zumindest vier Stimmen in die Waagschale wirft. Umgekehrt können ***aber auch*** die vermeintlich kleinen Mitgliedsstaaten keine erfolgreiche Koalition bilden: Jene elf Länder, ***die*** jeweils nur einstellige Stimmrechte besitzen, kommen zusammen nur auf 47 Stimmen, brauchen ***also*** noch die Voten von zwei der vier großen Länder mit zehn Stimmen. In der Praxis spielte diese Stimmenarithmetik ***allerdings*** keine Rolle, ***denn*** der Europäische Rat entschied einstimmig über die Euro-Teilnehmer.

6 Dieser Text enthält nicht nur Sätze, sondern als zusätzliches Element eine Tabelle (S. 149). Untersucht, durch welche Textsignale sich die Sätze auf die Tabelle beziehen.

7 Bestimmt die grammatische und inhaltliche Funktion der hervorgehobenen Wörter. Ihr könnt dabei unterscheiden zwischen **Relativpronomen** (z. B. „die“), **Konjunktionen** (z. B. „denn“) und **Adverbien** (z. B. „allerdings“).

8 Vergleicht die Satzverknüpfungen der Texte „Vorläufer von Mark und Pfennig“ (S. 149) und „Wer darf am Euro teilnehmen?“. Wie lassen sich die Unterschiede charakterisieren?

Robert Schuman

Robert Schuman darf man wohl als den wichtigsten Europäer in der Geschichte bezeichnen. Er war es, der durch seine historische Erklärung zur Gründung der Montanunion[1] ein großes, gemeinsames und friedliches Europa erst ermöglicht hat.

Am 29. Juni 1886 erblickt Robert Schuman als Sohn des Lothringer Zollbeamten Jean-Pierre und der Luxemburgerin Eugénie in Clausen (Luxemburg) das Licht der Welt. Nach dem Abitur am deutschen Gymnasium in Metz studiert er in Bonn, München, Berlin und Straßburg unter anderem Jura, ökonomische Politik, religionsphilosophische Grundfragen sowie philosophische Rechts-, Staats- und Gesellschaftslehre. Unmittelbar nach Ende des Ersten Weltkrieges wird er Mitglied des Stadtrats von Metz und Abgeordneter der Nationalversammlung für das Departement Moselle. Dieses Mandat behält er, mit Ausnahme der Zeit des Zweiten Weltkrieges, bis 1962, ein Jahr vor seinem Tod, bei.

1945 wird er Präsident des Finanzausschusses der Nationalversammlung, 1946 schließlich Fi-

1 **Montanunion:** 1951 geschlossenes Abkommen zwischen Frankreich, Deutschland, Italien und den Benelux-Staaten zur Schaffung eines gemeinsamen Markts für Kohle und Stahl

nanzminister. Von 1947 bis 1952 ist er zunächst Ministerpräsident, dann Außenminister Frankreichs. Am 9. Mai 1950 legt er durch seine „historische Erklärung" zur Neukonstruktion Europas den Grundstein für die europäische Einigung. Am 19. März 1958 akklamiert das neu gegründete Europäische Parlament in einer stehenden Ovation Robert Schuman zum Präsidenten und verleiht ihm den Ehrentitel „Vater Europas". Nach zwei Amtsperioden wird er 1960 zum „Ehrenpräsidenten" ernannt. Beide Ehrungen sind bis heute nur ihm zuteil geworden.

1958 wird Robert Schuman mit dem Karlspreis der Stadt Aachen, 1959 mit dem Erasmus-Kulturpreis ausgezeichnet. Am 4. September 1963 stirbt Robert Schuman in Scy-Chazelles bei Metz im Alter von 77 Jahren.

9 a) Kommentiert dieses Kurzporträt: Welche Schwerpunkte setzt es?
b) Besorgt euch weiteres Informationsmaterial über Robert Schuman, insbesondere über seinen Lebensweg während des Zweiten Weltkriegs, und stellt eure Ergebnisse in einem Kurzreferat vor.

10 Schreibt selber Kurzporträts über Männer und Frauen, die die Entwicklung der Europäischen Gemeinschaft entscheidend beeinflusst haben, z. B. über *Valery Giscard d'Estaing, Konrad Adenauer, Jacques Delors, Alcide de Gasperi ...*

11 Überprüft, ob eure Porträts die Merkmale eines **kohärenten** (zusammenhängenden) Textes erfüllen.

Merkmale eines kohärenten Textes

- Orientierung auf ein Thema hin
- ständige Berücksichtigung von Zweck und Adressaten des Textes
- Fortschreiten der Gedanken von Bekanntem zu neu zu Vermittelndem
- nachvollziehbare Verknüpfung von Gedanken
- sofern nötig: Klärung der im Text verwendeten Begriffe oder Abkürzungen
- Einhaltung einer Stilebene

Verstöße gegen diese Kriterien für kohärente Texte machen einen Text schwer verständlich, manchmal sogar sinnlos. Eine Ausnahme stellen Texte dar, die bewusst gegen das Kohärenzgebot verstoßen, z. B. sprachspielerische Texte.

12 a) In der logisch und sachlich korrekten Verwendung von Partikeln liegt ein wichtiger Schlüssel zu kohärenten und präzisen Texten. Markiert die satzverknüpfenden Konjunktionen und Adverbien in euren Kurzporträts und überprüft ihre Stimmigkeit.
b) Wählt anhand der Liste auf S. 152 passendere Satzverknüpfungen, wo es euch notwendig erscheint.

nebenordnende Konjunktionen	**unterordnende Konjunktionen**	**Adverbien mit satzverknüpfender Funktion**
anreihend: *und/sowohl – als auch, oder* ausschließend: *oder*	temporal: *während/als/nachdem/bevor/wenn/bis/ehe ...* → Temporalsatz	temporal: *anfangs/inzwischen/vorher/endlich ...*
einschränkend: *aber/allein/sondern/(je)doch*	modal: *indem/ohne dass/wie/als ob/insofern/insoweit ...* → Modalsatz	modal: *dadurch ...*
kausal: *denn*	kausal: *weil/da* → Kausalsatz	kausal: *darum/deswegen*
	konditional: *wenn/falls/sofern ...* → Konditionalsatz	konditional: *sonst/andernfalls*
	konzessiv: *obwohl/obgleich ...* → Konzessivsatz	konzessiv: *trotzdem/dennoch ...*
	final: *damit* → Finalsatz	final: *dazu/darum ...*
	konsekutiv: *sodass* → Konsekutivsatz	konsekutiv: *so/also/folglich*

13 Überarbeitet eure Kurzporträts (Aufgabe 10, S. 151) insgesamt mit Hilfe der folgenden Tipps.

Tipps zur Textüberarbeitung

Beim Überarbeiten eines Textes ist Distanz notwendig, Schwächen sind oft erst aus der Leserperspektive erkennbar. Deshalb solltet ihr Kleingruppen bilden, in denen ihr eure Texte austauscht und gemeinsam die Textüberarbeitung durchführt:

- Jede/r markiert im fremden Text, wozu sie/er etwas bemerken möchte.
- Am Rand oder auf einem anderen Blatt werden nun zu den entsprechenden Stellen Fragen, Ergänzungen, Kommentare geschrieben.
- Anschließend erhält jede/r die Notizen der anderen zum eigenen Text und kann auswählen, welche Vorschläge sie/er bei der Überarbeitung berücksichtigt.

Bei der Überarbeitung sind mehrere Bereiche zu beachten, in denen Fehler oder Schwächen eines Textes liegen können. Die wichtigsten sind im Folgenden aufgelistet. Die fett gedruckten Buchstaben in der rechten Spalte könnt ihr als Fehlerzeichen verwenden, wenn ihr eine Stelle nicht ausführlicher kommentieren wollt:

Sachliche Fehler, z. B. falsche oder nicht belegbare Aussagen	**sa**chlich falsch
Logische Fehler, z. B. Widersprüche in der Gedankenführung, Ungenauigkeit bei der Verknüpfung von Gedanken (falsch gewählte Pronomina oder Konjunktionen), oder	**D**enkfehler
Fehler im **Textaufbau** (z. B. Wiederholung von Gedanken, Gedankensprünge; zu ausführliche Einleitung, ein wichtiger Gedanke wird zu knapp oder ein unwichtiger zu ausführlich dargestellt)	**Aufbau** falsch
Zitate, die ihre Funktion nicht erfüllen, z. B. zu häufiges, zu knappes oder zu ausführliches Zitieren von Textstellen; Aussage und Zitat passen nicht zusammen	**Zit**at **o**hne **Funkt**ion
Formfehler beim Zitieren, z. B. fehlende Markierung von Auslassungen oder Veränderungen in den Wortendungen	**Zit**attechnik falsch
Mängel in der **begrifflichen Präzision** oder Schwächen im **stilistischen Bereich**	**W**ort falsch gebraucht **A**usdrucksfehler **W**ortwie**d**er**h**olung
Fehler im **Satzbau**	**S**atz**b**aufehler
Fehler im **Modusgebrauch,** Unklarheiten bei der **Redewiedergabe** (kann zu sachlichen Fehlern führen)	**M**odus falsch
Verstöße gegen die **Sprachrichtigkeit**	**R**echtschreibfehler **Z**eichensetzungsfehler **Gr**ammatikfehler **T**empusfehler **Bez**iehungsfehler

Bei einem Text, der Schwächen im Aufbau und in der Genauigkeit der gedanklichen Verknüpfung aufweist, ist ein Vorgehen, bei dem die Fehler Zeile für Zeile bearbeitet werden, nicht sinnvoll. Denn oft muss man ganze Abschnitte umstellen, Passagen weglassen, Sätze neu formulieren, andere Begriffe wählen usw., sodass manche Einzelfehler aus der ursprünglichen Fassung „von selbst“ wegfallen. Darum sollte man zunächst den Text ganz lesen und dann die **Textüberarbeitung planen.**
Die einzelnen Schritte zur Textveränderung könnt ihr gut nachverfolgen, wenn ihr dabei am PC arbeitet und die verschiedenen Fassungen zum Vergleich ausdruckt oder Verbesserungen im Dokument deutlich macht. Ihr könnt so auch verschiedene Überarbeitungsvorschläge aus der Gruppe nebeneinanderlegen und diskutieren, bevor ihr euch für eine Version entscheidet.

7.3 „Übersetzer sind … geschäftige Kuppler“ – Texte sinngerecht übertragen

Jacques Prévert

Page d'écriture

Deux et deux quatre
quatre et quatre huit
huit et huit font seize …
Répétez! dit le maître
Deux et deux quatre
quatre et quatre huit
huit et huit font seize.
Mais voilà l'oiseau-lyre
qui passe dans le ciel
l'enfant le voit
l'enfant l'entend
l'enfant l'appelle:
Sauve-moi
joue avec moi
oiseau!
Alors l'oiseau descend
et joue avec l'enfant
Deux et deux quatre …
Répétez! dit le maître
et l'enfant joue
l'oiseau joue avec lui …
Quatre et quatre huit
huit et huit font seize
et seize et seize qu'est-ce qu'ils font?
Ils ne font rien seize et seize
et surtout pas trente-deux
de toute façon
et ils s'en vont.
Et l'enfant a caché l'oiseau
dans son pupitre
et tous les enfants
entendent sa chanson
et tous les enfants
entendent la musique
et huit et huit à leur tour s'en vont
et quatre et quatre et deux et deux
à leur tour fichent le camp
et un et un ne font ni une ni deux
un à un s'en vont également.
Et l'oiseau-lyre joue

Rechenstunde

Zwei und zwei sind vier
Vier und vier sind acht
Acht und acht sind sechzehn
Wiederholen! sagt der Lehrer
Zwei und zwei sind vier
Vier und vier sind acht
Acht und acht sind sechzehn
Aber da fliegt der Wundervogel
Am Himmel vorbei
Das Kind sieht ihn
Das Kind hört ihn
Das Kind ruft ihn
Rette mich
Spiel mit mir
Vogel!
Da schwebt der Vogel nieder
Und spielt mit dem Kind
Zwei und zwei sind vier …
Wiederholen! sagt der Lehrer
Und das Kind spielt
Der Vogel spielt mit ihm
Vier und vier sind acht
Acht und acht sind sechzehn
Und wieviel sind sechzehn und sechzehn?
Sechzehn und sechzehn sind nichts
Und erst recht nicht zweiunddreißig
Denn das gibt ja keinen Sinn
Also schwinden sie dahin
Und das Kind hat den Vogel
In seinem Pult versteckt
Und alle Kinder
Hören sein Lied
Und alle Kinder
Hören die Musik
Und nun verschwinden auch die Acht und Acht
Und die Vier und Vier und die Zwei und Zwei
Trollen sich
Und eins und eins sind weder eins noch zwei
Eins ums andre ziehn sie ab
Und der Wundervogel spielt

et l'enfant chante
et le professeur crie:
Quand vous aurez fini de faire le pitre!
Mais tous les autres enfants
écoutent la musique
et les murs de la classe
s'écroulent tranquillement.
Et les vitres redeviennent sable
l'encre redevient eau
les pupitres redeviennent arbres
la craie redevient falaise
le porte-plume redevient oiseau.

Und das Kind singt
Und der Lehrer schreit:
Wann hört ihr endlich mit dem Unsinn auf?
Aber alle Kinder
Horchen auf die Musik
Und die Wände des Klassenzimmers
Sinken friedlich ein
Und die Fensterscheiben werden wieder Sand
Die Tinte wird wieder Wasser
Die Pulte werden wieder Bäume
Die Kreide wird wieder Felsen
Der Federhalter wird wieder Vogel. R

(übersetzt von Kurt Kusenberg)

1 a) Viele von euch lernen Französisch im Unterricht. Fertigt eine möglichst wörtliche Rohübersetzung des Textes von Jacques Prévert an.
b) Stellt eure Übersetzungen der Klasse vor und kommentiert solche Stellen, an denen ihr beim Übersetzen Probleme habt.

Kurt Kusenberg

Vorwort in der Manier von Jacques Prévert

Kurt Kusenberg (1904–1983), ein deutscher Schriftsteller der Nachkriegszeit, hat viele Gedichte und Chansons von Jacques Prévert übersetzt. Im Vorwort zu einer Anthologie mit Prévert-Texten denkt Kusenberg über die Schwierigkeiten des Übersetzens nach:

[...]
Traduttore traditore[1] sagt der Italiener
und meint damit daß der Übersetzer den Übersetzten verrät
zwar bringt er ihn ans andere Ufer
doch so daß des Armen Identität
dabei in die Binsen geht
Ich habe versucht kein Verräter zu sein
leicht war es nicht
point du tout[2]
und kann nur hoffen daß einigermaßen leibhaft vor Ihnen steht
vivant souriant debout[3]
Prévert der Poet. R

1 **traduttore:** Übersetzer; **traditore:** verräterisch; Verräter, Betrüger
2 **point du tout:** durchaus nicht
3 Kusenberg spielt damit auf folgende Zeilen an: „Vivant debout souriant sind seine Lieblingsworte … lebendig aufrecht lächelnd welch herzhafter Poet der aufrecht und lächelnd durchs Leben geht"

2 Vergleicht den Originaltext „Page d'écriture" mit der Übersetzung durch Kurt Kusenberg: Wo findet ihr seine Lösung überzeugend, wo würdet ihr andere Vorschläge machen? Wird er seinem eigenen Anspruch gerecht?

3 a) Versucht den Text von Prévert ins Englische zu übersetzen.
b) Vergleicht eure Ergebnisse und beobachtet, an welchen Stellen sich Varianten ergeben. Welche Bandbreiten sind zulässig, wenn ihr versucht, Sinn und Ton des Originals zu erhalten?

4 In Songs von Rock- und Popmusikern begegnen euch fremdsprachige Texte jeden Tag. Versucht eine sinngemäße Übertragung eines Songs, den ihr besonders schätzt, und kommentiert anschließend Probleme, die sich bei dieser Übersetzungsarbeit ergeben. Vergleicht Sprachmelodie und Rhythmus des Originals mit eurer Übersetzung. – Einen gemeinsamen Versuch könnt ihr an dem folgenden Song von Billy Joel machen:

Billy Joel

I Go To Extremes

Call me a joker, call me a fool
Right at this moment I'm totally cool
Clear as a crystal, sharp as a knife
I feel like I'm in the prime of my life
Sometimes it feels like I'm going too fast
I don't know how long this feeling will last
Maybe it's only tonight

Darling I don't know why I go to extremes
Too high or too low there ain't no in-betweens
And if I stand or I fall
It's all or nothing at all
Darling I don't know why I go to extremes

Sometimes I'm tired, sometimes I'm shot
Sometimes I don't know how much more I've got
Maybe I'm headed over the hill
Maybe I've set myself up for the kill
Tell me how much do you think you can take
Until the heart in you is starting to break?
Sometimes if feels like it will

Darling I don't know why I go to extremes
Too high or too low there ain't no in-betweens
You can be sure when I'm gone
I won't be out there too long
Darling I don't know why I go to extremes

Out of the darkness, into the light
Leaving the scene of the crime
Either I'm wrong or I'm perfectly right every time
Sometimes I lie awake, night after night
Coming apart at the seams
Eager to please, ready to fight
Why do I go to extremes?

Darling I don't know why I go to extremes
Too high or too low there ain't no in-betweens
And if I stand or I fall
It's all or nothing at all
Darling I don't know why I go to extremes

No I don't know why I go to extremes
Too high or too low there ain't no in-betweens
You can be sure when I'm gone
I won't be out there too long
Darling I don't know why I go to extremes

5 Bittet Mitschülerinnen und Mitschüler, die mit einer anderen Muttersprache aufgewachsen sind, darum, Gedichte oder Prosatexte aus ihrer Heimat im Original und in einer Übersetzung vorzustellen.

6 Sprecht abschließend über eure Erfahrungen im Umgang mit Original und Übersetzung. Diskutiert dabei auch die folgenden Gedanken Johann Wolfgang Goethes.

Beim Übersetzen muss man bis ans Unübersetzliche herangehen; alsdann wird man aber erst die fremde Nation und die fremde Sprache gewahr.

Übersetzer sind als geschäftige Kuppler anzusehen, die uns eine halb verschleierte Schöne als höchst liebenswürdig anpreisen: sie erregen eine unwiderstehliche Neigung nach dem Original.

8 Verdächtige und Schuldige – Kriminalerzählungen

8.1 Schuld als Thema moderner Kurzgeschichten

Georg Britting

Brudermord im Altwasser

Das sind grünschwarze Tümpel, von Weiden überhangen, von Wasserjungfern übersurrt, das heißt: wie Tümpel und kleine Weiher, und auch große Weiher ist es anzusehen, und es ist doch nur Donauwasser, durch Steindämme abgesondert vom großen, grünen Strom, Altwasser, wie man es nennt. Fische gibt es im Altwasser, viele, Fischkönig ist der Bürstling, ein Raubtier mit zackiger, kratzender Rückenflosse, mit bösen Augen, einem gefräßigen Maul, grünschwarz schillernd wie das Wasser, darin er jagt. Und wie heiß es hier im Sommer ist! Die Weiden schlucken den Wind, der draußen über dem Strom immer geht. Und aus dem Schlamm steigt ein Geruch wie Fäulnis und Kot und Tod. Kein besserer Ort ist zu finden für Knabenspiele als dieses grün dämmernde Gebiet. Und hier geschah, was ich jetzt erzähle.

Die drei Hofberger Buben, elfjährig, zwölfjährig, dreizehnjährig, waren damals im August jeden Tag auf den heißen Steindämmen, hockten unter den Weiden, waren Indianer im Dickicht und Wurzelgeflecht, pflückten Brombeeren, die schwarzfeucht, stachlig, geschützt glänzten, schlichen durch das Schilf, das in hohen Stangen wuchs, schnitten sich Weidenruten, rauften, schlugen auch wohl einmal dem Jüngsten, dem Elfjährigen, eine tiefe Schramme, dass sein Gesicht rot beschmiert war wie eine Menschenfressermaske, brachen wie Hirsche und schreiend durch Buschwerk und Graben zur breit fließenden Donau vor, wuschen den blutigen Kopf, und die Haare deckten die Wunde dann, und waren gleich wieder versöhnt. Die Eltern durften natürlich nichts erfahren von solchen Streichen, und sie lachten alle drei und vereinbarten wie immer: „Zu Hause sagen wir aber nichts davon!“

Die Altwässer ziehen sich stundenweit die Donau entlang. Bei einem Streifzug einmal waren die drei tief in die grüne Wildnis vorgedrungen, tiefer als je zuvor, bis zu einem Weiher, größer, als sie je einen gesehen hatten, schwarz der Wasserspiegel, und am Ufer lag ein Fischerboot angekettet. Den Pfahl, an dem die Kette hing, rissen sie aus dem schlammigen Boden, warfen Kette und Pfahl ins Boot, stiegen ein, ein Ruder lag auch dabei, und ruderten in die Mitte des Weihers hinaus. Nun waren sie Seeräuber und träumten und brüteten wilde Pläne. Die Sonne schien auf ihre bloßen Köpfe, das Boot lag unbeweglich, unbeweglich stand das Schilf am jenseitigen Ufer, Staunzen fuhren leise summend durch die dicke Luft, kleine Blutsauger, aber die abgehärteten Knaben spürten die Stiche nicht mehr.

Der Dreizehnjährige begann das Boot leicht zu schaukeln. Gleich wiegten sich die beiden anderen mit, auf und nieder, Wasserringe liefen über den Weiher, Wellen schlugen platschend ans Ufer, die Binsen schwankten und wackelten. Die Knaben schaukelten heftiger, dass der Bootsrand bis zum Wasserspiegel sich neigte und das aufgeregte Wasser ins Boot hineinschwappte. Der Kleinste, der Elfjährige, hatte einen Fuß auf den Bootsrand gesetzt und tat jauchzend seine Schaukelarbeit. Da gab der Älteste dem Zwölfjährigen ein Zeichen, den Kleinen zu schrecken, und plötzlich warfen sie sich beide auf die Bootsseite, wo der Kleine stand, und das Boot neigte sich tief, und dann lag der Jüngste im Wasser und schrie, und ging unter und schlug von unten gegen das Boot, und schrie nicht mehr und pochte nicht mehr und kam auch nicht mehr unter dem Boot hervor, unter dem Boot nicht mehr hervor, nie mehr.

Die beiden Brüder saßen stumm und käsegelb auf den Ruderbänken in der prallen Sonne, ein Fisch schnappte und sprang über das Wasser heraus. Die Wasserringe hatten sich verlaufen, die Binsen standen wieder unbeweglich, die Staunzen summten bös und stachen. Die Brüder ruderten das Boot wieder ans Ufer, trieben den Pfahl mit der Kette wieder in den Uferschlamm, stiegen aus, trabten auf dem langen Steindamm dahin, trabten stadtwärts, wagten nicht, sich anzusehen, liefen hintereinander, achteten der Weiden nicht, die ihnen ins Gesicht schlugen, nicht der Brombeersträucherstacheln, die an ihnen rissen, stolperten über Wurzelschlangen, liefen, liefen und liefen.

Die Altwässer blieben zurück, die grüne Donau kam, breit und behäbig, rauschte der Stadt zu, die ersten Häuser sahen sie, sie sahen den Dom, sie sahen das Dach des Vaterhauses.

Sie hielten, schweißüberronnen, zitterten verstört, die Knaben, die Mörder, und dann sagte der Älteste wie immer nach einem Streich: „Zu Hause sagen wir aber nichts davon!“ Der andere nickte, von wilder Hoffnung überwuchert, und sie gingen, entschlossen, ewig zu schweigen, auf die Haustüre zu, die sie wie ein schwarzes Loch verschluckte.

1 a) Verfasst eine Inhaltsangabe zu Brittings Kurzgeschichte.
b) Markiert auf einer Kopie die Textstellen, die ihr euren Inhaltsangaben zu Grunde gelegt habt.
c) Untersucht, was die übrigen Textstellen enthalten und in welcher Beziehung diese Textstellen zu den Handlungspartien stehen.

2 a) Obwohl es in Zeile 17/18 heißt: „Und hier geschah, was ich jetzt erzähle“, handelt es sich bei der Geschichte der Erzählform nach um eine Er-Erzählung, da der Erzähler nicht von sich selbst erzählt. Schreibt die Geschichte in eine Ich-Erzählung um, indem ihr den ältesten der drei Jungen zum Ich-Erzähler macht.
b) Lest euch eure Geschichten vor und stellt fest, was sich in der Darstellung des Geschehens geändert hat: Was wurde weggelassen, was ergänzt und was umformuliert?
c) Inwiefern hat sich mit der Erzählform auch die Haltung des Erzählers zum Geschehen verändert?

3 a) Schlagt im Strafgesetzbuch (§ 211) nach, wie dort der Tatbestand des Mordes definiert wird, und überprüft, ob der hier geschilderte Fall diesen Tatbestand erfüllt.
b) Erörtert vor diesem Hintergrund, wie die Überschrift der Geschichte und der Erzählerkommentar in Zeile 96 „die Knaben, die Mörder“ zu verstehen sind.

Erich Fried

Der Präventivschlag

Kein Zweifel mehr: Mein eigener Bruder Kain will mich töten. Ich habe ihn genau gesehen, wie sich sein Gesicht zu einer hasserfüllten Fratze verzog, weil sein Opfer nicht so gnädig angenommen wurde wie meines. Und ich habe die Stimme gehört, die Stimme dessen, dem er und ich Opfer bringen, jeder sein eigenes, wie er Kain wegen seines Zornes zur Rede stellte und ihn vor der Sünde warnte. Dass die Sünde vor seiner Türe ruht und wartet und Verlangen nach ihm trägt. Und was diese Sünde ist, die Kain in sich herumträgt wie meine Schafe ihre ungeborenen Lämmer, das weiß ich ganz genau.

Lange genug leide ich schon Angst. Ich habe keine Hoffnung, seinen hinterlistigen Angriff abwehren zu können. Ich weiß, Kain ist stärker als ich; er ist nicht nur der Ältere, ich war immer schon schwächer, sondern auch das Umgraben seines Ackers stärkt ihm die Arme und den ganzen Körper weit mehr als mir das Aufziehen und Hüten der Schafe, das meine Arbeit ist. Außerdem hat er seine gefährlichen Geräte, den Spaten und seinen Pfahl mit der scharfen, im Feuer gehärteten Spitze. Und überhaupt, der, der den anderen unversehens überfällt, ist immer im Vorteil.

Und doch ist er, dem wir unsere Opfer bringen, ich die Erstlinge meiner Herde, er seine Ähren und Früchte und sein Grünzeug, nur mir zugeneigt, nicht ihm. Das zeigt schon der Rauch unserer Opfer: Mein Opferrauch stieg, wie immer, geradeaus zum Himmel auf, der seine aber kroch wieder schwer und mit üblem Unkrautfeuergeruch am Boden hin und wollte sich nicht heben. Ich glaube, der Wille, der über uns ist, kann nicht wollen, dass dieser Erdbodenzerhacker auch mich mit seinen staubigen, kotverkrusteten Werkzeugen trifft und zerhackt, als Dünger für sein umgegrabenes Feld, auf dem er vielleicht schon den Boden locker gemacht hat für mein Grab.

Nein, so darf es nicht sein. Ich selbst muss den Vorteil wahrnehmen! Nicht er soll mich, sondern ich will ihn überraschen. Und weiß er Spaten und Pfahl zu handhaben, so habe ich doch mein Steinbeil, mit dem ich meine Herde vor den reißenden Tieren schütze. Er, der mein Opfer gnädig angenommen und das seine verschmäht hat, weiß es: Mein Bruder Kain ist nicht mehr besser als das reißende Raubzeug, das meinen Lämmern und Schafen nach dem Leben trachtet. Ärger noch, denn er hat es nicht auf ein Tier abgesehen, nein, auf mich, seinen eigenen Bruder. Aber er soll sich getäuscht haben!

Da kommt er. Ja, ja; sein Gruß kann mich nicht betrügen. Damit will er mich nur in Sicherheit wiegen, aber die Zeiten sind vorbei. Er soll mir vom Leibe bleiben. Da: auch das ist ein Anzeichen. Nie noch in letzter Zeit hat er meinen Blick lange ertragen. Und auch jetzt wendet er wieder den Kopf ab und sieht nicht mich an, seinen Bruder, sondern er blickt zurück auf seinen elenden Altar, von dem die Rauchschlange immer noch hinunterkriecht, zu Boden, dunkel und schwer. Jetzt muss es sein! Jetzt, solange er nichts als den unerlösten Rauch sieht …

Wie schnell das gegangen ist; als ob ich es gar nicht getan hätte. Als ob es gar nicht wahr wäre. Aber es *ist* wahr: Da liegt er vor mir, auf dem Boden. Aus. Er wird keine Mordpläne mehr gegen mich hecken. Er wird nicht den Spaten hinterrücks gegen mich heben und auch nicht den spitzen Pfahl. *Sein* Blut ist es, nicht das meine, das jetzt hier die Vertiefung im Stein füllt, fast wie drüben das Wasser den Tümpel dort, am Weg, auf dem meine Tiere zur Tränke gehen. Der Wille dessen, der mein Opfer angenommen und das seine verworfen hat, ist geschehen! *Seine* Stimme war es, die für mich und gegen ihn entschieden hat …

Ja, seine Stimme. Ich höre sie. Sie spricht laut und vernehmlich. Aber was ruft sie? „Kain“, ruft sie, „Kain, wo ist dein Bruder Abel?“

Hier bin ich, Herr, hier! Hab keine Angst mehr um mich: Hier stehe ich, Abel, dessen Opfer du gnädig angenommen hast. Und Kain, den du verworfen hast, liegt dort hinter mir. Seine eigene Sünde hat sich gegen ihn gekehrt. Ich habe sein Gesicht mit welkem Laub zugedeckt, dass seine starren Augen nicht den Himmel beleidigen.

Nein, Herr: du irrst. Ich bin *nicht* Kain! Abel ist nicht mein Bruder, das bin ich selbst! Wieso fragst du mich, wo mein Bruder Abel ist? Du irrst dich! Da: ich zeige ihn dir, meinen Bruder. Da liegt er. Ja, gewiss, das ist Kain, wer sonst?

Warte: ich nehme das Laub von seinem Gesicht, dass du es selbst …
Das kann doch nicht sein? Nie im Leben hat er mir so ähnlich gesehen. Fast als … oder bilde ich mir das nur ein? Aber ich kenne doch mein Gesicht. Da drüben im Tümpel, der alles spiegelt, sehe ich es tagtäglich. Und jetzt soll er wie ich aussehen? Nein, das kann nicht sein. Das kommt mir nur so vor, weil er tot ist. Ich sehe anders aus als er. Ich weiß, ich gehe zum Tümpel: ich will mein eigenes Gesicht wieder sehen.
Jetzt weiß ich, warum er sich irrt und mich Kain ruft.

1 a) Lest die Geschichte von Kain und Abel in der Bibel (Genesis I, 4) nach und beschreibt die Veränderungen, die Erich Fried vorgenommen hat.
b) Untersucht mit Hilfe der Übersicht auf S. 166/167 die Rolle des **Erzählers** in Frieds Geschichte.
c) Welche **Intention** (Aussageabsicht) verfolgt der Autor nach eurer Auffassung mit seinen Veränderungen?

2 a) Schlagt in Wörterbüchern und Lexika nach, woher der Begriff „Präventivschlag" stammt und was er bedeutet.
b) Tragt in einer Übersicht die Umstände zusammen, die zu Abels Präventivschlag führen:

- Gewissheit Abels, dass Kain ihn töten will, weil er dessen „hasserfüllte Fratze" gesehen hat, als sein Opfer nicht so gnädig angenommen wurde, und weil er hörte, wie Gott Kain vor der Sünde warnte (Z. 1–13)
- Angst vor der körperlichen Überlegenheit Kains und seinen gefährlichen Geräten (Z. …)
- …

c) Beschreibt die Logik des Präventivschlags, so wie Fried sie hier darstellt. Erläutert die übertragene Bedeutung der Geschichte Schritt für Schritt anhand eurer Übersicht.

Walter Jens

Bericht über Hattington

Der Winter kam in diesem Jahr sehr früh; schon Mitte November hatten wir 15 Grad Kälte, und in der ersten Dezemberwoche schneite es sechs Tage lang hintereinander; am fünften, einem Mittwoch, brach Hattington aus. Er hatte offenbar damit gerechnet, dass der Schnee seine Spuren verschluckte – und diese Rechnung ging auf. Die Hunde verloren die Witterung, und die Gendarmen kehrten noch im Laufe der Nacht nach Colville zurück.
Am Morgen darauf wurde unser Polizeiposten verstärkt, und Sergeant Smith bekam zwei neue Kollegen: man vermutete nämlich, dass Hattington versuchen würde, auf dem schnellsten Wege zu uns nach Knox zu gelangen; denn hier hatte man ihn, einen seit langem gesuchten Verbrecher, im Mai auf offener Straße verhaftet – wahrscheinlich auf eine Anzeige hin, die von der Kellnerin Hope und dem Tankstellenwart Madison kam, bei denen Hattington in Kreide stand. Die Annahme lag also nahe, dass der Zuchthäusler, um Rache zu nehmen, zuerst nach Knox kommen würde.
Von nun an wohnte die Angst in unserer Stadt. Martha Hope verreiste für einige Wochen, Madison hatte den Revolver entsichert neben dem Bett. Aber auch wir anderen waren in Sorge: nach 10 Uhr abends verließ niemand sein Haus, die Kinder wurden von den Eltern zur Schule gebracht. Die Polizei durchkämmte jeden Winkel: kein Keller und kein Speicher, kein Schuppen und keine Baracke, die man nicht mehrfach durchsuchte; sogar die Kanalisationsschächte

wurden geprüft. Doch obwohl sich nirgendwo auch nur die schwächste Fährte fand (kein Anzeichen einer Vermutung, geschweige denn eine handfeste Spur), wollte das Gerücht nicht verstummen, einer unter uns habe den Entkommenen, der nur auf seine Stunde warte, versteckt: einmal sollte es der Schankwirt Ellington, ein andermal der Zeitungshändler Bore, das dritte Mal ein zugewanderter Hausierer sein, der seine Waren zwischen Colville und Baxton verkaufte.
Das Misstrauen beherrschte die Stadt; anonyme Briefe wurden geschrieben; im „Colville-Star" fand man geheimnisvolle Annoncen: ACHTET AUF BORE oder JUDAS ELLINGTON, WO WARST DU AM 4. DEZEMBER? Erst als Weihnachten und Neujahr vorbeigingen, ohne dass das Geringste geschah, begannen wir wieder Hoffnung zu schöpfen, zumal es hieß, ein reisender Weinhändler habe Hattington in einer kanadischen Kleinstadt, nahe der Grenze, gesehen. Martha Hope kehrte zurück; Madison verkaufte den Wachhund, in den Wirtschaften war wieder Hochbetrieb, und es hatte den Anschein, als ob unsere Bürger das wochenlang Versäumte in ein paar Tagen nachholen wollten. Die Fenster wurden entriegelt, Sicherheitsschlösser geöffnet, man hörte Lärm und Musik auf den Straßen, und die Maskerade im *Saloon*, ein Fest wie seit Jahren nicht mehr, dauerte bis gegen sechs Uhr früh.
Aber dann fand man plötzlich, am 11. Januar, unten am Fluss die Leiche von Emily Sawdy, und zwei Tage später wurde Helen Fletcher, ein vierzehnjähriges Mädchen, auf dem Schulweg von einem Maskierten in einen Hausflur gezerrt und in grausamer Weise misshandelt. Hattington, daran (so glaubte man) gab es nun nichts mehr zu deuteln, war also doch in der Stadt ... Wer aber hatte ihn versteckt? Madison vielleicht, um sich freizukaufen? Oder Martha Hope, weil sie erpresst worden war? Schwarze Listen machten die Runde; Häuserwände und Gehsteige waren mit Verleumdungen bedeckt; und als am 1. Februar das Drei-Männer-Tribunal beauftragt wurde, das Leben jedes Bürgers genau zu durchforschen, begann eine Hexenjagd, die an die schlimmsten Zeiten denken ließ. Bald gab es kein Geheimnis mehr, das, von Schnüfflern entdeckt, nicht ans Tageslicht kam: Ehemänner, die einmal gefehlt hatten, sahen sich wie Verbrecher behandelt, harmlose Trinker wurden des Mordes verdächtigt; der Frauenverein ließ vor den Kino-Vorstellungen Zettel verteilen, auf denen sich die Bürger ermahnt sahen, den Umgang mit gewissen Leuten, wenn ihnen das Leben lieb sei, zu meiden. Auf der anderen Seite mehrten sich gerade in diesen Tagen unter den jungen Leuten Unordnung und Zuchtlosigkeit.
Während die Älteren ihre Häuser nach Möglichkeit nur noch zur Arbeit oder zum Kirchgang verließen, versammelten sich die Jüngeren abends im Wirtshaus, tranken und johlten, pöbelten die Erwachsenen an und errichteten am Ende ein solches Schreckensregiment, dass wir ihrer nur mit Hilfe einer Art Zivilpolizei, der Bürgerwehr, Herr werden konnten. Schließlich blieb kein anderer Ausweg, als die Rädelsführer kurzweg zu verhaften – und dabei kam dann heraus, dass auch die schlimmsten Radaubrüder sich eher aus Furcht, eines Tages Hattingtons Opfer zu werden, denn aus Übermut zusammenrotteten. Das hat mir wieder einmal gezeigt, wie schnell die allgemeine Raserei im Schatten der Angst und des Schreckens gedeiht. Doch im Übrigen standen die Eltern, was den Verfall der Sitten betrifft, ihren Kindern nicht nach. Ich selbst habe Nächte erlebt, in denen man mich mehr als ein Dutzend Mal anrief, um mich mit verstellter Stimme zum Boykott angeblich verdächtiger Bürger zu zwingen.
Und dann kam jener 17. März, an dem man Madison erwürgt in seinem Zimmer fand: der Mörder hatte ihm ein Kainsmal auf die Schläfe gebrannt. Von diesem Tag an war es auch den Vernünftigen unter uns nicht mehr möglich, Geduld zu bewahren. Wer jetzt noch zur Besonnenheit mahnte und dem hysterischen Taumel zu begegnen versuchte, sah sich kurzerhand auf die Verdächtigen-Liste gesetzt – und das hieß: eingeworfene Scheiben, zerschlagener Hausrat, Drohungen, Anzeigen, Prügel und Feme[1]. Nur ein paar Wochen noch, und es kam zu Tätlichkeiten unter den Bürgern. Schon Anfang April hatten Fanatiker eine Negerpuppe gelyncht, einige Tage später die Praxis des jüdischen Dok-

1 **Feme:** heimliches Gericht

tors zerschlagen. Nun ging man einen Schritt weiter: im Zeichen Hattingtons wurden alte, längst verjährte Rechnungen beglichen; Revolver, Messer und Knute[2] regierten, und wer sich widersetzte, dem wurde zum Lohn mit Kreide ein H auf die Haustür gemalt: er ist ein Hattington-Freund; ihr könnt mit ihm tun, was ihr wollt; niemand wird ihm beistehen wollen.

Im April hat dann sogar Reverend[3] Snyder, einer der letzten besonnenen Männer, kapituliert: von der Kanzel aus befahl er uns, den Mörder und seine Helfershelfer zu jagen. Das war am Sonntag vor Ostern, am Tag darauf war die Macht des Winters gebrochen, und die große Schmelze begann. Die Sonne brachte alles an den Tag: am Karfreitag fand man Hattingtons Leiche, hundert Meter vom Zuchthaus entfernt. Weiter war er nicht gekommen bei seinem Ausbruchsversuch im Dezember. Der Schnee hatte die Spuren verschluckt, der Eissarg seinen Körper geschützt.

Von diesem Tage an begann es still zu werden, hier bei uns in Knox. Wer es irgend ermöglichen konnte, zog weg. Emily Sawdys und Madisons Mörder aber wurde niemals gefunden, das Vergehen an Helen Fletcher nicht gesühnt. Nur ich habe einen bestimmten Verdacht, doch ich schweige, und sonst weiß niemand, wer der Täter war. Eines aber ist sicher: es gibt nicht viele Leute in unserer Stadt, die frei sind von Schuld.

2 **Knute:** Lederpeitsche
3 **Reverend:** Titel der Geistlichen in England und den USA

1 Beschreibt möglichst genau die Person des **Erzählers.**

Der Erzähler ist ein Bewohner des Städtchens Knox, in dem die Geschichte spielt. Wie seine Mitbürger vermutet er, dass der Schwerverbrecher Hattington auf die Anzeige eines Bewohners von Knox ins Zuchthaus gekommen ist und dass dieser deshalb nach Knox zurückkehren würde, um dort Rache zu nehmen. ...

2 a) Erörtert, von welcher Schuld der Erzähler im letzten Satz spricht.
b) Gehört auch der Erzähler zu den Leuten, die nicht frei sind von Schuld?

3 Erarbeitet eine **Gliederung** der Geschichte, indem ihr folgende Fragen klärt:
a) Beginnt und endet die Geschichte unvermittelt oder hat sie eine Einleitung und einen Schluss?
b) In welche Sinnabschnitte lässt sich die Handlung unterteilen?
c) Welche Überschriften lassen sich für die Sinnabschnitte formulieren?

4 Schreibt den Zeitungskommentar eines besonnenen Redakteurs des „Colville-Stars“, den dieser Ende März, nach der Ermordung Madisons, verfasst.

Rudolf Otto Wiemer

Geschichte im Konjunktiv

Es habe, sagte der Mann aus dem ehemaligen Dorf Mündeloh, damit begonnen, dass er drei Tage vor Michaelis[1] in den hinter seinem Hause befindlichen Garten gegangen sei und sogleich wahrgenommen habe, wie der Nachbar Roth, ein langsamer, schwer zugänglicher Mensch, drauf und dran gewesen sei, den Zaun zwischen den beiden Grundstücken um zehn Zentimeter auf seine, des Mannes, Seite zu versetzen. Das Recht dazu, erläuterte der Mann, müsse man Roth wohl zugestehen, da das Grundbuchamt die falsche Grenzziehung schon vor Jahren festgestellt habe, jedoch sei auch nach diesem Schiedsspruch bei der Winzigkeit des Objekts das Recht der Gewohnheit stärker gewesen, so-

1 **Michaelis:** Michaelstag, 29. September

dass man die irrtümlich gezogene Grenze unangetastet gelassen habe bis, wie gesagt, drei Tage vor Michaelis, wobei es unerfindlich sei, wie dieser Roth, der allerdings als Heimtücker gelte, sich ohne Ursache zu einer solchen Herausforderung habe hinreißen lassen.

Er jedenfalls, der Mann, habe den anderen sofort zur Rede gestellt, jedoch keine Antwort bekommen, da Roth unentwegt mit der Spitzhacke, die er zum Versetzen der Pfähle brauchte, weitergemacht habe. Daraufhin sei er, der Mann, in den Schuppen gegangen, um ebenfalls die Spitzhacke zu holen. Er habe sie freilich nicht gefunden, habe dafür die Axt genommen und sei, nun schon etwas ungehalten, wieder in den Garten gerannt, um den krummrückigen Roth wenigstens zu einer Auskunft zu bewegen. Roth sei aber verstockt geblieben und habe erst dann den Hals gereckt, als er, der Mann, mit der Axt sich über die Pfähle hergemacht habe, sie zu Kleinholz zu spalten. Roth habe eine Weile zugeschaut, dann langsam und unwirsch, wie das seine Art sei, Ersatz für die Pfähle gefordert, andernfalls er, so habe er drohend hinzugefügt, sich auf sonstige Weise schadlos halten müsse. Er, der Mann, habe daraufhin bloß gelacht und sei, nachdem die Pfähle, etwa fünf oder sechs, zerhackt gewesen wären, ins Haus, von wo er Roth durch die Gardine habe beobachten können, zurückgekehrt. Roth habe seinen Kram zusammengepackt, doch am nächsten Tag, bereits im Morgengrauen, sei er wieder zur Stelle gewesen mit anderen, frisch zugespitzten Pfählen, worauf er, der Mann, habe feststellen müssen, dass in seinem, des Mannes, Garten die Wäschepfähle, ebenfalls fünf oder sechs, abgesäbelt gewesen seien, einen Fußbreit über der Erde. Daraufhin seien von ihm, dem Mann, nachdem er, nun schon etwas gereizt, diese von Roth abgesäbelten Pfähle mit der Axt zu weiterem Kleinholz gemacht habe, während der nächsten Nacht in Roths Garten fünf oder sechs Obstbäume umgelegt worden, worauf Roth einen Tag später, also genau zu Michaelis, die Rosenlaube des Mannes ihrer hölzernen Stützen beraubt habe, sodass diese, die Rosenlaube, zusammengebrochen und nichts anderes mehr als eine wüste Trümmerstätte gewesen sei.

Hier spätestens, warf der Mann ein, hätte man Einhalt gebieten müssen, und er, der Mann, habe tatsächlich mehrere Tage mit der Vergeltung gezögert, bis nämlich Roth wiederum mit Pfählen, eben den aus den Pfosten der Rosenlaube gemachten, auf dem Platz erschienen sei. Er, der Mann, sei daraufhin in die Dachstube gerannt und habe, nun schon ein wenig außer sich, von der Wand das Gewehr genommen, mit dessen Hilfe er, um Roth von der Grenzberichtigung abzulenken, Roths Hühner bis auf wenige Stück, denen es gelungen sei, in die Remise[2] zu flüchten, zu Boden gestreckt habe. Darauf habe Roth seine, des Mannes, schwarzweiß gefleckte Katze vergiftet, er, der Mann, wiederum Roths Hund, Roth desgleichen ein Kalb auf der Weide des Mannes, danach der Mann Roths einzige Kuh und Roth schließlich des Mannes Pferd, einen Apfelschimmel in den besten Jahren.

Jetzt nun, sagte der Mann, habe der Zwist erst richtig Fuß gefasst, indem nämlich die Mitglieder der vielfältig über Mündeloh verzweigten Sippen nicht mehr wären zu halten gewesen. Sie, wie auch andere Bewohner des Dorfes, hätten, so sagte er, Partei ergriffen derart, dass man seines Lebens in und um Mündeloh nicht mehr sicher gewesen sei. Zuerst habe es Schlägereien gegeben, im Wirtshaus und auf der Straße. Dann sei man zu Raubzügen und blinder Zerstörung übergegangen. Zuletzt habe es aus Kellerlöchern und Dachluken geknallt; man habe die Höfe verbarrikadiert; man sei nur unter Geleitschutz auf die Felder gefahren; es habe Verprügelte, Geschundene und Angeschossene gegeben, kurz, die Ortschaft Mündeloh, ein zwar ärmliches, aber reizvoll im Mündeloher Tal gelegenes Dorf, wäre womöglich jahrelang solcher Misshelligkeit ausgesetzt gewesen, hätte nicht, um dem unerträglichen Zustand ein Ende zu machen, dieser unberechenbare Roth, dem das Warten auf die Entscheidung, ob er den Zaun nach Recht und Billigkeit setzen dürfe, zu lange gedauert haben mag, hätte er, ohnehin der Urheber des Unglücks, nicht den Einfall gehabt, die Scheune des Mannes anzuzünden, worauf an mehreren Stellen im Ort das Feuer aufgeflackert sei, mal hier, mal dort, alles kleinere Brände, bis endlich der Mann, nun schon ein

2 **Remise:** Geräteschuppen

wenig erzürnt, wie er sagte, seinen gerade mit Benzin gefüllten Bulldozer gegen Roths Wohnhaus in Gang gesetzt habe, Mitte November, bei beginnendem Frost und Nordweststurm.
Roth sei, so sagte der Mann, zunächst hilflos dagestanden, dann aber, als der Bulldozer die Hofmauer gerammt, die Lehmwand des Hauses durchbrochen, die Küche und die Stube und die gute Stube durcheinandergewirbelt und in Mulm[3] verwandelt habe, sei er, aufgeschreckt durch das Geschrei der Frau und der sieben Kinder, plötzlich mit einem glühenden Scheit auf den Bulldozer gesprungen, habe fachmännisch den Benzintank geöffnet und das Feuerscheit hineingestoßen, worauf der Bulldozer mit grässlichem Donnerschlag explodiert sei, das gesamte Anwesen Roths, das ohnehin schwere Schäden habe aufzuweisen gehabt, in Brand steckend.

3 **Mulm:** lockere Erde

Infolge des Novembersturms, sagte der Mann, der, wie er sagte, sich selber nur mit knapper Not vom Bulldozer habe retten können, sei dann das Feuer von Dach zu Dach gesprungen, sodass, wie er versicherte, der nächste Tag vom Dorfe Mündeloh nicht anderes mehr angetroffen habe als rauchende Trümmer, Schutt und verkohltes Gebälk. Kein Haus, nicht mal die Kirche, sagte er, habe die Brandnacht überdauert. Die Bewohner seien in die benachbarten Orte gebracht worden, wo sie zu bleiben gedächten. Man spreche sogar davon, Mündeloh nicht wieder aufzubauen.
Darauf hoffe er, bei aller Liebe zu seiner angestammten Heimat, schloss der Mann, denn es wäre ihm, bleibe man hier und gesetzt auch, man brächte das Dorf in die Höhe, zu denken unerträglich, eines Tages den Nachbarn Roth wieder in seinem Garten auftauchen zu sehen, mit der Hacke in der Hand und neuen, frisch zugespitzten Grenzpfählen.

1 a) Schreibt ausgewählte Teile der Geschichte, z. B. Anfang und Schluss, in den Indikativ um, indem ihr eine andere Art der Darbietung (s. Übersicht S. 166/167) wählt.
Lasst entweder den Mann aus Mündeloh in direkter Rede erzählen: *„Es hat", sagte der Mann aus dem ehemaligen Dorf Mündeloh, „damit begonnen, dass ich drei Tage …"*
oder wandelt die Stellen in einen Erzählbericht um: *Es hat damit begonnen, dass ein Mann aus dem ehemaligen Dorf Mündeloh drei Tage vor Michaelis in den hinter seinem Haus befindlichen Garten ging und wahrnahm …*
b) Lest die veränderten Teile der Geschichte vor, vergleicht ihre Wirkung mit der der Originalstellen und erläutert in diesem Zusammenhang die Funktion des Konjunktivs.

2 Die beiden Erzählungen „Bericht über Hattington" (S. 160 ff.) und „Geschichte im Konjunktiv" enden in einer Katastrophe. Vergleicht, wie es jeweils dazu kommt, und untersucht die Schuldfrage.

3 a) Verfasst selbst eine Geschichte, die dem Schema der Eskalation folgt: Ausgangssituation – stufenweise Steigerung eines Konflikts – katastrophales Ende.
b) Lest euch eure Geschichten vor und erörtert jeweils die Schuldfrage.

Max von der Grün

Das Stenogramm

Am Sonntag, dem 16. Februar 1969, fuhr auf der Bundesstraße 13, Ansbach – Würzburg, drei Kilometer vor Ochsenfurt, ein weißer VW auf vereister Straße aus einer Nadelkurve heraus an einen Straßenbaum. Der Aufprall war so stark, dass sich der Stamm in den Wagen hineinfraß. Im Unglückswagen saßen ein Arzt und seine Frau, sie waren von einem dringenden Hausbesuch gekommen, zu dem sie am frühen Morgen telefonisch gerufen worden waren.
Der Arzt war diesem Notruf sofort nachgekommen, er hatte an diesem Wochenende Not-

dienst. Der Arzt hatte in einem abgelegenen Dorf ein diphtherieverdächtiges[1] Kind behandelt. Das Unglück ereignete sich genau 10.30 Uhr.

10.35 Uhr

Ein grüner Mercedes mit drei Insassen näherte sich mit mäßiger Geschwindigkeit aus der Kurve heraus dem Unglückswagen. Am Steuer saß ein älterer Herr, auf dem Rücksitz eine junge Frau, neben ihr eine ältere, ihre Schwiegermutter. Die junge Frau schaukelte ein etwa dreijähriges Kind auf ihrem Schoß. Die junge Frau schrie wild: Ewald, du musst anhalten. Um Gottes willen, da ist was passiert.

Der Mann schüttelte verärgert den Kopf.

Quatsch, sagte er, so was ist nichts für das Kind. Die ältere Frau pflichtete ihm bei. Fahr weiter, nuschelte sie, Recht hat er, Recht.

Aber wir können doch nicht ... die junge Frau sagte es hastig.

Sei jetzt still, sagte ihre Schwiegermutter, und der Mann am Steuer ergänzte: Wir können in Ochsenfurt auch nicht zur Polizei gehen und den Unfall melden. Ich habe meine Papiere vergessen. Glaubst du, ich will wegen dem VW da in einen Schlamassel kommen?

Der Mann schaute im Vorbeifahren geradeaus, die junge Frau scheu auf den Unglückswagen, ihre Schwiegermutter zündete sich eine Zigarette an, ihre Hände zitterten.

Als sie etwa einen Kilometer weitergefahren waren, sagte die junge Frau: Wir sollten doch zur Polizei gehen.

Der Mann am Lenkrad und die ältere Frau schwiegen, nur das Kind auf dem Schoß seiner Mutter krähte: Mami ... tatü ... tatü ...

10.42 Uhr

Ein schwarzer VW mit vier Insassen fuhr forsch aus der Kurve heraus. Der Fahrer des Wagens sah den Unglückswagen, wollte bremsen, ließ dann aber den Wagen ausrollen und kam etwa sechzig Meter weiter zum Stehen.

Der etwa Vierzigjährige verließ den Wagen. Der Mann schaute sich verstohlen um, die Straße entlang. Seine Frau, die auf dem Beifahrersitz Zeitung las, guckte erstaunt auf, fragte: Ist was? Trink doch morgens nicht so viel Kaffee, dann musst du auch nicht so viel laufen. Die beiden jungen Mädchen auf dem Rücksitz, die Töchter der beiden, kicherten. Eines der Mädchen rief: Papa, unser Wasserfall.

Da hinten ist ein VW an einen Baum gefahren, sagte der Mann.

Er wollte weggehen, die Frau rief ihn zurück.

Was geht es dich an, rief sie. Fahr weiter. Die sollen nicht immer so rasen. Die Mädchen riefen: Wo? Wowowo? Ach ... da ... na, der Wagen ist futsch.

Der Mann zögerte. Die Frau beugte sich aus dem Fenster und sagte leise: Emil, komm rein, sei nicht kindisch. Dann musst du als Zeuge bleiben, und die verlangen dann womöglich deinen Führerschein. Was ist dann? Willst du die letzten vier Wochen, bis du ihn wiederkriegst, auffallen? Na also, steig ein.

Der Mann nickte, stieg ein und fuhr langsam weiter. Die Mädchen auf dem Rücksitz pressten ihre Gesichter an das Heckfenster, bis der Unglückswagen nicht mehr zu sehen war.

Nun fahr doch ein bisschen schneller, zischte die Frau, wir sind sowieso zu spät dran. Wofür hat dir mein Vater eigentlich die Spikesreifen gekauft? Na also.

10.53 Uhr

Ein kanarigelber Fiat tastete sich vorsichtig in die Kurve, schlitterte trotzdem, die junge Frau am Steuer hatte Mühe, das Fahrzeug in der Gewalt zu behalten. Sie fuhr Schritt-Tempo aus der Kurve heraus, sie bemerkte den Wagen am Baum, sie schloss einen Moment die Augen, sie schrie leise auf.

Ihre Mutter, die neben ihr saß, bekreuzigte sich, flüsterte: Else, um Himmels willen, fahr weiter, schnell, bevor jemand kommt. Wir wollen mit so was nichts zu tun haben. Else, Kind, ich kann so was nicht sehen, du weißt, Kind, mir wird bei so was gleich schlecht.

Wir müssen das der Polizei melden, Mutter.

Polizei? Kind, fahr weiter, wir wollen keine Scherereien haben, wir haben noch nie was mit der Polizei zu tun gehabt. Fahr weiter, wir haben einfach nichts gesehen, nach uns kommen auch noch welche.

Die Mutter bekreuzigte sich noch einmal, sie murmelte vor sich hin. [...]

1 **Diphtherie:** ansteckende, oft tödliche Krankheit durch Bakterien im Rachen-Kehlkopf-Bereich

1 Kennzeichnet möglichst genau Aufbau und Schreibweise der Geschichte „Das Stenogramm“ (S. 164/165). Beachtet dabei die Überschrift.

2 Schreibt im gleichen Stil Fortsetzungen zu der Geschichte, wählt die inhaltlich und formal gelungensten aus, fügt sie aneinander und gestaltet einen überzeugenden Schluss.

3 Beschafft euch die vollständige Geschichte im Original (Max von der Grün: „Stenogramm“. Erzählungen. Verlag Eremiten-Presse, Düsseldorf 1972) und vergleicht den Gesamttext mit euren Fassungen.

Kurzgeschichten/Erzähltexte interpretieren

Eine Kurzgeschichte hat wie jeder epische (erzählende) Text einen **Erzähler** oder eine **Erzählerin,** der/die nicht mit dem Autor oder der Autorin gleichzusetzen ist. Vielmehr erfindet der Autor einen Erzähler, der Bestandteil der Geschichte ist. Ganz leicht nachzuvollziehen ist das am Beispiel der Geschichte „Der Präventivschlag“ auf Seite 159/160. Die Geschichte ist von dem Autor Erich Fried geschrieben, erzählt aber wird sie von Abel, dem Bruder Kains. Auch wenn der Unterschied zwischen Autor und Erzähler nicht immer so offensichtlich ist wie in Erich Frieds Geschichte, muss er doch bei jedem Erzähltext beachtet werden.

Um sich bei der Interpretation eines epischen Textes ein möglichst genaues Bild von dem Erzähler zu machen, können einem folgende Fragen helfen:

- Welche **Erzählform** hat der Erzähler in seiner Geschichte gewählt?
  Hat er die **Er-/Sie-Form** gewählt und sich z. B. entschieden, als Person ganz im Hintergrund zu bleiben, sodass die Leser/innen nichts oder kaum etwas über seinen Charakter und sein Leben erfahren und ihn bloß als eine Art Erzählmedium wahrnehmen? Oder hat er die **Ich-Form** gewählt, sodass er gleichzeitig als erlebende und erzählende Person erscheint? Dabei kann zwischen erlebendem und erzählendem Ich ein großer oder kleiner Abstand bestehen, je nachdem, ob der Ich-Erzähler unmittelbar aus der dargestellten Situation heraus erzählt oder später mit zeitlichem Abstand darauf zurückblickt.
- Welchen **Erzählerstandort** hat der Erzähler eingenommen?
  Die Bandbreite reicht von einem Mitten-im-Geschehen-Sein, womit ein geringer Überblick, aber ein spannungsförderndes direktes Miterleben für die Leser/innen verbunden ist, bis hin zu einem so genannten olympischen Standort, bei dem der Erzähler allwissend über dem Geschehen zu schweben scheint und auch das Innenleben aller beteiligten Personen kennt.
- Welches **Erzählverhalten** bevorzugt der Erzähler?
  Bringt er sich selbst ins Spiel, indem er Kommentare zu den erzählten Vorgängen abgibt, darüber Reflexionen anstellt, Urteile über Personen fällt, die Leser/innen anspricht und ihnen Hinweise zu dem Erzählten gibt? Ein solches die Leser/innen mehr oder weniger sanft leitendes Erzählverhalten nennt man **auktorial.**
  Dem entgegen steht ein **personales** Erzählverhalten, bei dem der Erzähler aus der Sicht **(Perspektive)** einer oder auch abwechselnd mehrerer Personen erzählt, ohne unmittelbar als Erzähler aufzutreten und Kommentare abzugeben. Die Schilderung der Vorgänge, alle Meinungsäußerungen und Reflexionen erfolgen dabei aus der Sicht einer handelnden Figur. Personales Erzählen kann nicht nur in der Ich-Form, sondern auch in der Er-Form erfolgen.

Ein drittes mögliches Erzählverhalten ist das **neutrale.** Hier wird weder aus der Sicht einer Person erzählt noch wird ein kommentierender, den Leser leitender Erzähler erkennbar. Fakten und Vorgänge werden sachlich beschrieben bzw. berichtet, oder der Erzählvorgang besteht einfach darin, dass Gespräche ohne Zwischenbemerkungen, wie protokolliert, wiedergegeben werden (szenisches Erzählen).

- Welche **Erzählhaltung** wird im Text erkennbar?
  Dabei geht es um die Einstellung des Erzählers zum Erzählten. Diese kann zustimmend, kritisch, ironisch-distanziert, begeistert, neutral, skeptisch usw. sein.
- Welche Arten der Darbietung verwendet der Erzähler?
  Wo und in welchem Ausmaß bevorzugt er den **Erzählbericht?** Wo geht er in die **direkte** oder **indirekte Rede** über? Verwendet er den **inneren Monolog** (Wiedergabe von Gedanken, Gefühlen usw. in der 1. Person Singular) oder **die erlebte Rede** (Wiedergabe von Gedanken, Gefühlen usw. in der 3. Person Singular)? Fügt er **Kommentare** und **Reflexionen** ein? An welchen Stellen beschränkt er sich auf die Wiedergabe von Dialogen **(szenisches Erzählen)?**

Hat man eine Geschichte auf diese Fragen hin untersucht, kann man den Erzähler und seine Art zu erzählen recht genau beschreiben. Für das Verständnis der Geschichte und die Aussageabsicht **(Intention)** ist das von entscheidender Bedeutung.

Weitere Elemente von Erzähltexten, die bei einer Interpretation berücksichtigt werden müssen, sind

- das **Thema** und die zentralen **Motive,**
- das Setting: **Ort, Zeit, Milieu, Atmosphäre,**
- die **Figuren** und ihre **Konstellation,**
- der **Aufbau** der **Handlung,**
- die Funktion von **Anfang** und **Ende** (bei Kurzgeschichten oft unvermittelter Beginn und offener Schluss),
- die **Zeitstruktur:** Rückblenden, Vorausdeutungen ...,
- Besonderheiten der **Sprache:** Stilebene, Metaphern/Vergleiche, Wiederholungen ...

Wenn man eine zusammenhängende **schriftliche Interpretation** verfasst, nennt man in der Einleitung Autor/in sowie Titel des untersuchten Textes und fasst dessen Inhalt knapp – möglichst in einem Satz – zusammen. Im Hauptteil werden die Ergebnisse der Analyse dargestellt, die man anhand von Textstellen belegt (s. die Hinweise zum richtigen Zitieren auf S. 296). Dabei versucht man, die einzelnen Befunde in ihrem Sinnzusammenhang zu erklären: Welche Wirkung ist mit der gewählten Erzählperspektive oder mit den besonderen Sprachbildern usw. vermutlich beabsichtigt? Am Schluss formuliert man eine kurze Bewertung des Textes. In jedem Fall sollte die schriftliche Interpretation gründlich überarbeitet werden (s. S. 152/153).

1 Wählt eine Geschichte von Seite 157–165 aus und interpretiert sie, indem ihr alle oben aufgeführten Interpretationsaspekte berücksichtigt. Dies könnt ihr gut in arbeitsteiliger Kleingruppenarbeit erledigen.

2 Sucht weitere Kurzgeschichten aus verschiedenen Erzählsammlungen und stellt sie der Klasse in Form ausführlicher Interpretationen vor.
Versucht Gemeinsamkeiten und Unterschiede in den Erzählweisen der Kurzgeschichten festzuhalten.

8.2 Detektive und Detektivinnen – Literarische Figuren porträtieren und Romane vorstellen

Friedrich Dürrenmatt

Der Verdacht – Kommissär Bärlach

Der Schweizer Friedrich Dürrenmatt (1921 bis 1990) war einer der bedeutendsten Dramatiker und Erzähler nach dem Zweiten Weltkrieg. Seine grotesken, oft makabren Komödien, die nach Dürrenmatts Dramakonzeption immer die „schlimmstmögliche Wendung" nehmen, machten ihn weltberühmt, so z.B. „Der Besuch der alten Dame" (1956) oder „Die Physiker" (1962). Zuvor war er einem breiten Publikum bereits durch seine Kriminalromane mit Kommissär Bärlach bekannt geworden. 1952 erschien „Der Richter und sein Henker", 1953 „Der Verdacht", aus dem der folgende Auszug stammt.

Bärlach war Anfang November 1948 ins Salem eingeliefert worden, in jenes Spital[1], von dem aus man die Altstadt Berns mit dem Rathaus sieht. Eine Herzattacke schob den dringend gewordenen Eingriff zwei Wochen hinaus. Als die schwierige Operation unternommen wurde, verlief sie glücklich, doch ergab der Befund jene hoffnungslose Krankheit, die man vermutete. Es stand schlimm um den Kommissär. Zweimal schon hatte sein Chef, der Untersuchungsrichter Lutz, sich mit dessen Tod abgefunden, und zweimal durfte er neue Hoffnung schöpfen, als endlich kurz vor Weihnachten die Besserung eintrat. Über die Feiertage schlief zwar der Alte noch, aber am Siebenundzwanzigsten, an einem Montag, war er munter und schaute sich alte Nummern der amerikanischen Zeitschrift ‚Life' aus dem Jahre fünfundvierzig an.

„Es waren Tiere, Samuel", sagte er, als Dr. Hungertobel in das abendliche Zimmer trat, seine Visite zu machen, „es waren Tiere", und reichte ihm die Zeitschrift. „Du bist Arzt und kannst es dir vorstellen. Sieh dir dieses Bild aus dem Konzentrationslager Stutthof an! Der Lagerarzt Nehle führt an einem Häftling eine Bauchoperation ohne Narkose durch und ist dabei fotografiert worden."

Das hätten die Nazis manchmal getan, sagte der Arzt und sah sich das Bild an, erbleichte jedoch, wie er die Zeitschrift schon weglegen wollte.

„Was hast du denn?" fragte der Kranke verwundert.

Hungertobel antwortete nicht sofort. Er legte die aufgeschlagene Zeitschrift auf Bärlachs Bett, griff in die rechte obere Tasche seines weißen Kittels und zog eine Hornbrille hervor, die er – wie der Kommissär bemerkte – sich etwas zitternd aufsetzte; dann besah er sich das Bild zum zweiten Mal.

„Warum ist er denn so nervös?" dachte Bärlach.

„Unsinn", sagte endlich Hungertobel ärgerlich und legte die Zeitschrift auf den Tisch zu den anderen. „Komm, gib mir deine Hand. Wir wollen nach dem Puls sehen."

Es war eine Minute still. Dann ließ der Arzt den Arm seines Freundes fahren und sah auf die Tabelle über dem Bett.

„Es steht gut mit dir, Hans."

„Noch ein Jahr?" fragte Bärlach.

Hungertobel wurde verlegen. „Davon wollen wir

1 **Spital:** Krankenhaus

jetzt nicht reden", sagte er. „Du mußt aufpassen und wieder zur Untersuchung kommen."

Er passe immer auf, brummte der Alte.

Dann sei es ja gut, sagte Hungertobel, indem er sich verabschiedete.

„Gib mir doch noch das ‚Life'", verlangte der Kranke scheinbar gleichgültig. Hungertobel gab ihm eine Zeitschrift vom Stoß, der auf dem Nachttisch lag.

„Nicht die", sagte der Kommissär und blickte etwas spöttisch nach dem Arzt: „Ich will jene, die du mir genommen hast. So leicht komme ich nicht von einem Konzentrationslager los."

Hungertobel zögerte einen Augenblick, wurde rot, als er Bärlachs prüfenden Blick auf sich gerichtet sah, und gab ihm die Zeitschrift. Dann ging er schnell hinaus, so, als sei ihm etwas unangenehm. Die Schwester kam. Der Kommissär ließ die anderen Zeitschriften hinaustragen.

„Die nicht?" fragte die Schwester und wies auf die Zeitung, die auf Bärlachs Bett lag.

„Nein, die nicht", sagte der Alte.

Als die Schwester gegangen war, schaute er sich das Bild von neuem an. Der Arzt, der das bestialische Experiment ausführte, wirkte in seiner Ruhe götzenhaft. Der größte Teil des Gesichts war durch den Nasen- und Mundschutz verdeckt.

Der Kommissär versorgte die Zeitschrift in seiner Nachttischschublade und verschränkte die Hände hinter dem Kopf.

Er hatte die Augen weit offen und sah der Nacht zu, die immer mehr das Zimmer füllte. Licht machte er nicht.

Später kam die Schwester und brachte das Essen. Es war immer noch wenig und Diät: Haferschleimsuppe. Den Lindenblütentee, den er nicht mochte, ließ er stehen. Nachdem er die Suppe ausgelöffelt hatte, löschte er das Licht und sah von neuem in die Dunkelheit, in die immer undurchdringlicheren Schatten.

Er liebte es, die Lichter der Stadt durchs Fenster fallen zu sehen.

Als die Schwester kam, den Kommissär für die Nacht herzurichten, schlief er schon.

Am Morgen um zehn kam Hungertobel.

Bärlach lag in seinem Bett, die Hände hinter dem Kopf, und auf der Bettdecke lag die Zeitschrift aufgeschlagen. Seine Augen waren aufmerksam auf den Arzt gerichtet. Hungertobel sah, daß es das Bild aus dem Konzentrationslager war, das der Alte vor sich hatte.

„Willst du mir nicht sagen, warum du bleich geworden bist wie ein Toter, als ich dir dieses Bild im ‚Life' zeigte?" fragte der Kranke.

Hungertobel ging zum Bett, nahm die Tabelle herunter, studierte sie aufmerksamer denn gewöhnlich und hängte sie wieder an ihren Platz.

„Es war ein lächerlicher Irrtum, Hans", sagte er. „Nicht der Rede wert."

„Du kennst diesen Doktor Nehle?" Bärlachs Stimme klang seltsam erregt.

„Nein", antwortete Hungertobel. „Ich kenne ihn nicht. Er hat mich nur an jemanden erinnert."

Die Ähnlichkeit müsse groß sein, sagte der Kommissär.

Die Ähnlichkeit sei groß, gab der Arzt zu und schaute sich das Bild noch einmal an, von neuem beunruhigt, wie Bärlach deutlich sehen konnte. Aber die Fotografie zeigte auch nur die Hälfte des Gesichts. Alle Ärzte glichen sich beim Operieren, sagte er.

„An wen erinnert dich denn diese Bestie?" fragte der Alte unbarmherzig.

„Das hat doch alles keinen Sinn!" antwortete Hungertobel. „Ich habe es dir gesagt, es muß ein Irrtum sein."

„Und dennoch würdest du schwören, daß er es ist, nicht wahr, Samuel?"

Nun ja, entgegnete der Arzt. Er würde es schwören, wenn er nicht wüßte, daß es der Verdächtige nicht sein könne. Sie sollten diese ungemütliche Sache jetzt lieber sein lassen. Es tue nicht gut, kurz nach einer Operation, bei der es auf Tod und Leben gegangen sei, in einem alten ‚Life' zu blättern. Dieser Arzt da, fuhr er nach einer Weile fort und beschaute sich das Bild hypnotisiert von neuem, könne nicht der sein, den er kenne, weil der Betreffende während des Krieges in Chile gewesen sei. Also sei das Ganze Unsinn, das sehe doch ein jeder.

„In Chile, in Chile", sagte Bärlach. „Wann ist er denn zurückgekommen, dein Mann, der nicht in Frage kommt, Nehle zu sein?"

„Fünfundvierzig."

„In Chile, in Chile", sagte Bärlach von neuem. „Und du willst mir nicht sagen, an wen dich das Bild erinnert?"

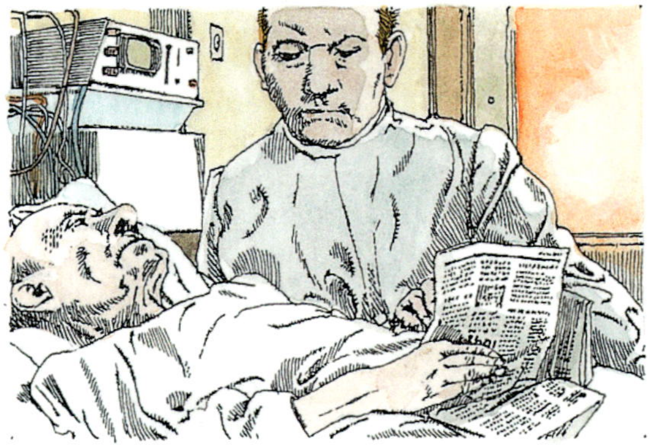

Hungertobel zögerte mit der Antwort. Die Angelegenheit war dem alten Arzt peinlich.
„Wenn ich dir den Namen sage, Hans", brachte er endlich hervor, „wirst du Verdacht gegen den Mann schöpfen."
„Ich habe gegen ihn Verdacht geschöpft", antwortete der Kommissär.
Hungertobel seufzte. „Siehst du, Hans", sagte er, „das habe ich befürchtet. Ich möchte das nicht, verstehst du? Ich bin ein alter Arzt und möchte niemandem Böses getan haben. Dein Verdacht ist ein Wahnsinn. Man kann doch nicht auf eine bloße Fotografie hin einen Menschen einfach verdächtigen, um so weniger, als das Bild nicht viel vom Gesicht zeigt. Und außerdem war er in Chile, das ist eine Tatsache."
Was er denn dort gemacht habe, warf der Kommissär ein.
Er habe in Santiago eine Klinik geleitet, sagte Hungertobel.
„In Chile, in Chile", sagte Bärlach wieder. Das sei ein gefährlicher Kehrreim und schwer zu überprüfen. Samuel habe recht, ein Verdacht sei etwas Schreckliches und komme vom Teufel.
„Nichts macht einen so schlecht wie ein Verdacht", fuhr er fort, „das weiß ich genau, und ich habe oft meinen Beruf verflucht. Man soll sich nicht damit einlassen. Aber jetzt haben wir den Verdacht, und du hast ihn mir gegeben. Ich gebe ihn dir gern zurück, alter Freund, wenn auch du deinen Verdacht fallenläßt; denn du bist es, der nicht von diesem Verdacht loskommt."
Hungertobel setzte sich an des Alten Bett. Er schaute hilflos nach dem Kommissär. Die Sonne fiel in schrägen Strahlen durch die Vorhänge ins Zimmer. Draußen war ein schöner Tag, wie oft in diesem milden Winter […]

„In Chile, in Chile", sagte Bärlach, und seine Augen funkelten gierig nach einem neuen Abenteuer. Sein Leib dehnte sich, und dann lag er wieder unbeweglich und entspannt, die Hände hinter dem Kopf.
„Du mußt jetzt zu deinen Patienten gehen, Samuel", meinte er nach einer Weile. „Die warten auf dich. Ich wünsche dich nicht länger aufzuhalten. Vergessen wir unser Gespräch, das wird am besten sein, da hast du recht."
Als Hungertobel sich unter der Türe noch einmal mißtrauisch zum Kranken wandte, war der Kommissär eingeschlafen.

Am nächsten Tag erhält Bärlach Besuch von seinem Vorgesetzten Dr. Lutz.

Es war der ‚Chef', der um elf das Krankenzimmer betrat und etwas verlegen am Bett des Alten Platz nahm, ohne den Wintermantel abzulegen, den Hut in der Hand. Bärlach wußte genau, was dieser Besuch bedeuten sollte, und der Chef wußte genau, wie es um den Kommissär stand.
„Nun, Kommissär", begann Lutz, „wie geht's? Wir mußten ja zeitweilig das Schlimmste befürchten."
„Langsam aufwärts", antwortete Bärlach und verschränkte wieder die Hände hinter dem Nacken.
„Was lesen Sie denn da?" fragte Lutz, der nicht gern aufs eigentliche Thema seines Besuches kam und nach einer Ablenkung suchte: „Ei, Bärlach, sieh da, medizinische Zeitschriften!"
Der Alte war nicht verlegen: „Das liest sich wie ein Kriminalroman", sagte er. „Man erweitert ein wenig seinen Horizont, wenn man krank ist, und sieht sich nach neuen Gebieten um."
Lutz wollte wissen, wie lange denn Bärlach nach Meinung der Ärzte noch das Bett hüten müsse.
„Zwei Monate", gab der Kommissär zur Antwort, „zwei Monate soll ich noch liegen."
Nun mußte der Chef, ob er wollte oder nicht, mit der Sprache heraus. „Die Altersgrenze", brachte er mühsam hervor: „Die Altersgrenze, Kommissär, Sie verstehen, wir kommen wohl nicht mehr darum herum, denke ich, wir haben unsere Gesetze."

„Ich verstehe“, antwortete der Kranke und verzog nicht einmal das Gesicht.
„Was sein muß, muß sein“, sagte Lutz. „Sie müssen sich schonen, Kommissär, das ist der Grund.“
„Und die moderne wissenschaftliche Kriminalistik, wo man den Verbrecher findet wie ein etikettiertes Konfitürenglas“, meinte der Alte, Lutz etwas korrigierend. Wer nachrücke, wollte er noch wissen.
„Röthlisberger“, antwortete der Chef. „Er hat ja Ihre Stellvertretung schon übernommen.“
Bärlach nickte. „Der Röthlisberger. Der wird mit seinen fünf Kindern auch froh sein über das bessere Gehalt“, sagte er. „Von Neujahr an?“
„Von Neujahr an“, bestätigte Lutz.
Noch bis Freitag also, sagte Bärlach, und dann sei er Kommissär gewesen. Er sei froh, daß er nun den Staatsdienst hinter sich habe [...]. Man lasse die großen Schurken laufen und stecke die kleinen ein. Überhaupt gebe es einen ganzen Haufen Verbrechen, die man nicht beachte, nur weil sie etwas ästhetischer seien als so ein ins Auge springender Mord, der überdies noch in die Zeitung komme, die aber beide aufs gleiche hinausliefen, wenn man's genau nehme und die Phantasie habe. Die Phantasie, das sei es eben, die Phantasie! Aus lauter Phantasiemangel begehe ein braver Geschäftsmann zwischen dem Aperitif und dem Mittagessen oft mit irgendeinem gerissenen Geschäft ein Verbrechen, das kein Mensch ahne und der Geschäftsmann am wenigsten, weil niemand die Phantasie besitze, es zu sehen. Die Welt sei aus Nachlässigkeit schlecht und daran, aus Nachlässigkeit zum Teufel zu gehen. Diese Gefahr sei noch größer als der ganze Stalin und alle übrigen Josephe zusammengenommen. Für einen alten Spürhund wie ihn sei der Staatsdienst nicht mehr gut. Zu viel kleines Zeug, zu viel Schnüffelei; aber das Wild, das rentiere und das man jagen sollte, die wirklich großen Tiere, meine er, würden unter Staatsschutz genommen wie im zoologischen Garten. R

1 Macht euch ein genaues Bild von Kommissär Bärlach. Beschreibt dazu seine äußeren Lebensumstände und seine innere Befindlichkeit in allen Einzelheiten.

2 a) Schreibt auf, was ihr bisher über das Verbrechen und den Täter erfahren habt.
b) Stellt Vermutungen darüber an, wie sich der Fall weiterentwickeln könnte, und haltet eure Überlegungen in einem Exposé, einem schriftlichen Entwurf, fest.

3 Bildet eine Arbeitsgruppe, die Dürrenmatts Kriminalroman „Der Verdacht“ vorstellt. Folgende Aspekte, die auch als Gliederungsschema verwendbar sind, sollten dabei berücksichtigt werden:
- der Detektiv (Ergänzungen zu Aufgabe 1),
- das Verbrechen,
- die Detektion oder Aufklärung (ohne den Schluss zu verraten),
- der Täter.

Eine Typologie der Detektive und Detektivinnen

Im Mittelpunkt eines Kriminalromans, eines Kriminalfilms oder einer Krimiserie im Fernsehen steht der **Detektiv** oder die **Detektivin.** Er oder sie ist die Hauptfigur, die den Fall löst, den Täter zur Strecke bringt, die gestörte Ordnung wiederherstellt. Mit dieser Figur identifizieren sich die Leser/innen oder Zuschauer/innen. Besonders stark wird diese Identifikation, wenn der Detektiv bzw. die Detektivin wie in den meisten Serienkrimis des Fernsehens, aber auch in vielen Roman-

und Kinofilmreihen, immer wiederkehrt. Manche von ihnen sind zu wahren Kultfiguren geworden und haben ein Eigenleben entwickelt, das sie mit Berühmtheiten aus der realen Welt nahezu gleichsetzt. Sie sind Individuen mit einem eigenen Charakter, aber sie weisen auch – mehr als andere literarische Figuren – stereotype Züge auf, das heißt, sie haben festgelegte Merkmale und lassen sich bestimmten Personentypen zuordnen. Zwei Typengruppen haben sich für die Charakterisierung der Detektive und Detektivinnen als besonders wichtig erwiesen:

- Der **Polizeidetektiv/**Die **Polizeidetektivin,** der „Cop“ im englischsprachigen Raum, steht dem **Privatdetektiv/**der **Privatdetektivin**, dem „Private Investigator“, abgekürzt „P. I.“ oder lautspielerisch auch „Private Eye“ genannt, gegenüber. Der Polizeidetektiv handelt im Auftrag der Öffentlichkeit, kann sich seine Fälle nicht aussuchen, hat viel Routinearbeit zu erledigen, kann sich andererseits aber auch bei seiner Aufklärungsarbeit auf den Polizeiapparat stützen. Bei allem, was er tut, ist er prinzipiell an Recht und Gesetz gebunden, kann damit aber in Konflikt geraten, wenn er seinem eigenen Gerechtigkeitsempfinden folgt oder sich im Dienst einer höheren Gerechtigkeit sieht. Bei den Privatdetektiven ist noch einmal zu unterscheiden zwischen den Professionals, die sich von Klienten anheuern lassen und für ihre Arbeit bezahlt werden, und den Amateurdetektiven, die sich aus privaten Gründen (Beziehung zum Mordopfer, zu den Hinterbliebenen, aus Gerechtigkeitsgefühl oder bloßer Neugier) dazu berufen fühlen, einen Fall zu lösen.
- Dem Typ des **„Armchair Detective“** steht der **„Hardboiled Dick“** gegenüber, zwei Fachbegriffe aus dem Bereich der Kriminalliteratur, deren Wurzeln im englischsprachigen Raum liegen. Der Armchair Detective stammt aus dem England zu Beginn des 20. Jahrhunderts. Seine erste perfekte Verkörperung fand er in *Sherlock Holmes,* dem Helden der Erzählungen und Romane Arthur Conan Doyles. Seine Fortsetzung folgte in *Hercule Poirot* und *Miss Marple,* den wohl beliebtesten Figuren dieser Art von Detektiven, geschaffen von Agatha Christie. Der Armchair Detective löst seine Fälle, wie der Name schon andeutet, sozusagen aus dem Sessel. Er gebraucht lediglich „seine grauen Zellen“, um es mit Hercule Poirots Lieblingswendung auszudrücken. Mit Hilfe seines Scharfsinns und seiner Kombinationsgabe fügt er alle Informationen, die meist auch die Leser/innen oder Zuschauer/innen haben, so zusammen, dass ein klares Bild vom Tathergang, dem Täter und seinen Motiven entsteht. Für diesen Typ von Detektiv/Detektivin ist jeder Mord eine Art Puzzle oder ein Rätsel, das es zu entschlüsseln gilt. Angetrieben wird der klassische Armchair Detective von der intellektuellen Herausforderung, die ihm ein Fall stellt, ihm geht es nicht in erster Linie um den Sieg der Gerechtigkeit, noch weniger um eine finanzielle Entlohnung. Häufig hat dieser Typ von Detektiv einen Helfer zur Seite, der für ihn die Laufarbeit erledigt und der die Fragen stellt, die Leser/innen oder Zuschauer/innen gern stellen würden und die dem Meister Gelegenheit geben, seine überlegene Intelligenz glänzen zu lassen. Wie schon Sherlock Holmes seinen Dr. Watson, so hatte z. B. Derrick seinen Harry.

  Als Gegenentwurf zum englischen Rätselkrimi entstand im Amerika der 1930er- und 1940er-Jahre der realistische Kriminalroman. Die Krimihandlung wurde aus der Atmosphäre des englischen Landhauses auf die Straße geholt. An die Stelle des intellektuellen Armchair Detectives, der sich seine Hände nicht schmutzig machte, tritt der Hardboiled Dick, der hartgesottene, ausgekochte Kerl, der vor Gewaltanwendung nicht zurückschreckt. Er ist der Nachfolger des Westernhelden und wie dieser ein einsamer Wolf, dem es um nichts anderes zu gehen scheint, als sich durchs Leben zu schlagen und die eigene Existenz zu sichern. Die Wildnis, in der er ums Überleben kämpft, ist allerdings nicht mehr der Wilde Westen, das weite Land jenseits der Zivilisation, sondern das Dickicht der modernen Großstadt. Recht und Gesetz spielen in beiden Bereichen keine allzu große Rolle und der Hardboiled Dick, ob Private Eye oder Cop, unterscheidet sich in der Wahl seiner Mittel oft kaum von den Schurken, die er verfolgt. Seine Fälle behandelt er lediglich als Job, irgendwelche Ideale wie Gerechtigkeit oder die Wiederherstellung einer sinnvollen Ordnung scheinen ihm fremd zu sein. Doch hinter der Kälte und dem Zynismus, die er nach außen an den Tag legt, verbirgt sich oft eine unvermutete Menschlichkeit, eine selbstlose Hilfsbereitschaft und ein ganz gefühlsbedingter Gerechtigkeitssinn. So recherchieren die Hardboiled Dicks zuweilen weiter, auch wenn ihre Auftraggeber oder Vorgesetzten den Fall für abgeschlossen halten und für allen weiteren Einsatz nur Ärger und Verluste herausspringen können. Vorbilder dieses Typs von Detektiven sind die Helden der Romane von Raymond Chandler und Dashiell Hammett: *Philip Marlowe* und *Sam Spade.*

1 Überprüft, ob und inwieweit sich die hier skizzierte Typologie der Detektive auf die aktuellen Kriminalfilme und Krimiserien im Fernsehen anwenden lässt. Welche Varianten innerhalb der beiden Typengruppen und welche Kombinationen von beiden könnt ihr entdecken?

2 Erweitert eure Beschreibungen von Kommissär Bärlach (Aufgabe 1, S. 171), indem ihr die Typologie auf ihn anwendet.

Porträt der Detektivin V. I. Warshawski

Die amerikanische Autorin Sara Paretsky begann in den 1980er-Jahren Kriminalromane zu schreiben, in denen sie eine Detektivin auf Verbrecherjagd schickte: V. I. Warshawski. V. I. steht für Victoria Iphigenia. Statt dieser Vornamen benutzt Vic, wie sie von ihren Freunden genannt wird, lieber die Initialen, da es für sie im Detektivgewerbe leichter ist, Kunden zu finden, wenn sie nicht schon im Branchenverzeichnis ihr Geschlecht preisgibt.

Das folgende Porträt der Detektivin orientiert sich am Roman „Deadlock“ (erschienen 1988 im Verlag R. Piper, München):

Die Heldin gehört zum Typ des P. I., des Private Eye. Sie hat eine Lizenz als Privatdetektivin in Chicago, Spezialgebiet Wirtschaftskriminalität. Sie arbeitet im „Deadlock“-Fall allerdings weder auf ihrem Spezialgebiet noch im Auftrag eines Kunden, sondern klärt den Mord an ihrem Vetter auf, an dem sie seit ihren Kindertagen sehr hängt. Dass sie dann doch in den Bereich der Wirtschaftsverbrechen gerät, hat damit zu tun, dass ihr ermordeter Vetter unsauberen Machenschaften im Frachtschiffverkehr auf den großen Seen vor den Toren Chicagos auf der Spur war.

Man kann V. I. Warshawski ganz eindeutig dem Typ des Hardboiled Dicks zuordnen, auch wenn sie eine Frau ist. Sie ist eine Einzelgängerin, lebt als Single in einer meist unaufgeräumten Wohnung in einem alles andere als vornehmen Viertel im Norden Chicagos. In ihrem Leben scheint es nur zwei wichtige Personen zu geben: ihre mütterliche Freundin Lotty Herschel, eine Ärztin, die es allerdings bisweilen leid ist, V. I. nach Unfällen bei ihren waghalsigen Unternehmungen immer wieder zusammenzuflicken oder ihr Unterschlupf zu gewähren, wenn der Verbleib in ihrer Wohnung zu gefährlich geworden ist, und den Gerichtsreporter Murray Ryerson, mit dem sie eine Beziehung unterhält, die das Nützliche (Informationsaustausch) mit dem Angenehmen (er ist gelegentlich ihr Liebhaber) verbindet, ohne aber zu einer engeren Bindung zu führen. Sie schätzt ihr freies Leben, bei dem sie sich jedoch recht mühsam durchschlagen muss, da ihre Aufträge nicht allzu gewinnbringend sind. Ihr kleines Büro wirkt schäbig und liegt im vierten Stock eines heruntergekommenen Hochhauses. Auf Mode und feinen Lebensstil legt sie keinen gesteigerten Wert, wenn sie auch hin und wieder Jeans und T-Shirt mit eleganterem Outfit tauscht und nobel essen geht.

Sie hat ein äußerst lebhaftes Temperament, wird rasch wütend, verliert dabei recht schnell die Beherrschung und neigt dazu, handgreiflich zu werden. Angst vor gewalttätigen Auseinandersetzungen scheint sie nicht zu kennen. Als sie in ihrer Wohnung einen Einbrecher vermutet, bewaffnet sie sich mit einem Bronzepokal als Schlagwaffe und schleicht sich auf Strümpfen an, statt die Flucht zu ergreifen und die Polizei zu alarmieren. In noch bedrohlicheren Situationen verlässt sie sich gern auf ihre Smiss & Wesson. Im Umgang mit ihren Mitmenschen, besonders wenn es sich um die weniger freundlich gesinnten handelt, wirkt sie schlagfertig, um kesse Sprüche nie verlegen, in ihren Äußerungen bis zur Taktlosigkeit direkt. Sie hat, wie sie selbst sagt, auf der Straße gelernt, sich ihrer Haut zu wehren. Auf den Anblick einer schrecklich zugerichteten Leiche reagiert sie abgebrüht und kaltschnäuzig. Wird sie selbst schwer verletzt, was auf Grund ihrer aggressiven Ermittlungsmethoden immer wieder geschieht, erweist sie sich als hart und zäh. Zur Erholung reichen ihr ein heißes Bad und ein Whisky, dem sie wie fast alle ihre hartgesottenen Kollegen überhaupt zugetan ist. In der Verfolgung ihrer Ziele ist sie halsstarrig und dickköpfig. Nur gelegentlich bricht ihre harte Schale auf und sie gestattet sich Tränen.

Sie stammt aus einfachen Verhältnissen, aus einem polnisch-italienischen Elternhaus im armen Süden Chicagos. Der Vater war von Beruf Polizist. Daher kommt es, dass V.I. recht gute Beziehungen zur Polizei hat, wenn auch Lieutenant Bob Mallory, ein alter Freund ihres Vaters, ihr dauernd zu verstehen gibt, dass er sie viel lieber als Hausfrau und Mutter sehen würde. Nach der Schule hat sie Jura studiert und wurde dann Pflichtverteidigerin. Diesen sicheren Job gab sie auf, weil sie die Ungerechtigkeiten im amerikanischen Justizsystem nicht ertragen konnte und auf eigene Faust für Ausgleich sorgen wollte.

So ist es bezeichnend für sie, dass sie, nachdem sie den Tod ihres Vetters aufgeklärt hat, den Fall nicht abschließt, sondern den großen Bossen das Handwerk legen will, hinter deren kriminelles Vorgehen im Kampf um Marktanteile im Frachtverkehr auf den großen Seen sie gekommen ist. Ihre Motive sind damit durchaus uneigennützig und menschenfreundlich, zielen ihre Aktionen letztlich doch auf eine Verbesserung der gesellschaftlichen Verhältnisse. Die Methoden allerdings, mit denen sie dabei vorgeht, lassen diese Menschenfreundlichkeit nicht erkennen und wirken recht skrupellos. Ihr Motto scheint zu sein: Der Zweck heiligt die Mittel. Sie lügt, täuscht, geht als blinder Passagier an Bord eines Schiffes und begeht Einbrüche, wenn sie anders ihre Beweismittel nicht erlangen kann. Am Ende ihres einsamen Rachefeldzugs wird der Hauptverbrecher, ein reicher Reeder, auch nicht der Justiz überstellt, sondern V.I. bezwingt ihn in einer Art Show-down und er erleidet einen grausigen Tod. In diesem Kampf beweist sie einmal mehr ihre körperliche Fitness, die sie durch tägliches Jogging erhält.

1 a) Welche Charakterzüge des Hardboiled Dick, hier von einer Frau verkörpert, erscheinen euch fragwürdig und problematisch?

b) Untersucht den Aufbau des Porträts, indem ihr für jeden Abschnitt eine Überschrift notiert:

1. Einordnung in die Detektiv-Typologie
2. Bezugspersonen und Lebensweise
3. ...

2 Verfasst in Anlehnung an das Porträt von V.I. Warshawski **eigene Porträts von Detektiven/Detektivinnen.** Folgende Tipps helfen euch, die Arbeit zu organisieren:

- Wählt einen **Kriminalroman** aus, dessen Detektiv/in ihr porträtieren wollt. Eine Vorschlagliste findet ihr auf der nächsten Seite.

- Mit den Abschnittsüberschriften aus Aufgabe 1b habt ihr bereits eine Reihe von **Gesichtspunkten** gefunden, auf die ihr bei der Vorbereitung eures Porträts achten müsst. Überlegt, ob diese Liste ergänzt werden sollte. So wird zum Beispiel im Porträt der V. I. Warshawski nicht auf ihr Aussehen eingegangen, da der Roman in der Ich-Form erzählt wird und die Heldin nicht ihr eigenes Aussehen beschreibt. Nehmt für jeden Gesichtspunkt einen andersfarbigen Stift und unterstreicht in eurem Roman die Textstellen, die für den entsprechenden Aspekt wichtig sind.
- Notiert auf einem großformatigen Blatt in Stichworten zu jedem Gesichtspunkt die **Stellen aus dem Roman** mit Seitenangabe, die ihr für euer Porträt nutzen wollt.
- Formuliert auf der Grundlage eurer Stichworte und der entsprechenden Textstellen zu jedem Gesichtspunkt einen Abschnitt für das Porträt.
- Legt die **Reihenfolge** der Abschnitte fest und überarbeitet sie, sodass ein gegliedertes, aber zusammenhängendes Porträt entsteht. Achtet bei der **Überarbeitung** auf den Tempusgebrauch. Orientiert euch dabei am Tempusgebrauch in dem Porträt der V. I. Warshawski.
- Schreibt eine **Einleitung** zu eurem Porträt, in der der Titel des Romans, der Name des Autors/der Autorin und der Name des Detektivs/der Detektivin vorkommen müssen.
- Zum Schluss könnt ihr noch ein Bild eures Helden/eurer Heldin anfertigen oder ein **Foto** suchen, das zu ihm/ihr passt.

Die Arbeitsschritte lassen sich mit gewissen Abweichungen auf Kriminalfilme oder Fernsehserien übertragen. Dann müsst ihr die Notizen zu den verschiedenen Kategorien arbeitsteilig anfertigen.

Krimi-Vorschlagliste

Autor/in	Titel	Detektiv/in
Arthur Conan Doyle	**Der Hund von Baskerville**	*Sherlock Holmes*
Agatha Christie	**Alibi**	*Hercule Poirot*
Agatha Christie	**16 Uhr 50 ab Paddington**	*Miss Jane Marple*
Raymond Chandler	**Der lange Abschied**	*Philip Marlowe*
Dashiell Hammett	**Der Malteser Falke**	*Sam Spade*
Friedrich Glauser	**Wachtmeister Studer**	*Wachtmeister Studer*
Dorothy Sayers	**Aufruhr in Oxford**	*Lord Peter Wimsey*
Ross Macdonald	**Ein Grinsen aus Elfenbein**	*Lew Archer*
G. K. Chesterton	**Pater Brown und das Blaue Kreuz**	*Pater Brown*
Harry Kemelmann	**Am Freitag schlief der Rabbi lang**	*Rabbi David Small*
Georges Simenon	**Die Eisentreppe**	*Kommissar Maigret*
Sjöwall/Wahlöö	**Endstation für neun**	*Martin Beck*
Elisabeth George	**Mein ist die Rache**	*Thomas Lynley und Barbara Havers*
Donna Leon	**Endstation Venedig**	*Guido Brunetti*
Tony Hillerman	**Wer die Vergangenheit stiehlt**	*Joe Leaphorn und Jim Chee*
Martha Grimes	**Inspector Jury bricht das Eis**	*Richard Jury*
Richard Hey	**Ein Mord am Lietzensee**	*Katharina Ledermacher*
Doris Gehrke	**Dschingis Khans Tochter**	*Bella Block*
Linda Barnes	**Carlotta jagt den Coyoten**	*Carlotta Carlyle*
Peter Hoeg	**Fräulein Smillas Gespür für Schnee**	*Smilla Jaspersen*

8.3 Wir schreiben einen Krimi

Ronald Munson

Fan Mail

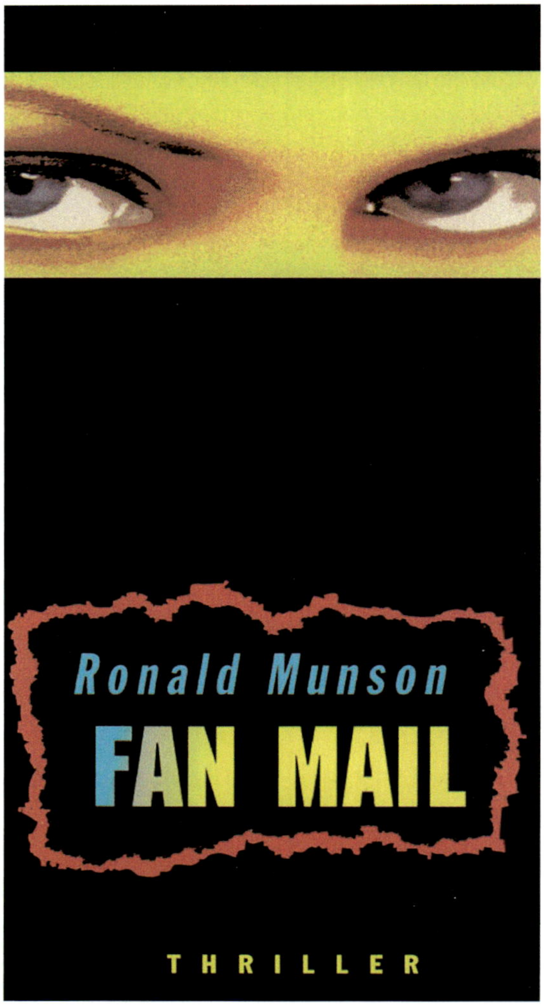

Joan Carpenter, eine junge Fernseh-Journalistin, erhält bei dem Sender KMIS-TV in St. Louis einen Job als Ko-Moderatorin in dem Nachrichtenmagazin „Nightbeat". Sie enttäuscht jedoch die Erwartungen ihrer neuen Chefs, die Einschaltquoten für ihre Sendung steigen nicht wie erhofft. Hinzu kommt ein bissiger Verriss von einem einflussreichen Fernsehkritiker. In dieser schwierigen Situation bietet ihr ein Fan an, sie zu retten und die Einschaltquoten in die Höhe zu treiben. Leider ist dieser Fan, der seine anonyme Fan-Post stets mit „Der Wächter" unterzeichnet, ein Psychopath, der in eine Art Liebeswahn zu Joan verfallen ist. Seine makabren Aktionen, die auf die Sensationsgier des Fernsehpublikums zielen, lassen die Einschaltquoten tatsächlich in die Höhe schnellen. So verstümmelt er den Fernsehkritiker und schickt die Beweisstücke seiner Tat in die Sendung, wo sie vor laufender Kamera ausgepackt werden. Die Fernsehbosse versuchen die abartige Beziehung des Fans zu Joan auszunutzen, um die Einschaltquoten zu erhöhen, und stärken ihre Position im Sender. Ihr selbst ist diese Art von Karriereförderung unheimlich und sie fühlt sich bedroht. Als der „Wächter" dann ihren Ko-Moderator Gary Wells vor laufender Video-Kamera umbringt, das Video-Band dem Sender zuschickt und der Nachrichtenchef es in „Nightbeat" einspielen lässt, ohne Joan vorher zu informieren, kündigt sie empört ihre Stelle. Daraufhin bietet ihr der Präsident des Senders an, sie zur Ko-Produzentin von „Nightbeat" zu machen, wodurch sie entscheidenden Einfluss auf die Gestaltung der Sendung hätte. Sie geht auf dieses Angebot ein mit dem Plan, dem schrecklichen „Wächter" eine Falle zu stellen, indem sie ihn in ihrer Sendung bittet, sich mit ihr zu treffen.

Das Bemerkenswerte an diesem Roman ist, dass er konsequent in einer Collage-Technik geschrieben ist, die unserem Zeitalter der elektronischen Kommunikation entspricht. „Fan Mail" ist eine Art moderner Briefroman: Er besteht aus Fax-Schreiben, E-Mails, Mitteilungen auf Anrufbeantwortern, Hauspost-Memos im Sender, Polizeiberichten und hin und wieder einem Brief. Jeglicher verbindender Erzählerbericht fehlt.

Die folgenden Textauszüge entstammen der Stelle des Romans, an der der Mord an Gary Wells in „Nightbeat" gezeigt wurde, Joan gekündigt hat, dann aber mit ihrem Plan, dem „Wächter" eine Falle zu stellen, zum Sender zurückkehren will.

Der erste Textauszug ist ein Brief Joans an ihre Mutter.

Joan Carpenter

2030 Buckminster, St. Louis, Mo. 63130

12. Nov./Donn.

Liebe Mama,

ich weiß nicht, ob du es schon in den Nachrichten gesehen hast, aber jemand hat meinen Ko-Moderator ermordet. Er hieß Gary Wells.

Gary und ich waren nicht gerade Freunde, aber ich war doch entsetzt, als unser Produzent ein paar Szenen des Videos ausstrahlte, das der Mörder aufgenommen hat. Ich fand, dass es Gary Wells' Tod herabgewürdigt und zu einem reinen Unterhaltungsbeitrag gemacht hat.

Mit solchen Dingen will ich nichts zu tun haben, deshalb habe ich gekündigt.

Mach dir keine Sorgen um mich. Ich habe genug Geld auf der Bank und ich glaube nicht, dass ich Schwierigkeiten haben werde, einen neuen Job zu finden. Wer weiß, vielleicht komme ich sogar wieder nach Dallas. Glaubst du, die Stuarts würden mir mein Haus zurückverkaufen?

Bitte denke auch nicht, dass ich in Gefahr wäre. Die Polizei hat Dutzende von Leuten auf den Fall angesetzt, und ich bin so vorsichtig, wie eine Frau nur sein kann. […]

Du fehlst mir immer noch, weißt du.

Alles Liebe

Joanie

PS: Ich habe mit Jane[1] gesprochen und ihr alles erzählt. Sie macht sich keine Sorgen um mich, also tu du 's auch nicht.

Bezirkspolizei St. Louis

Zwischenbericht **Datum: 12. November**

Von: Detective Raymond R. Robertson

An: Detective Lieutenant Peter S. Keefer, Dezernat für Schwerverbrechen

Fallnummer: 35-2300-1095

Peter,

wenn Sie wirklich Wert darauf legen, werde ich mal versuchen, eine Rekonstruktion des Tathergangs hinzukriegen.

Als Sie mich darum baten, dachte ich zuerst, wir hätten nicht mal genug, um überhaupt anfangen zu können. Dann habe ich mir das Band etwa zehnmal angesehen und die Autopsie-Ergebnisse und den Bericht der Spurensicherung gelesen. Danach bin ich drangegangen, mich durch sämtliche Vernehmungsprotokolle von Patsy Wells[2], Charles Fishwater[3], Joan Carpenter, den anderen von *Nightbeat* und allen Nachbarn der Stringers[4] zu wühlen. Als ich das hinter mir hatte, wurde mir klar, dass wir doch sehr viel beisammen haben und ich anhand des Materials eine ziemlich plausible Rahmengeschichte zusammenbauen könnte.

Also gut, hier ist meine erste, vorläufige Rekonstruktion der Dinge, die sich am Dienstagabend abgespielt haben könnten. Ich schreibe es als Geschichte auf, ohne viele Beweise anzuführen, und wenn sie Ihnen gefällt, können wir die Fragen rauspicken, zu denen wir ermitteln sollten. Auf geht 's.

Irgendjemand (wir nennen ihn X) ruft Gary Wells zwischen Mittwoch letzter Woche (nach der *Nightbeat*-Sendung) und Dienstagmorgen an. X erzählt Wells, er hätte was ganz Heißes für ihn.

„Gut“, sagt Gary. „Wie heiß?“

„Heiß genug, um Joan Carpenter von ihrem Thron zu stoßen“, sagt X. „Wir sollten uns treffen und darüber reden.“

Wells stimmt bereitwillig zu, denn die Vorstellung, Carpenter eins in die Fresse hauen zu können, ist für ihn unwiderstehlich. Wie alle anderen, die je die Sendung gesehen haben, weiß auch er, wie sehr er gegen sie absinkt, und fühlt sich gedemütigt.

Dann ist es Dienstagabend und Wells' Frau fragt ihn, wo er hin will. Er sagt: „Ich muss mich mit jemandem treffen. Ich bin einer

1 **Jane:** Joans Schwester
2 **Patsy Wells:** die Ehefrau des ermordeten Gary Wells
3 **Charles Fishwater:** Vizepräsident des Senders KMIS und Joans unmittelbarer Vorgesetzter
4 **Stringers:** Familie, der das Haus gehört, in dessen Garage der Mord geschah; das Haus der Stringers steht zur Tatzeit leer, da sie ausgezogen sind und das Haus zum Verkauf angeboten haben.

Story auf der Spur, die diese Hexe Joan Carpenter aus dem Sender katapultiert und zurück zu den Kuhweiden schickt, wo sie herkommt.“ (Das ist ein wörtliches Zitat von Patsy Wells.) Er klingt sehr selbstzufrieden, fast großspurig.

Gary sagt Patsy nicht, mit wem er sich treffen will. Vermutlich weiß er das selbst nicht, da es viel zu riskant für X wäre, Wells seinen Namen zu nennen. Wells könnte ihn seiner Frau gegenüber erwähnen oder in seinen Kalender notieren, und wenn er dann als Leiche auftaucht, wird jeder sofort nach X suchen. (Vielleicht hätte ich das schon am Anfang erwähnen sollen, aber ich denke, es ist offensichtlich, dass der Mord von langer Hand vorbereitet wurde. Alles andere wäre zu sehr vom Zufall abhängig.)

Wells trifft sich, wie geplant, um 19 Uhr mit X. Dann fahren sie entweder zusammen zum Stringer'schen Haus oder kommen getrennt dort an. Vielleicht fährt X sogar mit in Wells' Auto, erklärt ihm den Weg. Keinem der Nachbarn fällt auf, dass jemand in die Einfahrt biegt oder rausfährt. Doch das ist nicht verwunderlich, da dauernd Leute kommen, um sich das Haus anzusehen oder etwas zu reparieren.

Warum X das Stringer'sche Haus als Tatort gewählt hat, weiß ich auch nicht. Vielleicht kannte X die Stringers und wusste, dass sie ausgezogen waren, vielleicht wohnt er in der Nachbarschaft und hat das Verkaufsschild gesehen, oder er hat vielleicht nach genau so einem Haus gesucht, um Wells dorthin zu locken.

Wahrscheinlich war X schon vorher dort und hat alles vorbereitet. Alles, was er braucht, einschließlich der Videokamera, liegt parat. Er bringt Wells dazu, den Wagen in die Garage zu fahren, vielleicht unter dem Vorwand, er würde draußen zu sehr auffallen. (Womit die Annahme bestätigt wäre, dass sie nur in einem Auto gekommen sind.)

Wells fährt seinen roten Toyota in die Garage. Sie steigen aus, und X kommt um den Wagen herum und stellt sich dicht neben Wells. Dann (und in diesem Punkt bin ich mir ziemlich sicher) lenkt X Wells' Aufmerksamkeit auf das Geweih, das an einem Nagel oben an der Ostwand der Garage hängt. (Auf zwei der Fotos von der Garage finden Sie das Geweih.)

Wells ist abgelenkt durch das, was X ihm erzählt. Während Wells den Kopf zurückbeugt und nach dem Geweih schaut, greift X nach dem Rohrstück, das er bei seinem vorherigen Besuch an einen geeigneten Platz gelegt hat. Dann bringt er Wells den Schlag an der rechten Seite des Kopfes bei, der zwar den Schädelknochen nicht verletzt, ihn aber bewusstlos macht.

[…]

Jane Carpenter-Reed, M. D.
Fachärztin für Psychiatrie und Psychotherapie
3460 Chestnut Avenue
Brookline, MA 021478
617-976-8740
Fax: 617-976-2886

14. November

Meine liebste Joanie,

ich bin ja so froh, dass du angerufen hast.

Wenn man meint, die gleiche Szene immer wieder zu durchleben, und dazu noch Schlafstörungen hat, glaubt man, das hört nie wieder auf. Aber es hört auf. Und es ist eine ganz natürliche Reaktion auf ein Erlebnis, das dich schwer mitgenommen hat. Wenn es schlimmer wird und die Depressionen überhand nehmen oder du anfängst, dir die Schuld an Gary Wells' Tod zu geben, ruf mich an, und wir besprechen ein paar Dinge, die du dagegen tun kannst.

Vielleicht freut es dich, zu hören, dass ich nach längerem Nachdenken völlig deiner Meinung bin: Du hattest Recht mit deiner Kündigung.

Ich glaube nicht, dass die Kündigung in irgendeiner Weise den Wunsch nach Versagen oder eine selbstzerstörerische Tendenz widerspiegelt. Du hast das Richtige getan, und aus dem richtigen Grund. Den Job auf Kosten deiner Integrität und Selbstachtung zu behalten, wäre ein zu hoher Preis gewesen. (Wenn ihnen natürlich klar wird, wie dumm sie waren, dich gehen zu lassen, und sie dich zu besseren

Bedingungen zurückhaben wollen, solltest du nicht aus lauter Selbstgerechtigkeit jede Diskussion darüber ablehnen.)

Ich muss zugeben, dass mich die Tat des Wächters ziemlich überrascht hat. Seine Bereitschaft zur Gewalttätigkeit hat er mit dem Überfall auf Kline[5] bewiesen, aber mir war nicht klar, wie weit ein an Liebeswahn Erkrankter gehen würde, um sich die Anerkennung seines Liebesobjekts zu sichern. Das bewegt sich weit außerhalb des Rahmens normaler psychologischer Erfahrungen. Dass ein ansonsten rationaler Mensch tatsächlich einen Mord begeht, in der irrigen Annahme, damit jemand anderem eine Freude zu machen, ist ein Phänomen, das ich bisher nur auf primitive Religionen beschränkt glaubte. Als würde ein Götzenanbeter seiner Fernsehgöttin ein Menschenopfer bringen. (Da du die Göttin bist, sollte ich so was wohl lieber nicht sagen. Aber ich hoffe, du kannst dir eine gewisse Distanz zu der Sache bewahren.)

Ich werde Stratford Vogler[6] anrufen und ihm erzählen, was passiert ist. Er hat eventuell schon Teile der „Todesszene", wie der *Boston Globe* sie nannte, gesehen, denn sie kam in verschiedenen Nachrichtensendungen.

Du darfst keinesfalls vergessen, dass du dich in ständiger Gefahr befindest. Diesen von dir besessenen Wächter um dich rumschleichen zu haben ist so, als hättest du einen Tiger als Haustier – ohne Vorwarnung kann das Biest dich anspringen und zerfleischen.

Du scheinst wirklich über eine erstaunliche Willensstärke zu verfügen, die dich, trotz allem, was seit deinem Umzug nach St. Louis passiert ist, immer noch aufrecht und funktionsfähig hält. Ich glaube, Daddy wäre schwer beeindruckt.

Ich bin es jedenfalls.

Alles, alles Liebe
Janie

PS: Schön, dass du Mama geschrieben hast. Sie sieht zwar selten fern, aber irgendjemand erzählt ihr mit Sicherheit, was passiert ist.

Fax-Anschluss 314-552-5671

Joan Carpenter

2030 Buckminster, St. Louis, Mo. 63130

Lieber Dan[7], 15. Nov./Sonn.

[…] Zuerst war ich sehr beunruhigt und deprimiert bei dem Gedanken, dass jemand bereit war, für mich zu töten, und dann auch noch annahm, das würde mir Freude machen. Die ganze Sache deprimiert mich immer noch, aber dann fing ich an zu überlegen, wie ich die Besessenheit des Wächters zu meinem Vorteil nützen könnte. Die Tatsache, dass er sich bei mir beliebt machen will, muss mir doch eine gewisse Macht über ihn geben, und ich sollte in der Lage sein, diese Macht zu benutzen, um ihn unter Kontrolle zu bringen.

„Und was hast du dir nun einfallen lassen?", fragst du.

Wie bei dir stammen auch meine Ideen größtenteils aus alten Filmen und dem, was ich in der Glotze sehe, und mir kam der Gedanke, dass ich einen bewegenden öffentlichen Appell an den Wächter richten könnte. Erinnerst du dich noch, wie Rodney King die Menschen in L. A. anflehte, mit den Plünderungen und Straßenkämpfen aufzuhören? Er sah direkt in die Kamera, und es war herzergreifend. Was er sagte und wie er es sagte, hat zur Beendigung der Unruhen bestimmt beigetragen, und ich denke, ich könnte die gleiche Technik erfolgreich auf den Wächter anwenden. Das bedeutet, wenn ich nächsten Mittwoch auf Sendung gehe, blicke ich mit ernstem und (echt) betroffenem Gesicht in die Kamera und sage so was wie: „Zu viel Blut ist bereits geflossen. Ich weiß, Sie wollen mir helfen, aber ich möchte nicht, dass noch weitere Menschen zu Schaden kommen. Und ich möchte nicht, dass Sie zu Schaden kommen. Wenn Sie sich mir stellen, werde ich dafür sorgen, dass man Sie fair behandelt."

An dem Text muss ich natürlich noch ordentlich feilen, aber ich denke, du weißt auch so, worauf ich hinauswill. Ohne prahlen zu wollen, glaube ich

5 **Kline:** der Fernsehkritiker, den der „Wächter" verstümmelt hatte

6 **Stratford Vogler:** Psychiatrie-Kollege von Jane, der auf Fälle wie den „Wächter" spezialisiert ist

7 **Dan:** Dan Saturn, Agent von Joan, der sie als Freund aber nicht nur in geschäftlichen Angelegenheiten berät

doch, dass ich in der Lage sein sollte, genügend Charme, Ernsthaftigkeit und persönliche Anziehungskraft ausstrahlen zu können, um jemanden, der mir bereits seine unsterbliche Ergebenheit versichert hat, zu bewegen, sich mit mir am Fuße des Gateway Arch oder irgendeinem anderen dramatischen Schauplatz zu treffen.
Selbstverständlich habe ich nicht vor, mich mit dem Wächter zu einem einsamen Tête-à-tête zu treffen. (Er ist der Verrückte, nicht ich.) Ich erwarte, von einem Heer von Polizisten in Zivil umgeben zu sein, die den Wächter mit Stahlschlingen einfangen, sobald er auftaucht. Sie werden ihn dann vermutlich ins Irrenhaus karren, wo man ihn per Drogen einer Gehirnwäsche unterziehen wird, was vielleicht nicht viel nützt, ihn aber von der Straße wegbringt.
Glaubst du, Rostovsky[8] und Fischauge[9] werden sich mit meinem Appell einverstanden erklären? Wenn nicht, muss ich mir sehr viel genauer und länger überlegen, ob ich bereit bin, wieder für KMIS zu arbeiten. [...]

8 **Rostovsky:** Präsident des Senders KMIS
9 **Fischauge:** Spitzname von Charles Fishwater, Vizepräsident von KMIS und Joans Vorgesetzter

PROJEKTVORSCHLÄGE:

Wir schreiben einen Krimi

1) Den Krimi um Joan Carpenter weiterschreiben

Wie könnte die Geschichte weitergehen? Schreibt den Krimi um Joan Carpenter und den „Wächter" zu Ende. Dabei könnt ihr wie folgt vorgehen:

* Ihr verständigt euch in der Klasse auf einen **Handlungsverlauf,** den ihr kurz und knapp im Stile einer Inhaltsangabe festhaltet. Am besten schreibt ihr die einzelnen **Handlungsschritte** jeweils auf eigene Zettel oder Karteikarten.
  Diskutiert dabei über die in der Vorlage dargestellten Gewalttaten. Sind sie notwendig, um Spannung zu erzeugen, oder lässt sich durch Vermutungen und Andeutungen mehr Wirkung erzielen? Könnten die Morde auch vorgetäuscht sein, um die Einschaltquoten in die Höhe zu treiben?
* Die einzelnen Handlungsschritte werden in der Klasse verteilt. Jeder Schreiber/Jede Schreiberin bestimmt nun für den zugeteilten Handlungsabschnitt eine oder auch mehrere **Textformen** mit Absender und Empfänger: Fax, E-Mail, Telefonat, Aufspruch auf den Anrufbeantworter, Zeitungstext, Hausmitteilung, Brief.
* Verfasst eure Texte, lest sie in der Klasse vor und fügt sie zu einer **Collage** zusammen. Ergeben sich dabei Verständnisschwierigkeiten, müsst ihr die **Texte überarbeiten,** um dem Leser die Zusammenhänge deutlicher zu machen.

2) Einen eigenen Collage-Krimi schreiben

Konstruiert nach dem Muster von „Fan Mail" einen eigenen Klassen-Krimi.

* Bei der Organisation des Projekts könnt ihr euch an den Arbeitsschritten des Projektes 1 (s. o.) orientieren. Beachtet bei dem Entwurf des Handlungsverlaufs, dass ihr **Setting** (Ort, Zeit, Milieu, Atmosphäre) und **Figuren** so auswählt, dass sie euch vertraut sind; denn über das, was man kennt, kann man am besten schreiben.
* **Überarbeitet** eure Texte anhand der Checkliste auf S. 152/153.
* Am Ende könnt ihr eurem Klassen-Krimi mit Hilfe des Computers ein ansprechendes Lay-out geben, ihn vielleicht sogar mit Illustrationen versehen und als gebundenes Heft herausgeben. Für die äußere Gestaltung bietet sich an, das Ganze als fächerverbindendes Projekt mit dem Kunstunterricht anzulegen.

9 Weisheit und Alltag – Gedanken in Gedichten

9.1 Aus dem Fenster sehen: Lyrische Reflexionen

Erfahrungen Dauer verleihen

Johann Heinrich Wilhelm Tischbein:
Goethe am Fenster (1787)

Bertolt Brecht

Vergnügungen (1954)

Der erste Blick aus dem Fenster am Morgen
Das wiedergefundene alte Buch
Begeisterte Gesichter
Schnee, der Wechsel der Jahreszeiten
Die Zeitung
Der Hund
Die Dialektik
Duschen, Schwimmen
Alte Musik
Bequeme Schuhe
Begreifen
Neue Musik
Schreiben, Pflanzen
Reisen
Singen
Freundlich sein. R

1 a) Untersucht, welche Bedeutung die Reihenfolge der Verse für Brechts Gedicht hat, indem ihr Umstellungen vornehmt.
b) Ihr könnt das Gedicht kürzen oder verlängern. Beobachtet, wie sich dann die Wirkung ändert.

2 Stellt zwischen dem Gedicht Bertolt Brechts und Tischbeins Aquarell „Goethe am Fenster" eine Verbindung her.

3 Verfasst aus eigenem „Material" ein solches Gedicht. Stellt dazu zusammen, was euch wichtig war, z. B. Kleinigkeiten, die das Leben bestimmen.

– Wofür ich dankbar bin
– Was ich möchte
– Was mich quält
– Was mich glücklich macht
– …

Überlegt, welchen Vers ihr an den Schluss setzt. Versucht eine Pointe zu finden, die eure individuelle Erfahrung allgemein interessant macht.

Alltagsgedichte schreiben

In Alltagsgedichten geht es um kleine, alltägliche Ereignisse oder Begegnungen, die Momente des Nachdenkens hervorrufen, oder um Augenblicke des Alleinseins und Gesten der Besinnung wie: „aus dem Fenster sehen“, „in fließendes Wasser schauen“, „von einem hohen Turm über das Land blicken“. Sie können Ausgangspunkt von Beobachtungen und Betrachtungen sein, die man notiert und dann zu einem Gedicht ordnet.

* Sammelt in einer Schreibgruppe solche Momente des Nachdenkens. Stellt wenigstens sechs auf Karteikarten zusammen.
* Jede/r wählt dann *einen* dieser Momente und setzt ihn in das Zentrum eines großen Blattes.
* Notiert eure Ideen zu dem Zentralbegriff in Form eines Clusters, indem ihr Zusammengehöriges verknüpft.
* Sucht dann eine Ideenverbindung aus und verfasst euer Gedicht, zunächst ohne Reim oder besondere sprachliche Mittel. Fangt mit dem Wort „ICH“ an.
* Besprecht eure Gedichte: Jede/r sagt, welche Verse sie/er besonders gelungen findet.
* Überarbeitet eure Gedichte: Feilt an den gelungenen Versen, streicht oder verändert die übrigen. Wechselt z.B. Wörter aus, damit Wortspiele oder Anspielungen entstehen. Überlegt euch auch eine Pointe, z.B. einen doppeldeutigen Begriff, ein verstecktes Zitat.

Rätsel des Lebens

Heinrich Heine

Fragen (1827)

Am Meer, am wüsten, nächtlichen Meer
Steht ein Jüngling-Mann,
Die Brust voll Wehmut, das Haupt voll Zweifel,
Und mit düstern Lippen fragt er die Wogen:

„O löst mir das Rätsel des Lebens,
Das qualvoll uralte Rätsel,
Worüber schon manche Häupter gegrübelt,
Häupter in Hieroglyphenmützen,
Häupter in Turban und schwarzem Barett,
Perückenhäupter und tausend andre
Arme, schwitzende Menschenhäupter –
Sagt mir, was bedeutet der Mensch?
Woher ist er kommen? Wo geht er hin?
Wer wohnt dort oben auf goldenen Sternen?“

Es murmeln die Wogen ihr ew'ges Gemurmel,
Es wehet der Wind, es fliehen die Wolken,
Es blinken die Sterne, gleichgültig und kalt,
Und ein Narr wartet auf Antwort.

Heinrich Heine

Zum Lazarus[1] **I** (1852)

Lass die heil'gen Parabolen[2],
Lass die frommen Hypothesen –
Suche die verdammten Fragen
Ohne Umschweif uns zu lösen.

Warum schleppt sich blutend, elend,
Unter Kreuzlast der Gerechte,
Während glücklich als ein Sieger
Trabt auf hohem Ross der Schlechte?

Woran liegt die Schuld? Ist etwa
Unser Herr nicht ganz allmächtig?
Oder treibt er selbst den Unfug?
Ach, das wäre niederträchtig.

Also fragen wir beständig,
Bis man uns mit einer Hand voll
Erde endlich stopft die Mäuler –
Aber ist das eine Antwort?

1 **Lazarus:** Heine, seit Jahren gelähmt ans Bett gefesselt, vergleicht sich mit der biblischen Gestalt des Lazarus, den Jesus von den Toten auferweckte und aus seinem Grab befreite.
2 **Parabolen:** Gleichnisse, Parabeln (s. S. 15–22)

Caspar David Friedrich: Der Mönch am Meer (um 1809)

1 a) Tragt beide Gedichte Heines (S. 182) vor.
b) Im zweiten Gedicht tauchen Reime auf. Beobachtet ihr einen Einfluss auf den Ton, in dem ihr das Gedicht vorgetragen habt? Untersucht auch die Verteilung der Reime.
c) Im ersten Gedicht ist von „Wehmut“ des Fragenden die Rede. Welches ist die vorherrschende Stimmung in „Zum Lazarus I“?

2 Heinrich Heine (1797–1856) stellt in den beiden Gedichten ähnliche Fragen, einmal als junger Mann, einmal am Ende seines Lebens. Was hat sich geändert, was ist gleichgeblieben? Stellt in einer Tabelle gegeneinander:

	Fragen (1827)	Zum Lazarus I (1852)
die Situation des Sprechers	angesichts des unendlichen Meeres	auf dem Krankenlager
seine Gedanken	...	
seine Sprache		

3 Welches der Gedichte hat eine größere Nähe zu dem romantischen Landschaftsbild von Caspar David Friedrich „Der Mönch am Meer“? Begründet eure Ansicht.

Kurt Marti
was kommt nach dem tod? (1969)

Ja, Tod, du bist eine eigene Sache, du Tod du! Schauerlich durch Rätselhaftigkeit, und wärst vielleicht noch schauerlicher, wenn das Rätsel gelöst wär.
Johann Nepomuk Nestroy

Traue den Reden des Todes nicht! Seine dir zugewandte Wahrheit ist Schweigen. *Ludwig Strauss*

was kommt nach dem tod?
nach dem tod
kommen die rechnungen
für sarg begräbnis und grab
was kommt nach dem tod?
nach dem tod
kommen die wohnungssucher
und fragen ob die wohnung erhältlich
was kommt nach dem tod?
nach dem tod
kommen die grabsteingeschäfte
und bewerben sich um den auftrag
was kommt nach dem tod?
nach dem tod
kommt die lebensversicherung
und zahlt die versicherungssumme
was kommt nach dem tod?

1 Kurt Marti ist Pfarrer. Er hat den Antworten auf seine Frage zwei Zitate von anderen Autoren vorangestellt. Überlegt, warum er das wohl getan hat.

2 Sucht selbst nach Aussprüchen, die ihr als Motto vor den Text Kurt Martis setzen könntet.

3 Sucht Fotos oder Gemälde zum Thema „Was kommt nach dem Tod?". Kommentiert dann die Bilder und den Text Kurt Martis im Vergleich.

Was hat der Mensch aus sich selbst und aus der Welt gemacht?

Marie Luise Kaschnitz
Hiroshima (1957)

Der den Tod auf Hiroshima warf
Ging ins Kloster, läutet dort die Glocken.
Der den Tod auf Hiroshima warf
Sprang vom Stuhl in die Schlinge, erwürgte sich.
Der den Tod auf Hiroshima warf
Fiel in Wahnsinn, wehrt Gespenster ab
Hunderttausend, die ihn angehen nächtlich
Auferstandene aus Staub für ihn.

Nichts von alledem ist wahr,
Erst vor kurzem sah ich ihn
Im Garten seines Hauses vor der Stadt.
Die Hecken waren noch jung und die Rosenbüsche zierlich.
Das wächst nicht so schnell, daß sich einer verbergen könnte
Im Wald des Vergessens. Gut zu sehen war
Das nackte Vorstadthaus, die junge Frau
Die neben ihm stand im Blumenkleid
Das kleine Mädchen an ihrer Hand
Der Knabe der auf seinem Rücken saß
Und über seinem Kopf die Peitsche schwang.
Sehr gut erkennbar war er selbst
Vierbeinig auf dem Grasplatz, das Gesicht
Verzerrt von Lachen, weil der Photograph
Hinter der Hecke stand, das Auge der Welt. R

1 a) Informiert euch in Lexika oder Geschichtsbüchern über Hiroshima.
b) Klärt, wie sich die Aussagen der beiden Strophen zueinander und zur „Wirklichkeit" verhalten.
c) Welche Aufgabe hat der Fotograf oder Journalist, welche die Dichterin?

2 Diskutiert über die Frage, ob ein Soldat, ein Pilot, ein Wissenschaftler verantwortlich ist für die Taten, die er als Befehl, als Auftrag, als Forschung „für sein Land" ausgeführt hat.

3 Formuliert die Aussagen des Gedichts zum Thema „Politische Verantwortung des Einzelnen für die Dinge, die in der Welt geschehen" als Rede/als offenen Brief/als Statement für eine Diskussion.

Sarah Kirsch

Ende des Jahres (1982)

In diesem Herbst wurden die Atompilze
In den Journalen solch gewöhnlicher Anblick
Daß sich beim Betrachten der Fotografien
Ästhetische Kategorien herzustellen begannen
Die Lage des blauen Planeten war absehbar
Das Wort Neutronenwaffen erschien häufig
Wie seine Brüder Benzinpreise Wetterbericht
Es wurde alltäglich wie Friedensappelle.

Mein Kind hat eine Fünf geschrieben
Was soll ich sagen es kostet schon Kraft
Seinen Anblick die Unschuld ertragen
Und wir leben unser unwahrscheinliches
Abenteuerliches Leben korrigieren die Fünf
Das Kind geht zur Schule wir pflanzen Bäume
Hören den Probealarm die ABC-Waffen-Warnung
Kennen die Reden der Militärs aller Länder. R

1 Vergleicht die Gedichte von Marie Luise Kaschnitz und Sarah Kirsch:
a) Wie stehen sie zur Presse und zur Aufgabe des Fotografen/des Journalisten?
b) Wie beurteilen sie das Thema „Verdrängung und Vergessen"?

2 Woran könnt ihr in den Texten jeweils feststellen, dass die Autorinnen wertend über das Thema „Was haben die Menschen aus der Welt gemacht" nachdenken?

Wolf Biermann
Zeichnung von Penck (1997)

ach aus Dresden, meines Freundes
irre Krakelzeichnung. Soll ich nun
Rätsel lösen? Seht
den Bösen! seht den Guten: ja er
nennt den Bösen böse
und das macht den Bösen böse
seht: der Gute ist im Grunde
böse, denn er macht den Bösen böse.
sind die Mörder nun die Opfer?
gibt es nicht mehr falsch und richtig?
Wahrheit – Lüge? oben – unten?
sollen wir die Feigheit wagen?
soll ich Nein und Amen sagen?
ist vor lauter Kompliziertheit
jedes klare Wort gevierteilt?
sind noch Mörder Mörder?
sind die Steine Steine?
Ratten Ratten? Deutsche Deutsche?
Wein ich, wenn ich weine?

1 Formuliert mit eigenen Worten, für welche allgemeinen Fragen Wolf Biermann das Bild des Malers A. R. Penck zum Anlass nimmt.

2 a) Erläutert an selbst gewählten Beispielen, was Biermann über das Problem von Wahrheit, Lüge und Feigheit schreibt.
b) Inwieweit richtet er sich mit seinen Beobachtungen besonders an Dichter und Journalisten?

Nicolas Born
Entsorgt (1977)

So wird der Schrecken ohne Ende langsam normales Leben
Zuschauer blinzeln in den Hof im Mittagslicht
Kleinstadt, harte Narbe ziegelrot
Gasthaus, wehende Gardinen
und am Schreibtisch ist jetzt gering der persönliche Tod

Ich kann nicht sagen, wie die Panik der Materie
wirkt, wie ich in meiner Panik
die nicht persönlich ist, nur an die
falschen Wörter komme.
Das sorgend Schöne fehlt mir an *Krypton* und *Jod 129.* Mir fehlt die Zukunft der Zukunft
mir fehlt sie.
Mir fehlen schon meine Kindeskinder
Erinnerung an die Welten

mir fehlen Folgen, lange Sommer am Wasser
harte Winter, Wolle und Arbeit

Hier entstehen Folgen starker Wörter
die leblos sind, das verruchte Gesindel spürt nichts, sie schließen die Kartelle
keine Ahnung was sie in die Erde setzen
Ahnung nicht, nur Wissen
was sie in die Erde setzen in Luft und Wasser für immer
kein Gefühl für ‚immer'. Den Tod
sonderbehandeln sie wie einen Schädling
der gute Tod vergiftet wie die liebe Not.

Was schändet ihr die Gräber meiner Kindeskinder
was plündert ihr den Traum der Materie,
den Traum der Bilder, des Gewebs, der Bücher Knochen.

Die Trauer ist jetzt trostlos
die Wut ohne Silbe, all die maskierte Lebendigkeit
all die würgende Zuversicht
Gras stürzt, die Gärten stürzen, niemand unterm Geldharnisch fühlt die Wunde
entsorgt zu sein von sich selbst.
Kein Gedicht, höchstens das Ende davon. Menschenvorkommen
gefangen in verruchter Vernunft, die sich nicht einmal weiß vor Wissenschaft.
Kein Schritt mehr frei, kein Atem
kein Wasser unerfasst, käufliche Sommerspuren
die Haut der Erde – Fotoabzüge
die betonierte Seele, vorbereitetes Gewimmer das dann nicht mehr stattfindet vor Stimmgebrochenheit.
Winzige Prozessrechnungen in der hohlen Hand beleben die Erde, alles wissende Mutanten
dafür totaler Schutz vor Erfahrungen.
Lebensstatisten, Abgänger. Am Tropf der Systeme.

Gekippte Wiesenböschung, Engel, ungewisse,
warmer Menschenkörper und Verstehn
Gärten hingebreitet, unter Zweigen Bänke …
…… Schatten … Laub … im Wind gesprochen
… Samen

1 a) Listet die einzelnen Beobachtungen auf, die in Borns Gedicht formuliert sind. Notiert auch die Wertungen, die der Sprecher vornimmt.
b) Arbeitet den Gedankengang zu einem „Gedankenprotokoll" aus:

Ich sitze am Schreibtisch in einer Kleinstadt, blicke hinaus, sehe ein ziegelrotes Haus – das normale Leben. Aber ich empfinde das nicht als normal, sondern es überfällt mich ein panischer Schrecken. Dieses Erschrecken ist keine persönliche Angelegenheit, sondern umfasst alles, mich, den Menschen … und die unbelebte Materie gleichermaßen …

2 Was unterscheidet eure Paraphrasen von dem Gedicht Borns? Setzt die folgende Gegenüberstellung fort:

Text-Paraphrase	*Gedichtfassung*
klares Gedankenprotokoll	*mehrdeutig (man weiß nicht genau, was beobachtet wird / was gemeint ist)*
gegliederte Abfolge der Aussagen	*wie wenn jemand ohne Konzept so vor sich hinspricht, dabei aber geläufige Redewendungen verdreht*
einfache, klare Sprache	...
...	

3 a) Wo stimmt ihr den Urteilen des Sprechers zu, wo scheinen sie euch überzogen?
b) Welchen Sinn hat eurer Meinung nach der Titel?

4 Entwickelt aus euren Überlegungen zur Überschrift und eurer Gegenüberstellung von Gedicht und Paraphrase Gesichtspunkte für eine Interpretation des Gedichts.

Uralte Sinnfragen: Was ist die Welt? Was ist der Mensch?

Als Ödipus der Sphinx begegnete, fragte die ihn nach dem Wesen, das zuerst vier-, dann zwei-, dann dreibeinig sei. Ödipus selbst war die Antwort des Rätsels: der Mensch. Das Rätsel Mensch ist seither in vielen Variationen durchdacht worden, die „Lösungen“ sind abhängig von der Zeit, in der sie gesucht wurden. Sie sind bis heute widersprüchlich geblieben.

Jean Auguste Dominique Ingres: Ödipus und die Sphinx (1808)

1 Informiert euch in Gustav Schwabs „Sagen des klassischen Altertums“ oder in einem Lexikon über Ödipus.

2 a) Stellt eigene Definitionen des Menschen zusammen, z. B.: *Der Mensch ist das Wesen, das seine Erfahrungen durch Sprache weitergeben kann.*
b) Formuliert eure Definition als „Rätsel der Sphinx“.

3 Schreibt eine fantastische Szene, in der ein Fabelwesen aus der Sicht des fremden Beobachters über Menschen und ihr widersprüchliches Verhalten urteilt.

Andreas Gryphius

Menschliches Elende (1639)

Zur Zeit des Dreißigjährigen Kriegs, im Barock, waren die Antworten auf die Sinnfragen nicht einfach, aber klar: Die Welt ist „eitel", d. h. vergänglich, der Mensch ein Wesen, das sterblich ist und in Gedichten darüber klagen kann.

Was sind wir Menschen doch! Ein Wohnhaus grimmer Schmerzen,
Ein Ball des falschen Glücks, ein Irrlicht dieser Zeit,
Ein Schauplatz herber Angst, besetzt mit scharfem Leid,
Ein bald verschmelzter Schnee und abgebrannte Kerzen.

Dies Leben fleucht davon wie ein Geschwätz und Scherzen.
Die vor uns abgelegt des schwachen Leibes Kleid
Und in das Totenbuch der großen Sterblichkeit
Längst eingeschrieben sind, sind uns aus Sinn und Herzen.

Gleich wie ein eitel Traum leicht aus der Acht hinfällt
Und wie ein Strom verscheußt, den keine Macht aufhält,
So muss auch unser Nam, Lob, Ehr und Ruhm verschwinden.

Was itzund Atem holt, muss mit der Luft entfliehn,
Was nach uns kommen wird, wird uns ins Grab nachziehn.
Was sag ich? Wir vergehn, wie Rauch von starken Winden.

1 Bestimmt Versmaß und Gedichtform.

2 a) Formuliert in eigenen Worten, worin nach der Aussage des Gedichts das „menschliche Elend" besteht.
b) Wie oft wird der Gedanke ausgedrückt? Wie wirkt die Wiederholung hier auf euch?

3 Mit welchen Bildern werden „wir Menschen" beschrieben? Schreibt sie heraus und versucht, zu jedem ein Gegenbild zu entwerfen:

Bilder für „Mensch" im Gedicht	Gegenbilder
„ein Wohnhaus grimmer Schmerzen"	ein Tummelplatz der Lust
„ein Ball des falschen Glücks"	...
...	

4 Welchen Titel würdet ihr eurem aus den Gegenbildern komponierten Gedicht geben?

5 Vergleicht eure eigenen Texte mit dem Gedicht „Zeiterscheinungen" von Dietlinde Hedwig Heckt (S. 190).

Dietlinde Hedwig Heckt

Zeiterscheinungen (1977)

Obwohl seit Gryphius
einige Zeit vergangen ist,
sind wir Menschen
auch heute
ein Wohnhaus grimmer
Schmerzen,
die wir
mit Tabletten bekämpfen.

Das Leben flieht davon
und auch die Erfindung
des Herzschrittmachers
hält es nicht auf.

Die, die in das Totenbuch
eingeschrieben sind,
haben wir vergessen,
und dass auch wir vergehen,
verdrängt die Reklame,
die uns ewige Jugend gibt,
bis auch sie
aufhört.

Johann Wolfgang Goethe

Gesang der Geister über den Wassern (1779)

In der deutschen Klassik suchten Goethe und Schiller die Lösung der Frage, was ein Mensch sei, im Menschen selbst, in dem, was er tut, und in dem, was er tun soll.

Des Menschen Seele
Gleicht dem Wasser:
Vom Himmel kommt es,
Zum Himmel steigt es,
Und wieder nieder
Zur Erde muss es,
Ewig wechselnd.

Strömt von der hohen,
Steilen Felswand
Der reine Strahl,
Dann stäubt er lieblich
In Wolkenwellen
Zum glatten Fels,
Und leicht empfangen
Wallt er verschleiernd,
Leis rauschend
Zur Tiefe nieder.

Ragen Klippen
Dem Sturz entgegen,
Schäumt er unmutig
Stufenweise
Zum Abgrund.

Im flachen Bette
Schleicht er das Wiesental hin,
Und in dem glatten See
Weiden ihr Antlitz
alle Gestirne.

Wind ist der Welle
Lieblicher Buhler[1];
Wind mischt vom Grund aus
Schäumende Wogen.

Seele des Menschen,
Wie gleichst du dem Wasser!
Schicksal des Menschen,
Wie gleichst du dem Wind!

1 **Buhler:** Geliebter

1 a) Welche Beziehungen zwischen der „Seele des Menschen“ und dem, was in den einzelnen Strophen des Gedichts über das Wasser gesagt wird, könnt ihr erkennen?

b) Stellt eine Verbindung zwischen „Seele“ und „Schicksal“ her, indem ihr das Schlussbild des Gedichts in eigene Gedanken übersetzt.

2 a) Sucht Beispiele, mit denen ihr die Vergleiche zwischen Wasser und Mensch „illustrieren“ könnt.

b) Wählt besonders überzeugende aus und arbeitet sie in eine Interpretation von Goethes Gedicht ein:

Vom Himmel kommt – zum Himmel steigt es
Prüffrage: Kann man für „Regenwolken“ auch einfach „Himmel“ sagen, damit eine Beziehung zwischen den Vorgängen in der Natur und denen der menschlichen Seele entsteht? Ich denke …
Beispiel: Der Kreislauf in der Natur kann als Bild für den Kreislauf des menschlichen Lebens genommen werden …

3 Vergleicht eure Interpretationen zum „Gesang der Geister über den Wassern“. Gibt es Übereinstimmungen oder versteht ihr Goethes Gedicht unterschiedlich?

4 Formuliert ein Urteil über das Bild vom Menschen in Goethes Gedicht. Trifft es auf das Bild zu, das ihr von euch selbst habt?

Friedrich Schiller

Die Worte des Glaubens (1797)

Drei Worte nenn ich euch, inhaltschwer,
Sie gehen von Munde zu Munde,
Doch stammen sie nicht von außen her,
Das Herz nur gibt davon Kunde;
Dem Menschen ist aller Wert geraubt,
Wenn er nicht mehr an die drei Worte glaubt.

Der Mensch ist frei geschaffen, ist frei,
Und würd' er in Ketten geboren,
Lasst euch nicht irren des Pöbels Geschrei,
Nicht den Missbrauch rasender Toren;
Vor dem Sklaven, wenn er die Kette bricht,
Vor dem freien Menschen erzittert nicht.

Und die Tugend, sie ist kein leerer Schall,
Der Mensch kann sie üben im Leben,
Und sollt' er auch straucheln überall,
Er kann nach der göttlichen streben;
Und was kein Verstand der Verständigen sieht,
Das übet in Einfalt ein kindlich Gemüt.

Und ein Gott ist, ein heiliger Wille lebt,
Wie auch der menschliche wanke,
Hoch über der Zeit und dem Raume webt
Lebendig der höchste Gedanke;
Und ob alles in ewigem Wechsel kreist,
Es beharret im Wechsel ein ruhiger Geist.

Die drei Worte bewahret euch, inhaltschwer,
Sie pflanzet von Munde zu Munde,
Und stammen sie gleich nicht von außen her,
Euer Innres gibt davon Kunde;
Dem Menschen ist nimmer sein Wert geraubt,
Solang er noch an die drei Worte glaubt.

Friedrich Schiller

Die Worte des Wahns (1800)

Drei Worte hört man, bedeutungschwer,
Im Munde der Guten und Besten,
Sie schallen vergeblich, ihr Klang ist leer,
Sie können nicht helfen und trösten.
Verscherzt ist dem Menschen des Lebens Frucht,
Solang er die Schatten zu haschen sucht.

Solang er glaubt an die goldene Zeit,
Wo das Rechte, das Gute wird siegen –
Das Rechte, das Gute führt ewig Streit,
Nie wird der Feind ihm erliegen;
Und erstickst du ihn nicht in den Lüften frei;
Stets wächst ihm die Kraft auf der Erde neu.

Solang er glaubt, dass das buhlende Glück
Sich dem Edeln vereinigen werde –
Dem Schlechten folgt es mit Liebesblick,
Nicht dem Guten gehöret die Erde.
Er ist ein Fremdling, er wandert aus
Und suchet ein unvergänglich Haus.

Solang er glaubt, dass dem ird'schen Verstand
Die Wahrheit je wird erscheinen –
Ihren Schleier hebt keine sterbliche Hand,
Wir können nur raten und meinen.
Du kerkerst den Geist in ein tönend Wort,
Doch der freie wandelt im Sturme fort.

Drum, edle Seele, entreiß dich dem Wahn
Und den himmlischen Glauben bewahre!
Was kein Ohr vernahm, was die Augen nicht sahn,
Es ist dennoch das Schöne, das Wahre!
Es ist nicht draußen, da sucht es der Tor,
Es ist *in* dir, du bringst es ewig hervor.

1 a) Nennt die drei Worte des Glaubens und die drei Worte des Wahns, von denen in Schillers Gedichten die Rede ist.
b) Untersucht, welche Begründungen die einzelnen Strophen für die Bedeutsamkeit der Begriffe enthalten.

2 Die „Worte des Wahns“ (S. 190) schließen mit einer Aufforderung an die „edle Seele“. Wer kann damit gemeint sein?

3 Erarbeitet in Gruppen arbeitsteilig eine der folgenden Fragen:

a) In der Zeit, als Schiller diese Gedichte schrieb, herrschten in der öffentlichen Diskussion drei andere Begriffe vor, die Parole der Französischen Revolution: „Freiheit, Gleichheit, Brüderlichkeit“. Welche von diesen Wörtern gehören auch zu Schillers Wertbegriffen, welche nicht?

b) In der Zeit, als Schiller diese Gedichte schrieb, hatte der wichtigste Philosoph der Zeit, Immanuel Kant, drei Leitbegriffe für moralisch richtiges Handeln angegeben: „Freiheit, Gott, Unsterblichkeit“. Welche dieser Leitbegriffe finden sich in Schillers Gedichten, welche nicht?

Während der Französischen Revolution wird in Paris der erste „Freiheitsbaum“ errichtet (1790).

Karoline von Günderode

Vorzeit und neue Zeit (um 1800)

Ein schmaler rauer Pfad schien sonst die Erde.
Und auf den Bergen glänzt der Himmel über ihr,
Ein Abgrund ihr zur Seite war die Hölle,
Und Pfade führten in den Himmel und zur Hölle.

Doch alles ist ganz anders nun geworden,
Der Himmel ist gestürzt, der Abgrund ausgefüllt,
Und mit Vernunft bedeckt, und sehr bequem zum Gehen.

Des Glaubens Höhen sind nun demolieret.
Und auf der flachen Erde schreitet der Verstand,
Und misset alles aus, nach Klafter und nach Schuhen[1].

1 **Klafter, Schuh (Fuß):** Längenmaße (1 Klafter = 6 Fuß = ca. 1,80 m)

1 Bestimmt die Begriffe, durch die nach Meinung der Dichterin Günderode die „Vorzeit“ und die „neue Zeit“ charakterisiert sind. Was bedeuten dabei die Bilder der Gebirgslandschaft, (Lebens-)Pfad, Berg, Abgrund?

2 Wie beurteilt Karoline von Günderode die Errungenschaften der neuen Zeit?

Gesichtspunkte für die Auseinandersetzung mit Gedankenlyrik

Gedichte zeigen in besonderem Maße, dass Menschen ihre Lebenswelt „symbolisch“ wahrnehmen: Alles kann „Zeichen“ für etwas anderes sein und man muss es deuten, interpretieren, um es zu verstehen. Bei der **Interpretation** der so genannten **Gedankenlyrik** geht es darum, ihre bildliche Aussage in eine begriffliche Argumentation umzusetzen.

Das verlangt von der Interpretin oder vom Interpreten,
- die im Gedicht entwickelten Gedanken **nachzuvollziehen;**
- den gedanklichen Gehalt von Bildern, Szenen, Aussagen, Beobachtungen **zu erklären;**
- über die im Gedicht aufgegriffenen Fragen eigenständig und **weiterführend nachzudenken.**

Bei der Interpretation ist es sinnvoll, folgende Fragen zu beantworten:
- Welches sind die **sinntragenden Bilder** des Gedichts? Ihr könnt sie in der Reihenfolge, in der sie im Text vorkommen, untereinanderschreiben und ihnen mögliche Bedeutungen zuordnen.
- Welcher **Gedankengang** ergibt sich aus der Abfolge der Bilder und Beobachtungen eines Gedichts? Diesen Gedankengang formuliert ihr in eigenen Worten.
- Kommen in dem Gedicht selbst bereits **zentrale Begriffe** (Allgemeinbegriffe, Wertungen) vor, die auf Einstellung und Haltung des Sprechers schließen lassen?
- Lassen sich zwischen den zentralen Gedanken und einzelnen **sprachlichen Formulierungen** (Stil) Beziehungen entdecken?
- Lassen sich die Bilder oder die Gedanken des Gedichts mit dem, was ihr über den Autor/die Autorin in Erfahrung bringen könnt **(Biografie, Zeitbezüge:** besonders bedeutsame Themen, Problemstellungen), in Verbindung bringen? Gibt es z. B. einen rekonstruierbaren „Anlass“ für die Abfassung des Gedichts?
- Lassen sich Bilder oder Gedanken auf das beziehen, was ihr über die gewählte **Gedichtform** (z. B. Sonett, Hymne usw.), die gewählte **Sprechweise** (z. B. freie rhythmische Sprache, strenges Versmaß, ironischer, satirischer, pathetischer, sentimentaler Ton usw.) wisst?

1 Wählt eines der Gedichte von Seite 181–192 und interpretiert es unter Berücksichtigung der angeführten Aspekte. Dies kann auch in arbeitsteiliger Gruppenarbeit geschehen. Allgemeine Hinweise zur Interpretation eines Gedichts findet ihr auf Seite 302. – Wenn ihr eure Untersuchungsergebnisse schriftlich ausarbeitet, nennt ihr zu Beginn Autor/Autorin sowie Titel des untersuchten Gedichts und fasst dessen Gehalt einleitend zusammen. Dann stellt ihr die Ergebnisse eurer Analyse in einem plausiblen, zusammenhängenden Gedankengang dar. Zum Schluss könnt ihr eine kurze Bewertung des Textes formulieren. In jedem Fall solltet ihr eure schriftliche Interpretation gründlich überarbeiten (s. S. 152/153).

2 a) Sucht in einer Gedichtanthologie weitere Gedichte, die Fragen nach dem Sinn des Lebens oder der Stellung des Menschen in der Welt behandeln.
b) Interpretiert eines dieser Gedichte, das euch besonders angesprochen hat, mit Hilfe der obigen Übersicht.

9.2 Augenblicke: Selber denken, selber schreiben

Gedankenblitze – Beobachtungen Bedeutung verleihen

Der Philosoph Wolfgang Welsch betritt ein neu eröffnetes Möbel-Center. In der Eingangshalle bringen zwei Rolltreppen die Besucher in die oberen Etagen. Jetzt steht eine Musikkapelle auf der einen Treppe, spielt populäre Melodien und fährt dabei nach oben. Dann marschiert sie zur zweiten Treppe hinüber und kommt, weiter Schlager spielend, wieder heruntergefahren. Sie marschiert spielend zur ersten Treppe zurück ... Die Leute sollen das als Unterhaltung begrüßen. Welsch hat ganz andere Gedanken. Er sieht im Kreislauf der Musikanten die sinnlose Fröhlichkeit, die sie zur Begrüßung der Gäste verbreiten sollen. Die Szene ist für ihn ein Zeichen: So ist das Leben, ein Auf und Ab; wir spielen unsere Musik, aber wohin die Reise geht, aufwärts oder im Kreis oder abwärts – das sehen wir nicht. Wir amüsieren uns halt.

Welsch nennt diese Wahrnehmungsweise „ästhetisches Denken“: Eine kleine Alltagsszene bekommt für uns eine Bedeutung, wenn wir in ihr etwas Allgemeines und uns Betreffendes wiedererkennen können.

1 Erinnert ihr euch an vergleichbare Szenen, in denen euch ganz plötzlich an einem alltäglichen Ereignis ein tieferer Sinn aufgegangen ist? Beispiele:

- *Spatzen, Tauben, Drosseln zanken sich um ein Stück Pausenbrot, das auf dem Schulhof liegen geblieben ist.*
- *Ein Kind bemüht sich auf unterschiedliche Weise, einem Tier (Hund, Katze, Vogel) ein bequemes und freundliches Zuhause zu schaffen. Das Tier läuft weg.*

Schildert eure Szenen so, dass die symbolische Bedeutung, die sie für euch gewonnen hat, auch für andere nachvollziehbar wird.

Bertolt Brecht

Der Radwechsel (1953)

Ich sitze am Straßenrand
Der Fahrer wechselt das Rad.
Ich bin nicht gern, wo ich herkomme.
Ich bin nicht gern, wo ich hinfahre.
Warum sehe ich den Radwechsel
Mit Ungeduld?

Yaak Karsunke

Matti[1] wechselt das Rad (1969)

während ich den reifen abmontiere
haut sich der chef auf die wiese, sieht dauernd
rüber.
als fahrer verwartest du stunden, warum
wird er nervös wenn er einmal
auf mich warten muss? wenn die panne
ihn zu viel zeit kostet: er
kann mir ja helfen.

1 **Matti:** Anspielung auf Brechts Stück „Herr Puntila und sein Knecht Matti“

1 Untersucht Brechts Gedicht:

a) Wie deutet ihr die Szene, die vom Sprecher zeichenhaft oder symbolisch erlebt wird?

b) Ändert sich eure Sicht, wenn ihr wisst, dass Brecht das Gedicht unmittelbar nach dem Aufstand gegen die DDR-Regierung am 17. Juni 1953 niedergeschrieben hat?

2 Entwerft selbst Varianten zu „Radwechsel“, indem ihr das Schema des Gedichts auf andere Situationen übertragt:

Ich sitze (stehe, liege ...) am (beim, im ...) ...
Der (Die) ...
Ich bin nicht (sehe nicht, tue nicht ...) gern ...
Ich bin nicht gern ...
Warum ...?

3 In der Gedichtanalyse wird den **Bildern** des Gedichts vom Leser eine **Bedeutung** gegeben. Ordnet der Liste der Bilder in Brechts Gedicht eine Liste von Bedeutungen zu:

Bilder	Bedeutungen
Straße	...
am Straßenrand sitzen	(erzwungenes) Nachdenken
Auto	...
Fahrer	...
Rad	...
Radwechsel	...
ich, ungeduldig	...

4 Besprecht die folgenden Schülergedichte und ordnet den beschriebenen Bildern allgemeine Bedeutungen zu.

Frisurwechsel
Ich sitze beim Friseur
Er schneidet meine Haare
Mir gefällt nicht, wie ich ausgesehen habe
Mir gefällt nicht, wie ich aussehen werde
Warum sehe ich den Wechsel
mit Ungeduld? (Birgit)

Der Namenswechsel
Ich sitze in der Kirche
Der Pfarrer erklärt uns die Zeremonie
Ich fühl mich nicht wohl wie ich bin
Ich weiß nicht wie ich werde
Warum sehe ich die Zukunft
mit Ungeduld vor mir? (Ursula)

Programmwechsel
Ich sitze vor dem Fernseher
Der Sender wechselt das Programm
Mir gefällt nicht, was gelaufen ist
Mir gefällt nicht, was laufen wird
Und trotzdem schaue ich fern
(Sibylle)

Der Themawechsel
Ich sitze in der Schulbank
Der Lehrer wechselt das Thema
Ich höre nicht gern, was ich gehört habe
Ich höre nicht gern, was ich hören werde
Warum höre ich trotzdem zu?
(Markus)

5 Wie unterscheiden sich die nach dem Muster von Brechts „Radwechsel“ entstandenen Schülertexte von Yaak Karsunkes „Matti wechselt das Rad“?

6 Entwerft ein Gegengedicht zu Brechts „Radwechsel“, indem ihr das Wort „Rad“ durch das gleich klingende Wort „Rat“ austauscht: *Rat-Wechsel*.

Bertolt Brecht

Rudern, Gespräche (1953)

Es ist Abend. Vorbei gleiten
Zwei Faltboote, darinnen
Zwei nackte junge Männer: Nebeneinander
rudernd
Sprechen sie. Sprechend
Rudern sie nebeneinander.

Heinrich Heine

Das Fräulein stand am Meere (1832)

Das Fräulein stand am Meere
Und seufzte lang und bang,
Es rührte sie so sehre
Der Sonnenuntergang.

Mein Fräulein! sein Sie munter,
Das ist ein altes Stück;
Hier vorne geht sie unter
Und kehrt von hinten zurück.

Sarah Kirsch

Anziehung (1973)

Nebel zieht auf, das Wetter schlägt um. Der Mond
versammelt Wolken im Kreis. Das Eis auf dem See
hat Risse und reibt sich. Komm über den See.

1 Überlegt, welche symbolische Bedeutung man den Szenen in Brechts, Heines und Kirschs Gedichten zuschreiben könnte.

2 Stellt eine Liste von Metaphern der Alltagssprache zusammen, in denen die Begriffe „Flut“, „Meer/See“, „Fluss/Bach“ oder „Boot“ vorkommen:

Flut	Meer/See	Fluss/Bach	Boot
Bilder-, Gedankenflut ...	Meer der Freude ...	Bäche von Tränen ...	in einem Boot sitzen ...

3 a) Wählt aus den folgenden Beispielen eines aus, das euch anspricht. Versteht es als „Bild, das etwas bedeutet“. Zu welchen Gedanken führt euch das Bild?

- Ein Schiff/ein Boot läuft aus/in den Hafen ein.
- Ihr segelt/surft bei starkem Wind und hohen Wellen.
- Ihr schwimmt in einem See und lasst euch treiben.
- Ihr fahrt im Schlauchboot einen reißenden Fluss hinab.
- Ihr steht auf dem Deich und seht die Wellen heran- und zurückrollen.
- Ihr blickt in einen Sonnenuntergang/über dem Meer/über der Skyline einer großen Stadt, die sich vor euch ausbreitet wie ein Meer.
- Ihr geht/lauft Schlittschuh auf einem noch nicht ganz zugefrorenen See.

b) Verfasst zu der von euch gewählten Situation ein Gedicht, das den Symbolgehalt zum Ausdruck bringt.

Friedrich Nietzsches Gedicht „Vereinsamt“ hat viele Schriftstellerinnen und Schriftsteller zu einer lyrischen Antwort inspiriert. Dabei werden jeweils eigene Erfahrungen reflektiert und auf die Vorlage bezogen.

Friedrich Nietzsche

Vereinsamt (1884)

Die Krähen schrein
Und ziehen schwirren Flugs zur Stadt:
Bald wird es schnein. –
Wohl dem, der jetzt noch – Heimat hat!

Nun stehst du starr,
Schaust rückwärts, ach! wie lange schon!
Was bist du Narr
Vor Winters in die Welt entflohn?

Die Welt – ein Tor
Zu tausend Wüsten stumm und kalt!
Wer das verlor,
Was du verlorst, macht nirgends Halt.

Nun stehst du bleich,
Zur Winter-Wanderschaft verflucht,
Dem Rauche gleich,
Der stets nach kältern Himmeln sucht.

Flieg, Vogel, schnarr
Dein Lied im Wüstenvogel-Ton! –
Versteck, du Narr,
Dein blutend Herz in Eis und Hohn!

Die Krähen schrein
Und ziehen schwirren Flugs zur Stadt:
Bald wird es schnein, –
Weh dem, der keine Heimat hat!

Ulla Hahn

Auf Erden (1985)

Gelassen schau ich diesen Himmel an.
Natur. Natürlich fallen mir Vergleiche ein.
Ein Alpenveilchentöpfchen könnt' es sein
was hoch hinaus am Horizont erglüht.

Es ist mir trotzdem kalt. Die Wiesen weiß
vereist. Die Sonne schwach. Aufs Autodach
fiel Schnee und auf die Felder fallen
strenge Metaphern ohne Reim herein.

Die Krähen schrein. Natürlich ziehn
sie schwirren Flugs zur Stadt. Wer
keine Heimat hat schaut sich
den Himmel an.

1 a) Was hat in Friedrich Nietzsches Gedicht der Sprecher mit den Krähen, was in Ulla Hahns Gedicht die Sprecherin mit den „Vergleichen“ und „Metaphern“ zu tun, über die sie schreiben?
b) Ulla Hahn bezieht sich in ihrem Gedicht durch das Krähen-Zitat auf Nietzsche. Was mag sie dazu bewogen haben?
c) Ordnet den einzelnen Bildelementen der Gedichte Bedeutungen zu. Vergleicht eure Übertragungen.

2 Verfasst selbst einen Text zu einem eigenen Erlebnis/einer eigenen Erfahrung, in den ihr ein Zitat oder eine Anspielung auf eines der im Kapitel 9 vorgestellten Gedichte einbringt. Kommentiert dann eure Produktion.

9.3 Ich-Gedichte: Lebensläufe

Selbststilisierungen

Heinrich Heine

Rückschau (1851)

Ich habe gerochen alle Gerüche
In dieser holden Erdenküche;
Was man genießen kann in der Welt,
Das hab ich genossen wie je ein Held!
Hab Kaffee getrunken, hab Kuchen gegessen,
Hab manche schöne Puppe besessen;
Trug seidne Westen, den feinsten Frack,
Mir klingelten auch Dukaten im Sack.
Wie Gellert ritt ich auf hohem Ross;
Ich hatte ein Haus, ich hatte ein Schloss.
Ich lag auf der grünen Wiese des Glücks,
Die Sonne grüßte goldigsten Blicks;
Ein Lorbeerkranz umschloss die Stirn,
Er duftete Träume mir ins Gehirn,
Träume von Rosen und ewigem Mai –
Es ward mir so selig zu Sinne dabei,
So dämmersüchtig, so sterbefaul –
Mir flogen gebratne Tauben ins Maul,
Und Englein kamen, und aus den Taschen
Sie zogen hervor Champagnerflaschen –
Das waren Visionen, Seifenblasen –
Sie platzten – Jetzt lieg ich auf feuchtem Rasen,
Die Glieder sind mir rheumatisch gelähmt,
Und meine Seele ist tief beschämt.
Ach, jede Lust, ach, jeden Genuss
Hab ich erkauft durch herben Verdruss;
Ich ward getränkt mit Bitternissen
Und grausam von den Wanzen gebissen;
Ich ward bedrängt von schwarzen Sorgen,
Ich musste lügen, ich musste borgen
Bei reichen Buben und alten Vetteln –
Ich glaube sogar, ich musste betteln.
Jetzt bin ich müd vom Rennen und Laufen,
Jetzt will ich mich im Grabe verschnaufen.
Lebt wohl! Dort oben, ihr christlichen Brüder,
Ja, das versteht sich, dort sehn wir uns wieder.

1 a) Heine schreibt dieses Gedicht, als er unheilbar krank und bewegungsunfähig in seiner „Matratzengruft" liegt. Er nennt den Abschnitt des Gedichtzyklus, in dem diese „Rückschau" steht, „Lazarus" (s. S. 182). Könnt ihr etwas von diesem Entstehungshintergrund in dem Gedicht wiederfinden?
b) Macht die biografische Probe: Informiert euch über den Dichter Heine und prüft, welche seiner Erfahrungen zu Aussagen des Textes passen könnten.

2 Wie versteht ihr die beiden Schlussverse?

Bertolt Brecht

Vom armen B. B. (1927)

1 Ich, Bertolt Brecht, bin aus den schwarzen Wäldern.
Meine Mutter trug mich in die Städte hinein
Als ich in ihrem Leibe lag. Und die Kälte der Wälder
Wird in mir bis zu meinem Absterben sein.

2 In der Asphaltstadt bin ich daheim. Von allem Anfang
Versehen mit jedem Sterbsakrament:
Mit Zeitungen. Und Tabak. Und Branntwein.
Mißtrauisch und faul und zufrieden am End.

3 Ich bin zu den Leuten freundlich. Ich setze
Einen steifen Hut auf nach ihrem Brauch.
Ich sage: Es sind ganz besonders riechende Tiere
Und ich sage: Es macht nichts, ich bin es auch.

4 In meine leeren Schaukelstühle vormittags
Setze ich mir mitunter ein paar Frauen
Und ich betrachte sie sorglos und sage ihnen:
In mir habt ihr einen, auf den könnt ihr nicht bauen.

5 Gegen Abend versammle ich um mich Männer
Wir reden uns da mit „Gentlemen" an.
Sie haben ihre Füße auf meinen Tischen
Und sagen: Es wird besser mit uns. Und ich frage nicht: Wann?

6 Gegen Morgen in der grauen Frühe pissen die Tannen
Und ihr Ungeziefer, die Vögel, fängt an zu schrein.
Um die Stunde trink ich mein Glas in der Stadt aus und schmeiße
Den Tabakstummel weg und schlafe beunruhigt ein.

7 Wir sind gesessen, ein leichtes Geschlechte
In Häusern, die für unzerstörbare galten
(So haben wir gebaut die langen Gehäuse des Eilands Manhattan
Und die dünnen Antennen, die das Atlantische Meer unterhalten).

8 Von diesen Städten wird bleiben: der durch sie hindurchging, der Wind!
Fröhlich machet das Haus den Esser: er leert es.
Wir wissen, daß wir Vorläufige sind
Und nach uns wird kommen: nichts Nennenswertes.

9 Bei den Erdbeben, die kommen werden, werde ich hoffentlich
Meine Virginia nicht ausgehen lassen durch Bitterkeit
Ich, Bertolt Brecht, in die Asphaltstädte verschlagen
Aus den schwarzen Wäldern in meiner Mutter in früher Zeit. [R]

1 a) Bertolt Brecht nennt sich selbst im ersten Satz seines Gedichts. Stellt die Aussagen zusammen, die er zu seiner Person macht.
b) Charakterisiert den Mann, den Brecht als „armen B. B." vorstellt. Warum bezeichnet er ihn als „arm"?

2 a) Sucht gemeinsam Interviewfragen, die ihr dem Autor stellen könntet und die im Gedicht keine Antwort finden. Zum Beispiel:
– *Sind Sie verheiratet?*
– *Haben Sie Kinder?*
– ...

b) Beantwortet die Fragen arbeitsteilig, indem ihr euch in verschiedenen Nachschlagewerken über Brecht informiert. Einige Grundinformationen findet ihr auch auf S. 208.
c) Worin unterscheidet sich der „arme B. B." des Gedichts vom historischen Autor Bertolt Brecht? Welche Intention könnte Brecht mit seiner Ballade verfolgen?

Ernst S. Steffen

Das Vorleben (1969)

Mein Vater war Oberfeldwebel
und starb in Stalingrad,
von wo er als mein Onkel zurückkehrte.
Er war ein guter Onkel.

Nach neunzehnhundertfünfundvierzig
nahm er jedoch
eine schwarze Hautfarbe an.
Das irritierte mich.
Ich war so jung damals.

Der staatlich geprüfte Jugendpsychiater
erzählte mir eine Geschichte,
in der ein Mann namens Ödipus vorkam,
und ich sei kein schlechter Junge,
sagte er;

der Krieg sei schuld,
so und so,
auch an der Null-Acht,
mit der ich so sehr ins Schwarze getroffen hatte
zwischen den weißen Augen.

Er brachte mich dann selbst
in das Erziehungsheim,
weil sein Freund Recht behalten hatte.

Im Heim erhielt ich eine Tante,
die sich meiner Komplexe annahm
und schließlich meiner Libido.
Ich war so hübsch damals.

Als sie ein Kind bekam,
begann ich den Vorgang zu verstehen
und erhielt wieder einen Onkel.

Irgendjemand sagte mir dann,
Flucht sei ein Ausweg.
Unterwegs lernte ich Motorrad fahren,
weil ich Blasen an den Füßen hatte.

Dann brachte man mich vor einen Onkel,
der von Schuld sprach
und mich seiner Gnade versicherte.

Im Jugendgefängnis lernte ich,
was er damit gemeint hatte.
Ich lernte viel im Gefängnis.
Besonders mochte ich Goethe leiden.
Er schrieb eine Farbenlehre.

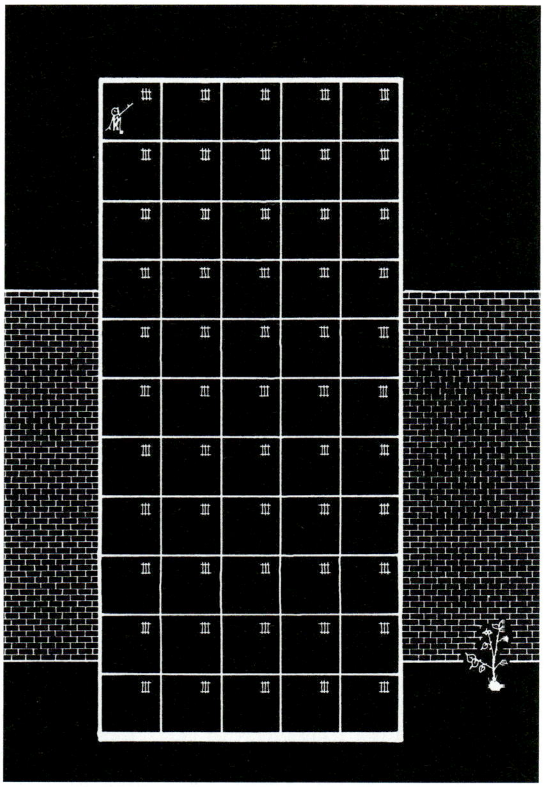

Felix Kamphausen: [Knast], 1977

Ernst S. Steffen (geb. 1936) zu „Das Vorleben“: Zur Entstehungsgeschichte des *Vorlebens* ist ganz schnell alles gesagt. Im Spätjahr 1966 wurde ich vom stellvertretenden Direktor der Landesstrafanstalt Bruchsal gebeten, für eine Lesung, die er mit Gefangenenliteratur machen wollte, auch ein paar Gedichte zu schreiben. Dazu sollte auch ein Lebenslauf abgeliefert werden. Das Gedicht *Vorleben* war zuerst ein richtig prosaischer solcher. Beim Umarbeiten zum Gedicht kamen dann noch die Verfremdungen hinzu, mit denen ich der Aussage des Gedichts Objektivität zu geben versuchte. Und das hinzugesagt – meine Kritiker haben es alle nicht begriffen –: *Das ist nicht mein* Leben, ich habe keinen umgebracht und so weiter, es ist Metapher für das Geschehen an diesen Menschen dort drinnen. Es ist ein Fehler, wenn man mein Schicksal mit meinen Aussagen identifiziert, faktisch identifiziert. Alle dort drinnen standen einmal vor einem Onkel, der plötzlich von Schuld sprach.

1 a) Rekonstruiert aus dem Gedicht den „Lebenslauf“ des Sprechers, so, wie er ihn bei der „Aussage zur Person“ im Gerichtssaal vortragen würde.
b) Ernst S. Steffen erklärt in seiner Anmerkung zur Entstehung des Gedichts, dass er nicht sein eigenes Leben dargestellt habe. Woran mag es liegen, dass viele Leser das nicht richtig verstanden haben?

2 Vergleicht Heines, Brechts und Steffens Lebenslaufgedichte unter dem Gesichtspunkt: Wie werden das Individuelle eines einzelnen Lebens und das Allgemeine einer Erkenntnis zum Gang des menschlichen Lebens verbunden?

3 Wählt eines der Gedichte aus und bezieht es auf das Bild des italienischen Malers Tizian „Die drei Lebensalter“ aus dem Jahr 1555.

Tizian:
Die drei Lebensalter (1555)

Fragen an das Leben

In der Gedichtsammlung „Bertolt Brechts Hauspostille", in der das Lied vom „armen B. B." steht, befindet sich auch das kleine Gedicht „Von der Freundlichkeit der Welt". Dreißig Jahre später verfasste Rose Ausländer ihr autobiografisches Gedicht „Kindheit I".

Bertolt Brecht

Von der Freundlichkeit der Welt (1927)

1 Auf die Erde voller kaltem Wind
Kamt ihr alle als ein nacktes Kind.
Frierend lagt ihr ohne alle Hab
Als ein Weib euch eine Windel gab.

2 Keiner schrie euch, ihr wart nicht begehrt
Und man holte euch nicht im Gefährt.
Hier auf Erden wart ihr unbekannt
Als ein Mann euch einst nahm an der Hand.

3 Von der Erde voller kaltem Wind
Geht ihr all bedeckt mit Schorf und Grind.
Fast ein jeder hat die Welt geliebt
Wenn man ihm zwei Hände Erde gibt.

Rose Ausländer

Kindheit I (1965)

Vor vielen Geburtstagen
als unsre Eltern
den Engeln erlaubten
in unsern Kinderbetten zu schlafen –
ja meine Lieben
da ging es uns gut.

In jedem Winkel
war ein Wunder untergebracht:
Heinzelwald Berg aus Marzipan
Fächer in dem der Himmel
gefaltet lag.

Ja meine Lieben
da hatten wir viele Freunde.
Begüterte wir konnten 's uns leisten
einen Stern zu verschenken
eine Insel
sogar einen Engel.

Vor vielen Geburtstagen
als die Erde noch rund war
(nicht eckig wie jetzt)
liefen wir um sie herum
auf Rollschuhen
in einem Schwung
ohne Atem zu schöpfen.

Ja meine Lieben
im Eswareinmalheim
da ging es uns gut.
Die Eltern flogen mit uns
in den bestirnten Fächer
kauften uns Karten ins Knusperland
und spornten uns an
die Welt zu verschenken.

1 a) Welche Fragen eines „Lebenslaufs" werden in Bertolt Brechts und Rose Ausländers Gedichten aufgegriffen und durchdacht?
b) Untersucht, welche Veränderung die Idee von der „Freundlichkeit der Welt" in beiden Gedichten erfährt. Diskutiert darüber, welche der vorgetragenen Auffassungen der euren nähersteht.

2 Nehmt schriftlich Stellung, indem ihr Brechts Gedicht zum Ausgangspunkt einer eigenen Erörterung verwendet. Wählt als Thema einen Slogan Brechts:
„Wie man sich bettet, so liegt man": Brechts Auffassungen von der Freundlichkeit der Welt.

Kurt Tucholsky

Das Ideal (1927)

Ja, das möchste:

Eine Villa im Grünen mit großer Terrasse,
vorn die Ostsee, hinten die Friedrichstraße;
mit schöner Aussicht, ländlich-mondän,
vom Badezimmer ist die Zugspitze zu sehn –
aber abends zum Kino hast dus nicht weit.

Das Ganze schlicht, voller Bescheidenheit:

Neun Zimmer, – nein, doch lieber zehn!
Ein Dachgarten, wo die Eichen drauf stehn,
Radio, Zentralheizung, Vakuum,
eine Dienerschaft, gut gezogen und stumm,
eine süße Frau voller Rasse und Verve[1] –
(und eine fürs Wochenende, zur Reserve) –,
eine Bibliothek und drumherum
Einsamkeit und Hummelgesumm.

1 **Verve:** Schwung, Begeisterung

Im Stall: Zwei Ponies, vier Vollbluthengste,
acht Autos, Motorrad – alles lenkste
natürlich selber – das wär ja gelacht!
Und zwischendurch gehst du auf Hochwildjagd.

Ja, und das hab ich ganz vergessen:
Prima Küche – erstes Essen –
alte Weine aus schönem Pokal –
und egalweg bleibst du dünn wie ein Aal.
Und Geld. Und an Schmuck eine richtige Portion.
Und noch ne Million und noch ne Million.
Und Reisen. Und fröhliche Lebensbuntheit.
Und famose Kinder. Und ewige Gesundheit.

Ja, das möchste!

Aber, wie das so ist hienieden:
manchmal scheints so, als sei es beschieden
nur pöapö, das irdische Glück.
Immer fehlt dir irgendein Stück.
Hast du Geld, dann hast du nicht Käten;
hast du die Frau, dann fehln dir Moneten –
hast du die Geisha, dann stört dich der Fächer:
bald fehlt uns der Wein, bald fehlt uns der Becher.

Etwas ist immer.

Tröste dich

Jedes Glück hat einen kleinen Stich.
Wir möchten so viel: Haben. Sein. Und gelten.
Daß einer alles hat:

das ist selten. R

1 Schreibt das Gedicht zu einem Ich-Gedicht um und tragt es vor. Was hat sich verändert?

2 Nehmt die adversative Konjunktion „Aber“ (Z. 29) zum Anlass, ein Gedicht mit dem Titel „Etwas fehlt immer“ zu verfassen. Überlegt, ob euer Gedicht auch mit einem „Tröste dich“ (Z. 38) enden soll.

Günter Kunert

Wie ich ein Fisch wurde (1963)

Günter Kunert, geboren 1929 in Berlin, erlebte dort als Kind einer Jüdin rassische Verfolgung und Diskriminierung. Er geriet in den 1960er-Jahren wegen seiner wenig positiven Gedichte in Konflikt mit der Staatspartei der DDR. Nachdem er 1976 den Protest mehrerer prominenter Schriftsteller gegen die Ausbürgerung Wolf Biermanns unterschrieben hatte und aus der Partei ausgetreten war, musste er aus der DDR ausreisen. Er lebt heute in Schleswig-Holstein.

Horst Janssen: Großer Fisch (1986)

1 Am 27. Mai um drei Uhr hoben sich aus ihren Betten
Die Flüsse der Erde, und sie breiteten sich aus
Über das belebte Land. Um sich zu retten
Liefen oder fuhren die Bewohner zu den Bergen raus.

2 Als nachdem die Flüsse furchtbar aufgestanden,
Schoben sich die Ozeane donnernd übern Strand,
Und sie schluckten alles das, was noch vorhanden,
Ohne Unterschied, und das war allerhand.

3 Eine Weile konnten wir noch auf dem Wasser schwimmen,
Doch dann sackte einer nach dem andern ab.
Manche sangen noch ein Lied, und ihre schrillen Stimmen
Folgten den Ertrinkenden ins nasse Grab.

4 Kurz bevor die letzten Kräfte mich verließen,
Fiel mir ein, was man mich einst gelehrt:
Nur wer sich verändert, den wird nicht verdrießen
Die Veränderung, die seine Welt erfährt.

5 Leben heißt: Sich ohne Ende wandeln.
Wer am Alten hängt, der wird nicht alt.
So entschloss ich mich, sofort zu handeln,
Und das Wasser schien mir nicht mehr kalt.

6 Meine Arme dehnten sich zu breiten Flossen,
Grüne Schuppen wuchsen auf mir ohne Hast;
Als das Wasser mir auch noch den Mund verschlossen,
War dem neuen Element ich angepasst.

7 Lasse mich durch dunkle Tiefen träge gleiten,
Und ich spüre nichts von Wellen oder Wind,
Aber fürchte jetzt die Trockenheiten,
Und dass einst das Wasser wiederum verrinnt.

8 Denn aufs Neue wieder Mensch zu werden,
Wenn man 's lange Zeit nicht mehr gewesen ist,
Das ist schwer für unsereins auf Erden,
Weil das Menschsein sich zu leicht vergisst.

1 Prüft, was an diesem Gedicht zum Thema „Lebenslauf" gehört, was zum Thema „Menschsein".

2 Nehmt Stellung zu den Lebensregeln in Strophe 4 und 5, die dem Sprecher sein neues Leben als Fisch ermöglichen.

3 a) Auf welche Erfahrungen im Leben könnt ihr selbst die Aussagen dieses Gedichts anwenden?
b) Wolf Biermann sagt zu diesem Gedicht:
„An diesem hinreißenden Katastrophengedicht begreifen Sie, wie das Wunder der Selbstrettung funktioniert: Der bedrohte Dichter schreibt die Wahrheit über seinen Untergang als Parteidichter, und deshalb geht er nicht unter. Kunert beruft die Gefahr des falschen Überlebens, und so bannt er sie. So entkam er mit diesem Gedicht Anfang der 1960er-Jahre aus dem falschen Leben ins richtige." Nehmt diese Deutung zum Anlass, um das Gedicht als politische Aussage zu interpretieren.

Lebenslauf-Gedichte schreiben

Moderne Lebenslauf-Gedichte sind oft sozialkritische Gedichte. Sie behandeln am Beispiel des „typischen" Lebens eines sehr alltäglichen Menschen das Problem der Ereignislosigkeit oder der mangelnden Selbstständigkeit. Die Sprache ist die „typische Alltagssprache".

- In Friedrich Schillers Gedicht „Das Ideal und das Leben" findet sich der Vers: „Zwischen Sinnenglück und Seelenfrieden/Bleibt dem Menschen nur die bange Wahl." Nehmt diesen Vers als Motto eines eigenen Prosagedichts. Schreibt es als „Flattersatzlyrik" und formuliert eure eigene Sicht auf den Gegensatz von Ideal und Leben.
- Wählt eines der Gedichte von Seite 198–206 als Muster und verfasst ein Lebenslauf-Gedicht. Entscheidet euch, ob ihr poetische oder alltagssprachliche Redeweisen benutzen wollt, ob ihr für euch selbst oder für andere schreibt.
- Nehmt euren eigenen oder einen euch typisch erscheinenden Lebenslauf als Vorlage und schreibt ein „Rollengedicht".

10 Theater der Veränderung: Brechts „Mutter Courage und ihre Kinder“

10.1 Die Figur der Courage: Krieg und Geschäft

Erste Szene der „Mutter Courage“, von Bertolt Brecht selbst 1949 in Berlin inszeniert, in der Titelrolle Helene Weigel (stehend auf dem Wagen)

Schlussszene der „Mutter Courage“, Berlin 1949

1 Vergleicht die Bilder der Ausgangsszene und der Schlussszene von Brechts Drama „Mutter Courage und ihre Kinder“.

2 Stellt Vermutungen über Inhalt und Verlauf des Theaterstücks an.

Das Leben Bertolt Brechts

Bertolt Brecht wurde am 10.2.1898 in Augsburg geboren. Er wuchs in gesicherten bürgerlichen Verhältnissen auf. Nach seinem Abitur (1917) studierte Brecht in München Philosophie, Literatur und Medizin. Seine Erlebnisse im Herbst 1918 als Mediziner im Augsburger Reservelazarett, die ihm die Grauen des Krieges zeigten, schlugen sich in seinen frühen Dichtungen nieder („Legende vom toten Soldaten“). Brecht nahm das Studium nach Kriegsende nur halbherzig wieder auf und wandte sich ganz der Schriftstellerei zu, wobei er bei seinen frühen Theaterstücken sehr stark von Frank Wedekind (1864–1918) und dem Münchener Volkskomiker Karl Valentin (1882–1948) beeinflusst wurde. Seit 1924 arbeitete Brecht als Dramaturg an Max Reinhardts Deutschem Theater in Berlin. Das Studium der Schriften von Karl Marx (1818–1883), vor allem aber auch die Zusammenarbeit mit dem bedeutenden Regisseur Erwin Piscator, der durch sein Theater politische Veränderungen bewirken wollte, prägten Brecht nachhaltig.
Obwohl sich Brecht als Theaterkritiker, Verfasser von Gedichten, Liedern und Moritaten sowie als Dramatiker bereits einen Namen gemacht hatte, wurde doch erst sein Theaterstück „Die Dreigroschenoper“ (Uraufführung am 31.8.1928 in Berlin) zu einem weltweiten Erfolg. In der „Dreigroschenoper“ setzt sich Brecht kritisch mit der bürgerlichen Gesellschaft auseinander. Nun reifen in Brecht auch Ideen für die Konzeption einer neuen Theaterform, bei der der Zuschauer nicht mehr nur passiver Betrachter ist, sondern eine kritische und engagierte Haltung einnimmt.
In den Anmerkungen zu seiner Oper „Aufstieg und Fall der Stadt Mahagonny“ (1929) formulierte Brecht die dramaturgischen Gesetze des so genannten **epischen Theaters,** das nach seinem Verständnis immer auch marxistisches Theater war. Mit seinem Theaterstück „Die Maßnahme“ hatte sich Brecht schon zuvor endgültig zum Marxismus bekannt.
Nach der Machtübernahme der Nationalsozialisten im Januar 1933 musste Brecht Deutschland verlassen. Seine Dichtungen wurden als „undeutsches Schrifttum“ verbrannt, ihm selbst wurde am 8.6.1933 die deutsche Staatsbürgerschaft aberkannt. In seinem Exil in Skandinavien (zuerst Dänemark, dann Schweden) entstand 1939 auch sein Theaterstück „Mutter Courage und ihre Kinder“, das am 19.4.1941 im Züricher Schauspielhaus uraufgeführt wurde. Über Finnland und Russland floh Brecht 1941 in die USA nach Santa Monica, einem Vorort von Los Angeles. Erst 1948 kehrte Brecht nach Deutschland (Ost-Berlin) zurück. Das von ihm gegründete Berliner Ensemble erlangte Weltruhm. Am 14.8.1956 starb Bertolt Brecht in Berlin.

Inhalt des Theaterstücks „Mutter Courage und ihre Kinder“

Für die Titelfigur in Brechts Drama lieferte der Barockdichter Hans Jacob Christoffel von Grimmelshausen (1622–1676) mit seiner Figur der „Erzbetrügerin und Landstörzerin Courasche“ die Anregung.
Grimmelshausen stellt den **Dreißigjährigen Krieg** (1618–1648) mit einem für die damalige Literatur außergewöhnlichen Realismus dar.
Anna Fierling, genannt Mutter Courage, folgt als Marketenderin den Kriegstruppen, um ihnen Lebensmittel und Bedarfsgegenstände zu verkaufen. Sie zieht im Frühjahr 1624 mit ihren drei Kindern Eilif, Schweizerkas und der stummen Kattrin ihren Planwagen durch Südschweden, stets auf der Suche nach einem einträglichen Geschäft. Dabei wechselt sie immer wieder das Lager der Krieg führenden Parteien. Vergeblich hofft sie, ihre Söhne vor den Kriegswerbern verbergen zu können. Eilif verliert sie, weil sie sich von einem Feldwebel durch ei-

nen Handel ablenken lässt, Schweizerkas wird Zahlmeister des Zweiten Finnischen Regiments. Während Eilif als Bauernschinder zweifelhaften Ruhm gewinnt, rettet Schweizerkas bei einem Überfall der katholischen Partei die Kasse seines in Diensten der Protestanten kämpfenden Regiments. Er wird gefangen, vors Feldgericht gestellt und erschossen, weil Mutter Courage sich nicht offen zu ihm bekennt und weil sie bei dem Versuch, den Planwagen an die Lagerhure Yvette zu verkaufen und mit diesem Geld den Sohn auszulösen, zu lange um die Höhe der Auslösesumme feilscht.

Einige Jahre später scheint nach dem Tod des Schwedenkönigs Gustav Adolf der Krieg beendet zu sein. Mutter Courage fürchtet um ihre Geschäfte. Ein erstes Opfer der Zwischenkriegszeit wird Eilif, der einen Bauernhof überfällt und die Bäuerin tötet. Er wird dafür hingerichtet, obwohl der Krieg inzwischen wieder ausgebrochen ist und die Gesetze des Krieges neu gelten. Nach weiteren entbehrungsreichen Jahren verliert Mutter Courage auch noch Kattrin. Als nämlich ein paar kaiserliche Soldaten einen Bauern zwingen, ihnen einen Schleichweg in die belagerte protestantische Stadt Halle zu verraten, warnt Kattrin die Stadtbewohner durch lautes Trommeln und bezahlt dafür mit ihrem Leben. Mutter Courage gibt den Bauern Geld für die Beerdigung ihrer Tochter und spannt sich im Winter 1636 wieder vor ihren Planwagen, um Kriegsgeschäfte zu machen und ihren Sohn Eilif zu suchen, von dessen Tod sie nichts weiß.

Mutter Courages Planwagenfahrt

3 Was könnte Bertolt Brecht bewogen haben, 1939 ein Stück über den Krieg zu verfassen?

4 a) Informiert euch in einem Geschichtsbuch oder Lexikon über den Dreißigjährigen Krieg.
b) Überlegt, warum Brecht den Dreißigjährigen Krieg als historischen Hintergrund seines Stückes wählt. Bezieht in eure Überlegungen die Karte zu „Mutter Courages Planwagenfahrt“ mit ein.

Francisco de Goya y Lucientes: Der Koloss (um 1808)

Aus ärmlichen Verhältnissen stammend, wird Goya Ende des 18. Jahrhunderts Hofmaler des spanischen Königshauses. Eine schwere Krankheit endet 1792 mit seiner vollständigen Taubheit. In der Folgezeit greift Goya in seiner Malerei, mit der er die Moderne einleitet, vor allem aber auch in seinem druckgrafischen und zeichnerischen Werk sozialkritische Themen auf und wird zum Chronisten der Gewalt auf der Straße und zum Ankläger der Kriegsgräuel im Gefolge des sechsjährigen Befreiungskrieges der spanischen Bevölkerung gegen die französische Besatzungsmacht (1808–1814). Dies bringt ihn in Konflikt mit der Inquisition. Goya stirbt im Alter von 82 Jahren im Exil in Frankreich.

Plünderung eines niederländischen Dorfes durch spanische Söldner (um 1643)

Pablo Picasso: Guernica (1937)

Das Bild „Guernica" war Beitrag des republikanischen Spaniens zur Pariser Weltausstellung von 1937. Am 26. 4. 1937 hatte die „Legion Condor" der Luftwaffe des nationalsozialistischen Deutschlands das kleine baskische Städtchen Guernica mit einem Flächenbombardement ausgelöscht, weil Hitler-Deutschland das faschistische Spanien Francos im Bürgerkrieg unterstützte. Mehr als 1000 Einwohner wurden bei diesem Überfall getötet, der in der Kriegsgeschichte als erster massiver Luft- und Bombenangriff auf die unbewaffnete Zivilbevölkerung gilt.

5 Vergleicht die drei Bilder zum Thema „Krieg" in Hinblick auf Perspektiven und Gestaltungsweisen.

6 Welche Dimensionen des Krieges werden durch die unterschiedlichen Darstellungen erfasst?

Bertolt Brecht

Mutter Courage und ihre Kinder

1

FRÜHJAHR 1624. DER FELDHAUPTMANN OXENSTJERNA WIRBT IN DALARNE TRUPPEN FÜR DEN FELDZUG IN POLEN. DER MARKETENDERIN ANNA FIERLING, BEKANNT UNTER DEM NAMEN MUTTER COURAGE, KOMMT EIN SOHN ABHANDEN.

Landstraße in Stadtnähe
Ein Feldwebel und ein Werber stehen frierend.

DER WERBER: Wie soll man sich hier eine Mannschaft zusammenlesen? Feldwebel, ich denk schon mitunter an Selbstmord. Bis zum Zwölften soll ich dem Feldhauptmann vier Fähnlein[1] hinstelln, und die Leut hier herum sind so voll Bosheit, daß ich keine Nacht mehr schlaf. Hab ich endlich einen aufgetrieben und schon durch die Finger gesehn und mich nix wissen gemacht, daß er eine Hühnerbrust hat und Krampfadern, ich hab ihn glücklich besoffen, er hat schon unterschrieben, ich zahl nur noch den Schnaps, er tritt aus, ich hinterher zur Tür, weil mir was schwant: Richtig, weg ist er, wie die Laus unterm Kratzen. Da gibts kein Manneswort, kein Treu und Glauben, kein Ehrgefühl. Ich hab hier mein Vertrauen in die Menschheit verloren, Feldwebel.

DER FELDWEBEL: Man merkts, hier ist zu lang kein Krieg gewesen. Wo soll da Moral herkommen, frag ich? Frieden, das ist nur Schlamperei, erst der Krieg schafft Ordnung. Die Menschheit schießt ins Kraut im Frieden. Mit Mensch und Vieh wird herumgesaut, als wärs gar nix. Jeder frißt, was er will, einen Ranken Käs aufs Weißbrot und dann noch eine Scheibe Speck auf den Käs. Wie viele junge Leut und gute Gäul diese Stadt da vorn hat, weiß kein Mensch, es ist niemals gezählt worden. Ich bin in Gegenden gekommen, wo kein Krieg war vielleicht siebzig Jahr, da hatten die Leut überhaupt noch keine Namen, die kannten sich selber nicht. Nur wo Krieg ist, gibts ordentliche Listen und Registraturen, kommt das Schuhzeug in Ballen und das Korn in Säck, wird Mensch und Vieh sauber gezählt und weggebracht, weil man eben weiß: Ohne Ordnung kein Krieg!

DER WERBER: Wie richtig das ist!

DER FELDWEBEL: Wie alles Gute ist auch der Krieg am Anfang halt schwer zu machen. Wenn er dann erst floriert, ist er auch zäh; dann schrecken die Leut zurück vorm Frieden, wie die Würfler vorm Aufhören, weil dann müssens zählen, was sie verloren haben. Aber zuerst schreckens zurück vorm Krieg. Er ist ihnen was Neues.

DER WERBER: Du, da kommt ein Planwagen. Zwei Weiber und zwei junge Burschen. Halt die Alte auf, Feldwebel. Wenn das wieder nix ist, stell ich mich nicht weiter in den Aprilwind hin, das sag ich dir.

Man hört eine Maultrommel. Von zwei jungen Burschen gezogen, rollt ein Planwagen heran. Auf ihm sitzen Mutter Courage und ihre stumme Tochter Kattrin.

MUTTER COURAGE: Guten Morgen, Herr Feldwebel!

DER FELDWEBEL *sich in den Weg stellend:* Guten Morgen, ihr Leut! Wer seid ihr?

MUTTER COURAGE: Geschäftsleut.

Singt:

Ihr Hauptleut, laßt die Trommel ruhen
Und laßt eur Fußvolk halten an:
Mutter Courage, die kommt mit Schuhen
In denens besser laufen kann.
Mit seinen Läusen und Getieren
Bagage, Kanone und Gespann –
Soll es euch in die Schlacht marschieren
So will es gute Schuhe han.
  Das Frühjahr kommt. Wach auf, du Christ!
  Der Schnee schmilzt weg. Die Toten ruhn.
  Und was noch nicht gestorben ist
  Das macht sich auf die Socken nun.

Ihr Hauptleut, eure Leut marschieren
Euch ohne Wurst nicht in den Tod.
Laßt die Courage sie erst kurieren
Mit Wein von Leibs- und Geistesnot.
Kanonen auf die leeren Mägen
Ihr Hauptleut, das ist nicht gesund.
Doch sind sie satt, habt meinen Segen
Und führt sie in den Höllenschlund.

1 **Fähnlein:** Truppeneinheit von ca. 400 Mann

Das Frühjahr kommt. Wach auf, du Christ!
Der Schnee schmilzt weg. Die Toten ruhn.
Und was noch nicht gestorben ist
Das macht sich auf die Socken nun.

DER FELDWEBEL: Halt, wohin gehört ihr, Bagage?

DER ÄLTERE SOHN: Zweites Finnisches Regiment.

DER FELDWEBEL: Wo sind eure Papiere?

MUTTER COURAGE: Papiere?

DER JÜNGERE SOHN: Das ist doch die Mutter Courage!

DER FELDWEBEL: Nie von gehört. Warum heißt sie Courage?

MUTTER COURAGE: Courage heiß ich, weil ich den Ruin gefürchtet hab, Feldwebel, und bin durch das Geschützfeuer von Riga gefahrn mit fünfzig Brotlaib im Wagen. Sie waren schon angeschimmelt, es war höchste Zeit, ich hab keine Wahl gehabt.

DER FELDWEBEL: Keine Witze, du. Wo sind die Papiere!

MUTTER COURAGE *aus einer Zinnbüchse einen Haufen Papiere kramend und herunterkletternd:* Das sind alle meine Papiere, Feldwebel. Da ist ein ganzes Meßbuch dabei, aus Altötting, zum Einschlagen von Gurken, und eine Landkarte von Mähren, weiß Gott, ob ich da je hinkomm, sonst ist sie für die Katz, und hier stehts besiegelt, daß mein Schimmel nicht die Maul- und Klauenseuch hat, leider ist er uns umgestanden, er hat fünfzehn Gulden gekostet, aber nicht mich, Gott sei Dank. Ist das genug Papier?

DER FELDWEBEL: Willst du mich auf den Arm nehmen? Ich werd dir deine Frechheit austreiben. Du weißt, daß du eine Lizenz haben mußt.

MUTTER COURAGE: Reden Sie anständig mit mir und erzählen Sie nicht meinen halbwüchsigen Kindern, daß ich Sie auf den Arm nehmen will, das gehört sich nicht, ich hab nix mit Ihnen. Meine Lizenz beim Zweiten Regiment ist mein anständiges Gesicht, und wenn Sie es nicht lesen können, kann ich nicht helfen. Einen Stempel laß ich mir nicht draufsetzen.

DER WERBER: Feldwebel, ich spür einen unbotmäßigen Geist heraus bei der Person. Im Lager da brauchen wir Zucht.

MUTTER COURAGE: Ich dacht Würst.

DER FELDWEBEL: Name.

MUTTER COURAGE: Anna Fierling.

DER FELDWEBEL: Also dann heißt ihr alle Fierling?

MUTTER COURAGE: Wieso? Ich heiß Fierling. Die nicht.

DER FELDWEBEL: Ich denk, das sind alles Kinder von dir?

MUTTER COURAGE: Sind auch, aber heißen sie deshalb alle gleich? *Auf den älteren Sohn deutend:* Der zum Beispiel heißt Eilif Nojocki, warum, sein Vater hat immer behauptet, er heißt Kojocki oder Mojocki. Der Junge hat ihn noch gut im Gedächtnis, nur, das war ein anderer, den er im Gedächtnis hat, ein Franzos mit einem Spitzbart. Aber sonst hat er vom Vater die Intelligenz geerbt; der konnt einem Bauern die Hos vom Hintern wegziehen, ohne daß der was gemerkt hat. Und so hat eben jedes von uns seinen Namen.

DER FELDWEBEL: Was, jedes einen anderen?

MUTTER COURAGE: Sie tun grad, als ob Sie das nicht kennten.

DER FELDWEBEL: Dann ist der wohl ein Chineser? *Auf den Jüngeren deutend.*

MUTTER COURAGE: Falsch geraten. Ein Schweizer.

DER FELDWEBEL: Nach dem Franzosen?

MUTTER COURAGE: Nach was für einem Franzosen? Ich weiß von keinem Franzosen. Bringen Sies nicht durcheinander, sonst stehn wir am Abend noch da. Ein Schweizer, heißt aber Fejos, ein Name, der nix mit seinem Vater zu tun hat. Der hieß ganz anders und war Festungsbaumeister, nur versoffen.
Schweizerkas nickt strahlend, und auch die stumme Kattrin amüsiert sich.

DER FELDWEBEL: Wie kann er da Fejos heißen?

MUTTER COURAGE: Ich will Sie nicht beleidigen, aber Phantasie haben Sie nicht viel. Er heißt natürlich Fejos, weil, als er kam, war ich mit einem Ungarn, dem wars gleich, er hatte schon den Nierenschwund, obwohl er nie einen Tropfen angerührt hat, ein sehr redlicher Mensch. Der Junge ist nach ihm geraten.

DER FELDWEBEL: Aber er war doch gar nicht der Vater?

MUTTER COURAGE: Aber nach ihm ist er geraten.

Ich heiß ihn Schweizerkas, warum, er ist gut im Wagenziehen. *Auf ihre Tochter deutend:* Die heißt Kattrin Haupt, eine halbe Deutsche.

DER FELDWEBEL: Eine nette Familie, muß ich sagen.

MUTTER COURAGE: Ja, ich bin durch die ganze Welt gekommen mit meinem Planwagen.

DER FELDWEBEL: Das wird alles aufgeschrieben. *Er schreibt auf.* Du bist aus Bamberg in Bayern, wie kommst du hierher?

MUTTER COURAGE: Ich kann nicht warten, bis der Krieg gefälligst nach Bamberg kommt.

DER WERBER: Ihr solltet lieber Jakob Ochs und Esau Ochs heißen, weil ihr doch den Wagen zieht. Aus dem Gespann kommt ihr wohl nie heraus?

EILIF: Mutter, darf ich ihm aufs Maul hauen? Ich möcht gern.

MUTTER COURAGE: Und ich untersags dir, du bleibst stehn. Und jetzt, meine Herren Offizier, brauchens nicht eine gute Pistolen oder eine Schnall, die Ihre ist schon abgewetzt, Herr Feldwebel.

DER FELDWEBEL: Ich brauch was andres. Ich seh, die Burschen sind wie die Birken gewachsen, runde Brustkästen, stämmige Haxen: warum drückt sich das vom Heeresdienst, möcht ich wissen?

MUTTER COURAGE *schnell:* Nicht zu machen, Feldwebel. Meine Kinder sind nicht für das Kriegshandwerk.

DER WERBER: Aber warum nicht? Das bringt Gewinn und bringt Ruhm. Stiefelverramschen ist Weibersache. *Zu Eilif:* Tritt einmal vor, laß dich anfühlen, ob du Muskeln hast oder ein Hühnchen bist.

MUTTER COURAGE: Ein Hühnchen ist er. Wenn einer ihn streng anschaut, möcht er umfallen.

DER WERBER: Und ein Kalb dabei erschlagen, wenn eins neben ihm stünd. *Er will ihn wegführen.*

MUTTER COURAGE: Willst du ihn wohl in Ruhe lassen? Der ist nix für euch.

DER WERBER: Er hat mich grob beleidigt und von meinem Mund als einem Maul geredet. Wir zwei gehen dort ins Feld und tragen die Sach aus unter uns Männern.

EILIF: Sei ruhig. Ich besorgs ihm, Mutter.

MUTTER COURAGE: Stehen bleibst! Du Haderlump! Ich kenn dich, nix wie raufen. Ein Messer hat er im Stiefel, stechen tut er.

DER WERBER: Ich ziehs ihm aus wie einen Milchzahn, komm, Bürschchen.

MUTTER COURAGE: Herr Feldwebel, ich sags dem Obristen. Der steckt euch ins Loch. Der Leutnant ist ein Freier meiner Tochter.

DER FELDWEBEL: Keine Gewalt, Bruder. *Zu Mutter Courage:* Was hast du gegen den Heeresdienst? War sein Vater nicht Soldat? Und ist anständig gefallen? Das hast du selber gesagt.

MUTTER COURAGE: Er ist ein ganzes Kind, ihr wollt ihn mir zur Schlachtbank führen, ich kenn euch. Ihr kriegt fünf Gulden für ihn.

DER WERBER: Zunächst kriegt er eine schöne Kappe und Stulpenstiefel, nicht?

EILIF: Nicht von dir.

MUTTER COURAGE: Komm, geh mit angeln, sagte der Fischer zum Wurm. *Zum Schweizerkas:* Lauf weg und schrei, die wollen deinen Bruder stehlen. *Sie zieht ein Messer.* Probierts nur und stehlt ihn. Ich stech euch nieder, Lumpen. Ich werds euch geben, Krieg mit ihm führen! Wir verkaufen ehrlich Leinen und Schinken und sind friedliche Leut.

DER FELDWEBEL: Das sieht man an deinem Messer, wie friedlich ihr seid. Überhaupt sollst du dich schämen, gib das Messer weg, Vettel! Vorher hast du eingestanden, du lebst vom Krieg, denn wie willst du sonst leben, von was? Aber wie soll Krieg sein, wenn es keine Soldaten gibt?

MUTTER COURAGE: Das müssen nicht meine sein. [...] R

1 a) Welche Aussagen werden zu Beginn des Theaterstückes bis zum Auftritt von Mutter Courage über Krieg und Frieden gemacht (Z. 8–60)?
Fasst eure Ergebnisse in einem Schaubild zusammen.
b) Zieht Rückschlüsse auf eine mögliche Gesamtaussage des Stückes.

2 Erläutert, in welchem Zusammenhang das Lied der Courage (Z. 71–94) mit den vorangegangenen Aussagen zum Krieg steht.

3 a) Erstellt in Gruppen **Standbilder,** in denen ihr die innere Einstellung der Figuren dieser ersten Szene und ihre Beziehung zueinander zum Ausdruck bringt. Ihr überlegt,
- wie die Figuren zueinander postiert sind,
- welche Haltungen sie einnehmen und
- wie ihre Gesichtsausdrücke aussehen.

Dann verharrt ihr in euren Positionen und Haltungen wie eingefroren. Jede Figur sagt schließlich in der eingenommenen Haltung, was sie gerade denkt und fühlt.

b) Vergleicht eure Standbilder, wenn möglich, anhand von Polaroidfotos.

Bertolt Brecht

Mutter Courage und ihre Kinder

8

IM SELBEN JAHR FÄLLT DER SCHWEDENKÖNIG GUSTAV ADOLF IN DER SCHLACHT BEI LÜTZEN. DER FRIEDEN DROHT MUTTER COURAGES GESCHÄFT ZU RUINIEREN. DER COURAGE KÜHNER SOHN VOLLBRINGT EINE HELDENTAT ZUVIEL UND FINDET EIN SCHIMPFLICHES ENDE.

Feldlager
Ein Sommermorgen. Vor dem Wagen stehen eine alte Frau und ihr Sohn. Der Sohn schleppt einen großen Sack mit Bettzeug.

MUTTER COURAGES STIMME *aus dem Wagen:* Muß das in aller Herrgottsfrüh sein?

DER JUNGE MANN: Wir sind die ganze Nacht zwanzig Meilen hergelaufen und müssen noch zurück heut.

MUTTER COURAGES STIMME: Was soll ich mit Bettfedern? Die Leut haben keine Häuser.

DER JUNGE MANN: Wartens lieber, bis Sie sie sehn.

DIE ALTE FRAU: Da ist auch nix. Komm!

DER JUNGE MANN: Dann verpfänden sie uns das Dach überm Kopf für die Steuern. Vielleicht gibt sie drei Gulden, wenn du das Kreuzel zulegst. *Glocken beginnen zu läuten:* Horch, Mutter!

STIMMEN *von hinten:* Frieden! Der Schwedenkönig ist gefallen!

MUTTER COURAGE *steckt den Kopf aus dem Wagen. Sie ist noch unfrisiert:* Was ist das für ein Geläut mitten in der Woch?

DER FELDPREDIGER *kommt unterm Wagen vorgekrochen:* Was schrein sie?

MUTTER COURAGE: Sagen Sie mir nicht, daß Friede ausgebrochen ist, wo ich eben neue Vorräte eingekauft hab.

DER FELDPREDIGER *nach hinten rufend:* Ists wahr, Frieden?

STIMME: Seit drei Wochen, heißts, wir habens nur nicht erfahren.

DER FELDPREDIGER *zur Courage:* Warum solln sie sonst die Glocke läuten?

STIMME: In der Stadt sind schon ein ganzer Haufen Lutherische mit Fuhrwerken angekommen, die haben die Neuigkeit gebracht.

DER JUNGE MANN: Mutter, es ist Frieden. Was hast?
Die alte Frau ist zusammengebrochen.

MUTTER COURAGE *zurück in den Wagen:* Marandjosef! Kattrin, Friede! Zieh dein Schwarzes an! Wir gehn in Gottesdienst. Das sind wir dem Schweizerkas schuldig. Obs wahr ist?

DER JUNGE MANN: Die Leut hier sagens auch. Es ist Frieden gemacht worden. Kannst du aufstehn? *Die alte Frau steht betäubt auf.* Jetzt bring ich die Sattlerei wieder in Gang. Ich versprech dirs. Alles kommt in Ordnung. Vater kriegt sein Bett wieder. Kannst du laufen? *Zum Feldprediger:* Schlecht ist ihr geworden. Das ist die Nachricht. Sie hats nicht geglaubt, daß es noch Frieden wird. Vater hats immer gesagt. Wir gehn gleich heim. *Beide ab.*

MUTTER COURAGES STIMME: Gebt ihr einen Schnaps!

DER FELDPREDIGER: Sie sind schon fort.

MUTTER COURAGES STIMME: Was ist im Lager drüben?

DER FELDPREDIGER: Sie laufen zusammen. Ich

geh hinüber. Soll ich nicht mein geistliches Gewand anziehn?

Mutter Courages Stimme: Erkundigen Sie sich erst genauer, vor Sie sich zu erkennen geben als Antichrist. Ich bin froh übern Frieden, wenn ich auch ruiniert bin. Wenigstens zwei von den Kindern hätt ich also durchgebracht durch den Krieg. Jetzt werd ich meinen Eilif wiedersehen.

Der Feldprediger: Und wer kommt da die Lagergaß herunter? Wenn das nicht der Koch vom Feldhauptmann ist!

Der Koch *etwas verwahrlost und mit einem Bündel:* Wen seh ich? Den Feldprediger!

Der Feldprediger: Courage, ein Besuch!

Mutter Courage klettert heraus.

Der Koch: Ich habs doch versprochen, ich komm, sobald ich Zeit hab, zu einer kleinen Unterhaltung herüber. Ich hab Ihren Branntwein nicht vergessen, Frau Fierling.

Mutter Courage: Jesus, der Koch vom Feldhauptmann! Nach all die Jahr! Wo ist der Eilif, mein Ältester?

Der Koch: Ist der noch nicht da? Der ist vor mir weg und wollt auch zu Ihnen.

Der Feldprediger: Ich zieh mein geistliches Gewand an, wartets. *Ab hinter den Wagen.*

Mutter Courage: Da kann er jede Minute eintreffen. *Ruft in den Wagen:* Kattrin, der Eilif kommt! Hol ein Glas Branntwein fürn Koch, Kattrin! *Kattrin zeigt sich nicht.* Gib ein Büschel Haar drüber, und fertig! Herr Lamb ist kein Fremder. *Holt selber den Branntwein.* Sie will nicht heraus, sie macht sich nix ausn Frieden. Er hat zu lang auf sich warten lassen. Sie haben sie über das eine Aug geschlagen, man siehts schon kaum mehr, aber sie meint, die Leut stiern auf sie.

Der Koch: Ja, der Krieg! *Er und Mutter Courage setzen sich.*

Mutter Courage: Koch, Sie treffen mich im Unglück. Ich bin ruiniert.

Der Koch: Was? Das ist aber ein Pech.

Mutter Courage: Der Friede bricht mirn Hals. Ich hab auf den Feldprediger sein Rat neulich noch Vorrät eingekauft. Und jetzt wird sich alles verlaufen, und ich sitz auf meine Waren.

Der Koch: Wie können Sie auf den Feldprediger hörn? Wenn ich damals Zeit gehabt hätt, aber die Katholischen sind zu schnell gekommen, hätt ich Sie vor dem gewarnt. Das ist ein Schmalger. So, der führt bei Ihnen jetzt das große Wort.

Mutter Courage: Er hat mirs Geschirr gewaschen und ziehn helfen.

Der Koch: Der und ziehn! Er wird Ihnen schon auch ein paar von seine Witz erzählt haben, wie ich den kenn, der hat eine ganz unsaubere Anschauung vom Weib, ich hab mein Einfluß umsonst bei ihm geltend gemacht. Er ist unsolid.

Mutter Courage: Sind Sie solid?

Der Koch: Wenn ich nix bin, bin ich solid. Prost!

Mutter Courage: Das ist nix, solid. Ich hab nur einen gehabt, Gott sei Dank, wo solid war. So hab ich nirgends schuften müssen, er hat die Decken von die Kinder verkauft im Frühjahr, und meine Mundharmonika hat er unchristlich gefunden. Ich find, Sie empfehln sich nicht, wenn Sie eingestehn, Sie sind solid.

Der Koch: Sie haben immer noch Haare auf die Zähn, aber ich schätz Sie drum.

Mutter Courage: Sagen Sie jetzt nicht, Sie haben von meine Haar auf die Zähn geträumt!

Der Koch: Ja, jetzt sitzen wir hier, und Friedensglocken und Ihr Branntwein, wie nur Sie ihn ausschenken, das ist ja berühmt.

Mutter Courage: Ich halt nix von Friedensglocken im Moment. Ich seh nicht, wie sie den Sold auszahln wolln, wo im Rückstand ist, und wo bleib ich dann mit meinem berühmten Branntwein? Habt ihr denn ausgezahlt bekommen?

Der Koch *zögernd:* Das nicht grad. Darum haben wir uns aufgelöst. Unter diese Umständ hab ich mir gedacht, was soll ich bleiben, ich besuch inzwischen Freunde. Und so sitz ich jetzt Ihnen gegenüber.

Mutter Courage: Das heißt, Sie haben nix.

Der Koch: Mit dem Gebimmel könnten sie wirklich aufhören, nachgerad. Ich käm gern in irgendeinen Handel mit was. Ich hab keine Lust mehr, denen den Koch machen. Ich soll ihnen aus Baumwurzeln und Schuhleder was zusammenpantschen, und dann schütten sie mir die heiße Suppe ins Gesicht.

Heut Koch, das ist ein Hundeleben. Lieber Kriegsdienst tun, aber freilich, jetzt ist ja Frieden. *Da der Feldprediger auftaucht, nunmehr in seinem alten Gewand:* Wir reden später darüber weiter.

DER FELDPREDIGER: Es ist noch gut, nur paar Motten waren drin.

DER KOCH: Ich seh nur nicht, wozu Sie sich die Müh machen. Sie werden doch nicht wieder eingestellt, wen sollten Sie jetzt anfeuern, daß er seinen Sold ehrlich verdient und sein Leben in die Schanz schlägt? Ich hab überhaupt mit Ihnen noch ein Hühnchen zu rupfen, weil Sie die Dame zu einem Einkauf von überflüssigen Waren geraten haben unter der Angabe, der Krieg geht ewig.

DER FELDPREDIGER *hitzig:* Ich möcht wissen, was Sie das angeht?

DER KOCH: Weils gewissenlos ist, so was! Wie können Sie sich in die Geschäftsordnung von andern Leuten einmischen mit ungewünschten Ratschlägen?

DER FELDPREDIGER: Wer mischt sich ein? *Zur Courage:* Ich hab nicht gewußt, daß Sie eine so enge Freundin von dem Herrn sind und ihm Rechenschaft schuldig sind.

MUTTER COURAGE: Regen Sie sich nicht auf, der Koch sagt nur seine Privatmeinung, und Sie können nicht leugnen, daß Ihr Krieg eine Niete war.

DER FELDPREDIGER: Sie sollten sich nicht am Frieden versündigen, Courage! Sie sind eine Hyäne des Schlachtfelds.

MUTTER COURAGE: Was bin ich?

DER KOCH: Wenn Sie meine Freundin beleidigen, kriegen Sies mit mir zu tun.

DER FELDPREDIGER: Mit Ihnen red ich nicht. Sie haben mir zu durchsichtige Absichten. *Zur Courage:* Aber wenn ich Sie den Frieden entgegennehmen seh wie ein altes verrotztes Sacktuch, mit Daumen und Zeigefinger, dann empör ich mich menschlich; denn dann seh ich, Sie wollen keinen Frieden, sondern Krieg, weil Sie Gewinne machen, aber vergessen Sie dann auch nicht den alten Spruch: „Wer mitn Teufel frühstücken will, muß ein langen Löffel haben!“

MUTTER COURAGE: Ich hab nix fürn Krieg übrig, und er hat wenig genug für mich übrig. Ich verbitt mir jedenfalls die Hyäne, wir sind geschiedene Leut.

DER FELDPREDIGER: Warum beklagen Sie sich dann übern Frieden, wenn alle Menschen aufatmen? Wegen paar alte Klamotten in Ihrem Wagen?!

MUTTER COURAGE: Meine Waren sind keine alte Klamotten, sondern davon leb ich, und Sie habens bisher auch.

DER FELDPREDIGER: Also vom Krieg! Aha! […]

R

1 Ordnet die Szene in den Handlungszusammenhang ein (s. S. 208/209).

2 a) Untersucht die Sprache der Mutter Courage. Sammelt dazu Ausdrucksweisen und sprachliche Auffälligkeiten, die euch für die Figur typisch erscheinen.
b) Welche Wirkung wird durch diese Art der Sprachgestaltung erzielt?

3 Verfasst ein **Rollenprofil** der Mutter Courage. Rollenprofile sind Selbstdarstellungen der Figuren in der Ich-Form. Sie dienen dazu, sich in die Figuren hineinzuversetzen und ein möglichst genaues und lebendiges Bild von ihnen zu gewinnen. Schauspieler/innen erarbeiten sich solche Rollenprofile, wenn sie eine Figur darstellen wollen. Beachtet beim Schreiben der Rollenprofile folgende Gesichtspunkte:
- äußere Lebensumstände der Figuren,
- wichtige Erfahrungen,
- Interessen und Vorlieben,
- Verhältnis zu den Mitmenschen,
- Einstellungen, Absichten und Motive,
- Ängste, Sorgen und Sehnsüchte.

4 a) Erprobt in Gruppen verschiedene Möglichkeiten der Darstellung dieser achten Szene. Dabei solltet ihr unterschiedliche Rollenverteilungen ausprobieren und euch gegenseitig genau beobachten.
b) Stellt die Variante, die euch besonders gelungen erscheint, dann der Klasse vor.

Eine Dramenszene analysieren – Tipps und Hinweise

Neben der erzählenden Literatur und der Lyrik ist das Drama eine der drei Grundformen der Dichtung. Dramentexte sind in **Dialogform** verfasst und in der Regel für eine Theateraufführung vorgesehen. Die Handlung wird also vor einem Publikum auf der Bühne von Schauspielerinnen und Schauspielern dargestellt. Dazu sind neben dem Sprechtext auch die **Regieanweisungen** und die **Inszenierung** einer Regisseurin oder eines Regisseurs von Bedeutung.
Bei der Untersuchung einer Dramenszene muss man zunächst berücksichtigen, dass es verschiedene Arten von Dramen gibt. Wir unterscheiden hauptsächlich zwischen der **Tragödie,** bei der die Konflikte tragisch enden, und der **Komödie,** bei der eine heitere Darstellung vorherrscht und die einen glücklichen Ausgang nimmt. Außerdem gibt es unterschiedliche Konzeptionen dramatischer Gestaltung:
Die **klassische Form des Dramas,** die schon seit der Antike überliefert ist, weist einen strengen Aufbau in meist fünf Akten auf. Der 1. Akt bietet die **Exposition** (Einführung), in der die Hauptfiguren vorgestellt werden, in der in Ort, Zeit und Atmosphäre des Stücks eingeführt wird und in der sich die Konflikte anbahnen, die die Handlung bis zum dramatischen Höhepunkt vorantreiben. Am Ende des 3. oder zu Beginn des 4. Akts tritt bei der Tragödie häufig die **Peripetie** (der Wendepunkt) ein, von der aus die Handlung unaufhaltsam der Katastrophe zustrebt.
Das **epische Theater** Bertolt Brechts verzichtet hingegen auf diese klassische Form des Aufbaus. Die Szenen bauen nicht systematisch aufeinander auf, sondern sind einzelne aneinandergereihte „Bilder", die Handlung wird oft unterbrochen, z. B. durch Songs (s. S. 219–222).

Zur Vorbereitung einer **schriftlichen Analyse** einer Dramenszene solltet ihr – wie bei der Analyse von Lyrik und Prosatexten auch – zunächst euer erstes vorläufiges Textverständnis kurz schriftlich festhalten.
In einem zweiten Schritt könnt ihr folgende Aspekte in den Blick nehmen:

Aspekte der Analyse einer Dramenszene

1) **Stellung der Szene im Handlungsverlauf**
   - Wo steht die Szene im Handlungsverlauf?
   - Was ist ihr unmittelbar vorausgegangen?
   - Was folgt der Szene?

2) **Inhalt der Szene**
   - Wovon handelt die Szene?
   - Was sind wichtige Abschnitte (Handlungsschritte)?
   - Was ist das Thema?

3) **Figuren der Szene und ihr Verhältnis zueinander**
   - Was lässt sich über Herkunft, Stand und Vorgeschichte der Figuren sagen?
   - Welche Gedanken, Gefühle, Eigenschaften der Figuren werden deutlich?
   - Was sind ihre offensichtlichen und verborgenen Absichten und Handlungsmotive?
   - Welche typischen Tätigkeiten, Gebärden und Verhaltensweisen zeigen die Figuren und was drücken diese aus?
   - Wie sind die Beziehungen zu anderen Personen?
   - Welche sprachlichen Auffälligkeiten charakterisieren die Personen?

4) Bedeutung der Szene für die Aussage des Dramas
- In welcher Weise wird das Thema des Dramas in der Szene entfaltet?
- Welche Bedeutung hat die Szene für die Ausgestaltung oder Veränderung des Charakters der Hauptfigur? In welchem Sinne gelangt die Hauptfigur in der Szene in eine bedeutsame Entscheidungssituation?
- Welche Wirkung erzielt die Szene im Zusammenhang des Dramas? (Tragen z. B. die Formmerkmale des epischen Theaters zu dieser Wirkung bei?)

Wenn ihr eure Untersuchungsergebnisse zusammenhängend ausarbeitet, nennt ihr in der **Einleitung** Autor/in sowie Titel des Stücks und fasst dessen Inhalt knapp – möglichst in einem Satz – zusammen. Im **Hauptteil** stellt ihr die Ergebnisse eurer Analyse dar und belegt sie anhand von Textstellen (s. die Hinweise zum richtigen Zitieren auf S. 296). Dabei könnt ihr die oben aufgeführten Untersuchungsaspekte als Gliederungspunkte nutzen. Am Schluss könnt ihr eine kurze wertende Stellungnahme formulieren.

1 Bereitet in Kleingruppen eine schriftliche Analyse der 8. Szene von Brechts „Mutter Courage" (S. 215–217) vor. Achtet beim Schreiben auf den korrekten Tempusgebrauch (Präsens).

2 Tauscht eure Ergebnisse aus und macht Verbesserungsvorschläge. Nutzt dabei die Checkliste auf S. 152 f.

10.2 Episches Theater: Bühne und Realität

Brechts Konzeption des **epischen Theaters** brach mit der damals üblichen Vorstellung von der Bühne. Brecht ging es nicht darum, dass die Zuschauer mit den Figuren auf der Bühne mitfühlen und sich mit ihnen identifizieren. Vielmehr sollten seine Stücke den Zuschauern Einsichten und Erkenntnisse vermitteln und sie zum Handeln auffordern. Diese Wirkungsabsicht hat Konsequenzen für die Gestaltung der Dramentexte: So stellt Brecht in vielen Stücken den Szenen eine kurze Inhaltsangabe voran, lässt die Figuren manchmal aus ihren Rollen treten und sich an das Publikum wenden oder er unterbricht den Handlungsfluss durch Lieder. Ein solches Lied singt Mutter Courage in der 4. Szene des nach ihr benannten Stücks zur Belehrung eines jungen Soldaten, dem der zugesagte Lohn für eine mutige Tat nicht ausgezahlt wird und der sich nun gegen das erlittene Unrecht zur Wehr setzen will.

Bertolt Brecht

Lied von der großen Kapitulation

Einst, im Lenze[1] meiner jungen Jahre
Dacht auch ich, daß ich was ganz Besondres bin.

(Nicht wie jede beliebige Häuslertochter[2], mit meinem
Aussehn und Talent und meinem Drang nach Höherem!)

Und bestellte meine Suppe ohne Haare
Und von mir, sie hattens kein Gewinn.

1 **Lenz:** Frühling
2 **Häusler:** Dorfbewohner, der ein kleines Haus, aber kein eigenes Feld besitzt, sodass er Lohnarbeit leisten muss

(Alles oder nix, jedenfalls nicht den Nächstbesten, jeder ist seines Glückes Schmied, ich laß mir keine Vorschriften machen!)

Doch vom Dach ein Star
Pfiff: wart paar Jahr!
    Und du marschierst in der Kapell
    Im Gleichschritt, langsam oder schnell
    Und bläsest deinen kleinen Ton:
    Jetzt kommt er schon.
    Und jetzt das Ganze schwenkt!
    Der Mensch denkt: Gott lenkt.
    Keine Red davon!

Und bevor das Jahr war abgefahren
Lernte ich zu schlucken meine Medizin.

(Zwei Kinder aufm Hals und bei dem Brotpreis und was alles verlangt wird!)

Als sie einmal mit mir fix und fertig waren
Hatten sie mich auf dem Arsch und auf den Knien.

(Man muß sich stelln mit den Leuten, eine Hand wäscht die andre, mit dem Kopf kann man nicht durch die Wand.)

Und vom Dach der Star
Pfiff: noch kein Jahr!
    Und sie marschiert in der Kapell
    Im Gleichschritt, langsam oder schnell
    Und bläset ihren kleinen Ton:
    Jetzt kommt er schon.
    Und jetzt das Ganze schwenkt!
    Der Mensch denkt: Gott lenkt.
    Keine Red davon!

Viele sah ich schon den Himmel stürmen
Und kein Stern war ihnen groß und weit genug.

(Der Tüchtige schafft es, wo ein Wille ist, ist ein Weg, wir werden den Laden schon schmeißen.)

Doch sie fühlten bald beim Berg-auf-Berge-Türmen
Wie doch schwer man schon an einem Strohhut trug.

(Man muß sich nach der Decke strecken!)

Und vom Dach der Star
Pfeift: wart paar Jahr!
    Und sie marschiern in der Kapell
    Im Gleichschritt, langsam oder schnell
    Und blasen ihren kleinen Ton:
    Jetzt kommt er schon.
    Und jetzt das Ganze schwenkt!
    Der Mensch denkt: Gott lenkt.
    Keine Red davon! [R]

1 a) Gebt in eigenen Worten wieder, was die Mutter Courage dem jungen Soldaten rät.
b) Wie bewertet ihr die Einstellung der Mutter Courage?

2 Erarbeitet zu zweit oder in Gruppen den Vortrag des „Liedes von der großen Kapitulation" und diskutiert die verschiedenen Möglichkeiten.

3 a) Schreibt eigene Songs, in denen Sprichwörter und so genannte Volksweisheiten in ähnlicher Weise Verwendung finden wie im „Lied von der großen Kapitulation".
b) Tauscht eure Texte aus und schreibt jeweils einen ausführlichen Kommentar darunter, der auch Vorschläge zur Verbesserung enthalten sollte.
c) Überarbeitet nun eure Texte auf Grundlage der Kommentare.
d) Tragt einige Texte vor. Vergleicht sie und stellt dabei Bezüge zum „Lied von der großen Kapitulation" her.

Brechts Technik der Verfremdung

Brecht entwickelte eine Reihe von Gestaltungselementen, die die Distanz der Zuschauer/innen zur Handlung und zu den Figuren verstärken und eine bloße Einfühlung verhindern sollten. Zusammen genommen ergeben sie den so genannten **Verfremdungseffekt** (V-Effekt). Dazu zählen

dramaturgische Mittel der Verfremdung:
- Abbau von äußerer Spannung (weg von der Was-Spannung hin zur Wie-Spannung),
- Unterbrechung und Kommentierung der Handlung durch Lieder/Songs,
- Widersprüche zwischen Selbstaussagen und Handlungen (z. B. Gesten) der Figuren,

sprachliche Mittel der Verfremdung:
- Umdeutung von Hochwertwörtern (z. B. „Ordnung") durch die Figuren,
- Verwendung von Umgangssprache und Dialekt,
- polemische Entlarvung von überhöhenden Aussagen und Relativierung von Wertvorstellungen,
- Einsatz bekannter Redewendungen, Sprichwörter usw. in ungewohnten Zusammenhängen,
- gewollte Missverständnisse.

4 a) Weist einzelne V-Effekte im „Lied von der großen Kapitulation" nach (z. B. im Refrain).
b) Untersucht auch die Szenenausschnitte auf den Seiten 212–214 und 215–217 im Hinblick auf V-Effekte.
c) Klärt die jeweilige Funktion der V-Effekte und erörtert ihre Wirkung.

5 In seinen Regieanweisungen zur Berliner Neuinszenierung 1949 hat Brecht festgelegt, dass der Soldat, dem die Courage das „Lied von der großen Kapitulation" vorsingt, derselbe ist, der am Ende des Theaterstücks die stumme Tochter der Courage, Kattrin, erschießt (s. Inhaltsangabe auf S. 208/209).
a) Erläutert diese Regieanweisung im Hinblick auf Brechts Absicht, dass die Zuschauer sich nicht einfühlend mit den Figuren identifizieren, sondern die Handlung mit kritischer Distanz betrachten sollen.
b) Wie ist nach dieser Regieanweisung die Rolle der Mutter Courage zu bewerten?

Nicht nur die Dramentexte Brechts enthalten Elemente der Verfremdung, sondern auch die von ihm geforderte Art der Darstellung durch die Schauspieler/innen sollte sich grundlegend ändern.

Bertolt Brecht

Brief an einen Schauspieler

[…] Ich komme damit auch zu Ihrer Frage, ob denn meine Forderung, der Darsteller solle sich nicht völlig in die Stückfigur verwandeln, sondern sozusagen neben ihr stehenbleiben, als Kritiker oder Lober, sein Spiel nicht zu einer rein artistischen, mehr oder weniger unmenschlichen Angelegenheit mache. Nach meiner Meinung ist das nicht der Fall. Es muß meine Schreibweise, die zuviel für selbstverständlich hält, sein, daß ein solcher Eindruck entsteht. Sie sei verflucht! Natürlich müssen auf der Bühne eines realistischen Theaters lebendige, runde, widerspruchsvolle Menschen stehen, mit all ihren Leidenschaften, unmittelbaren Äußerungen und Handlungen. Die Bühne ist kein Herbarium oder zoologisches Museum mit ausgestopften Tieren. Der Schauspieler muß diese Menschen schaffen können (und wenn Sie unsere Aufführungen sehen könnten, würden Sie solche Menschen sehen, und sie sind Menschen nicht trotz, sondern dank unserer Prinzipien!).

Es gibt jedoch ein völliges Aufgehen des Schauspielers in seiner Figur, das zur Folge hat, daß er sie so selbstverständlich, so gar nicht anders zu denken erscheinen läßt, daß der Zuschauer sie einfach hinzunehmen hat, wie sie eben ist, und es entsteht ein ganz unfruchtbares „alles verstehen ist alles verzeihen“ […] R

Bertolt Brecht

Einfühlung oder Distanz?

[…] Die Theorie des epischen Theaters stellte diese Frage. Es nahm die Störungen ernst, führte sie auf gesellschaftliche Veränderungen historischer Art zurück und bemühte sich, eine Spielweise zu finden, welche auf die totale Einfühlung verzichten konnte. Der Kontakt zwischen Schauspieler und Zuschauer mußte auf eine andere Art zustande gebracht werden als auf die suggestive. Der Zuschauer mußte aus der Hypnose entlassen; der Schauspieler der Aufgabe entbürdet werden, sich total in die darzustellende Figur zu verwandeln. In seine Spielweise mußte, auf irgendeine Art, eine gewisse Distanz zu der darzustellenden Figur eingebaut werden. Er mußte Kritik üben können. Neben dem Handeln seiner Figur mußte sichtbar gemacht werden können ein anderes Handeln, so daß Auswahl und eben Kritik möglich war. […] R

6 Fasst zusammen, welche Forderungen Brecht an Schauspieler und Zuschauer stellt.

7 a) Diskutiert in Gruppen über eure Erfahrungen mit dem Theater.
Dabei könnt ihr von folgenden Äußerungen ausgehen:

- *Wenn ich ins Theater gehe, will ich verzaubert werden.*
- *Wenn ich im Theater keine neuen Erkenntnisse gewinne, kann ich gleich zu Hause bleiben.*
- *Ein guter Schauspieler soll in die Haut der Figur schlüpfen.*
- *Ich will den Ausgang des Stückes auf keinen Fall vorher wissen.*
- *Wenn ein Stück interessant ist, kann man es sich auch zweimal ansehen.*
- *Man kann im Theater auch Erkenntnisse gewinnen, wenn das Stück einfühlsam gespielt ist.*

b) Führt vor der Klasse ein Streitgespräch zu der Frage „Ist die totale Einfühlung der Schauspieler/innen und Zuschauer/innen in die dargestellten Figuren wünschenswert?“.

10.3 Krieg im Film: „Die Brücke"

Bernhard Wickis Film „Die Brücke" gehörte schon kurz nach seiner Entstehung im Jahr 1959 zu den erfolgreichsten Filmen der Nachkriegszeit und erhielt zahlreiche nationale und internationale Auszeichnungen, darunter den „Golden Globe" und den „Bambi". Außerdem wurde er als bester ausländischer Film für den „Oscar" nominiert. Als der Film in den Kinos der Bundesrepublik anlief, bewegte die Diskussion um den Aufbau der Bundeswehr mit Einführung der allgemeinen Wehrpflicht und die atomare Bewaffnung die deutsche Öffentlichkeit. Viele, die seither den Kriegsdienst verweigert haben, beriefen sich in ihren Begründungen auf den Film „Die Brücke". Der Film kann in Landesbildstellen oder Videotheken ausgeliehen werden.

Inhaltsübersicht zu Bernhard Wickis Film „Die Brücke"

Sieben Jungen einer bayerischen Kleinstadt werden in den letzten Kriegstagen im April 1945 zum so genannten Volkssturm kommandiert. Ihr Enthusiasmus, ihrem Vaterland zu dienen und die Stadt vor den anrückenden Amerikanern zu verteidigen, kann auch nicht von ihrem LEHRER STERN erschüttert werden, der im Unterricht vorsichtig vor dem Krieg warnt. Darüber hinaus werden einige der Jungen durch zusätzliche Motive dazu veranlasst, den Krieg als Abenteuer zu suchen. WALTER, der Sohn des Ortsgruppenleiters der Nationalsozialistischen Partei, muss mit ansehen, wie sein Vater zuerst die Mutter wegschickt, um sich ungestört seiner Geliebten zuwenden zu können, und dann vor dem anrückenden Feind feige flieht. KARLS allein stehender Vater, der als Kriegsverwundeter einen Friseurladen betreibt, geht ein Liebesverhältnis mit seiner Angestellten ein, für die auch Karl selbst schwärmt. Karl fühlt sich deshalb ausgegrenzt. JÜRGEN, dessen Vater als Major im Krieg gefallen ist, war von diesem ganz in militärischem Denken erzogen worden. Er kann sich sein Leben nur als Soldat vorstellen und träumt von einer Karriere in der Wehrmacht. Er wird in seiner Haltung von seiner Mutter unterstützt. SIGGI, Sohn einer Wäscherin, und ALBERT, dessen Vater an der Front seit Wochen vermisst wird, wollen nicht als Drückeberger gelten, ebenso wenig wie KLAUS, der sich auch nicht durch seine Liebe zu einer Klassenkameradin zurückhalten lässt. Lediglich HANS, der bei Alberts Mutter vor dem Bombenhagel und den Schrecken des Krieges in seiner Heimatstadt Zuflucht gefunden hat, äußert Bedenken, Zweifel und auch Angst. Doch als der Einberufungsbefehl eintrifft, zeigt sich auch Hans wie alle anderen Jungen begeistert, während z. B. die Mütter von Siggi und Albert mit Trauer und Entsetzen reagieren. Bereits nach dem ersten Ausbildungstag erhält das Bataillon den Befehl zum Fronteinsatz. HAUPTMANN FRÖHLICH, der die Jungen schonen will, beordert sie unter Leitung von UNTEROFFIZIER HEILMANN zur Bewachung einer Brücke, die von einem Sprengkommando der Wehrmacht sowieso bald zerstört werden soll. Was von der Einsatzleitung als ungefährliche und harmlose Beschäftigung Krieg spielender Jugendlicher geplant ist, erweist sich bald als blutiger Ernstfall. Da der Unteroffizier beim Versuch, Kaffee zu holen, fälschlich als Deserteur von den eigenen Leuten erschossen wird, nehmen die Jugendlichen, nun auf sich allein gestellt, den Kampf auf, um die amerikanischen Truppen aufzuhalten. Während die deutschen Verbände in Panik vor dem anrückenden Feind über die Brücke fliehen, halten die Jungen ihre Stellung und sterben, bis auf Albert, einen sinnlosen Tod.

1 Entwerft anhand der Inhaltsangabe eine Grafik zum **dramaturgischen Aufbau** des Films mit Handlungsverlauf, Spannungskurve usw.

2 Erklärt, inwiefern die Handlung als **„tragisch"** bezeichnet werden kann.

Bernhard Wicki

Die Brücke

An ihrem ersten Tag bei der Armee stattet der um das Wohl der Jungen besorgte Lehrer Stern dem zuständigen Hauptmann Fröhlich einen Besuch ab.

So könnte das Drehbuch zu der Szene ausgesehen haben:

Einstellung	Kameraposition/Ausschnitt	Text/Ton
1	AUSSEN Froschperspektive: Jungen exerzieren, Soldaten marschieren durchs Bild, Jungen laufen auf die Kamera zu. Hintergrund: Stern tritt im Gebäude ans Fenster.	Befehlston aus dem OFF: Hinlegen!!! – Zurück, Marsch – Marsch!!! Achtung!!!
2	INNEN Nah: Stern blickt aus dem Fenster Schwenk: Stern tritt zum Schreibtisch, an dem Fröhlich sitzt. Ein Adjutant steht daneben. Fröhlich unterschreibt Formulare.	HAUPTMANN FRÖHLICH Entschuldigen Sie bitte. Papierkrieg ... LEHRER STERN Bitte sehr.
	Der Adjutant geht.	FRÖHLICH Nehmen Sie doch Platz. (Zum Adjutanten:) Sorgen Sie dafür, dass ich nicht gestört werde.
3	Halbtotale: Beide sitzen im Profil am Schreibtisch/ Gegenlicht	(Zu Stern:) Was führt Sie zu mir? STERN Die Jungs aus meiner letzten Klasse sind in Ihrer Kompanie. FRÖHLICH Ja, ich weiß.

Einstellung	Kameraposition/Ausschnitt	Text/Ton
		STERN Herr Fröhlich, ich … ich komme als Kollege zu Ihnen. Sie sind doch auch Lehrer. FRÖHLICH Ich bin seit fünf Jahren Soldat. (Pause) Sie sind u. k.[1] gestellt? STERN Ja. Mein Herz.
4	Halbnah: Schulterschuss auf Fröhlich	FRÖHLICH Hm. Sagen Sie, Herr Kollege, was für Fächer unterrichten Sie eigentlich?
5	Halbnah: Schulterschuss auf Stern	STERN Englisch, Geschichte, Deutsch.
6	Halbnah: Schulterschuss auf Fröhlich	FRÖHLICH Ich nehme an, dass Sie wegen Ihrer Jungs zu mir gekommen sind.
7	Halbnah: Schulterschuss auf Stern	STERN Ja, ich wollte Sie bitten … (Pause) Ich kann nicht einsehen, dass diese Kinder jetzt zum Schluss noch sinnlos geopfert werden sollen.
8	Halbnah: Fröhlich, der sich zur Kamera beugt	FRÖHLICH Ich habe mich mit Ihren Jungs unterhalten, Herr Stern. Es sind Idealisten. (Zunehmend eindringlicher:) Sie

1 **u. k.:** unabkömmlich

Einstellung	Kameraposition/Ausschnitt	Text/Ton
		glauben, dass sie für die Ver- wirklichung von Idealen kämpfen. Sie wollen das Vaterland retten. Sie glauben,
9	Nah: Stern	was (lauter:) Sie ihnen beige-
10	Nah: Fröhlich	bracht haben, Herr Stern! Hölderlin – Deutsch für Ober-
11	Nah: Stern	klassen: „Die Schlacht/
12	Nah: Fröhlich	ist unser! Lebe oben, o Vaterland,/und zähle nicht
13	Nah: Stern Stern springt auf.	die Toten! Dir, Liebes,/ist nicht einer zu viel gefallen.“
14	Nah: Fröhlich	STERN Aber, Herr Fröhlich!
15	Halbnah/leicht von oben: Stern Hintergrund: offenes Fenster auf den Kasernenhof mit exerzierenden Soldaten	Alle diese Ideale: Freiheit, Vaterland, Heldentod sind doch Falschmünzern in die Hände gefallen. Das stimmt doch
16	Nah: Fröhlich	alles nicht mehr! FRÖHLICH Ich habe vor ein paar Tagen die Nachricht bekommen, dass mein Sohn gefallen ist. (Bestimmt:) Was stimmt da nicht?
17	Halbtotale/Profil: Stern stehend, Fröhlich sitzend am Schreibtisch	STERN Entschuldigen Sie! Ich glaube nicht, dass ich nach diesem Krieg weiter mit gutem Ge- wissen Lehrer sein kann. (Pause)
18	Nah/leicht von unten: Stern in die Kamera	Ich bin eigentlich gekommen ... Ich wollte Sie bitten, etwas für meine Jungs zu tun.
19	Nah/leicht von oben: Fröhlich	FRÖHLICH Wie meinen Sie das?

Einstellung	Kameraposition/Ausschnitt	Text/Ton
20	Nah/leicht von unten: Stern in die Kamera	STERN Vielleicht haben Sie als Kompanieführer die Möglichkeit, meine Jungs herauszuhalten …
21	Nah/leicht von oben: Fröhlich Fröhlich steht auf.	FRÖHLICH (bestimmt:) Reden Sie keinen Unsinn! Ich darf mir gar nicht anhören, was Sie hier sagen!
22	Nah/leicht von unten: Stern in die Kamera	Ich habe meine Befehle und habe danach zu handeln.
	Stern wendet sich ab.	STERN Herr Hauptmann.
23	Detail: Durchladen eines Gewehrs; dann Fahrt und Zoom über den Tisch auf Halbtotale: Jungen beim Waffenreinigen	Laut klackendes Ladegeräusch

3 Lest oder spielt den Dialog mit verteilten Rollen und versucht dabei die Charaktere der Figuren durch **Gestik, Mimik, Körpersprache** und **Stimmführung** zum Ausdruck zu bringen.

4 a) Gebt mit eigenen Worten wieder, worin der Kern des Konflikts besteht.
b) Diskutiert darüber, welche Bedeutung ihr den angesprochenen Idealen beimesst.

5 Untersucht die **Schnittfolge der Einstellungen** und die dadurch erzielte Wirkung:
- Wie werden die Zuschauer in die Szene eingeführt?
- Wie wird der Konflikt der beiden durch die Art des Schnitts filmisch ausgestaltet?
- Wie wird zur folgenden Szene übergeleitet?

Bernhard Wicki

Die Brücke

Die militärische Lage ist aussichtslos, die vorrückenden amerikanischen Truppen können nur noch stundenweise aufgehalten werden. Oberstleutnant Butov hat den Befehl erhalten, „alles, aber auch alles, was eine Flinte tragen kann", an die Front zu werfen. Mitten in der Nacht spricht er zu den auf dem Hof versammelten Soldaten. Neben ihm stehen sein persönlicher Adjutant Zimmermann und Hauptmann Fröhlich.

OBERSTLEUTNANT BUTOV: Soldaten! Die Amerikaner sind gestern Nachmittag auf breiter

Front zum Angriff angetreten. Unser Bataillon ist ab sofort der 336. Volksgrenadierdivision unterstellt. Wir rücken heute Nacht ab. Ich erwarte von den alten Soldaten meines Bataillons, dass sie in dieser Stunde der Bewährung wie immer ihre Pflicht tun. Es ist damit zu rechnen, dass wir spätestens morgen früh Feindberührung haben. Jeder Quadratmeter, den wir jetzt verteidigen, ist ein Stück vom Herzen unserer Heimat. Und wer auch nur einen Quadratmeter deutschen Boden bis zum Letzten verteidigt, der verteidigt Deutschland. Wir sind uns darüber klar, dass die Lage verdammt ernst ist. Aber wir sind Soldaten. Ob wir leben oder sterben, wir müssen vor der Geschichte verantworten, ob wir unsere Pflicht erfüllt haben. Die jungen Soldaten, die ihrem ersten Einsatz entgegensehen, sollen wissen, dass unser Bataillon nur ein Vorwärts kennt, niemals ein Zurück. Unser Bataillon kennt nur: Kampf, Sieg oder Tod. Ich erwarte, dass sich das Vaterland in dieser ernsten Stunde auf euch verlassen kann. Auch für den kommenden Einsatz gilt die Parole: Vorwärts für Führer, Volk und Vaterland!

Lassen Sie die Kompanie wegtreten!

FRÖHLICH: Jawohl, Herr Oberstleutnant!

BUTOV: Zimmermann, Zigarre!

Zimmermann reicht ihm eine Zigarre.

FRÖHLICH: Kompanie wegtreten lassen! Zum Waffen-, Munitions- und Verpflegungsempfang!

Ein Motorradfahrer überbringt Butov eine Nachricht.

BUTOV: Sorgen Se mal dafür, Zimmermann, dass der Kognak mitkommt. Das wird 'ne wilde Sau, Donnerlittchen! Wo ist mein Wagen? Na los, kümmern Sie sich drum!

ZIMMERMANN: Jawohl, Herr Oberstleutnant.

BUTOV: Was haben Sie denn?

FRÖHLICH: Herr Oberstleutnant, ich habe sieben Rekruten in meiner Kompanie ...

BUTOV: Na und?

FRÖHLICH: Durchschnittsalter 16 Jahre. Nicht ausgebildet.

BUTOV: Seit wann Soldat?

FRÖHLICH: Seit heute Morgen. Beim ersten scharfen Schuss fangen die an zu laufen, da läuft die ganze Kompanie mit.

BUTOV: Das fehlte gerade noch!

Der Wagen kommt.

Butov steigt ein.

BUTOV: Zeisler! Zeisler!

ZEISLER: Herr Oberstleutnant.

BUTOV: Na, Mensch, Zeisler, wo bleiben Sie denn? Los doch! Wir müssen weg!

FRÖHLICH: Herr Oberstleutnant, da ist doch die kleine Brücke vor der Stadt ...

BUTOV: Die ist nicht mehr wichtig! Erstens haben die Amerikaner schon einen Brückenkopf weiter nördlich und zweitens wird das Ding sowieso gesprengt.

FRÖHLICH: Aber die Brücke muss doch gesichert werden. Wenn das die Jungs übernehmen würden.

BUTOV: Meinetwegen, ja. Stellen Sie die Knaben da hin!

FRÖHLICH: Jawohl, Herr Oberstleutnant!

Der Wagen fährt mit Butov los.

6 a) Wie wirkt die Ansprache von Oberstleutnant Butov auf euch (Z. 1–29)?

b) Schreibt einen **inneren Monolog** eines altgedienten Soldaten oder eines der Jungen während der Ansprache.

c) Inwiefern ist der Kontext der Ansprache für die Aussage der Szene (und des Films) von Bedeutung?

7 Nach dem Krieg schreibt Hauptmann Fröhlich an Lehrer Stern einen Brief, in dem er auf das Gespräch (S. 225–228) und sein weiteres Handeln Bezug nimmt.

8 Entwickelt für die Szene ein Drehbuch nach dem Vorbild von Seite 225–228. Überlegt euch insbesondere, welche Wirkungen ihr mit den **Kamerabewegungen** (Stand, Schwenk, Fahrt, Zoom), **Kameraperspektiven** (Normalsicht, Frosch-, Vogelperspektive) und **Einstellungsgrößen** (Totale, ... Nah) erzielen wollt.

9 Seht euch die auf S. 228/229 abgedruckte Szene im Film an (0:51:20–0:54:20).
a) Vergleicht die Umsetzung mit euren Drehbuchentwürfen.
b) Welche **bildsymbolische Bedeutung** messt ihr der Einstiegseinstellung der Szene zu?
c) Welche Wirkung wird in der Szene durch die **Beleuchtung** erzielt?
d) Diskutiert darüber, ob der Film in **Schwarzweiß** oder in **Farbe** wirkungsvoller ist.

Tipps zur weiteren Analyse des Films „Die Brücke"

Wenn ihr weitere Untersuchungen anstellen wollt, könnt ihr z. B. auf folgende **inhaltliche** Aspekte eingehen:
- die Bedeutung des historischen Bezugs zum Nationalsozialismus,
- die Bedeutung des Films als Antikriegsfilm,
- die Schuld am Tod der Jungen,
- die Bedeutung der sozialen Herkunft der Jungen für ihr Handeln,
- den Grund für die Tötung des deutschen Soldaten des Sprengkommandos durch Hans und Albert,
- die Bedeutung der Liebesszenen,
- die Auswirkungen des Krieges auf das Zivilleben.

Folgende **filmische Aspekte** könnt ihr genauer analysieren:
- die Wirkung der Parallel- und Kontrastszenen,
- die Kamerabewegungen zu Beginn und am Ende des Films,
- die Übergänge zwischen den einzelnen Handlungseinheiten (Sequenzen), z. B. 0:10:00 und 0:42:20,
- die Bedeutung des dargestellten Zeitraums (erzählte Zeit) für die Dramaturgie,
- die Bedeutung des Tons (Geräusche, Musik),
- die Bedeutung der Schnittschnelligkeit (Schnitte/Minute),
- die Bedeutung des symmetrischen Bildaufbaus einzelner Einstellungen, z. B. 0:33:30 und 1:12:55,
- die Spannungserzeugung vor dem Eintreffen des ersten Panzers (1:17:50 – 1:19:25),
- die Wirkung der Kameraposition in Kombination mit dem Bildschnitt ab 1:21:40.

10 Führt ein Streitgespräch zu der Frage, wie die Schrecken des Krieges besser bewusstgemacht werden können: mit den Mitteln des epischen Theaters, das auf kritisches Nachdenken zielt, oder mit filmischen Mitteln, die Emotionen erzeugen wollen.

11 Bilder der Moderne: Das 20. Jahrhundert

Otto Dix: Triptychon der Großstadt (1927/28)

„Moderne" und „Modernität" sind schillernde Begriffe. Sie können allgemeine Einstellungen bezeichnen („eine modern denkende Frau"), sie charakterisieren aber auch die Kunst und Literatur des 20. Jahrhunderts (moderne Literatur, moderne Malerei, „klassische Moderne" – „Postmoderne").

1 Informiert euch in verschiedenen Nachschlagewerken über den Begriff der Moderne und stellt eure Ergebnisse in Kurzreferaten vor.

11.1 Großstadt: Gewalt, Tempo

Die Großstadt ist die Umwelt, in der Modernität und modernes Leben sich in krassen Konfrontationen zeigen. Soziale Kälte, Tempo, Lust und Gewalt sind Entdeckungen der Literatur, die in neuer und sachlicher Weise die Lebensbedingungen durchleuchten will.

Alfred Döblin

Berlin Alexanderplatz (1929) Reinhold

Alfred Döblin (1878–1957) hatte als Nervenarzt Einblicke in die Auswirkungen des Großstadtlebens auf einzelne Menschen. Sein „Berliner Programm" (1913) sah vor, statt nach „Wie und warum?" zu fragen im „Kinostil" Vorgänge und Gedanken festzuhalten. In seinem Großstadtroman „Berlin Alexanderplatz" montiert er Ausschnitte aus Tageszeitungen, Briefen und Aussagen vor Gericht („Collage-Roman") in die erfundene Geschichte des Romanhelden Franz Biberkopf hinein.

Dem im Folgenden abgedruckten Auszug geht die Passage voraus, in der Franz Biberkopf von seinem Gegenspieler Reinhold wider Willen zu einem nächtlichen Raubzug gezwungen und anschließend auf der Flucht aus dem fahrenden Wagen geworfen wird.

Ernst Ludwig Kirchner: Alfred Döblin (1914)

Unrecht Gut gedeihet gut

Weil Reinhold so im Zuge war, machte er gleich weiter. Er kam erst Montag mittags nach Hause. Breiten wir, werte Brüder und Brüderinnen, den Schleier der Nächstenliebe 10 Quadratmeter über die zwischenliegende Zeit. Über die vorangehende konnten wir es leider nicht. Wir begnügen uns damit, festzustellen, dass, nachdem Montag früh pünktlich die Sonne aufgegangen war und dann allmählich der bekannte Rummel in Berlin losging – und Schlag ein Uhr mittags, also 13 Uhr, schmiss Reinhold die überfällige Trude aus seiner Stube, die sesshaft war und nicht wollte. Wie wohl ist mir am Wochenend, tulli tulli, wenn der Ziegenbock zur Ziege rennt, tulli tulli. Ein anderer Erzähler hätte dem Reinhold wahrscheinlich jetzt eine Strafe zugedacht, aber ich kann nichts dafür, die erfolgte nicht. Reinhold war heiter und zur Steigerung seiner Heiterkeit, zum Zwecke seiner zunehmenden Erheiterung schmiss er die Trude raus, die sesshafter Natur war und infolgedessen nicht wollte. Er selbst wollte eigentlich auch nicht, die Tat vollzog sich aber trotz seines Nichtwollens gewissermaßen automatisch, sie vollzog sich hauptsächlich unter Beteiligung seines Mittelhirns: Er war nämlich stark alkoholisiert. So stand dem Mann sogar noch das Schicksal bei. Die Alkoholtränkung gehört zu den Dingen, die wir der vergangenen Nacht überlassen haben, wir müssen nur noch rasch, um weiterzukommen, mit einigen Restbeständen aufräumen. Reinhold, dieser Schwächling, der für Franzen lächerlich war, der nie ein hartes oder energisches Wort zu einer Frau sagen konnte, konnte mittags 13 Uhr die Trude furchtbar verprügeln, ihr die Haare ausreißen, einen Spiegel an ihr zerschlagen, alles konnte er, und ihr zuletzt das Maul, als sie schrie, so blutig schlagen, dass es am Abend, wo sie mit dem Maul zum Doktor ging, schon kolossal verschwollen war. Das Mädchen hatte innerhalb weniger Stunden ihre ganze Schönheit eingebüßt, und zwar infolge der energischen Eingriffe von Reinhold, den sie deswegen auch haftbar machen wollte. Vorläufig musste sie Salbe auf die Lippen tun und die Klappe zumachen. Alles dieses konnte, wie gesagt, Reinhold, weil ein paar Glas Schnaps sein Großhirn narkotisierten und infolgedessen sein

Mittelhirn freie Hand bekam, das bei ihm im Ganzen tüchtiger war.

Er selbst, wie er am späten Nachmittag zwar bei üblem Befinden, aber doch bei sich war, er selbst stellte verdutzt einige begrüßenswerte Veränderungen in seiner Wohnung fest. Offenbar war Trude weg. Und zwar völlig. Denn der Korb war auch weg. Ferner war der Spiegel kaputt und jemand hatte ordinär auf den Boden gespuckt, und zwar blutig. Reinhold besah sich den Schaden ringsherum. Sein eigner Mund war intakt, dann hatte die Trude gespuckt, und er hatte ihr die Schnauze zerkloppt. Was ihn in solche Hochstimmung und Hochachtung vor sich versetzte, dass er laut lachte. Er nahm sich einen Spiegelrest auf und sah sich drin an: Was, Reinhold, das hast du geschafft, das hätt ich ja nie für möglich gehalten! Reinholdchen, Reinholdchen! Freute der sich. Er klopfte sich die Backen.

Er dachte nach: Hat sie vielleicht ein anderer rausgeschmissen, vielleicht der Franz? Die Sachen vom Abend und von der Nacht waren ihm noch nicht ganz klar. Er holte misstrauisch seine Wirtin rein, das alte Kuppelweib, tippte bei der an: „War großer Krach heut bei mir, was?" Da legte die aber los: Er hätte es ganz richtig gemacht mit der Trude, die ist ein ganz faules Tier gewesen, die wollte sich nicht mal einen Unterrock alleine plätten. Was, die trägt Unterröcke, das konnte er nu schon gar nicht leiden. Er war es also selbst gewesen. Wie glücklich da der Reinhold war. Und da fiel ihm mit einmal auch alles ein vom Abend und von der Nacht. Eine feine Tour gemacht, viel geerbt, den dicken Franz Biberkopf reingelegt und hoffentlich haben sie ihn totgefahren und die Trude raus. Mensch, haben wir ein Konto!

Was wir jetzt machen? Erst mal schnieke einpuppen für den Abend. Da soll mir einer über Schnaps reden. Ich wollt nicht ran und wollt nicht ran und son Quatsch. Was das Kraft spart, was wir jetzt alles geschafft haben.

1 Beschreibt die Personen und die Szenen, die auf den drei Bildern des Triptychons von Otto Dix (S. 231) dargestellt sind. Schildert vor allem die jeweils herrschende Atmosphäre. Sucht nach Gemeinsamem, das den Titel „Großstadt" rechtfertigt.

2 a) Wählt eine der Figuren des Triptychons von Otto Dix aus und erfindet für sie einen zeittypischen „Lebenslauf".
b) Erfindet einen Dialog zwischen zwei der dargestellten Figuren.

3 In dem abgedruckten Romanausschnitt hat der Autor Döblin Abend und Nacht vor den erzählten Ereignissen ausgespart.
a) Was von dem in Dix' Gemälde anschaulich Dargestellten könnte in dem Roman erzählt werden?
b) Welche Perspektive auf das Thema „Großstadtleben" müsste der Erzähler einnehmen?
c) Wo wäre Reinhold in Dix' Triptychon unterzubringen und wie müsste er aussehen?

4 Sowohl die Bilder von Dix als auch der Roman Döblins gehörten wenige Jahre später zur „entarteten Kunst". Informiert euch über diese Bewertung der Moderne durch die nationalsozialistische Kulturpolitik.

Georg Heym

Der Gott der Stadt (1911)

Georg Heym (1887–1912) studierte ungern Jura. Er war gleichermaßen von der Hässlichkeit und der Dynamik der Großstadt Berlin fasziniert. Seine Gedichte „Der Gott der Stadt“ und „Der Krieg“ entwerfen Bilder, die auch bei expressionistischen und surrealistischen Malern (Ludwig Meidner, Max Ernst, Salvador Dalí, Pablo Picasso) wiederkehren. Heym ertrank 1912 beim Eislaufen auf der Havel.

Auf einem Häuserblocke sitzt er breit.
Die Winde lagern schwarz um seine Stirn.
Er schaut voll Wut, wo fern in Einsamkeit
Die letzten Häuser in das Land verirrn.

Vom Abend glänzt der rote Bauch dem Baal[1],
Die großen Städte knieen um ihn her.
Der Kirchenglocken ungeheure Zahl
Wogt auf zu ihm aus schwarzer Türme Meer.

Wie Korybanten-Tanz[2] dröhnt die Musik
Der Millionen durch die Straßen laut.
Der Schlote Rauch, die Wolken der Fabrik
Ziehn auf zu ihm, wie Duft von Weihrauch blaut.

Das Wetter schwält in seinen Augenbrauen.
Der dunkle Abend wird in Nacht betäubt.
Die Stürme flattern, die wie Geier schauen
Von seinem Haupthaar, das im Zorne sträubt.

Er streckt ins Dunkel seine Fleischerfaust.
Er schüttelt sie. Ein Meer von Feuer jagt
Durch eine Straße. Und der Glutqualm braust
Und frisst sie auf, bis spät der Morgen tagt.

1 **Baal:** antike Gottheit des Sturms und der Fruchtbarkeit aus dem vorderasiatischen Raum
2 **Korybanten:** Begleiter der antiken Göttin Kybele, die die Gläubigen mit der göttlichen Kraft der Besessenheit erfüllen

1 Das Gedicht heißt „Der Gott der Stadt“. Welche Beziehung besteht nach eurem Leseeindruck zwischen diesem „Gott“ und der Großstadt?

2 Beschreibt möglichst genau alle sprachlichen Bilder, mit denen Georg Heym ausdrückt, was für ihn „Stadt“ bedeutet.

3 a) Wie müsste man Heyms Gedicht in ein Bild umsetzen? Macht Vorschläge und kommentiert sie.
b) Überlegt, ob das Bild „Berliner Straßenszene“ geeignet wäre, das Gedicht Heyms zu illustrieren.

Nikolaus Braun: Berliner Straßenszene (1921)

Modernität und Masse, Gewimmel, Hektik, Unübersichtlichkeit gehören für Maler und Schreiber zusammen. Technik und Industrie verändern den Lebensrhythmus der Stadtmenschen. Darauf reagieren viele mit Angst, andere mit Faszination.

Giacomo Balla: Abstrakte Geschwindigkeit (1913)

Filippo Tommaso Marinetti

An das Rennautomobil (1912)

Feuriger Gott aus stählernem Geschlecht,
Automobil, das fernensüchtig
geängstet stampft, in scharfen Zähnen das Gebiss!
Japanisch-fürchterliches Untier, schmiedefeueräugig,
mit Flammen und mit Ölen aufgenährt,
nach Horizonten gierig und nach Sternenbeute,
des Herzens teuflisches Töff-Töff befrei ich dir
und deine riesigen Pneumatiks
zum Tanze auf der Erde weißen Straßen.
Ich lasse den metallenen Zügel los und du
stürmst trunken in befreiende Unendlichkeit! …

Filippo Tommaso Marinetti

Manifest des Futurismus (1912)

1 Wir wollen die Liebe zur Gefahr singen, die gewohnheitsmäßige Energie und die Tollkühnheit.

2 Die Hauptelemente unserer Poesie werden der Mut, die Kühnheit und die Empörung sein.

3 Wie die Literatur bisher die nachdenkliche Unbeweglichkeit, die Ekstase, den Schlummer gepriesen hat, so wollen wir die aggressive Bewegung, die fiebrige Schlaflosigkeit, den gymnastischen Schritt, den gefahrvollen Sprung, die Ohrfeige und den Faustschlag preisen.

4 Wir erklären, dass der Glanz der Welt sich um eine neue Schönheit bereichert hat: um die Schönheit der Schnelligkeit. Ein Rennautomobil, dessen Wagenkasten mit großen Rohren bepackt sind, die Schlangen mit explosivem Atem gleichen, ein heulendes Automobil, das auf Kartätschen[1] zu laufen scheint, ist schöner als der „Sieg bei Samothrake“[2]. […]

1 **Kartätsche:** mit Bleikugeln gefülltes Geschoss
2 **Sieg bei Samothrake:** gemeint ist die antike Statue der Siegesgöttin Nike, die auf Samothrake gefunden wurde

Umberto Boccioni/Carlo Carrà/Luigi Russolo/Giacomo Balla/Gino Severini

Alles bewegt sich (1913)

Alles bewegt sich, alles fließt, alles vollzieht sich mit größter Geschwindigkeit. Eine Figur steht niemals unbeweglich vor uns, sondern sie erscheint und verschwindet unaufhörlich. Durch das Beharren des Bildes auf der Netzhaut vervielfältigen sich die in Bewegung befindlichen Dinge, ändern ihre Form und folgen aufeinander wie Schwingungen im Raum. So hat ein galoppierendes Pferd nicht vier, sondern zwanzig Beine, und ihre Bewegungen sind dreieckig. Die sechzehn Personen, die ihr in einer fahrenden Straßenbahn um euch habt, sind eine, zehn, vier, drei; sie stehen still und sie bewegen sich; sie kommen und gehen, sie prallen, von einer Sonnenzone verschlungen, auf die Straße zurück, dann setzen sie sich wieder hin, beharrliche Symbole der universellen Vibration. Und manchmal sehen wir auf der Wange einer Person, mit der wir auf der Straße sprechen, das Pferd, das in der Ferne vorübertrabt. Unsere Körper dringen in die Sofas, auf denen wir sitzen, ein und die Sofas dringen in uns ein, so wie die vorüberfahrende Straßenbahn in die Häuser eindringt, die sich ihrerseits auf die Straßenbahn stürzen und sich mit ihr verquicken. […]

Ernst Stadler

Fahrt über die Kölner Rheinbrücke bei Nacht (1913)

Der Schnellzug tastet sich und stößt die Dunkelheit entlang.
Kein Stern will vor. Die ganze Welt ist nur ein enger, nachtumschienter Minengang,
Darein zuweilen Förderstellen blauen Lichtes jähe Horizonte reißen: Feuerkreis
Von Kugellampen, Dächern, Schloten, dampfend, strömend … nur sekundenweis …
Und wieder alles schwarz. Als führen wir ins Eingeweid der Nacht zur Schicht.
Nun taumeln Lichter her … verirrt, trostlos vereinsamt … mehr … und sammeln sich …
 und werden dicht.
Gerippe grauer Häuserfronten liegen bloß, im Zwielicht bleichend, tot – etwas muss kommen …
 o, ich fühl es schwer
Im Hirn. Eine Beklemmung singt im Blut. Dann dröhnt der Boden plötzlich wie ein Meer:
Wir fliegen, aufgehoben, königlich, durch nachtentrissne Luft, hoch übern Strom.
 O Biegung der Millionen Lichter, stumme Wacht,
Vor deren blitzender Parade schwer die Wasser abwärtsrollen. Endloses Spalier,
 zum Gruß gestellt bei Nacht!
Wie Fackeln stürmend! Freudiges! Salut von Schiffen über blauer See! Bestirntes Fest!
Wimmelnd, mit hellen Augen hingedrängt! Bis wo die Stadt mit letzten Häusern ihren Gast entlässt.
Und dann die langen Einsamkeiten. Nackte Ufer. Stille. Nacht. Besinnung. Einkehr. Kommunion.
 Und Glut und Drang
Zum Letzten, Segnenden. Zum Zeugungsfest. Zur Wollust. Zum Gebet. Zum Meer.
 Zum Untergang.

1 a) Sucht nach Gemeinsamkeiten zwischen dem Bild des italienischen Futuristen Giacomo Balla (S. 235) und dem Gedicht des deutschen Expressionisten Ernst Stadler.
b) Balla nennt sein Bild nicht „Lokomotive“, sondern „abstrakte Geschwindigkeit“. Wie hat er in seinem Bild, wie hat Stadler in seinem Gedicht die Geschwindigkeit und ihre Wirkung dargestellt?
c) Beschreibt möglichst exakt die sprachlichen und die bildnerischen Ausdrucksweisen für „Faszination durch die Lokomotive“, indem ihr Text- und Bildbeobachtungen und mögliche Bedeutungen in einer Tabelle gegenüberstellt:

	Beobachtungen	mögliche Bedeutung
Stadler	„Nacht“ als „Nacht unter der Erde“ Aufzählungen von Begriffen …	Dynamik, Intensität des Erlebens …
Balla	einander verfolgende Kreise erkennbar die Achse, aufgelöste Ränder …	Räder einer Lokomotive …

2 Untersucht die Strophe Marinettis über das Rennauto auf sprachliche Auffälligkeiten hin (Wortbildung, Satzbau usw.). Versucht, den Inhalt der Verse in schlichten Aussagesätzen zu formulieren, und vergleicht die Wirkung.

3 Prüft kritisch die Aussagen des „Manifests“ der Futuristen. Wo ihr sie nicht als zutreffende Aussagen akzeptieren könnt, formuliert Gegenthesen.

Franz Kafka

Wunsch, Indianer zu werden (1913)

Franz Kafka (1883–1924, s. auch S. 15–17) sagt von seinen literarischen Arbeiten, dass sie ihm die zwei Fußbreit Boden verschaffen, die er braucht, um aufrecht stehen zu können. Seine Romane und Erzählungen sind einerseits die Darstellung seines „traumhaften inneren Lebens“, andererseits „Ansturm gegen die letzte Grenze“. Kafkas Geschichten prüfen Lebensmöglichkeiten. Sie können auf unterschiedliche Weise verstanden werden, denn sie bieten Anlässe für unterschiedliche Deutungen der Leser/innen, die ebenfalls nach Orientierungen suchen.

Wenn man doch ein Indianer wäre, gleich bereit, und auf dem rennenden Pferde, schief in der Luft, immer wieder kurz erzitterte über dem zitternden Boden, bis man die Sporen ließ, denn es gab keine Sporen, bis man die Zügel wegwarf, denn es gab keine Zügel, und kaum das Land vor sich als glatt gemähte Heide sah, schon ohne Pferdehals und Pferdekopf.

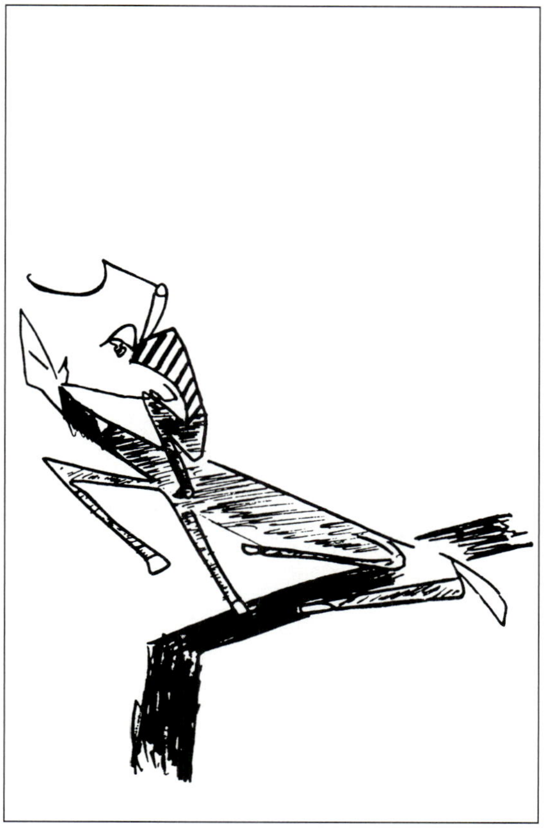

Franz Kafka: [Reiter]

Franz Kafka
Entschlüsse (1913)

Aus einem elenden Zustand sich zu erheben, muss selbst mit gewollter Energie leicht sein. Ich reiße mich vom Sessel los, umlaufe den Tisch, mache Kopf und Hals beweglich, bringe Feuer in die Augen, spanne die Muskeln um sie herum. Arbeite jedem Gefühl entgegen, begrüße A. stürmisch, wenn er jetzt kommen wird, dulde B. freundlich in meinem Zimmer, ziehe bei C. alles, was gesagt wird, trotz Schmerz und Mühe mit langen Zügen in mich hinein.
Aber selbst wenn es so geht, wird mit jedem Fehler, der nicht ausbleiben kann, das Ganze, das Leichte und das Schwere, stocken, und ich werde mich im Kreise zurückdrehen müssen.
Deshalb bleibt doch der beste Rat, alles hinzunehmen, als schwere Masse sich verhalten und, fühle man sich selbst fortgeblasen, keinen unnötigen Schritt sich ablocken lassen, den anderen mit Tierblick anschaun, keine Reue fühlen, kurz, das, was vom Leben als Gespenst noch übrig ist, mit eigener Hand niederdrücken, d.h., die letzte grabmäßige Ruhe noch vermehren und nichts außer ihr mehr bestehen lassen.
Eine charakteristische Bewegung eines solchen Zustandes ist das Hinfahren des kleinen Fingers über die Augenbrauen.

Franz Kafka: [Bewegung]

1 Beschreibt in eigenen Worten die Vorstellung von Geschwindigkeit und Bewegungslosigkeit, die in Kafkas Texten zur Sprache kommt.

2 Seht ihr Beziehungen zwischen Kafkas Zeichnungen und seinen „Betrachtungen" – so der Titel der Sammlung, in der er beide Texte veröffentlichte?

3 a) Entwerft zu „Wunsch, Indianer zu werden" und zu „Entschlüsse" eigene Zeichnungen.
b) Schreibt zu Kafkas Zeichnungen eigene „Betrachtungen".

In den Stadtbildern der Expressionisten und Futuristen ist alles voll bedrohlicher oder faszinierender Dynamik, voll Leben und Tempo. Der Geschwindigkeitsrausch gehört zu ihrer Idee von Modernität. Gleichzeitig entwickelt sich das Gegenbild: die Stadt als erstarrter Stein- und Betonhaufen. Die Sicht der kalt und rational durchgeplanten Stadt kehrt in der Gegenwartsliteratur wieder:

Elke Oertgen
Neue Siedlung (1978)

Kein Kraut ist gewachsen
gegen Beton
Zwischen mooslosen Fugen
führt der Sommer
ein Schattendasein.
Den Kindern
kappt man die Stimmen:
Wenn schon verkümmern,
dann lautlos.

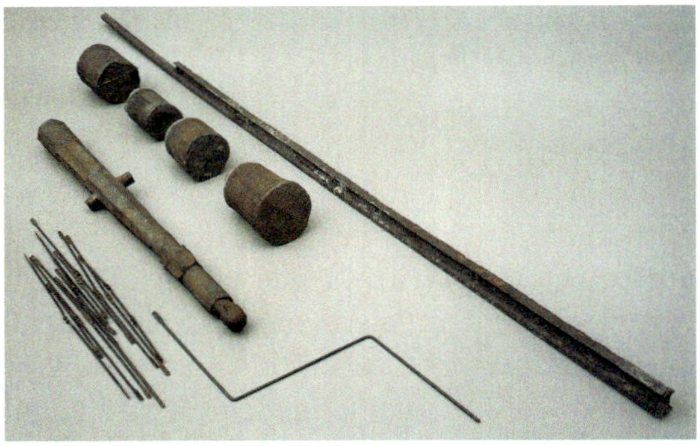

Joseph Beuys: Straßenbahnhaltestelle (1976)

Günter Kunert

Unterwegs nach Utopia II (1977)

Auf der Flucht
vor dem Beton
geht es zu
wie im Märchen: Wo du
auch ankommst
er erwartet dich
grau und gründlich

Auf der Flucht findest du
vielleicht
einen grünen Fleck
am Ende
und stürzest selig
in die Halme
aus gefärbtem Glas.

Karl Völker: Beton (um 1923)

Burckhard Garbe

statt planung (1978)

```
                                                                       IDUNA
                                                                       IDUNA
                                                                       IDUNA
                                                                       IDUNAIDUNA
                                                                       IDUNAIDUNA
                                                                       IDUNAIDUNA
                                                  HERTIEHERTIEHERTIE
    KARSTADTKARSTADT                              HERTIEHERTIEHERTIE   IDUNAIDUNA
    KARSTADTKARSTADT                  C&AC&AC&AC&AHERTIEHERTIEHERTIE   IDUNAIDUNA
    KARSTADTKARSTADT                  C&AC&AC&AC&AHERTIEHERTIEHERTIE   IDUNAIDUNA
kepakepakepa                          C&AC&AC&AC&AHERTIEHERTIEHERTIE   IDUNAIDUNA
kepakepakepa KARSTADT
kepakepakepa                          C&AC&AC&AC&AHERTIEHERTIEHERTIEIDUNAIDUNAIDUNAIDUNA
kepakepakepa KARSTADT
kepakepakepa                          C&AC&AC&AC&AHERTIEHERTIEHERTIE   IDUNAIDUNAIDUNA
kepakepakepa KARSTADT
kepakepakepa                          C&AC&AC&AC&AHERTIEHERTIEHERTIE   IDUNAIDUNAIDUNA
kepakepakepa
kepakepakepa KARSTSTADT GÖTTINGEN C&AC&AC&AC&AHERTIEHERTIEHERTIE   IDUNAIDUNAIDUNA
```

1 a) Welches Urteil über die Stadt als „Lebensraum" wird in den Texten, welches in den Bildern gefällt?
b) Durch welche künstlerischen Mittel der Darstellung seht ihr dieses Urteil „umgesetzt"?

2 Fertigt eine Text-Bild-Collage an, die eure Urteile und Empfindungen zum Thema „City“ ausdrücken.

11.2 Identität: Das verlorene Ich

Die Erfahrung der Moderne bedeutet für den Einzelnen oft Verlust an Orientierung, Selbstsicherheit und sozialem Kontakt. Die in sich selbst unsichere Persönlichkeit zerfällt, bedrängt von Unrast, Langeweile, Hektik und Trägheit.

Georg Heym

Eine Fratze (1911)

Unsere Krankheit ist unsere Maske.
Unsere Krankheit ist grenzenlose Langeweile.
Unsere Krankheit ist wie ein Extrakt aus Faulheit und ewiger Unrast.
Unsere Krankheit ist Armut.
Unsere Krankheit ist, an einen Ort gefesselt zu sein.
Unsere Krankheit ist, nie allein sein können.
Unsere Krankheit ist, keinen Beruf zu haben, hätten wir einen, einen zu haben.
Unsere Krankheit ist Misstrauen gegen uns, gegen andere, gegen das Wissen, gegen die Kunst.
Unsere Krankheit ist Mangel an Ernst, erlogene Heiterkeit, doppelte Qual. Jemand sagte zu uns: Ihr lacht so komisch. Wüsste er, dass dieses Lachen der Abglanz unserer Hölle ist, der bittere Gegensatz des: „Le sage ne rit qu'en tremblant“[1] Baudelaires.
Unsere Krankheit ist der Ungehorsam gegen den Gott, den wir uns selber gesetzt haben.
Unsere Krankheit ist, das Gegenteil dessen zu sagen, was wir möchten. Wir müssen uns selber quälen, indem wir den Eindruck auf den Mienen der Zuhörer beobachten.
Unsere Krankheit ist, Feinde des Schweigens zu sein.
Unsere Krankheit ist, in dem Ende eines Welttages zu leben, in einem Abend, der so stickig ward, dass man den Dunst seiner Fäulnis kaum noch ertragen kann.
Begeisterung, Größe, Heroismus. Früher sah die Welt manchmal die Schatten dieser Götter am Horizont. Heut sind sie Theaterpuppen. Der Krieg ist aus der Welt gekommen, der ewige Friede hat ihn erbärmlich beerbt.
Einmal träumte uns, wir hätten ein unnennbares, uns selbst unbekanntes Verbrechen begangen. Wir sollten auf eine diabolische Art hingerichtet werden, man wollte uns einen Korkzieher in die Augen bohren. Es gelang uns aber noch zu entkommen. Und wir flohen – im Herzen eine ungeheure Traurigkeit – eine herbstliche Allee dahin, die ohne Ende durch die trüben Reviere der Wolken zog.
War dieser Traum unser Symbol?
Unsere Krankheit. Vielleicht könnte sie etwas heilen: Liebe.
Aber wir müssten am Ende erkennen, dass wir selbst zur Liebe zu krank wurden.
Aber etwas gibt es, das ist unsere Gesundheit. Dreimal „Trotzdem“ zu sagen, dreimal in die Hände zu spucken wie ein alter Soldat, und dann weiterziehen, unsere Straße fort, Wolken des Westwindes gleich, dem Unbekannten zu.

1 **Le sage …:** „Der Weise lacht nur zitternd.“

1 a) Welche Bedeutung assoziiert ihr mit dem Begriff „Fratze“?
b) Stellt einen Zusammenhang zwischen dem Titel des Textes und der diagnostizierten „Krankheit“ der Zeit her.

2 Rekonstruiert das verlorene „Gesicht“ des Menschen, indem ihr Gegensatzpaare zu den Aussagen über die „Fratze“ bildet.

Charles Baudelaire
A une passante (1860)

La rue assourdissante autour de moi hurlait.
Longue, mince, en grand deuil, douleur majestueuse,
Une femme passa, d'une main fastueuse
Soulevant, balançant le feston et l'ourlet;

Agile et noble, avec sa jambe de statue.
Moi, je buvais, crispé comme un extravagant,
Dans son œil, ciel livide où germe l'ouragan,
La douceur qui fascine et le plaisir qui tue.

Un éclair … puis la nuit! – Fugitive beauté
Dont le regard m'a fait soudainement renaître,
Ne te verrai-je plus que dans l'éternité?

Ailleurs, bien loin d'ici! trop tard! *jamais* peut-être!
Car j'ignore où tu fuis, tu ne sais où je vais,
O toi que j'eusse aimée, ô toi qui le savais!

Charles Baudelaire
An eine, die vorüberging

Betäubend heulte die Straße rings um mich. Hochgewachsen, schlank, in tiefer Trauer, hoheitsvoller Schmerz, ging eine Frau vorüber; üppig hob und wiegte ihre Hand des Kleides wellenhaften Saum;

Leicht und edel setzte sie wie eine Statue das Bein. Ich aber trank, im Krampf wie ein Verzückter, aus ihrem Auge, einem fahlen, unwetterschwangeren Himmel, die Süße, die betört, die Lust, die tötet.

Ein Blitz … und dann die Nacht! – Flüchtige Schönheit, von deren Blick ich plötzlich neu geboren war, soll ich dich in der Ewigkeit erst wiedersehen?

Anderswo, sehr weit von hier! zu spät! *niemals* vielleicht! Denn ich weiß nicht, wohin du enteilst, du kennst den Weg nicht, den ich gehe, o du, die ich geliebt hätte, o du, die es wusste!

(Übersetzung: Friedhelm Kemp)

1 Bereitet einen angemessenen Vortrag des Gedichts vor.

2 a) Könnt ihr den im Gedicht dargestellten Vorgang nachvollziehen?
b) Wodurch wird aus einer alltäglichen Augenblickserfahrung eine „Erfahrung der Moderne"?

3 Versucht eine eigene Übertragung des französischen Gedichts, in der ihr euch nicht so sehr um Wörtlichkeit bemüht, sondern um Formulierungen, die die Stimmung des Textes treffen. Wählt dazu eine passende Überschrift, z. B.:

– *Eine, die vorübergeht*
– *Blicke*
– *Einer Unbekannten*
– *Verpasste Gelegenheit*
– …

Gottfried Benn

Untergrundbahn (1912)

Die weichen Schauer. Blütenfrühe. Wie
aus warmen Fellen kommt es aus den Wäldern.
Ein Rot schwärmt auf. Das große Blut steigt an.

Durch all den Frühling kommt die fremde Frau.
Der Strumpf am Spann ist da. Doch, wo er endet,
ist weit von mir. Ich schluchze auf der Schwelle:
laues Geblühe, fremde Feuchtigkeiten.

Oh, wie ihr Mund die laue Luft verpraßt!
Du Rosenhirn, Meer-Blut, du Götter-Zwielicht,
du Erdenbeet, wie strömen deine Hüften
so kühl den Gang hervor, in dem du gehst!

Dunkel: nun lebt es unter ihren Kleidern:
nur weißes Tier, gelöst und stummer Duft.

Ein armer Hirnhund, schwer mit Gott behangen.
Ich bin der Stirn so satt. Oh, ein Gerüste
von Blütenkolben löste sanft sie ab
und schwölle mit und schauerte und triefte.

So losgelöst. So müde. Ich will wandern.
Blutlos die Wege. Lieder aus den Gärten.
Schatten und Sintflut. Fernes Glück: ein Sterben
hin in des Meeres erlösend tiefes Blau. [R]

Ernst Ludwig Kirchner: Straßenszene (1914)

[1] Die beiden Gedichte von Charles Baudelaire (S. 241) und Gottfried Benn beschreiben sehr unterschiedlich flüchtige Begegnungen in einer großen Stadt. Arbeitet die Akzentsetzungen, die Empfindungen der Sprecher und ihre Bewertungen der Ereignisse, heraus.

[2] Sowohl in dem Gedicht Baudelaires als auch in dem Gottfried Benns zeichnet der Sprecher ein Bild von sich selbst. Welche Unterschiede könnt ihr feststellen?

Nicolas Born

Bahnhof Lüneburg. 30. April 1976

Es ist 5 Uhr 45, unausgeschlafene Autolandschaft,
als habe damit alles endgültig seinen Platz. (Nichts mehr anrühren, nichts bewegen!)
Ohnmächtig schluckende Frühstaufsteher, Rauch auf nüchternen Magen, Aktentaschen, aufmuckende Blicke zwischen den flappenden Pendeltüren.
Frau zieht das Rollo des Zeitungsstandes hoch. Birken.
Violetter Schaum.
Es ist noch hell, ein bläulicher Abglanz des Himmels hängt zwischen den Bäumen.

Postkarren rattern über den Bahnsteig.
Etwas später macht die Gaststätte auf.
Wer eintritt, bin ich.
Ein Zug ist eingefahren; wenn er steht, hört man ihn knistern und stöhnen. Das Material ist erschöpft und müde.
Vor nicht langer Zeit lag hier Schnee.
Schlafende Parkuhren.
Schlafende Oberleitung.
Diesige Helligkeit schwebt ein, ohne jede Härte wie
– ich muss mich zusammennehmen – die weiche Hand mit der Äthermaske.
Welch ein Morgen und welch ein Auge darin.
Wie verlassen und müde ich bin.
Wie krank und verwohnt ein Schnellzug vorbeiweht.
Der Kellner nimmt mir die Tasse weg, die noch nicht leer ist. Eine Frau raucht mit gespreizten Fingern.
Dass sie so früh daran denkt, die Finger zu spreizen.
Als sie gähnt, wölben sich ihre Brüste stark hervor. Leere Streichholzschachtel auf dem Tisch, Zellophan
und Silberpapier. Das Wasser rauscht im Spülbecken.
Kleine zähe Frau, deren Gesicht neben der Kaffeemaschine erscheint wie die Rückblende in einem Zufallsfilm,
den noch keiner gesehen hat.

Hans Baluschek: Bahnhofshalle (1929)

1 Die Überschrift von Nicolas Borns Gedicht könnte eine Tagebuchaufzeichnung einleiten, eine Reportage oder ein Protokoll.
a) Überlegt, wie Elemente der Realität und subjektives Erleben in diesem Text miteinander verbunden sind, wo Beobachtungen mitgeteilt werden, wo Bewertungen.
b) Fertigt selbst einen ähnlichen Tagebucheintrag an und achtet darauf, dass er eine bestimmte Stimmung transportiert.

2 Baudelaire (S. 241), Benn und Born behandeln das gleiche Motiv.
a) Wie entsteht in den Gedichten jeweils ein Bild des „Lebens in der Stadt“, wie eins der (fehlenden) menschlichen Beziehung?
b) Untersucht, inwiefern sich die poetische Sprache geändert hat, in der ähnliche Grunderfahrungen der Moderne festgehalten werden.

Rolf Dieter Brinkmann

Welcome in DM-Country (1973)

zeitungsseiten blätterten auf wie ein schmie riger Traum/&: in der Ferne Städte wie giftige Fallen, Fieberstädte, die in elektrischem starren Leuchten aufglühten, Totenstädte der Massenmedien, paralysierte Emotionen in fiebrigbunter

(:gespenstische Stadtprospekte (&gespenstische Straßenszenen) zogen an mir vorüber, flackern wie zerrissene Vergangenheit, wo ist)

(Gesichter verfielen/ Flashback: "wirkte wie Gift auf meinen Verstand", starrte mich geisterhaft an, "haßte einfach alles")/&wie der begegnete mir die tödliche Stille (J.C.)

(flash back)
(in die lebenden Stimmen mischten sich die Totengeräusche)

Welcome in DM-Country

(paralysierte Wörter in der Kehle, paralysierte Körper, von Wörtern paralysierte Körper, die Wörter paralysierte Körper)

(flashback??):
/sah Körper wie ramponierte abgestellte Spielautomaten aufleuchten Schattiges, das sich durch farbige Wände bewegte/: dahinter redet en Tote feindselig Gestern/Überblendungen:& schneller Wechsel&/::

:"schneller, schneller, schneller, schneller"

senmedien kroch schlängelnd in einer amorphen Masse durcheinander./Ich wachte gegen 1 Uhr mittags auf, und die Wohnung, die Zimmer waren still. Ich ging herum, anwesend und doch nicht genau anwesend, wo befand ich mich und wer war ich?: ein verwirrendes Gefühl der Ortlosigkeit befiel mich, und ich wollte zurückkehren in einen vergangenen Eindruck, aber sobald ich mir eine Szene aus meiner eigenen Vergangenheit zurückkonstrierte, sah ich darin nur den gegenwärtigen Zerfall./: - wer soll hier verschaukelt werden?/ - was verschaukelt werden muß, weg von der Bühne sind die Tierreflexe. Ich habe keine Zeit mich mit den Tierlauten abzugeben./ - Einer erbrach an der Straßenecke einige Brocken verfaulter Sexwörter und das halbverdaute Abendessen./ - Einer streichelte seine eigene geschwollene fette Wampe./ - Der Selbsthaß kam noch nicht zum Zug bei den Vielen. - Unkraut schoß an den verschiedendsten Stellen der Stadt hoch. Ratten krochen aus Kanallöchern in der Innenstadt nachdem die Geschäfte geschlossen hatten und die Straßen leer geworden waren. - Darüber aufblitzendes Neonlichtgeschlinge./Ein Labyrinth aus mechanischen Lichtblitzen flammte monoton in der Nacht auf. - Verkrüppelte Vegetation schlich sich in Fugen und Ritzen, brach den Asphalt auf, blaue verwahrloste Flippersalons und verrammelte Fenster ringsum./ -

Neonschrift erstarrt an verstaubten bröckligen Hausfassaden, Druckkammern mit redenden Labyrinthen von Menschen, fleischgewordene Wortdelirien, schattenhaftes

Caos
(Gesichter verfielen):

(köderten Wörter in menschlichen Körpern/endloser tiefer Markt/ein grauer Regen von Notwendigkeiten: fiel/&Risse, Stummelformen/Schnitt

alle frontiere

(hatte man nicht schon von Schiffen gehört, die man zufällig irgendwo treibend mit einer toten Mannschaft auffand?/J.C.)

Gra

in flackernden Straßenszenen gewöhnlicher Häßlichkeit/Monotonie insektenhafter zitternder Betriebsamkeit/
"nun aber kein Wort mehr," sagte ich (J.C.)

1 Rekonstruiert in Form eines Clusters, welche Erfahrungen und welche Beobachtungen Brinkmann zu einem „Bild" des Lebens in Deutschland zusammenmontiert.

2 Fertigt selbst eine vergleichbare Collage an. Überlegt dazu, welche zentrale Idee ihr verfolgen wollt und welche einzelnen Gedanken- oder Beobachtungs-Bruchstücke geeignet wären, diese Idee lebendig werden zu lassen.

Ingeborg Bachmann

Alptraum (1971)

Die moderne Desorientierung des Ich spiegelt sich auch in der Struktur der großen literarischen Formen (z. B. des Romans, der Erzählung). Die Erzählungen bleiben Fragmente, die Reflexionen der Figuren sind wichtiger als die Handlungen. Man weiß nicht immer genau, wer da spricht.
Ingeborg Bachmann (1926–1973), die aus Österreich stammte und Philosophie studiert hatte, wurde zuerst durch ihre bei der Tagung der „Gruppe 47" preisgekrönten Gedichte („Die gestundete Zeit", 1953) bekannt. Ihr Roman „Malina", aus dem der folgende Auszug stammt, gehört zu einer geplanten Trilogie „Todesarten". Die weibliche Ich-Figur erlebt sich oft wie im Spiegel, als Träumende, am Telefon.

Käthe Kollwitz: Der Tod packt eine Frau (1934)

Die Kammer ist groß und dunkel, nein, ein Saal ist es, mit schmutzigen Wänden, es könnte im Hohenstaufenschloss in Apulien sein. Denn es gibt keine Fenster und keine Türen. Mein Vater hat mich eingeschlossen, und ich will ihn fragen, was er vorhat mit mir, aber es fehlt mir wieder der Mut, ihn zu fragen, und ich schaue mich noch einmal um, denn eine Tür muss es geben, eine einzige Tür, damit ich ins Freie kann, aber ich begreife schon, da gibt es nichts, keine Öffnung, jetzt keine Öffnungen mehr, denn an allen sind schwarze Schläuche angebracht, angeklebt rings um die Mauern, wie riesige angesetzte Blutegel, die etwas aus den Wänden heraussaugen wollen. Warum habe ich die Schläuche nicht schon früher bemerkt, denn sie müssen von Anfang an da gewesen sein! Ich war so blind im Halbdunkel und bin die Wände entlanggetappt, um meinen Vater nicht aus den Augen zu verlieren, um die Tür zu finden mit ihm, aber nun finde ich ihn und sage: Die Tür, zeig mir die Tür. Mein Vater nimmt ruhig einen ersten Schlauch von der Wand ab, ich sehe ein rundes Loch, durch das es hereinbläst, und ich ducke mich, mein Vater geht weiter, nimmt einen Schlauch nach dem anderen ab, und eh ich schreien kann, atme ich schon das Gas ein, immer mehr Gas. Ich bin in der Gaskammer, das ist sie, die größte Gaskammer der Welt, und ich bin allein darin. Man wehrt sich nicht im Gas. Mein Vater ist verschwunden, er hat gewusst, wo die Türe ist, und hat sie mir nicht gezeigt, und während ich sterbe, stirbt mein Wunsch, ihn noch einmal zu sehen und ihm das Eine zu sagen. Mein Vater, sage ich ihm, der nicht mehr da ist, ich hätte dich nicht verraten, ich hätte es niemand gesagt. Man wehrt sich hier nicht.

1 Der Vater ist Thema der Auseinandersetzung zwischen der Erzählerin und ihrem Partner Malina.
   a) Worum geht es in diesem Traum?
   b) Erfindet ein Gespräch über diesen Traum zwischen der Erzählerin und Malina.

2 In dem Traum kommt nicht nur eine private Auseinandersetzung zur Sprache, sondern auch ein Konflikt zwischen den Generationen nach dem Zweiten Weltkrieg. Klärt diesen Zusammenhang.

11.3 Klage und Anklage: Krieg und atomare Bedrohung im 20. Jahrhundert

Weltkrieg und Faschismus

Wo die moderne Literatur sich der politischen Welt als Thema annahm, wo sie engagiert eingreifen wollte, musste sie sich mit der Barbarei des 20. Jahrhunderts auseinandersetzen, den Kriegen und dem Faschismus. Ihre Anklage spiegelt in grotesken Verzerrungen die Verzerrungen der Wirklichkeit, die den Menschen noch nicht hinreichend ins Bewusstsein gedrungen waren.

Wolfgang Borchert

Draußen vor der Tür (1947)

Wolfgang Borchert, 1921 in Hamburg geboren, Buchhändler. Sein schmales Werk (neben dem Drama „Draußen vor der Tür" vor allem Kurzgeschichten) ist ganz vom Kriegserlebnis geprägt. Wegen „Selbstverstümmelung" und „Wehrkraftzersetzung" war er zum Tode verurteilt und dann zu einer Strafkompanie „begnadigt" worden. Krank kehrte er von der Ostfront zurück. Er starb 1947 im Alter von 26 Jahren.
Die Anklage gegen den Krieg bestimmt die Perspektive seines erfolgreichen Heimkehrer-Dramas „Draußen vor der Tür" über den Unteroffizier Beckmann, dessen Frau mit einem anderen Mann zusammenlebt, dessen Eltern sich das Leben genommen haben und dessen ehemaliger Oberst als Fabrikant neu angefangen hat.

DER TRAUM

(In der Elbe. Eintöniges Klatschen kleiner Wellen. Die Elbe. Beckmann.)

BECKMANN: Wo bin ich? Mein Gott, wo bin ich denn hier?

ELBE: Bei mir.

BECKMANN: Bei dir? Und – wer bist du?

ELBE: Wer soll ich denn sein, du Küken, wenn du in St. Pauli von den Landungsbrücken ins Wasser springst?

BECKMANN: Die Elbe?

ELBE: Ja, die. Die Elbe.

BECKMANN *(staunt)*: Du bist die Elbe!

ELBE: Ah, reißt du deine Kinderaugen auf, wie? Du hast wohl gedacht, ich wäre ein romantisches junges Mädchen mit blassgrünem Teint? Typ Ophelia mit Wasserrosen im aufgelösten Haar? Du hast am Ende gedacht, du könntest in meinen süß duftenden Lilienarmen die Ewigkeit verbringen. Nee, mein Sohn, das war ein Irrtum von dir. Ich bin weder romantisch noch süß duftend. Ein anständiger Fluss stinkt. Jawohl. Nach Öl und Fisch. Was willst du hier?

BECKMANN: Pennen. Da oben halte ich das nicht mehr aus. Das mache ich nicht mehr mit. Pennen will ich. Tot sein. Mein ganzes Leben lang tot sein. Und pennen. Endlich in Ruhe pennen. Zehntausend Nächte pennen.

ELBE: Du willst auskneifen, du Grünschnabel, was? Du glaubst, du kannst das nicht mehr aushalten, hm? Da oben, wie? Du bildest dir ein, du hast schon genug mitgemacht, du kleiner Stift. Wie alt bist du denn, du verzagter Anfänger?

BECKMANN: Fünfundzwanzig. Und jetzt will ich pennen.

ELBE: Sieh mal, fünfundzwanzig. Und den Rest verpennen. Fünfundzwanzig und bei Nacht und Nebel ins Wasser steigen, weil man nicht mehr kann. Was kannst du denn nicht mehr, du Greis?

BECKMANN: Alles, alles kann ich nicht mehr da oben. Ich kann nicht mehr hungern. Ich kann nicht mehr humpeln und vor meinem

Bett stehen und wieder aus dem Haus raushumpeln, weil das Bett besetzt ist. Das Bein, das Bett, das Brot – ich kann das nicht mehr, verstehst du!

ELBE: Nein. Du Rotznase von einem Selbstmörder. Nein, hörst du! Glaubst du etwa, weil deine Frau nicht mehr mit dir spielen will, weil du hinken musst und weil dein Bauch knurrt, deswegen kannst du hier bei mir untern Rock kriechen? Einfach so ins Wasser jumpen? Du, wenn alle, die Hunger haben, sich ersaufen wollten, dann würde die gute alte Erde kahl wie die Glatze eines Möbelpackers werden, kahl und blank. Nee, gibt es nicht, mein Junge. Bei mir kommst du mit solchen Ausflüchten nicht durch. Bei mir wirst du abgemeldet. Die Hosen sollte man dir stramm ziehen, Kleiner, jawohl! Auch wenn du sechs Jahre Soldat warst. Alle waren das. Und die hinken alle irgendwo. Such dir ein anderes Bett, wenn deins besetzt ist. Ich will dein armseliges bisschen Leben nicht. Du bist mir zu wenig, mein Junge. Lass dir das von einer alten Frau sagen: Lebe erst mal. Lass dich treten. Tritt wieder! Wenn du den Kanal voll hast, hier, bis oben, wenn du lahm gestrampelt bist und wenn dein Herz auf allen vieren angekrochen kommt, dann können wir mal wieder über die Sache reden. Aber jetzt machst du keinen Unsinn, klar? Jetzt verschwindest du hier, mein Goldjunge. Deine kleine Hand voll Leben ist mir verdammt zu wenig. Behalt sie. Ich will sie nicht, du gerade eben Angefangener. Halt den Mund, mein kleiner Menschensohn! Ich will dir was sagen, ganz leise, ins Ohr, du, komm her: Ich scheiß auf deinen Selbstmord! Du Säugling. Pass gut auf, was ich mit dir mache. (*Laut:*) Hallo, Jungens! Werft diesen Kleinen hier bei Blankenese wieder auf den Sand! Er will es noch mal versuchen, hat er mir eben versprochen. Aber sachte, er sagt, er hat ein schlimmes Bein, der Lausebengel, der grüne!

Szenenfoto aus der Uraufführung von „Draußen vor der Tür" (Hamburger Kammerspiele 1947)

1 Charakterisiert die Sprache der Figuren dieses Stücks und belegt eure Urteile mit Beispielen aus dem Text.

2 a) In welcher Beziehung steht die Elbe zu dem „Helden" Beckmann?
b) Welche Bedeutung hat sie für die Aussage des Stückes über die Nachkriegswirklichkeit?
c) Erstellt ein Schaubild, das die verschiedenen Streitpunkte zwischen Beckmann und der Elbe darstellt.

Kurt Tucholsky

Der Graben (1926)

Mutter, wozu hast du deinen aufgezogen?
Hast dich zwanzig Jahr mit ihm gequält?
Wozu ist er dir in deinen Arm geflogen,
und du hast ihm leise was erzählt?
Bis sie ihn dir weggenommen haben.
Für den Graben, Mutter, für den Graben.

Junge, kannst du noch an Vater denken?
Vater nahm dich oft auf seinen Arm.
Und er wollt dir einen Groschen schenken,
und er spielte mit dir Räuber und Gendarm.
Bis sie ihn dir weggenommen haben.
Für den Graben, Junge, für den Graben.

Drüben die französischen Genossen
lagen dicht bei Englands Arbeitsmann.
Alle haben sie ihr Blut vergossen,
und zerschossen ruht heut Mann bei Mann.
Alte Leute, Männer, mancher Knabe
in dem einen großen Massengrabe.

Seid nicht stolz auf Orden und Geklunker!
Seid nicht stolz auf Narben und die Zeit!
In die Gräben schickten euch die Junker,
Staatswahn und der Fabrikantenneid.
Ihr wart gut genug zum Fraß für Raben,
für das Grab, Kamraden, für den Graben!

Werft die Fahnen fort!
Die Militärkapellen
spielen auf zu euerm Todestanz.
Seid ihr hin: ein Kranz von Immortellen –
das ist dann der Dank des Vaterlands.

Denkt an Todesröcheln und Gestöhne.
Drüben stehen Väter, Mütter, Söhne,
schuften schwer, wie ihr, ums bißchen Leben.
Wollt ihr denen nicht die Hände geben?
Reicht die Bruderhand als schönste aller Gaben
übern Graben, Leute, übern Graben –! [R]

Ernst Jandl

schtzngrmm (1957)

schtzngrmm
schtzngrmm
t-t-t-t
t-t-t-t
grrrmmmmm
t-t-t-t
s-c-h
tzngrmm
tzngrmm
tzngrmm
grrrmmmmm
schtzn
schtzn
t-t-t-t
t-t-t-t
schtzngrmm
schtzngrmm
tsssssssssssss
grrt
grrrrrt
grrrrrrrrrt
scht
scht
t-t-t-t-t-t-t-t-t
scht
tzngrmm
tzngrmm
t-t-t-t-t-t-t-t-t
scht
scht
scht
scht
scht
grrrrrrrrrrrrrrrrrr
t-tt

Otto Dix: Schützengraben in Flandern (1934–1936)

1 Der Schützengraben wird schon im Ersten Weltkrieg von seinen möglichen wörtlichen Bedeutungen her (Schutz – Schütze; Graben – Grab) Symbol für die besondere Grausamkeit des modernen Krieges.

a) Betrachtet auf Dix' Bild genauer die Figuren der einzelnen Soldaten und ihre Umgebung. Welche „Aussage" könnte in dieser Art, Menschen und Natur zu malen, versteckt sein?

b) Seht ihr einen Bezug zur Darstellung der Natur in Borcherts Drama (S. 246/247)?

2 a) Untersucht, mit welchen Mitteln Tucholsky und Jandl den Schützengraben darstellen (S. 248). Beschreibt möglichst genau die sprachlichen und formalen Besonderheiten der Gedichte sowie deren Wirkung.

b) Verfasst in der Art von Tucholsky oder Jandl zu dem Bild von Otto Dix einen eigenen Text, der euren Eindruck von dem auf dem Bild Gesehenen wiedergibt.

Anna Seghers

Das Obdach (1941/42)

Während das moderne Drama und das moderne Gedicht die Wirklichkeit oft in fantastischer Weise überzeichnen, bleibt die Prosa fast immer sehr nahe an der Wirklichkeit. Die folgende Leseprobe gibt Anfang und Ende der Erzählung „Das Obdach" wieder.

Anna Seghers (1900–1983), eigentlich Netty Radványi geb. Reiling, hatte Geschichte, Philosophie und Sinologie studiert. Sie musste als Jüdin und Kommunistin vor den Nazis fliehen, zunächst nach Paris, dann weiter nach Mexiko. Anna Seghers' Romane und Erzählungen sind geprägt vom Kampf gegen den Faschismus („Das siebte Kreuz", 1942) und die Erfahrungen des Exils („Transit", 1944).

An einem Morgen im September 1940, als auf der Place de la Concorde in Paris die größte Hakenkreuzfahne der deutsch besetzten Länder wehte und die Schlangen vor den Läden so lang wie die Straßen selbst waren, erfuhr eine gewisse Luise Meunier, Frau eines Drehers, Mutter von drei Kindern, dass man in einem Geschäft im XIV. Arrondissement[1] Eier kaufen könnte.

Sie machte sich rasch auf, stand eine Stunde Schlange, bekam fünf Eier, für jedes Familienmitglied eins. Dabei war ihr eingefallen, dass in derselben Straße eine Schulfreundin lebte, Annette Villard, Hotelangestellte. Sie traf die Villard auch an, jedoch in einem für diese ruhige, ordentliche Person befremdlich erregten Zustand.

Die Villard erzählte, Fenster und Waschbecken scheuernd, wobei ihr die Meunier manchen Handgriff tat, dass gestern Mittag die Gestapo[2] einen Mieter verhaftet habe, der sich im Hotel als Elsässer eingetragen, jedoch, wie sich inzwischen herausgestellt hatte, aus einem deutschen Konzentrationslager vor einigen Jahren entflohen war. Der Mieter, erzählte die Villard, Scheiben reibend, sei in die Santé[3] gebracht worden, von dort aus würde er bald nach Deutschland abtransportiert werden und wahrscheinlich an die Wand gestellt. Doch was ihr weit näher gehe als der Mieter, denn schließlich Mann sei Mann, Krieg sei Krieg, das sei der Sohn des Mieters. Der Deutsche habe nämlich ein Kind, einen Knaben von zwölf Jahren, der habe mit ihm das Zimmer geteilt, sei hier in die Schule gegangen, rede französisch wie sie selbst, die Mutter sei tot, die Verhältnisse seien undurchsichtig wie meistens bei den Fremden. Der Knabe habe, heimkommend von der Schule, die Verhaftung des Vaters stumm, ohne Tränen, zur Kenntnis genommen. Doch von dem Gestapooffizier aufgefordert, sein Zeug zusammenzupacken, damit er am nächsten Tag abgeholt werden könne und nach Deutschland zurückgebracht zu seinen Verwandten, da habe er plötzlich laut erwidert, er schmisse sich eher unter ein Camion[4], als dass er in diese Familie zurückkehre. Der Gestapooffizier habe ihm scharf erwidert, es drehe sich nicht darum, zurück oder nicht zurück, sondern zu den Verwandten zurück oder in die Korrektionsanstalt. – Der Knabe habe Vertrauen zu ihr, Annette, er habe sie in der Nacht um Hilfe gebeten, sie habe ihn auch frühmorgens weg in ein kleines Café gebracht, dessen Patron[5] ihr Freund sei. Da sitze er nun und warte. Sie habe geglaubt, es sei leicht, den Knaben unterzubringen, doch bisher habe sie immer nur Nein gehört, die Furcht sei zu groß. Die eigene Patronin fürchte sich sehr vor den Deutschen und sei erbost über die Flucht des Knaben.

1 **Arrondissement:** Stadtbezirk
2 **Gestapo:** „Geheime Staatspolizei" der Nationalsozialisten
3 **Santé:** Gefängnis in Paris
4 **Camion:** Lastwagen
5 **Patron:** Gastwirt

Die Meunier hatte sich alles schweigend angehört, erst als sie fertig war, sagte sie: „Ich möchte gern einmal einen solchen Knaben sehen.“ Worauf ihr die Villard das Café nannte und noch hinzufügte: „Du fürchtest dich doch nicht etwa, dem Jungen Wäsche zu bringen?“

Der Patron des Cafés, bei dem sie sich durch einen Zettel der Villard auswies, führte sie in sein morgens geschlossenes Billardzimmer. Da saß der Knabe und sah in den Hof. Der Knabe war so groß wie ihr ältester Sohn, er war auch ähnlich gekleidet, seine Augen waren grau, in seinen Zügen war nichts Besonderes, was ihn als den Sohn eines Fremden stempelte. Die Meunier erklärte, sie brächte ihm Wäsche. Er dankte nicht, er sah ihr nur plötzlich scharf ins Gesicht. Die Meunier war bisher eine Mutter gewesen wie alle Mütter: Schlange stehen, aus nichts etwas, aus etwas viel machen, Heimarbeit zu der Hausarbeit übernehmen, das alles war selbstverständlich. Jetzt, unter dem Blick des Jungen, wuchs mit gewaltigem Ruck das Maß des Selbstverständlichen und mit dem Maß ihre Kraft. Sie sagte: „Sei heute Abend um sieben im Café Biard an den Hallen.“

Sie machte sich eilig heim. Um weniges ansehnlich auf den Tisch zu bringen, braucht es lange Küche. Ihr Mann war schon da. Er hatte ein Kriegsjahr in der Maginotlinie[6] gelegen, er war seit drei Wochen demobilisiert[7], vor einer Woche hatte sein Betrieb wieder aufgemacht, er war auf Halbtagsarbeit gesetzt, er verbrachte den größten Teil der Freizeit im Bistro, dann kam er wütend über sich selbst heim, weil er von den wenigen Sous[8] noch welche im Bistro gelassen hatte. Die Frau, zu bewegt, um auf seine Miene zu achten, begann zugleich mit dem Eierschlagen ihren Bericht, der bei dem Mann vorbauen sollte. Doch wie sie auf dem Punkt angelangt war, da der fremde Knabe, aus dem Hotel weggelaufen, in Paris Schutz vor den Deutschen suche, unterbrach er sie folgendermaßen: „Deine Freundin Annette hat wirklich sehr dumm getan, einen solchen Unsinn zu unterstützen. Ich hätte an ihrer Stelle den Jungen eingesperrt. Der Deutsche soll selbst sehn, wie er mit seinen Landsleuten fertig wird – er hat selbst nicht für sein Kind gesorgt. Der Offizier hat also auch Recht, wenn er das Kind nach Haus schickt. Der Hitler hat nun einmal die Welt besetzt, da nützen keine Phrasen was dagegen.“ Worauf die Frau schlau genug war, rasch etwas andres zu erzählen. In ihrem Herzen sah sie zum ersten Mal klar, was aus dem Mann geworden war, der früher bei jedem Streik, bei jeder Demonstration mitgemacht hatte und sich am 14. Juli stets so betragen, als wollte er ganz allein die Bastille[9] noch einmal stürmen. Er glich aber jenem Riesen Christophorus in dem Märchen – ihm gleichen viele –, der immer zu dem übergeht, der ihm am stärksten scheint und sich als stärker erweist als sein jeweiliger Herr, sodass er zuletzt beim Teufel endet. Doch weder in der Natur der Frau noch in ihrem ausgefüllten Tag war Raum zum Trauern. Der Mann war nun einmal ihr Mann, sie war nun einmal die Frau, da war nun einmal der fremde Junge, der jetzt auf sie wartete. Sie lief daher abends in das Café bei den Hallen und sagte zu dem Kind: „Ich kann dich erst morgen zu mir nehmen.“ Der Knabe sah sie wieder scharf an, er sagte: „Sie brauchen mich nicht zu nehmen, wenn Sie Angst haben.“ Die Frau erwiderte trocken, es handle sich nur darum, einen Tag zu warten. Sie bat die Patronin, das Kind eine Nacht zu behalten, es sei mit ihr verwandt. An dieser Bitte war nichts Besonderes, da Paris von Flüchtlingen wimmelte.

Am nächsten Tag erklärte sie ihrem Mann: „Ich habe meine Kusine Alice getroffen, ihr Mann ist in Pithiviers im Gefangenenlazarett, sie will ihn ein paar Tage besuchen. Sie hat mich gebeten, ihr Kind so lange aufzunehmen.“ Der Mann, der Fremde in seinen vier Wänden nicht leiden konnte, erwiderte: „Dass ja kein Dauerzustand daraus wird.“ Sie richtete also für den Knaben eine Matratze. Sie hatte ihn unterwegs gefragt: „Warum willst du eigentlich nicht zurück?“ Er hatte geantwortet: „Sie können mich immer noch hierlassen, wenn Sie Angst haben. Zu meinen Verwandten werde ich doch nicht gehen.

6 **Maginotlinie:** Festungsgürtel zum Schutz der französischen Grenzgebiete, 1940 von den deutschen Truppen überwunden
7 **demobilisiert:** ausgemustert
8 **Sou:** französische Münze

9 **Bastille:** Staatsgefängnis, mit dessen Erstürmung am 14. Juli 1789 die Französische Revolution begann

Mein Vater und meine Mutter wurden beide von Hitler verhaftet. Sie schrieben und druckten und verteilten Flugblätter. Meine Mutter starb. Sie sehen, mir fehlt ein Vorderzahn. Den hat man mir dort in der Schule ausgeschlagen, weil ich ihr Lied nicht mitsingen wollte. Auch meine Verwandten waren Nazis. Sie quälten mich am meisten. Sie beschimpften Vater und Mutter."
Die Frau hatte ihn darauf nur gebeten zu schweigen, dem Mann gegenüber, den Kindern und den Nachbarn. […]

Paul Klee: Gefangen (1940)

Auf dem gleichen Hof mit den Meuniers wohnten zwei Schwestern, die waren immer recht übel gewesen, jetzt gingen sie gern ins Bistro hinüber und hockten auf den Knien der deutschen Monteure. Der Polizist sah sich's an, dann nahm er die beiden Schwestern mit aufs Revier, sie heulten und sträubten sich, er ließ sie in die Kontrollliste eintragen. Die ganze Gasse freute sich sehr darüber, doch leider wurden die Schwestern jetzt noch viel übler, die deutschen Monteure gingen bei ihnen jetzt aus und ein, sie machten den Hof zu dem ihren, man hörte den Lärm in Meuniers Küche. Dem Meunier und seinen Gästen war es längst nicht mehr zum Lachen, der Meunier lobte jetzt nicht mehr die deutsche Ordnung, mit feiner, gewissenhafter, gründlicher Ordnung war ihm das Leben zerstört worden, im Betrieb und daheim, seine kleinen und großen Freuden, sein Wohlstand, seine Ehre, seine Ruhe, seine Nahrung, seine Luft.
Eines Tages fand sich der Meunier allein mit seiner Frau. Nach langem Schweigen brach es aus ihm heraus, er rief: „Sie haben die Macht, was willst du! Wie stark ist dieser Teufel! Wenn es nur auf der Welt einen gäbe, der stärker wäre als er! Wir aber, wir sind ohnmächtig. Wir machen den Mund auf, und sie schlagen uns tot. Wie jener Deutsche, von dem dir einmal deine Annette erzählt hat, du hast ihn vielleicht vergessen, ich nicht. Er hat immerhin was riskiert. Und sein Sohn, alle Achtung! Deine Kusine mag sich selbst aus dem Dreck helfen mit ihrem Bengel. Das macht mich nicht warm. Den Sohn dieses Deutschen, den würde ich aufnehmen, der könnte mich warm machen. Ich würde ihn höher halten als meine eigenen Söhne, ich würde ihn besser füttern. Einen solchen Knaben bei sich zu beherbergen, und diese Banditen gehn aus und ein und ahnen nicht, was ich wage und was ich für einer bin und wen ich versteckt habe! Ich würde mit offnen Armen einen solchen Jungen aufnehmen."
Die Frau drehte sich weg und sagte: „Du hast ihn bereits aufgenommen."
Ich habe diese Geschichte erzählen hören in meinem Hotel im XIV. Arrondissement von jener Annette, die dort ihren Dienst genommen hatte, weil es ihr auf der alten Stelle nicht mehr geheuer war.

1 Beschreibt das Verhältnis der französischen Eheleute. Wie entwickelt es sich durch die Initiative der Frau?

2 a) Gestaltet das fehlende Mittelstück der Erzählung selbst. Erfindet eine Komplikation, die auch zu einem anderen Schluss hätte führen können.
b) Vergleicht dann eure Handlungsführung mit derjenigen der Autorin.

3 Erfindet einen Bericht des geretteten Knaben über seine Erfahrungen, die er in Deutschland und in Frankreich gemacht hat. Reduziert dabei das Erzählte auf das, was der Junge beobachten kann.

Endzeitstimmung

Schon aus dem frühen Expressionismus (vor dem Ersten Weltkrieg) stammen kleine Gedichte, die das Ende der Welt zum Thema haben. Die Erfahrung des Zusammenbruchs der überkommenen Ordnungen weitet sich in der Folge der Weltkriege zu einem allgemeinen Katastrophenbewusstsein aus.

Alfred Lichtenstein

Die Zeichen (1913)

Lichtenstein wurde am 23. August 1889 als Sohn eines jüdischen Fabrikanten in Berlin geboren. Er studierte Jura und wurde im Oktober 1913 als „Einjähriger" zum Militär eingezogen, am 25. September 1914 fiel er in der Somme-Schlacht in Frankreich.
Für die scheinbar isoliert nebeneinander geschehenden Dinge, die Gedichte wie das Lichtensteins nennen, haben Zeitgenossen den Begriff „Simultanismus" geprägt und damit ein „Weltgefühl" gemeint, in dem alles Geschehen auf der Welt, großes und kleines, gleichzeitig und miteinander vermischt ist.

Max Oppenheimer: Alfred Lichtenstein

Die Stunde rückt vor.
Der Maulwurf zieht um.
Der Mond tritt wütend hervor.
Das Meer stürzt um.

Das Kind wird Greis.
Die Tiere beten und flehen.
Den Bäumen ist der Boden unter den Füßen zu heiß.
Der Verstand bleibt stehen.

Die Straße stirbt ab.
Die stinkende Sonne sticht.
Die Luft wird knapp.
Das Herz zerbricht.

Der Hund hält erschrocken den Mund.
Der Himmel liegt auf der falschen Seite.
Den Sternen wird das Treiben zu bunt.
Die Droschken suchen das Weite.

Ludwig Meidner: Apokalyptische Landschaft (1913)

1 a) Besprecht, ob ihr Lichtensteins Text als „Simultangedicht" lest oder ob sich euch eher das Gefühl der Zersplitterung aufdrängt.
b) Schreibt selbst derartige Satzfolgen auf und überlegt erneut, ob eher „universeller Zusammenhang" oder „Zersplitterung" als Gesamteindruck entsteht.

2 Beschreibt und deutet die „Apokalyptische Landschaft" von Ludwig Meidner.

3 Vergleicht das Bild Ludwig Meidners mit dem Gedicht Alfred Lichtensteins und beschreibt das Weltgefühl um 1913.

Nach dem Zweiten Weltkrieg, in den Jahren des „Kalten Krieges" und des Wettrüstens mit Atomraketen, sehen viele moderne Schriftsteller es als ihre Aufgabe an, vor dem „planetarischen Selbstmord der Gattung Mensch" (Enzensberger) zu warnen:

Günter Kunert

Laika[1] (1963)

In einer Kugel aus Metall,
Dem besten, das wir besitzen,
Fliegt Tag für Tag ein toter Hund
Um unsre Erde
Als Warnung,
Dass so einmal kreisen könnte
Jahr für Jahr um die Sonne,
Beladen mit einer toten Menschheit,
Der Planet Erde,
Der beste, den wir besitzen.

1 **Laika:** Die Hündin Laika wurde 1957 als erstes Lebewesen überhaupt mit einem sowjetischen Sputnik-Satelliten ins Weltall befördert. Eine Rückkehr zur Erde war nicht vorgesehen.

Hans Magnus Enzensberger

nänie[1] **auf den apfel** (1964)

hier lag der apfel
hier stand der tisch
das war das haus
das war die stadt
hier ruht das land.

dieser apfel dort
ist die erde
ein schönes gestirn
auf dem es äpfel gab
und esser von äpfeln.

1 **Nänie:** Totenklage

Salvador Dalí: Die drei Sphinxe von Bikini (1947)

Hilde Domin

„Seids gewesen, seids gewesen!“ (1964)

Hilde Domin, 1909 geboren, emigrierte 1932 nach Rom, 1939/40 lebte sie in England, von 1940 bis 1954 in der Dominikanischen Republik, ab 1954 in der Bundesrepublik Deutschland. Sie übersetzte aus zahlreichen Sprachen und veröffentlichte 1959 ihren ersten Gedichtband. Sie starb 2006.

Die letzte Erde
der Erde letzter Tag
die letzte Landschaft
die eines letzten Menschen Auge sieht
unerinnert
nicht weitergegeben
an nicht mehr Kommende
dieser Tag
ohne Namen ihn zu rufen
ohne Rufende

nicht grüner
nicht weißer
nicht blauer
als die Tage die wir sehn
oder schwarz
oder feuerfarben
er wird einen Abend haben
oder er wird keinen Abend haben

seine Helle sein Dunkel
unvergleichbar.
Die Sonne die leuchtet falls sie leuchtet
unbegrüßt
nach diesem Tag
wird es sich unter ihr öffnen?
Werden wir
als Staunende
wieder herausgegeben
unter einem währenden Licht?

Zünder der letzten Lunte
Maden der Ewigkeit?

1 Vergleicht die beiden kurzen Gedichte von Kunert und Enzensberger (S. 255), von denen das erste in der DDR, das zweite in der Bundesrepublik entstanden ist. Wie bringen die beiden Autoren ihre Bedenken gegenüber der technischen, militärischen, politischen Entwicklung der Nachkriegszeit zum Ausdruck?

2 Untersucht im Vergleich den „Blick zurück“ auf die zerstörte Erde bei Enzensberger und Domin. Welche Rolle spielt dabei die Fähigkeit der Menschen vorauszuschauen?

3 Vergleicht das Gedicht von Lichtenstein (S. 253) mit denen Kunerts, Enzensbergers und Domins. Erörtert die Unterschiede.

4 Salvador Dalí sagt zu seinem Bild (S. 255), er habe nach den Atombombentests auf dem Bikini-Atoll den Schrecken verarbeiten müssen, dass im Kopf der Menschen etwas herangewachsen sei, das die Erde krank mache und zerstöre. Findet ihr Ähnlichkeiten bzw. Unterschiede zwischen der Art des Malers und der der Schriftsteller, sich mit den Ereignissen ihrer Zeit auseinanderzusetzen?

12 Seifenopern – Wie im richtigen Leben?

12.1 Lindenstraße – ein TV-Klassiker

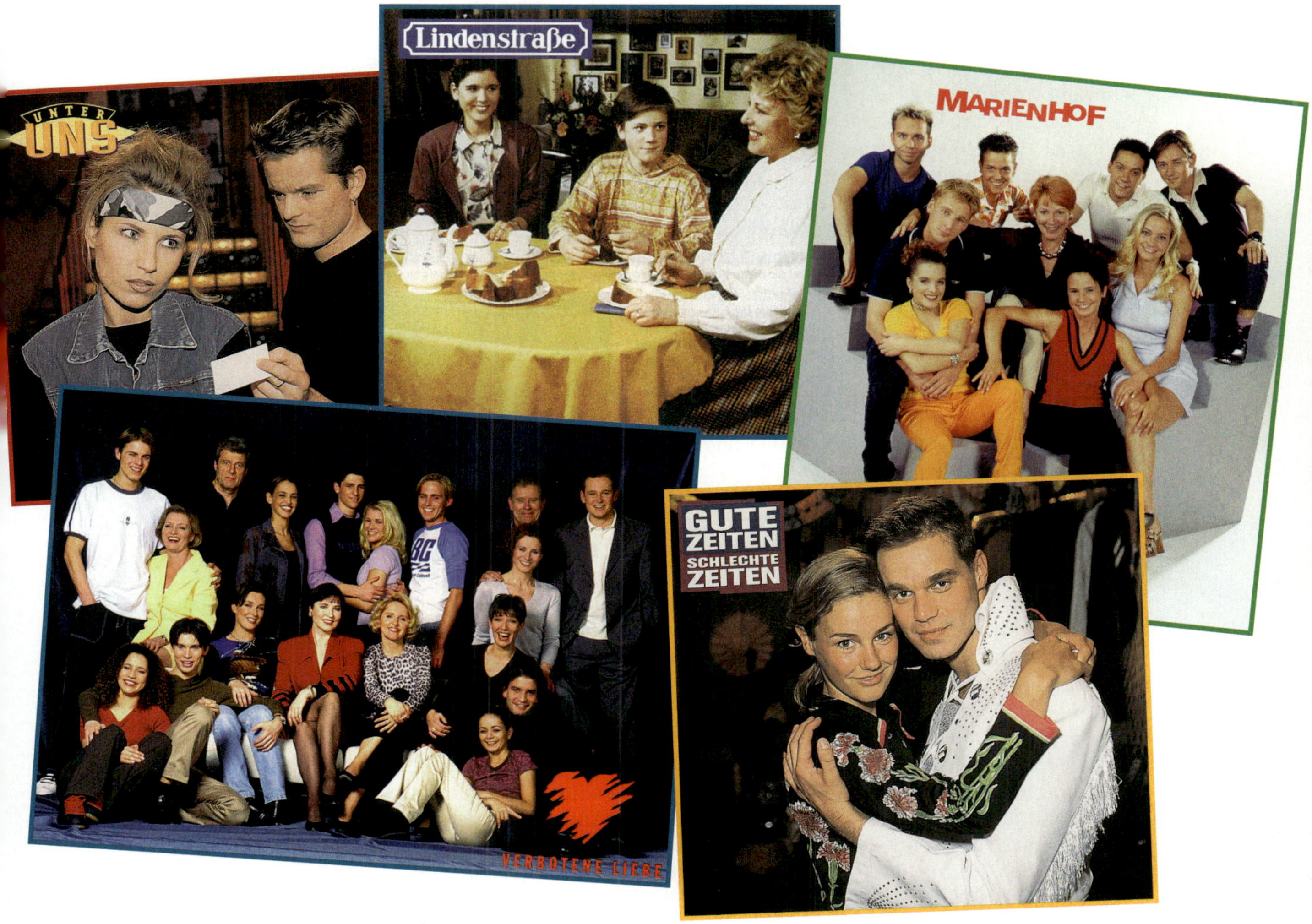

1 a) Welche der abgebildeten Serien kennt ihr?
b) Erstellt in eurer Klasse eine Hitliste der TV-Serien, die ihr häufig seht.
c) Sucht euch eine Serie aus und schreibt eine kurze Darstellung, sodass die anderen sich vorstellen können, worum es in dieser Serie geht.

2 Worin besteht eurer Meinung nach der Reiz für viele Menschen, sich regelmäßig TV-Serien anzuschauen?

3 a) Ordnet die Serien, die ihr kennt, nach inhaltlichen Gesichtspunkten, z. B. *Arztserien ...*.
b) Überlegt, wieso sich bestimmte Lebensbereiche für TV-Serien besonders eignen.

„Fans lassen sich gern einseifen“

Die Redakteurin einer Fernsehzeitschrift, Kirsten Burmeister, interviewte Martin Jurga, 33. Der Soziologe, Medienwissenschaftler, Germanist promoviert über die „Lindenstraße“.

KIRSTEN BURMEISTER: Wie ist es möglich, dass erwachsene Menschen alles stehen und liegen lassen, um nur ja ihre Lieblings-Seifenoper nicht zu verpassen?

MARTIN JURGA: Rein technisch sind's ganz bestimmte Inszenierungsmittel, die die Leute bei der Stange halten. Die aktivieren eine allgemein menschliche Eigenschaft: die Neugier.

BURMEISTER: Was sind das für Mittel?

JURGA: Jede Folge hat mehrere Handlungsstränge, einer endet, einer oder zwei laufen weiter. Bei „Marienhof“ ist der Schluss zusätzlich unterlegt mit einem Spruch: Wird X jetzt Y bekommen? Typisch sind auch die Großaufnahmen. Da soll man sich in die Figuren einfühlen. Nehmen wir eine Schlussszene aus der „Lindenstraße“: Ehestreit bei Beimers. Mutter Beimer wirft Hans Beimer raus, die Kinder rufen: „Papi, was ist denn?“ Zoom auf Hans Beimers sorgenvolles Gesicht. Ende. Auch wir fragen uns: „Was ist mit Hans?“ Das nennt man „Cliff Hanger“. Eine Person hängt über der Klippe – stürzt sie ab oder schafft sie's? Wer's wissen will, muss dranbleiben.

BURMEISTER: Immer wieder wird das Niveau der Seifenopern bemängelt – die Dialoge hölzern, die Handlung hanebüchen. Warum lechzen trotzdem Millionen Zuschauer nach dem TV-Fast-Food?

JURGA: Ganz simpel gesagt: Es geht um Gefühle. Die Leute identifizieren sich mit den Figuren. Was eine gute Soap ausmacht, ist der so genannte emotionale Realismus: Was ich da sehe, berührt mich, das kenne ich. Das Drumherum kann an den Haaren herbeigezogen sein. Bei „Gute Zeiten, schlechte Zeiten“ haben die Kids mit 20 'ne Werbeagentur, fahren dicke Autos. Aber darauf kommt es nicht an. Mir wird vorgeführt, welche Handlungen gesellschaftlich akzeptabel sind und welche unmöglich.

BURMEISTER: Die Seifenoper als moralisches Lernmodell?

JURGA: Fest steht, dass der Inhalt von Seifenopern Anlass für Gespräche in der Wirklichkeit liefert. „Findest du das okay, dass Gabi Zenker abgehauen ist? Hat dem Vater die Kinder genommen.“ Seifenopern sind kommunikative Ressourcen[1].

BURMEISTER: Das klingt, als würden die Soap-Stars Teil des Freundeskreises werden?

JURGA: „Als-ob-Beziehungen“ entstehen. Es ist, als würde man die Figuren persönlich kennen. Das gilt selbst für die Leute, die Soaps nur zur Belustigung sehen, um hinterher kräftig abzulästern.

BURMEISTER: Wenn in der „Lindenstraße“ eine Wohnung frei wird, kommt es vor, dass sich Zuschauer darum bewerben …

JURGA: Ausnahmen. Die Mehrzahl der Soap-Fans hat die nötige Distanz. Die lassen sich zwar einseifen, aber bewusst.

BURMEISTER: Können Sie uns den Steckbrief für einen typischen Soap-Gucker nennen?

JURGA: Die passen in keine Schublade. Man findet sie in allen Altersklassen und Gesellschaftsschichten. Fest steht, dass mehr Frauen als Männer Seifenopern schauen.

BURMEISTER: Woran liegt's?

JURGA: Daran, dass in unserer Gesellschaft Beziehungsmanagement immer noch Frauensache ist. In Soaps werden Gefühlsaspekte thematisiert. Es gibt da auch eine Theorie, dass sich Seifenopern und der Alltag einer Hausfrau – und für die allein waren Seifenopern ursprünglich gemacht – strukturell ähneln. Beide sind afinal, also endlos. Eine Frau ist den ganzen Tag beschäftigt, kümmert sich dann auch noch um Mann und Kinder, und so geht das endlos weiter – wie eine Seifenoper eben.

BURMEISTER: Herr Jurga, sind Sie ein Soap-Junkie?

JURGA: Nein, ich steh mehr auf „Raumschiff Enterprise“.

1 **kommunikative Ressourcen:** Gesprächsstoff

4 Wie erklärt Martin Jurga den Erfolg von Serien?

5 Schreibt einen Leserbrief zu diesem Interview, in dem ihr eure eigenen Vorstellungen von einer „gelungenen“ Serie erläutert.

Viele TV-Serien, die im deutschen Fernsehen gesendet werden, sind Produktionen aus dem Ausland, meist aus den USA. Eine der ältesten und erfolgreichsten der in Deutschland produzierten Serien ist die „Lindenstraße".
Die wöchentlich ausgestrahlte „Lindenstraße" ging erstmals 1985 über den Bildschirm. Hans W. Geißendörfer, der Erfinder, Autor und Produzent der Serie, hatte sich die in Großbritannien äußerst erfolgreiche „Coronation Street" zum Vorbild genommen.

„Lindenstraße"

ARD, Sonntag, 18.40 Uhr, 1.1.–31.12.1998
Zuschauer/innen nach Bevölkerungsgruppen

	in Millionen	in % von allen Fernsehzuschauern	in % von den „Lindenstraße"-Zuschauern
Zuschauer/innen ab 3 Jahre	6,95	29,5	100,0
davon 3–13 Jahre	0,29	19,6	4,2
davon 14–19 Jahre	0,18	23,6	2,6
davon 20–29 Jahre	0,85	37,1	12,3
davon 30–39 Jahre	1,03	30,2	14,8
davon 40–49 Jahre	1,04	30,8	14,9
davon 50–64 Jahre	1,79	28,1	25,8
davon ab 65 Jahre	1,76	30,2	25,4
Frauen	4,35	34,4	62,5
Männer	2,60	23,9	37,5

Quelle: GfK-Fernsehforschung/PC#TV

6 Wertet die Statistik aus: Beschreibt genau, welche Altersgruppe die „Lindenstraße" erreicht, und versucht diese Verteilung zu erklären.

7 Wie erklärt ihr euch den Erfolg der „Lindenstraße"?

„Die Leute wollen den Bildschirm einreißen“

Interview mit Hans W. Geißendörfer, Autor und Produzent der „Lindenstraße“

Wie sind Sie auf die Idee gekommen, die „Lindenstraße“ zu produzieren?

GEISSENDÖRFER: Dass die „Lindenstraße“ so ist, wie sie ist, liegt daran, dass ich selbst in einem Mietshaus aufgewachsen bin, das genauso groß war wie das Mietshaus in der „Lindenstraße“. Ich weiß einfach, dass man am besten immer darüber schreibt, wovon man auch etwas weiß. Es war dann allerdings schwer, diese Idee durchzusetzen. Der Sender wollte etwas Konkurrenzfähiges zu Dallas und Denver haben und suchte am liebsten eine Hotelserie mit Figuren in Designerklamotten. Was dann die Privaten wenig später entwickelt haben, das wollte damals die ARD auch viel lieber. Niemand hat daran geglaubt, dass der soziale Mief Erfolg haben könnte.

Wie erklären Sie sich den Erfolg dieses „sozialen Miefs“?

GEISSENDÖRFER: Ich bin nicht der Meinung, dass die Leute ausschließlich die dumme oder die oberflächlichste Form von Unterhaltung suchen – die brauchen sie auch und ich brauche sie auch –, sondern dass man im Wesentlichen auch bereit ist, sich mit Dingen auseinanderzusetzen, die etwas mit dem Leben zu tun haben oder die etwas mit der Bundesrepublik zu tun haben. Und es hat sich gezeigt, dass man nicht nur soziale Schichten, die weiter oben angesiedelt sind, als Sehnsuchtsmodelle entwickeln kann, sondern dass man auch eine Ersatzgroßmutter im Fernsehen schaffen kann für jemanden, der zu Hause keine hat. – Ein Grund für den Erfolg unserer Serie liegt sicher auch darin, dass die Figuren mit der Serie älter werden, dass man die Schauspieler altern sieht. Mutter Beimer hat ja heute schon ganz gewaltige Falten. Und wir werden auch alles tun, damit sie nicht zum Chirurgen rennt, um sich die glätten zu lassen, es sei denn, wir bauen es in die Serie ein.

Gehört dies mit zum Realitätsanspruch der Serie?

GEISSENDÖRFER: Das ist ja so ein Spiel. Eine Spielebene ist dabei, Fiktion mit Wirklichkeit zu vermischen bzw. die Fiktion so aufzubereiten, dass sie wie Wirklichkeit wirkt. Dazu ein Beispiel: Der erste Schritt, Fiktion als Wirklichkeit zu verkaufen, war die Geschichte mit dem damaligen Umweltminister Töpfer, dem der Benni Beimer ein Modell eines Atomkraftwerks in den Vorgarten gestellt hat, das dann giftgrüne Rauchwolken spuckte. Diese Aktion war zusammen mit der Umweltschutzgruppe Robin Wood geplant, die das dann auch dokumentiert hat. Und abends lief es dann als Meldung in der Tagesschau. Die Zuschauer waren irritiert. Sie dachten: Die „Lindenstraße“ ist eine fiktive, von Autoren erdachte und von Schauspielern gespielte Serie, aber da wurde jetzt eine Aktion in den Nachrichten, wo man ja angeblich die Wiedergabe einer Realität findet, gezeigt. Damals gab es natürlich auch Ärger, weil eine Serie wie die „Lindenstraße“ laut Rundfunkgesetz keine Nachrichten produzieren darf.

Lässt sich der Realitätsanspruch auch auf die Figuren übertragen?

GEISSENDÖRFER: Ja, schon. Unsere Figuren

sind den Normalmenschen abgekupfert, wir haben Familien, jede der Figuren in der „Lindenstraße“ hat eine Großmutter (oder eine verstorbene Großmutter), hat einen Onkel usw., lebt also aus einem Verbund heraus, den Sie so in anderen Serien nicht finden. Da kennen Sie ja nicht mal die Eltern der Hauptfiguren!

Ist es mit ein Grund für den Erfolg der „Lindenstraße“, dass die Zuschauer sich oder ihre Bekannten in den Charakteren wiedererkennen?

GEISSENDÖRFER: Ich glaube schon, dass dies den Leuten teilweise gefällt, aber es ist jedenfalls nicht der einzige Grund, das zeigen ja auch andere Serien, wie zum Beispiel „Gute Zeiten, schlechte Zeiten“, die sehr erfolgreich ist, aber nichts mit der Wirklichkeit zu tun hat.

Was macht Ihrer Meinung nach allgemein die Faszination von Serien aus?

GEISSENDÖRFER: Ich weiß es nicht so genau. Ich bin nur der Macher, ich schau selbst ganz wenig fern. Ich glaube schon, dass jede Serie den Zuschauer an eine bestimmte Story bindet, an eine bestimmte Gruppe von Figuren. Dies geschieht über ähnliche Mechanismen, wie man sie im normalen Leben oder in der Zeit, bevor es das Medium Fernsehen gab, auch findet: im Wirtshaus, auf dem Platz im Dorf unter der Linde … Die Serie fasziniert, weil man immer wieder dieselben Leute treffen will, seinen vertrauten Kreis der Kommunikation. Unsere Kommunikationsebene bei der Serie ist natürlich eine Einbahnstraße, der Zuschauer konsumiert sie im Wesentlichen, obwohl doch erstaunlich viel Aktivität vom Zuschauer ausgeht. Die Leute wollen den Bildschirm einreißen und wollen sagen: „Lass dich doch mal anfassen!“ Es gibt den Wunsch, mit den Leuten zu reden und vielleicht zu sagen: „Du, warum schickst du deine Frau nicht längst in die Wüste?“ oder „Können Sie auch noch was anderes kochen, Frau Beimer, als Spiegelei oder Maultaschen?“ Es ist nicht der Schauspieler, sondern es ist die Figur, die angesprochen wird. Der Zuschauer übersetzt das Geschehen eins zu eins.

Macht Ihnen das nicht manchmal Angst?

GEISSENDÖRFER: Deswegen versuchen wir ja, das Spiel mit den Ebenen sichtbar zu machen. Es ist ja nun nicht so, dass die Leute uns das Studio einrennen und sagen, sie wollen alle hier wohnen. Von 8 oder 9 Millionen Zuschauern kommen vielleicht einhundert auf die Idee, dass es hier tatsächlich Wohnungen gäbe, die man mieten könnte.

Sie wollen mit Ihrer Serie sicherlich unterhalten, wollen Sie auch die Wirklichkeit beeinflussen und verändern?

GEISSENDÖRFER: Das ergibt sich automatisch. Allerdings wissen wir: Man kann Meinungen nicht verändern. Aber man kann Meinungen stabilisieren und man kann Informationen geben. Wir bewegen, glaube ich, schon a bisserl was, das ist aber so winzig im Vergleich zu anderen Einflüssen auf das tägliche Leben. Ich hoffe, dass ich da bescheiden genug bin. Auf der anderen Seite macht es natürlich Spaß festzustellen, wenn wir ein bestimmtes Thema, z. B. Organtransplantation, machen, dass dann ein Vierteljahr später die gesamte Bundesrepublik darüber redet. Man hat das Gefühl, man hat dieses Thema über eine Fernsehserie produziert. Ich sage mal: Die „Lindenstraße“ hat eine Meinung, das ist der große Unterschied zu allen anderen Serien.

(Das Interview führten Norbert Pabelick und Markus Langner.)

8 Vergleicht Geißendörfers Äußerungen mit euren Vorstellungen über eine gelungene Serie.

9 Sucht im Internet Informationen zur „Lindenstraße“. Welche Themen herrschen vor?

10 Schaut euch eine Folge der „Lindenstraße“ gemeinsam an. In welchen Aspekten scheint euch der Anspruch Geißendörfers, mit seiner Serie die Realität in Deutschland zu spiegeln, eingelöst?

„Keine pickelfreie Zone"

Interview mit zwei Darstellern von Jugendlichen in der „Lindenstraße"

Moritz, du spielst seit der ersten Folge in der „Lindenstraße" mit. Jetzt hast du gerade Abi gemacht. Wie hast du Schauspielerei und Schule unter einen Hut bekommen?

MORITZ A. SACHS: Du gehst zweimal in der Woche nachmittags hierhin, früher, als ich kleiner war, war es noch weniger: 50 Tage im Jahr, also im Durchschnitt einmal in der Woche. Als kleines Kind darf man höchstens zwei Stunden täglich im Studio sein, eine halbe Stunde am Stück.

Hast du erwartet, dass du so lange dabei sein wirst?

MORITZ A. SACHS: Ich hab nicht darüber nachgedacht. Es hieß: 50 Folgen, also ein Jahr. Ich war sieben Jahre alt – ich hab wirklich nicht darüber nachgedacht, wie lange das dauern könnte.

Wie sieht deine Zukunft aus?

MORITZ A. SACHS: Ich mach jetzt erst mal Zivildienst, dann will ich studieren. Ich will noch weiter bei der „Lindenstraße" arbeiten, aber suche noch ein anderes Standbein.

Gibt es Parallelen zwischen Klausi, deiner Rolle in der Serie, und deinem Leben?

MORITZ A. SACHS: Gleiches Alter, gleiches Land, gleiche Schule, Ärger mit Freunden. Aber ich war weder Nazi noch ist mein Bruder oder meine Freundin gestorben, ich hab auch niemanden blind geschossen, was Klausi alles gemacht hat. Ich hab auch nicht geklaut, keine Autos zerkratzt und so was. Da war Klausi etwas extremer – und besser in der Schule, er hat gerade Abi mit 1,7 gemacht.

Ihr seid ja nun sehr bekannt. Wie oft werdet ihr als „Lindenstraße"-Schauspieler in der Innenstadt angesprochen?

MORITZ A. SACHS: Wenn ich zügig gehe, seltener. Wenn man in den Geschäften wartet, sprechen einen schon so zehn bis zwanzig Leute an.

Wirst du als Klausi angesprochen?

MORITZ A. SACHS: Man kann sagen: 40 % sagen „Benny" zu mir, das ist mein großer Bruder in der Serie. 20 % sagen „Klausi", 30 % sagen: „Bist du nicht die ‚Lindenstraße'?" Dann gibt's etwa 10 % – offensichtlich die etwas intelligenteren Menschen –, die sagen: „Spielst du nicht da mit?" 5 % kennen sogar meinen richtigen Namen. Jugendliche sind besonders schlimm, der Kontakt ist relativ heikel, wenn sie mich auf der Straße erkennen. Sie meinen dann, sie müssten besonders cool sein. Dann schreit auf der Straße jemand „Klausi!" und dann verstecken sich alle und kichern. Einige sind auch sehr penetrant, die gehen dann überhaupt nicht mehr weg und folgen dir selbst aufs Klo.

CLELIA SARDO: In den letzten Monaten ist's bei mir richtig intensiv geworden. Ich merke, dass die Leute mich anschauen, dass sie mich erkennen. Eine andere Sache ist aber, dass sich dein Freundeskreis verringert. Alle sind jetzt ganz furchtbar aufmerksam auf dich – wie Wölfe etwa. Wie verhält die sich jetzt? Ist sie arrogant geworden? Du stehst ständig unter Zugzwang, du denkst immer, du müsstest genauso sein, wie du immer bist. Aber das ist ja Blödsinn! Jeder von uns entwickelt sich weiter, egal, was passiert. Du merkst halt, dass du nicht mehr so viel Quatsch machen kannst, wie du früher gemacht hast …

MORITZ A. SACHS: … ich konnte das noch nie!

CLELIA SARDO: Sich danebenbenehmen geht einfach nicht.

MORITZ A. SACHS: Du fühlst dich den ganzen Tag beobachtet. Dich gucken die Leute an und du weißt, dass dich Leute angucken. Dann kommen auch Leute nach drei oder vier Jahren an … ich kenn halb Köln, aber keinen mit Namen … Ich muss sehr genau unterscheiden: Kenn ich den jetzt wirklich oder nur so halb?

CLELIA SARDO: Auf einmal kommen Menschen auf dich zu, die dich früher vielleicht mit dem Hintern nicht angeguckt haben. Die sagen dann: „Ey, Mann, ich hab immer an dich geglaubt!“ – besonders meine Lehrer.

Hat sich euer Verhältnis zum Fernsehen geändert, weil ihr hier mitmacht?

CLELIA SARDO: Was auf jeden Fall passiert, ist, dass du die Naivität verlierst beim Fernsehen. Du siehst sofort, wo die Kamera steht, wie das Licht gesetzt ist, wenn ein Schauspieler einen Patzer macht. Damit steigert sich aber auch mein Anspruch, wenn ich Filme sehe. Erst wenn ich aufhöre zu denken, dass ich einen Film oder eine Serie schaue, dann wird es meines Erachtens gut, weil du dich in die Geschichte einfühlst …

MORITZ A. SACHS: … und plötzlich kommt ein Schnittfehler!

Haltet ihr die „Lindenstraße“ für realistisch?

MORITZ A. SACHS: Ich halte es im Endeffekt eher für eine Realsatire, für eine Karikatur. Es ist ja viel zu viel auf eine Straße, auf eine Person projiziert, oft auch überzogen. Aber das

Clelia Sardo und Moritz A. Sachs in Folge 652 der „Lindenstraße“

ist halt auch wichtig, um alles genau darzustellen.

CLELIA SARDO: Was ich angenehm finde, ist, dass nicht andauernd die vollkommen durchgestylten Darsteller auftreten, die immer gut aussehen, pickelfreie Zone quasi. Es sind halt echte Gesichter, echte Menschen einfach, die da spielen. Ich denke, dass wir auch viele Storylines haben, die der Realität sehr nahekommen. Jedem kann so etwas passieren. Bei uns wird ja auch alles zeitgleich erzählt. Die Valerie z. B. sollte oder wollte ein Kind bekommen. In anderen Serien erzählt man das in einer oder zwei Folgen, hier erzählen wir den Handlungsstrang über Wochen, wie es halt im richtigen Leben auch wäre …

MORITZ A. SACHS: Man muss allerdings aufpassen. Man darf die Storys, gerade die etwas traurigeren Geschichten, nicht allzu breittreten, das langweilt dann die Zuschauer.

Wie ernst nehmen die Zuschauer die Serie?
CLELIA SARDO: Bei manchen merkt man einen ganz klaren Realitätsverlust. Da kommen Menschen an und drücken mir Drops in die Hand für meinen Hund, den ich in Wirklichkeit gar nicht habe. Viele bemerken die Unterschiede einfach nicht mehr. Der Schauspieler von Hans Beimer z. B. hatte sich in seiner Rolle von seiner Ehefrau Helga getrennt und bekommt dann in aller Öffentlichkeit von einer Zuschauerin eine geklebt, weil er seine Frau verlassen hat. Auch für den Schauspieler muss die Realität, und zwar die wahre Realität, dann wieder anfangen, sobald die Klappe gefallen ist, sobald die Szene beendet ist. Du musst dich in der Rolle auf etwas einlassen. In dem Moment, in dem du die Szene spielst, musst du sie ernst nehmen, für bare Münze. Danach muss das dann aufhören. Man muss beim Film unheimlich schnell umschalten können. Wir müssen ja den Menschen das verkaufen, was sie als Realität empfinden, es ist ja nicht deine eigene Realität.

Wie sieht eure Zukunft aus?
CLELIA SARDO: Ich hab schon noch Lust, andere Sachen auszuprobieren. Eine Rolle ist ja wie eine zweite Haut, in die du reinschlüpfst. Da musst du auch irgendwann wieder raus.

MORITZ A. SACHS: Für mich ist das anders. Ich bin hier von Anfang an dabei, ich bin hier reingewachsen und meine Rolle hat sich stetig verändert: vom Nazi zum Öko. Einen Charakter von klein auf möglicherweise bis ins hohe Alter zu spielen hat natürlich auch seinen Reiz.

Wie stellt ihr euch euren Ausstieg aus der Serie vor?
MORITZ A. SACHS: Ich möchte, dass die „Lindenstraße“ in die Luft gesprengt wird, und zwar in dreißig Jahren, wenn ich in Pension gehe. Dann möchte ich derjenige sein, der die „Lindenstraße“ in die Luft jagt, sodass dann derjenige, der die ersten Sätze in der Serie gesagt hat, am Ende alles zerstört.

CLELIA SARDO: Und dann geht's im Himmel weiter, in einer schlechten Wolkenkulisse, da sitzen dann die Alten von früher …

(Das Interview führten Dana Gormanns, Alice Müller und Fritz Esser, Schüler/-innen des Apostelgymnasiums Köln.)

11 a) Vergleicht die Äußerungen der Darstellerin und des Darstellers zu ihrem „Doppelleben“.
b) Das Interview wurde mündlich geführt. Beschreibt die Wirkung der Jargon-Ausdrücke und umgangssprachlichen Wendungen.

12 Würdet ihr in einer TV-Serie mitspielen? Begründet eure Meinung.

12.2 Filmanalyse: Wie Serien gemacht sind

Kulisse der „Lindenstraße“ auf dem WDR-Gelände in Köln-Bocklemünd

Aufbau einer Serienfolge

Hans W. Geißendörfer

Wie Kunstfiguren zum Leben erwachen – Zur Dramaturgie der „Lindenstraße“

Der Aufbau einer Folge zeigt jeweils drei Erzählstränge. Im Strang A läuft die Hauptgeschichte. Sie darf etwa 10 bis 12 Minuten der Folge in Anspruch nehmen. Im Strang B wird eine zweite Geschichte entwickelt, deren dramatischer Höhepunkt in einer der nächsten Folgen erzählt wird oder deren dramatischer Höhepunkt bereits in einer Folge davor erzählt lag. B-Stränge verlaufen also im Unterschied zum A-Strang vergleichsweise ruhig, ebenmäßig und ohne beherrschenden Höhepunkt. Sie erzählen eine Geschichte weiter, vermeiden aber, den

A-Strang an Spannung oder Dramatik zu überbieten. Ein Beispiel: Wenn im A-Strang erzählt wird, dass jemand stirbt, wird im B-Strang z. B. über die Vorbereitung auf eine Urlaubsreise mit all ihren kleinen Lästigkeiten und Freuden berichtet. Es wäre falsch, im B-Strang einen Einbruch oder eine dramatische Liebessituation anzusiedeln. Der C-Strang ist der kürzeste und bereitet entweder eine größere Geschichte vor oder erzählt die Fortsetzung einer Geschichte und kann auch als Netz zwischen dem A- und dem B-Strang benutzt werden. Die Bälle von A und B fliegen entweder über ihn hinweg oder bleiben in seinen Maschen hängen. Das heißt, im C-Strang hat auch alles Platz, was eher kommentierend zu A und B benötigt wird – als Ergänzung oder als Spielfeld für Komödiantisches oder für Humor. […]
Das vierte Glied im Aufbau einer Folge ist der Cliff Hanger. Er steht immer am Ende einer Folge und hat keine andere Aufgabe, als den Zuschauer neugierig auf die Fortsetzungen zu machen. Der Cliff Hanger muss aus der Handlung des A- oder B- oder C-Stranges entwickelt werden. Er muss von Figuren „getragen" werden, die im Verlauf der Folge wichtig waren. Der Cliff Hanger muss Spannung vermitteln oder zumindest neugierig machen. Er muss mit Effekten arbeiten, die Erinnerungskraft haben und den Zuschauer neugierig, nervös oder sogar ärgerlich stimmen, weil er nicht sofort erfährt, was nun Sache ist. Spannung zu erzeugen ist ein legitimes Mittel der Unterhaltung. […]
Am besten vergleicht man dieses „In- oder Miteinander-verwoben-Sein" der drei Stränge mit einem Zopf, der aus drei Haarsträngen oder aus drei unabhängig voneinander bereitliegenden Seilen geflochten wird. Am Ende des Zopfes wird eine Schleife gebunden, die alles zusammenhält. Diese Schleife ist der Cliff.

1 a) Erläutert Geißendörfers Konzeption anhand einer Folge der „Lindenstraße", die ihr kürzlich gesehen habt.
b) Welche Bedeutung hat nach Auffassung Geißendörfers der Cliff Hanger?

2 Untersucht andere Serien daraufhin, ob sie ähnlich aufgebaut sind wie die „Lindenstraße".

Dramaturgischer Aufbau eines Spielfilms

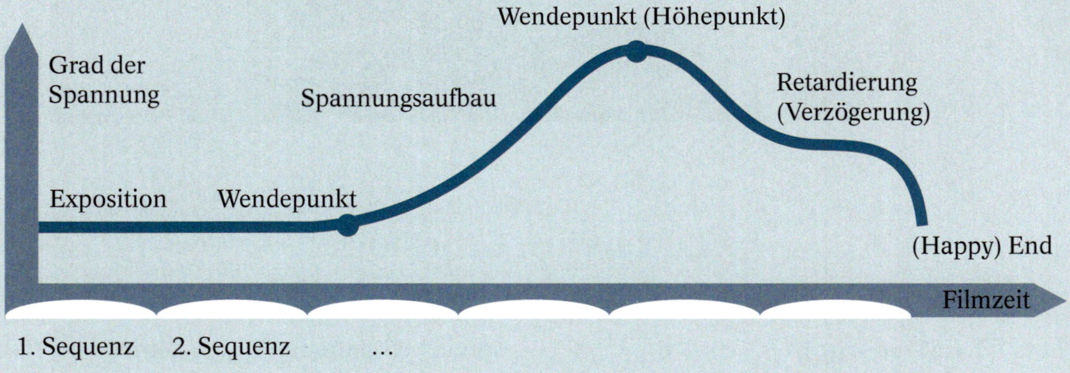

3 Der Aufbau einer Serienfolge unterscheidet sich von dem eines Spielfilms.
Stellt das Konstruktionsprinzip der „Lindenstraße" in einer **Grafik** dar.

4 Schreibt einen **Artikel für ein Jugendlexikon,** in dem die grundlegenden Unterschiede zwischen TV-Serien und Spielfilmen dargelegt werden. Geht dabei besonders auf die Begriffe Sequenz, Handlungsstrang, Cliff Hanger ein.

Dialogische Gestaltung von Konflikten

Drehbuchauszug aus der 342. Folge der „Lindenstraße“

5) Reisebüro **Innen/Tag**

Ohne Schuhe steht Helga an ihrem Schreibtisch am Telefon. Im Hintergrund sehen wir die fast fertige Dekoration des Schaufensters: Über der Skyline von New York, die aus kleinen Plastikmodellen nachgebildet ist – inklusive Wasser aus Plastikfolie und Freiheitsstatue –, schwebt ein Flugzeug an einem Nylonfaden.

HELGA
Es tut mir leid, Herr Schiller ist im Moment außer Haus … in einer halben Stunde etwa …

Gleichzeitig betritt Klausi das Reisebüro. Helga winkt ihm abwesend zu.

HELGA (verbindlich)
Kann ich etwas bestellen? – Moment …

Sie angelt nach einem Block und einem Stift, während Klausi zum Schreibtisch kommt. Demonstrativ nimmt er Helgas Handtasche von ihrem

Stuhl und legt sie vor Helga hin. Dabei reibt er Daumen und Zeigefinger aneinander. Helga winkt gestört ab.

HELGA (schreibend)
Ich werde es ausrichten, Frau Fuchs. Selbstverständlich, Sie können sich darauf verlassen. Auf Wiedersehen.

Während sie noch den Hörer auflegt

KLAUSI
Kann ich 'n Vorschuss auf mein Taschengeld kriegen?

HELGA (betont)
Guten Morgen erst mal! Wenn auch etwas spät!

KLAUSI
Kann ich was dafür, dass du am Feiertag um neun abdüst? Ich wollt' ausschlafen!

HELGA (sachlich)
Trotzdem fände ich es ab und zu ganz nett, wenn ich von dir noch was anderes hören könnte als ewige Forderungen. Und was deine Frage betrifft: Du HAST bereits dein Taschengeld für JULI verbraten.

KLAUSI (betroffen)
Echt?

HELGA (knapp)
Echt.

KLAUSI
Kann ich dann 'n kleinen Nachschlag haben? Ausnahmsweise?

Helga schlüpft am Schreibtisch in ihre Schuhe, nimmt ihr Portmonee aus der Handtasche.

HELGA
Ausnahmsweise NICHT! Du MUSST lernen, dir dein Geld einzuteilen, Klausi!

KLAUSI
Eben – ich muss es LERNEN! Und WIE, wenn ich ständig pleite bin?

Er guckt erwartungsvoll auf den Geldbeutel in Helgas Hand.

HELGA
Mit dieser Logik legst du mich nicht mehr aufs Kreuz, mein Lieber.

KLAUSI (maulend)
Olli kriegt mindestens das Doppelte jeden Monat! Und der war sogar schon mal in New York! Mit seinem Vater!

Helga geht zur Tür.

HELGA
Ollis Vater samt seinen übertriebenen finanziellen Eskapaden geht mich nichts an. Aber du kannst gerne ein Stück Kuchen haben.

KLAUSI (irritiert)
Kuchen?

HELGA
Ich geh rasch rüber ins Café Bayer. Kannst du fünf Minuten die Stellung halten?

KLAUSI
Na gut. Aber ich will 'n Eis!

Auf Helgas Blick hin

KLAUSI (lahm)
Wenn's geht ...

Während Helga aus der Tür geht, lehnt sich Klausi an den Schreibtisch. Nachlässig zieht er eine Schublade auf, mustert den Inhalt. Dann öffnet er die nächste ...

1 Diskutiert, ob der Konflikt zwischen Klausi und seiner Mutter realistisch ist.

2 Untersucht die **Sprache** der Figuren genauer. Ersetzt die Formulierungen, die nach eurem Sprachgefühl veraltet sind, durch solche, die euch passender erscheinen.

3 Der Drehbuchtext zeichnet sich durch seine spezielle äußere Gestaltung aus. Beschreibt die Besonderheiten und erklärt ihre möglichen Funktionen.

4 Ob ein Dialog spannend ist (oder nicht), hängt entscheidend davon ab, ob er für die Zuschauer voraussehbar oder überraschend ist.
a) Schreibt den Dialog ab Z. 21 oder 38 oder 58 neu.
b) Vergleicht eure Fassungen unter dem Aspekt der Spannung.
c) Spielt die Szenen der Klasse vor.

Die filmische Umsetzung analysieren

Wie ein Drehbuch schließlich realisiert wird, entscheiden Regisseure und Kameraleute – meist erst am Drehort **(Set).** Oft werden während der Aufnahmen noch Änderungen am Drehbuch vorgenommen. Ein Novum in der deutschen Fernsehgeschichte ist, dass die „Lindenstraße" erstmals mit drei Kameras gleichzeitig aufgenommen wird, sodass die eigentliche Bilderfolge bereits im Studio beim Schnitt **(Cut)** festgelegt werden kann, als wäre die Serie eine Liveübertragung. Parallel zum Drehbuchtext findet ihr Bilder einer Szene. Meist folgt die Kamera den Figuren **(Kamerafahrt),** an zwei Stellen wird im Film umgeschnitten, sodass sich eine neue **Kameraeinstellung** ergibt.

9) Wohnung Beimer **Innen/Tag**

Mit einem Stapel ~~Schallplatten~~ *CDs* unter dem Arm betritt Klausi die Wohnung.

HELGA (Küchen-OFF)
Klausi? Komm doch bitte mal!

Klausi geht in die Küche, wo Helga mit Brille am Tisch sitzt und ein T-Shirt von Benny repariert.

KLAUSI (unwillig)
Was 'n los! Ich wollt' mir gerade ~~Platten~~ *CDs* überspielen!

HELGA (aufmerksam)
Gehören die nicht Benny? Hat er sie dir geliehen?

KLAUSI (pampig)
Merkt er doch gar nicht! Ich mach schon nix kaputt.

Helga lässt das T-Shirt sinken und nimmt die Brille ab.

HELGA (sich sichtlich überwindend)
Klausi, als du heute allein im Reisebüro warst … bist du da an Herrn Schillers Schreibtisch gegangen?

Klausi schweigt bockig.

HELGA (eindringlich)
Ich hab dich was gefragt! In unserer Kasse fehlen nämlich ~~hundert Mark~~ *fünfzig Euro*, und da du der Einzige warst, der …

KLAUSI (dazwischen)
Wenn DU mir nix gibst! Ich muss Schulden bezahlen!

①

②

③

Helga braucht einen Moment, bis sie die Sprache wieder findet.

HELGA (fassungslos)
Du hast das Geld tatsächlich … GESTOHLEN?!?
Sag mal …

(noch HELGA, sehr laut und erregt)
… bist du eigentlich noch ganz bei SI~~NNEN~~ [TROST]?!?

Sie fegt das T-Shirt vom Schoß und springt auf.

HELGA
So ein Vorfall kann mich meinen Job kosten!
Du gibst mir das Geld jetzt SOFORT wieder!

Sie streckt fordernd die Hand aus.

KLAUSI (laut)
Ich hab doch gesagt, ich brauch die Kohle!
Und für so 'n Touri-Konzern ist 'n läppischer Hunderter doch GAR NIX!

HELGA (in höchstem Zorn)
Treib mich nicht bis zum Äußersten, Klausi!
Gib es her!

Klausi knallt den Schall~~platten~~ [CD]stapel heftig auf den Tisch. Einige der ~~Platten~~ [CDs] rutschen zu Boden.

KLAUSI (außer sich)
Lass mich in Ruhe! Ewig meckerst du an mir rum!

Er rennt aus der Küche.

HELGA
KLAUSI!!!

Draußen schlägt die Wohnungstür zu. Fassungslos bleibt Helga zurück.

④

⑤

⑥

⑦

1 Beschreibt, wie der Drehbuchtext in Bilder umgesetzt ist.

2 a) Welche Wirkung wird durch die unterschiedlichen Kamerapositionen und Bildausschnitte erzielt?
b) Welche Wirkung haben die beiden Filmschnitte?

3 Inwiefern ist die Kameraposition bei Bild ⑦ für die Aufrechterhaltung der Spannung entscheidend?

Eine Serienfolge fortsetzen

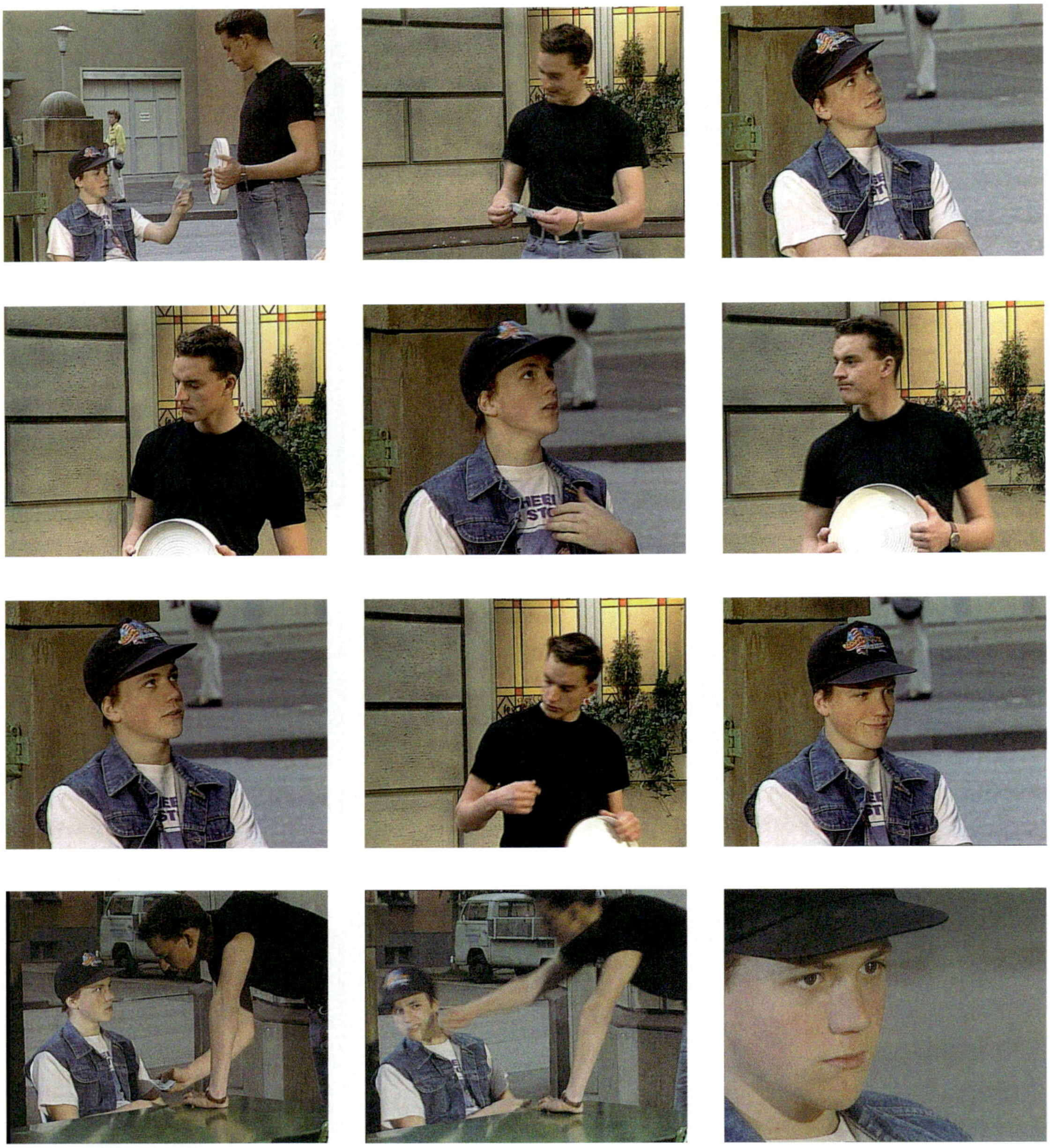

1 Klausi sucht seinen Bruder Benni auf, der in einem Eiscafé als Kellner arbeitet. Schreibt einen zu den Bildern passenden Drehbuchtext, der diese Serienfolge mit dem **Cliff Hanger** beenden soll (s. S. 265/266). Beachtet dabei die äußere Form des Drehbuchs (s. S. 267–269).

2 Wie könnte sich der Konflikt in der nächsten Folge der Serie weiterentwickeln?
a) Schreibt eine Szene zwischen Mutter und Sohn, die in der nächsten Woche spielt.
b) Tauscht eure Ergebnisse in Kleingruppen aus und entscheidet euch für die überzeugendste Version.
c) Spielt die Szenen der Klasse vor.

12.3 Wir entwickeln selber eine TV-Serie

Ort der Handlung

Wer eine Serie konzipiert, muss sich zunächst die Frage stellen: Wo treffen möglichst viele Menschen zusammen, ohne dass dies zufällig und belanglos wäre?

1 Wo könnte eure Serie spielen?

a) Überlegt euch verschiedene **Settings** (Schauplätze) und diskutiert die Vor- und Nachteile dieser Grundsituationen.

b) Stellt euch vor, ihr seid Produzent und euch liegt ein **Exposé** (Entwurf) zu einer Serie mit einem der folgenden Schauplätze vor: *Bushaltestelle, Schreibwarenladen, Parkbank, einsames Haus im Wald, Kindergarten ...*
Wie würdet ihr entscheiden?

> *Tipp* Es ist am einfachsten, über das zu schreiben, was man gut kennt.
> Will man über etwas schreiben, was man nicht so gut kennt, ist meist eine aufwändige **Recherche** erforderlich.

2 Charakterisiert die drei abgebildeten Schulen.

3 Entwickelt – ausgehend von den Fotos – das Profil der Schule, die der Haupthandlungsort eurer Serie werden soll.
Dabei solltet ihr auch möglichst viele Details festlegen: Umfeld der Schule, Größe des Gebäudes, Anzahl der Schüler, Tradition, Besonderheiten (z. B. im Sport- und AG-Bereich) usw.

> *Tipp* Die Serien-Schule sollte etwas anders sein als eure, aber nicht völlig entgegengesetzt.

4 Um eure Schule als Handlungsort interessant zu gestalten, solltet ihr euch einige wenige Merkmale überlegen, die eure Schule von anderen Schulen unterscheidet.

5 Schließlich fehlt euch noch ein passender Name für die Schule. Namen sind Programm!

Figuren entwickeln

Jeder Film und jede Serie lebt von den Figuren, die auftreten und Konflikte austragen. Deswegen solltet ihr besondere Sorgfalt auf die Gestaltung der Charaktere verwenden. Sie müssen glaubwürdig (wahrscheinlich) wirken, dürfen allerdings nicht belanglos sein.

1 Überlegt euch zunächst, welche Rollenträger in eurer Serie regelmäßig auftreten könnten: *Lehrer/innen, Schüler/innen, Sekretär/in ...*
Möglicherweise findet ihr ja auch Rollen, die man nicht unmittelbar mit einer Schule in Verbindung bringt, z. B. *Anwohner.*

Tipp Wenn ihr keine Parodie, sondern eine ernst zu nehmende Serie konzipieren wollt, gilt es, Klischees zu vermeiden.

2 a) Entscheidet euch für fünf oder sechs Rollen, die ihr konkreter ausgestalten wollt.
b) Bildet Gruppen. Jede Gruppe wählt eine Rolle, die sie differenziert zu einer Figur ausarbeitet.
c) Neben dem äußeren Erscheinungsbild der Figur ist ihr Innenleben entscheidend. Entwickelt Leitfragen, mit deren Hilfe ihr den Charakter eurer Figur festlegen könnt, und notiert die Antworten darauf in Stichwörtern.

Leitfragen zur Figurengestaltung

- *Was will die Figur in ihrem Leben erreichen?*
- *Was ist der Figur besonders unangenehm? Wovor hat sie Angst?*
- *Wie ist die Beziehung zu anderen Figuren?*
- *Wie verhält sich die Figur in Konfliktsituationen?*
- *Wie ist die „Backstory" (Vorgeschichte: Kindheit, Lebenslauf) der Figur?*
- *Wie spricht die Figur (Hochdeutsch, Dialekt u. Ä.)?*
- ...

Tipp Die Namen der Figuren solltet ihr nicht zu früh festlegen.

3 a) Abschließend werden die Figuren als **Steckbrief** in der Klasse ausgehängt, sodass sich alle immer wieder mit den Figuren beschäftigen können.
b) Überprüft die Ergebnisse der Gruppen daraufhin, ob die Figuren zu klischeehaft oder unglaubwürdig sind.

Konflikte entwerfen

Spannung entsteht für die Zuschauer einer Serie dann, wenn Menschen ihre Interessen verfolgen und auf Widerstände stoßen. Hieraus entstehen **Konflikte.** In der Regel gehen die Widerstände von anderen Menschen aus, die andere Interessen verfolgen. Manchmal widerstreiten auch verschiedene Interessen innerhalb einer Figur. Interessen können beruflicher oder persönlicher, kurzfristiger oder langfristiger, bewusster oder unbewusster Natur sein. Auf jeden Fall müssen sie zum Charakter der Figuren passen.

1 Jeder Konflikt löst heftige Gefühle aus. Sammelt auf einem Plakat Gefühle, die das Verhältnis zwischen Menschen bestimmen können: *Liebe, Hass …*

2 Stellt auf einem zweiten Plakat Situationen zusammen, in denen sich diese Gefühle zeigen könnten, z. B.

– Jemand wird gelobt – ein anderer ist neidisch.
– …

3 In euren Steckbriefen (Aufgabe 3, S. 274) sind bereits die Interessen der einzelnen Figuren angelegt. Präzisiert diese Interessen nun. Dabei solltet ihr möglichst konkret werden.
Zum Beispiel nicht: Der Klassenlehrer der 10 c will von den Schülern anerkannt werden.
Sondern: Der Klassenlehrer der 10 c will, dass ihn auch eine Schülerin anerkennt, deren Eltern selbst Lehrer sind.

Die Storyline (das Handlungsgerüst)

Aus Konflikten lassen sich **Plots** (Handlungskerne) entwickeln, die dann für einen Handlungsstrang in mehreren Folgen tragend sein können. Manche Konflikte können eine Figurenkonstellation über die ganze Serie hinweg auch grundlegend bestimmen.

1 Auf Grund der Steckbriefe lässt sich bereits erkennen, welche Figuren miteinander in andauernden Konflikt geraten können.

a) Bildet Figurenpaare, die sich dazu besonders eignen.
b) Beschreibt stichwortartig konkrete Situationen, in denen die beiden Figuren in Konflikt miteinander geraten können.
c) Überprüft eure Ideen mit Hilfe der folgenden Fragen:
   - Sind die Konflikte wahrscheinlich/glaubwürdig?
   - Passen die Konflikte zu den Figurenprofilen?
   - Lassen sich die Konflikte filmisch (ohne großen Aufwand) realisieren?

Tipp Vermeidet Boulevard-Zeitungsthemen wie Kindesmissbrauch, brutale Gewalt, Prostitution, harte Drogen (Klischee-Gefahr!)

2 Aus euren Figuren hat sich eine **Figurenkonstellation** entwickelt.
a) Entwerft ein Plakat, auf dem die Beziehungen der einzelnen Figuren und Gruppen zueinander dargestellt sind.
b) Nun könnt ihr weitere Figuren hinzufügen, die ebenfalls auftreten sollen, die aber keine Handlungsträger sind.

3 Sucht euch vier oder fünf Grundkonflikte aus, von denen ihr glaubt, dass sie sich für einen länger angelegten Handlungsstrang eignen.
a) Gestaltet stichwortartig die Konflikte der Figurenpaare aus.
b) Jeder Konflikt muss eine eigene Handlungseinheit sein, also einen **Spannungsbogen** aufweisen und **Wendepunkte** haben. Ihr könnt dies auch als Skizze gestalten, z. B. so:

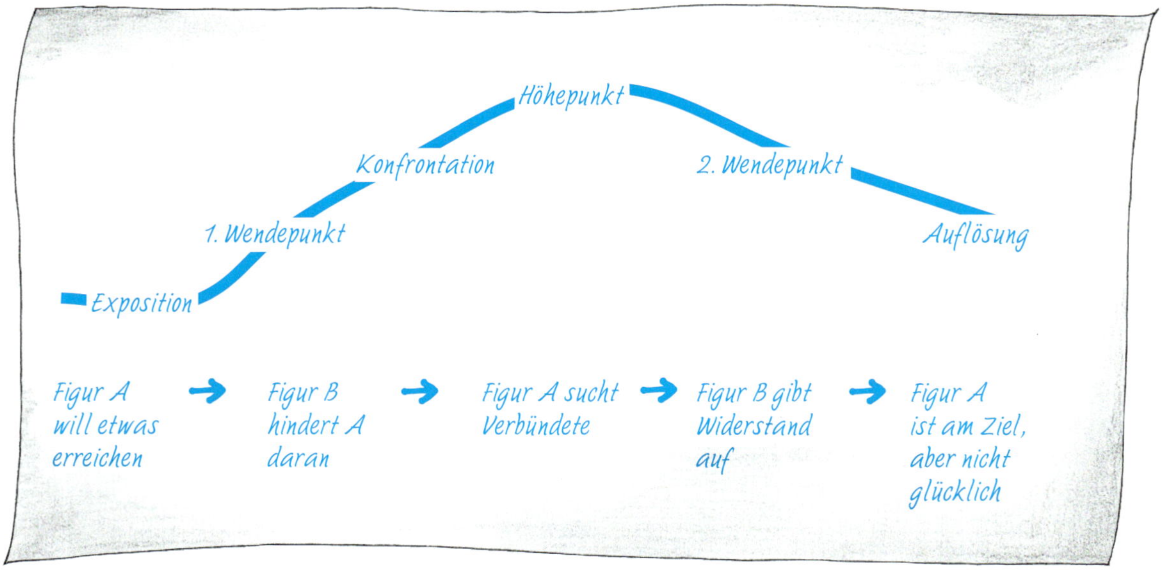

c) Vergleicht eure Ergebnisse und entscheidet euch für die überzeugendsten. Achtet dabei darauf, dass sich die Themen nicht überlagern.

4 Es besteht auch die Möglichkeit, sich zu überlegen, wie die einzelnen Figuren in bestimmten Situationen reagieren. Auch hieraus lassen sich Plots entwickeln.
a) Überlegt euch Situationen, die vom normalen Schulalltag abweichen, die aber trotzdem wahrscheinlich sind. Wie reagieren eure Figuren z. B. in den folgenden Situationen:

Probealarm – eine neue Lehrkraft kommt – Diebstahl in der Schule – die Polizei kommt – die Schuluhr ist kaputt – Klassenkonferenz ...

b) Diskutiert die verschiedenen Vorschläge und überlegt, welche Figurenkombinationen sich für einen Plot eignen könnten.

5 Wenn ihr euch auf drei oder vier tragende Handlungsstränge geeinigt habt, könnt ihr die **Storyline** verfassen. Dabei werden, wie bei einer Inhaltsangabe, die Grundzüge der Handlung, die Veränderungen der Figuren und ihre Beziehungen kurz dargestellt.

Den Pilotfilm konzipieren

Zuschauer, die regelmäßig eine bestimmte Serie sehen, sind mit den Figuren vertraut. Taucht eine neue Figur auf, muss diese Figur erst eingeführt werden. Dazu gibt es nur drei Möglichkeiten:

- Die Figur stellt sich jemandem vor.
- Die Figur wird von einer anderen Figur jemandem vorgestellt.
- Andere Figuren reden über die Figur, die man noch nicht kennt.

Wenn eine völlig neue Serie produziert wird, müssen alle Figuren vorgestellt werden. Dies geschieht im so genannten **Pilotfilm,** der außerdem in die Örtlichkeiten und ins Geschehen einführt.

1 Sammelt mögliche Situationen, die den Kern eurer Pilotfolge bilden könnten, z. B.:

– *Am ersten Schultag nach den Ferien kommt eine neue Schülerin in die Klasse.*

– ...

2 Entscheidet euch für eine der Situationen und konzipiert eine Pilotfolge. Dazu könnt ihr folgendermaßen vorgehen:

a) Legt drei Handlungsstränge gemeinsam grob fest.
b) Legt Einstiegsszene und Cliff Hanger fest.
c) Teilt Handlungsstränge in Gruppen oder zu zweit auf.
d) Verfasst eine kurze Storyline (ca. 20 Sätze je Handlungsstrang).

Dialoge schreiben

Ausgehend von der Storyline der Pilotfolge könnt ihr nun die Dialoge verfassen.

1 a) Gliedert euren Handlungsstrang in einzelne Szenen.
b) Haltet die Handlung der Szenen stichwortartig auf Karteikarten fest.
c) Überlegt euch, welche Teile des Handlungsstrangs tatsächlich ins Drehbuch aufgenommen werden müssen und welche für eine geschlossene Handlung verzichtbar sind.

2 Schreibt die Dialoge einzelner Szenen zunächst zu zweit. Beachtet dabei, dass

- Charaktere und Sprache der Figuren stimmig sind;
- die Figuren vorgestellt werden müssen, wenn sie erstmals erscheinen;
- sich die Figuren manchmal mit Namen ansprechen müssen, damit die Zuschauer sich orientieren können.

3 a) Überarbeitet eure Texte in einer **Schreibkonferenz.** Nutzt dazu die Hinweise auf S. 152/153.
b) Stellt die Ergebnisse der Klasse vor, indem ihr die Dialoge mit verteilten Rollen lest. Die Anregungen der Kommentare könnt ihr dabei übernehmen.

4 Probiert verschiedene Varianten von Szenenfolgen aus und überlegt, welche Abfolge euch schlüssiger und spannender erscheint. Vermeidet dabei einen allzu regelmäßigen Wechsel zwischen den Handlungssträngen.

5 Die überarbeiteten Szenen werden nun aneinandergereiht und durchnummeriert. Das Drehbuch ist fertig.

„Achtung, Aufnahme“

Wenn ihr euer Drehbuch in einen Film umsetzen wollt, könnt ihr folgendermaßen vorgehen:

1 Probiert aus, wer für welche Rolle am besten geeignet ist.

2 Überlegt, wie die Figur gekleidet und geschminkt ist.

3 Verteilt die folgenden Aufgaben, damit ein reibungsloser Drehablauf funktioniert:
- Maske
- Licht
- Ton (wenn die Kamera ein externes Mikro hat)
- Requisite
- Regie und Assistenz
- Produktions-/Aufnahmeleitung

Aufnahmesituation

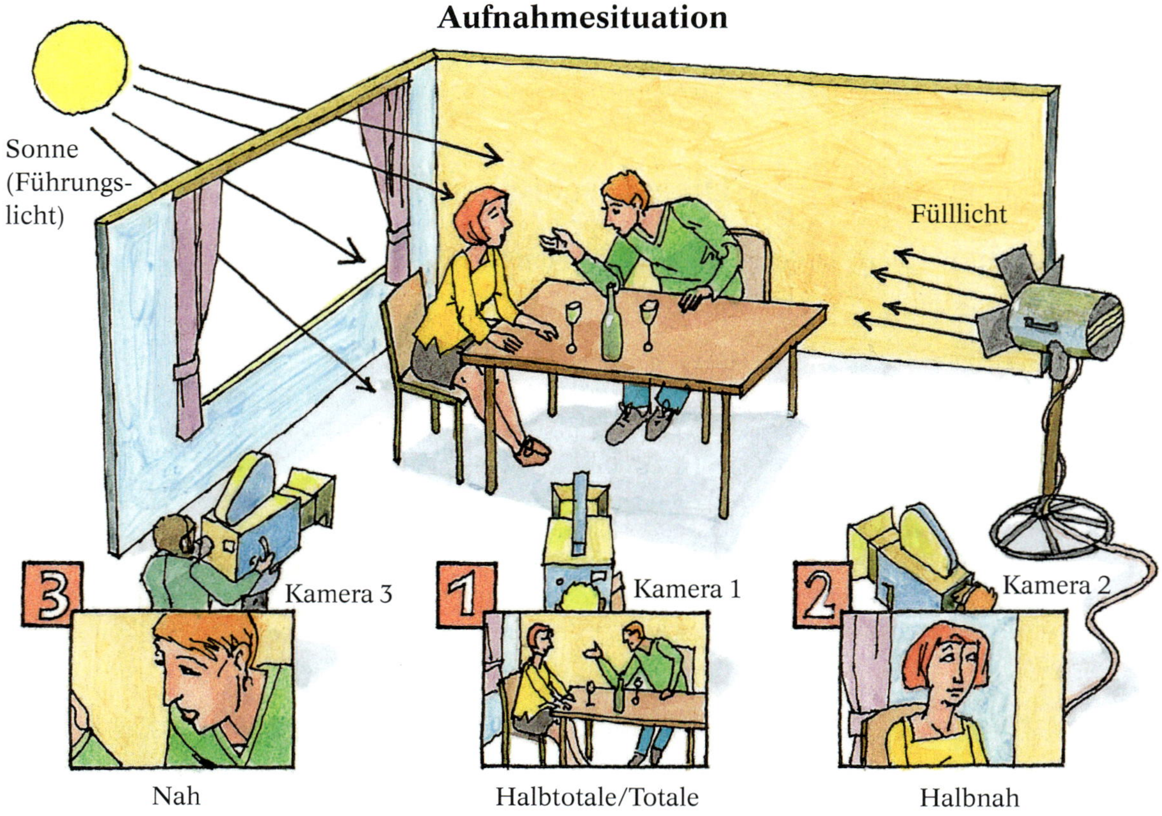

4 Normalerweise werden beim Film (wie auch bei Serien) zwei **Lichtquellen** benötigt, das Führungslicht und das Fülllicht. Bei Außenaufnahmen ist zu bedenken, dass die Sonne eine enorm starke Lichtquelle (Führungslicht) ist, sodass man oft ein starkes Fülllicht dagegensetzen muss.

5 Am besten nimmt man wie die Profis eine Szene gleichzeitig mit **drei Kameras** gleichen Typs (z. B. VHS) auf: Eine Kamera fängt die gesamte Szene in der **Totalen** oder **Halbtotalen** ein, die anderen beiden konzentrieren sich **(halbnah oder nah)** auf je eine der agierenden Figuren. Zusätzlich kann man noch **Details** aufnehmen (etwa ein Bild, das an der Wand hängt, die Hände einer Figur, die nervös ist, usw.). Diese Details können dann im Schnitt verwendet werden, um Anschlussfehler zu vermeiden.

Tipp Die Aufnahmebänder nummerieren!

„Und Schnitt!“

1 Heutige Serien und auch viele Spielfilme, die für das Fernsehen produziert werden, dreht man nicht mehr wie früher auf belichtetem Filmmaterial, sondern mit Videotechnik. Dabei dienen Magnetbänder (Kassetten) als Trägerschicht für elektronische Bild- und Tonimpulse. Diese Bänder werden nach dem Drehen nicht mehr „geschnitten“ und aneinandergeklebt, wie das beim traditionellen Film geschieht, sondern sie werden kopiert. Man benötigt zwei Videorekorder (am besten mit Schnittsteuerung) – der eine dient zum Aufnehmen, der andere zum Abspielen des gedrehten Materials. Die erste Einstellung der ersten Szene wird auf ein leeres Videoband **(Masterband)** kopiert, bis zu der Stelle, an der geschnitten werden soll. Nun spult man das Masterband genau an die Stelle, an der die nächste Einstellung angeschnitten werden soll (Aufnahme-Pause).
Jetzt wird die zweite Einstellung der ersten Szene zugespielt und auf das Masterband aufgenommen usw. Der Schnitt von Videofilmen ist also genau genommen das Kopieren des Materials.

2 Es kann sinnvoll sein, sich, nachdem man das Aufnahmematerial gesichtet hat, eine **Schnittliste** anzulegen, damit man nicht den Überblick verliert. Grundlage der Schnittliste kann das Drehbuch sein: Hier markiert man deutlich die Schnittstelle und notiert sich die Kamera/Bandnummer sowie die Laufzeit in Sekunden. So lässt sich schon vor dem Schnitt ausrechnen, wie lange der Film läuft.

1 Sprechen und Schreiben

1.1 Diskutieren, Argumentieren/Erörtern, Appellieren

▶ S. 29–34

In **Diskussionen,** in denen **gegensätzliche Interessen** vertreten werden, bemühen sich beide Seiten darum, den Gang des Gesprächs zu bestimmen. Dabei entwickeln sie unterschiedliche Formen der **Beeinflussung.** Man kann zwischen zwei Vorgehensweisen unterscheiden, die sich oft überschneiden:
Man kann versuchen, die anderen zu **überzeugen,** indem man sich an ihre Vernunft wendet und Argumente anführt, z. B. Fakten oder anerkannte Verhaltensregeln. Beim **Überreden** dagegen wendet man sich eher an das Gefühl der anderen, man spricht z. B. ihr Mitleid an oder versucht sie zu vertrösten.

Zur Vorbereitung von Diskussionen sollte man die vorher zusammengetragenen Informationen aufbereiten, z. B. durch Karteikartensammlungen oder Schaubilder. Das ist besonders bei Diskussionsformen nützlich, die nach bestimmten Regeln ablaufen, wie z. B. die **Podiumsdiskussion** oder die **Debatte.**

▶ S. 31–34

Will man jemanden besonders dringlich beeinflussen, dann nennt man das **Appellieren.** Appelliert wird zum Beispiel in Reden, auf Plakaten oder in der Werbung (siehe S. 308/309).

Beim **Argumentieren** versuchst du, deine Meinung überzeugend zu begründen. Du stellst eine **These** auf, d. h. eine Aussage, die etwas behauptet, empfiehlt oder bewertet. Deine Thesen versuchst du durch **Argumente** (Begründungen) zu stützen und durch **Beispiele, Belege oder Zitate** zu veranschaulichen. Argumente können sein: Verweise auf Fakten (Tatsachen), Grundsätze oder Expertenmeinungen.

Die Qualität der Argumente entscheidet darüber, ob eine These überzeugend wirkt. Zum Beispiel muss man sich vor falschen Verallgemeinerungen von einem Einzelfall auf alle denkbaren Fälle hüten.
Ein Argument muss **partnerbezogen** sein, d. h., du musst dir überlegen, wem gegenüber und mit welcher Absicht du deinen Standpunkt vertrittst. Die Eignung und die Überzeugungskraft eines Arguments kann man prüfen, wenn man sich direkt fragt: Was spricht dagegen? Dann kann man Gegenargumente gleich in die eigene Argumentation einbeziehen und entkräften.
Argumente sind weniger wirksam, wenn sie unverbunden aufgeführt werden. Man sollte sie deshalb in eine **sinnvolle Reihenfolge** bringen und außerdem einleuchtend verknüpfen.

▶ S. 37–46

Die **schriftliche Form einer Argumentation,** in der du die Gründe für eine These und deren Gegengründe abwägst und dir so eine eigene Meinung zu bestimmten Problemen bildest, nennt man **Erörterung.** Eine Erörterung kann sich auf einen vorgegebenen Text beziehen **(textgebundene Erörterung,** s. S. 282), sie kann aber auch selbstständig entwickelt werden **(freie Erörterung).** Die freie Erörterung wird in mehreren Schritten erarbeitet:

1. Schritt: Stoffsammlung
Um zunächst alle Ideen zu sammeln, eignet sich besonders das **Brainstorming:** Man schreibt in die Mitte eines großen Blattes das Thema und kreist es ein; auf dem Blatt verstreut und ungeordnet schreibt man dann alles auf, was einem dazu in den Sinn kommt (Stichworte!).
Man kann auch ein **Cluster** anlegen. Dabei nimmt man schon eine vorläufige Ordnung vor: Man schreibt zu einem Stichwort weitere, die zu ihm passen, und verbindet diese Wörter zur Verdeutlichung des Zusammenhangs durch Linien miteinander.
Die **Mind-Map** geht noch einen Schritt weiter: Sie „hierarchisiert" die Stichwörter, d. h., die Stichwörter werden von innen (Thema) nach außen immer konkreter (Beispiel: Thema „Rauchen" → gesundheitliche Gefahren → Lungenerkrankungen). Mit der Mind-Map hat man schon wesentlich für die **Gliederung** der Erörterung vorgearbeitet.

2. Schritt: Den Aufbau planen

Einleitung	Mögliche Inhalte: – ein aktuelles Ereignis/ eine aktuelle Diskussion – ein historischer Fall – eine geschichtliche Entwicklung/eine neue Tendenz – Definition eines zentralen Begriffs aus der Themenstellung Zum Ende der Einleitung hin Zuspitzung auf die Frage, um die es geht.

Hauptteil	Pro- und Kontra-Argumente im Block: … ↓ … ↘ … ↓ …
oder:	Pro- und Kontra-Argumente im Wechsel: … ↘ … ↙ … ↘ …
	In jedem Fall sollte die Reihenfolge der Argumente **steigernd** sein: die schwächeren Argumente zuerst, die stärksten am Ende.

Schluss	Mögliche Inhalte: – die eigene Position mit kurzer Begründung (aber kein neues Argument!) – begründete Feststellung, dass man sich nicht für eine Position entscheiden kann – Hinweis auf weiteren Klärungsbedarf …

3. Schritt: Einleitung und Schluss konzipieren
Einleitung und Schluss sollten jeweils nicht mehr als ein Fünftel der gesamten Erörterung ausmachen. Mögliche Inhalte: s. o.

4. Schritt: Die Erörterung verfassen
Bei der schriftlichen Ausarbeitung einer Erörterung kommt es besonders auf die genaue Formulierung der These, die Wahl überzeugender Argumente und die Stützung der Argumente durch anschauliche Beispiele, Belege usw. an.

Bausteine		**Beispiele**	
These ↓	Behauptung Werturteil Empfehlung/Forderung	„Es ist sinnvoll, als Schüler/in einen längeren Aufenthalt im Ausland anzustreben." → Werturteil	„Das Recht auf freie Meinungsäußerung muss auf jeden Fall gewahrt bleiben." → Forderung
Argument ↓	Faktenargument Wertargument Berufung auf eine Autorität	„Dort kann man eine fremde Sprache viel besser lernen als in der Schule." → Faktenargument	„Es gehört zu den Grundrechten, die jedem von der UN-Menschenrechtskonvention garantiert werden." → Faktenargument, verbunden mit Berufung auf eine Autorität (UN)
Entfaltung (Beispiele, Belege, Zitate usw.)	Damit ein Argument überzeugend wird, sollte man es durch genauere Erläuterungen weiter entfalten. Dabei können als Stütze auch wieder Argumente (gewissermaßen „Argumente zweiter Ordnung") verwendet werden. Besonders wirkungsvoll sind gute Beispiele, Belege, Zitate oder der Hinweis auf Folgen.	„Die Beherrschung von Fremdsprachen ist heutzutage in vielen Berufen eine selbstverständliche Forderung." → Argument zweiter Ordnung mit implizitem Hinweis auf Folgen „Vor allem im Journalismus, aber auch in Politik und Wirtschaft sind Fremdsprachenkenntnisse unerlässlich." → Beispiele	„Jeder demokratische Staat hat sie in seiner Verfassung verankert." → Beleg

Ob eine Äußerung die Funktion einer These hat oder die eines Arguments, hängt von der Stellung im gedanklichen Zusammenhang ab.

Wichtig ist die **sprachliche Kohärenz** der Erörterung, und zwar auf zwei Ebenen:
- sprachliche Verknüpfung zwischen These und Argumenten mit Hilfe von kausalen Konjunktionen wie „denn", „weil"...; konsekutiven Adverbien wie „daher", „deshalb"...
- sprachliche Verknüpfung zwischen größeren Sinnabschnitten, z. B. mit Hilfe von Ausdrücken wie „außerdem", „ferner", „auf der anderen Seite", „ ein weiterer Gesichtspunkt ist", „daraus folgt" ... (s. auch Übersicht auf S. 152).

Ferner ist es im Hinblick auf die Sprache und die Wahl der Argumente wichtig, sich die **eigene Absicht** und den **Adressaten** bewusstzumachen.

▶ S. 37–41

Eine **textgebundenen Erörterung** besteht aus zwei Teilen:
- Zunächst analysiert man einen vorgegebenen Text: Man fasst die behandelte Problemstellung zusammen und stellt die zentralen Thesen mit ihren Argumenten dar.
- Dann bezieht man selbst Stellung zu dem aufgeworfenen Problem: Man prüft die Argumente des Textes kritisch und führt eigene (Gegen-) Argumente an. In diesem zweiten Teil geht man genauso vor wie bei der freien Erörterung (2.–4. Schritt, s. S. 280/281).

1.2 Beschreiben und Erklären

Wenn man etwas **beschreibt,** kommt es auf die **Genauigkeit** der Beobachtung und der Darstellung an. Jemand, der das Beschriebene nicht kennt, muss es sich vorstellen oder erkennen können.
Zweck und Adressat entscheiden, welche Angaben sinnvoll sind und welcher Schreibstil jeweils angemessen ist (z. B. nüchtern, sachlich, ausführlich, ausschmückend, gefühlvoll).
Bei **Vorgangsbeschreibungen** ist es wichtig, die einzelnen Schritte in der richtigen Reihenfolge, genau und vollständig, aber auch knapp und sachlich nicht nur zu beschreiben, sondern auch zu **erklären.** Die Verwendung von Fachbegriffen ist dabei meist sinnvoll. Tempus ist das **Präsens,** weil es hier das Immer-wieder oder das Zu-jeder-Zeit ausdrückt. Man muss sich den Vorgang vorstellen und ihn unter Umständen selbst wiederholen können (z. B. Bastelanleitung, Regeln im Sport, Rezepte).
Funktionsweisen eines **Gegenstandes** müssen verständlich, detailgenau und vollständig erklärt werden (Gebrauchsanweisung, Anleitungstext, Spielerklärung).

1.3 Referate verfassen und halten

▶ S. 65–67

Informationen einholen

Informationen über unterschiedlichste Sachbereiche sind durch Zeitschriften, Bücher, CD-ROMs, Videofilme, Interneteinträge zu erhalten. Dazu benutzt man verschiedene Hilfsmittel, die eine schnelle Orientierung ermöglichen:
Leihbüchereien verfügen über so genannte Kataloge, entweder in Karteiform oder als Datei im Computer, der allen Besuchern zugänglich ist. Neben dem alphabetischen Katalog, der die Autoren oder Herausgeber aller vorhandenen Werke alphabetisch auflistet, ist vor allem der Schlagwortkatalog für die thematische Suche wichtig.
In **Buchhandlungen** (oft auch in Bibliotheken) liegt das Verzeichnis aller lieferbaren Bücher (VLB) aus. Es ist alphabetisch aufgebaut und kombiniert Autoren und Schlagwörter. Hier erfährt man, welche Bücher oder Medien im Handel sind (vergriffene, d. h. nicht mehr lieferbare Bücher sind hier nicht aufgenommen!).

Im **Internet** helfen so genannte Suchmaschinen weiter. Das sind Hilfsmittel, die je nach Einstellungen weltweit oder in bestimmten Ländern nach Einträgen zu einem bestimmten Stichwort oder einer Kombination suchen und sie auf dem Bildschirm anzeigen.

▶ S. 67–69

Verarbeitung der Informationen

1. Leitfragen erstellen
Wonach willst du suchen, was interessiert am Thema besonders, worüber muss informiert werden?

2. Informationen auswerten
Beim Auswerten wendest du die üblichen Textbearbeitungsmethoden an: Kerninformationen markieren, am Rand zusammenfassen, Zitate exzerpieren (wörtlich herausschreiben), Informationen mit eigenen Worten zusammenfassend wiedergeben.

3. Gliederung erstellen („roter Faden")
Die Informationen, die zum Vortrag kommen sollen, ordnest du nach sachlichen Gesichtspunkten an; unter Umständen musst du Vorwissen oder Interesse der Zuhörer/innen mit bedenken.

4. Einleitung und Schluss gestalten
Einleitung und Schluss bilden den Rahmen des Referates. Die Einleitung muss das Interesse der Zuhörer wecken, dazu kann sie z. B. eine persönliche Bemerkung des Referenten über seine Einstellung zu dem vorgestellten Thema anbringen, eine Bemerkung über vermutete Reaktionen der Zuhörer machen usw.
Der Schluss sollte die zentralen Informationen noch einmal wiederholen und mit einer abschließenden Bemerkung an die Einleitung anknüpfen.

Präsentation vorbereiten

1. Vortragskarten erstellen
Referate sollen frei vorgetragen werden. Die ausformulierte Fassung kann dabei eher hinderlich sein. Besser ist eine Zusammenstellung der wichtigsten Stichworte auf Karteikarten. Dabei sollte man auf eine große, gut lesbare Schrift achten. Verschiedene farbige Markierungen verhelfen zu einer schnellen Orientierung (Zitate, Kernwörter, Anschauungsmaterial).

2. Anschauungsmaterialien auswählen
Informationen, die nur gehört werden, werden wesentlich schlechter behalten als solche, die gehört und gesehen werden. Daher solltest du genau überlegen, an welchen Stellen du Bilder, Schaubilder an der Tafel oder auf dem Tageslichtprojektor, Hör- oder Filmbeispiele einfügen willst. Achte aber darauf, dass diese Medien unterstützenden Charakter behalten: Ein Film ist kein Referat.

Tipps für freies Vortragen
Für den **Redner:**
- Schachtelsätze vermeiden,
- Pausen einlegen,
- Wiederholungen einfügen,
- Redetempo und Lautstärke wechseln,
- Blickkontakt mit den Zuhörern halten,
- durch Körpersprache das Gesagte unterstreichen (Haltung, Gestik, Mimik beachten).

Für die **Zuhörer:** aktiv zuhören, d. h.
- den Blickkontakt mit dem Sprecher halten,
- dem Gesagten nonverbal zustimmen,
- emotional mitgehen,
- den Vortrag nicht durch voreilige Fragen unterbrechen.

1.4 Berichten und Protokollieren

Wie über ein Geschehen **berichtet** wird, hängt vom **Adressaten** und vom **Zweck** ab.
Texte, die z. B. Polizei, Feuerwehr, Gericht oder auch Versicherungen zur Rekonstruktion eines Geschehens dienen, müssen knapp und präzise darüber informieren. Solche Texte werden **sachlich** abgefasst, das heißt, sie enthalten keine unwichtigen, ablenkenden Informationen, keine Gefühle und Wertungen.
Texte, die aus einer persönlichen Perspektive einem Bekannten (z. B. Freund/Freundin) oder Unbekannten (z. B. Zeitungsleserin/Zeitungsleser) von einem Geschehen berichten, dürfen durchaus auch Gedanken, Gefühle sowie spannungssteigernde Ausdrücke und Wertungen enthalten. Dabei gehen berichtende, erzählende und beschreibende Passagen häufig fließend ineinander über.

Zur Verwendung der Berichtform in den Medien (z. B. Zeitungsbericht): siehe S. 305.

▶ S. 34–35 Eine Form des Berichtens ist das **Protokollieren.** Willst du über den genauen Verlauf z. B. eines naturwissenschaftlichen Experiments berichten, musst du ein **Verlaufsprotokoll** anfertigen, konzentrierst du dich eher auf die Ergebnisse z. B. einer Diskussion, schreibst du ein **Ergebnisprotokoll.** Hierfür gibt es eine feste äußere Form:
- Protokollkopf (Titel der Veranstaltung, Datum, Uhrzeit, Ort, Anwesende, Protokollant, Thema),
- Gliederung des Hauptteils in Tagesordnungspunkte (TOP 1, TOP 2 ...),
- Datum und Unterschrift.

Ein Ergebnisprotokoll kann man sachlogisch strukturieren, d. h., man kann verschiedene Aussagen zu einem Themenaspekt zusammenfassen, auch wenn sie in der Diskussion zeitlich getrennt waren. Ein Ergebnisprotokoll ist außerdem deutlich kürzer als ein Verlaufsprotokoll.
Tempus des Ergebnisprotokolls ist das Präsens, das Verlaufsprotokoll steht im Präteritum. Die Beiträge einzelner Teilnehmer/innen werden in der indirekten Rede wiedergegeben (Konjunktiv!).
Diese Form eignet sich auch für Stundenprotokolle.

1.5 Bewerbungsschreiben und Lebenslauf

Bei Abfassung von Bewerbungsschreiben und Lebenslauf sollte man folgende Punkte beachten:

Äußeres
- Weißes Papier, einseitig beschreiben, DIN A4
- Ränder links und rechts (3 cm)
- Sauberkeit, keine Flecken usw.
- Zeugnisse und Nachweise neu und gut lesbar kopiert
- Alle Unterlagen in einem Klemmordner oder Schnellhefter in der Reihenfolge: Bewerbungsschreiben, Lebenslauf, Zeugniskopien
- Bewerbungsfoto (am besten vom Fotografen!)
- Großer Umschlag, ausreichend frankieren

Aufbau und Inhalt des Bewerbungsschreibens
- Anschreiben: Name, Adresse, Ort und Datum, Empfängeranschrift
- Bezugszeile: „Bewerbung zum …"/„Ihr Angebot vom …"
- Anrede (wenn bekannt: zuständige Person in der Personalabteilung, sonst „Sehr geehrte Damen und Herren, …")
- Text mit der Begründung, warum man für diese Stelle geeignet ist und warum man sich bei diesem Unternehmen bewirbt
- Übersichtliche Gliederung in Absätze
- Bitte um ein Vorstellungsgespräch
- Grußformel („Mit freundlichen Grüßen")
- Unterschrift
- Anlagen

Vollständigkeit des Lebenslaufs
- lückenloser Lebenslauf, in der Regel tabellarisch: persönliche Daten (Name, Anschrift, Geburtsdatum, -ort, Eltern, Geschwister), Schulbildung, eventuell Praktika, Ferienjobs, Aushilfstätigkeiten
- Besondere Kenntnisse (Computer, außerschulische Kurse, Sprachkenntnisse, eventuell Hobbys)
- Ort, Datum, Unterschrift
- Foto rechts oben leicht angeklebt, Name und Adresse auf der Rückseite

Sprachlicher Ausdruck
- Satzbau klar und abwechslungsreich
- Präzise und angemessene Formulierungen
- Unnötige Wiederholungen und Füllwörter vermeiden

Rechtschreibung
- Anredepronomen 3. Person Plural in allen Fällen großschreiben („Sie"/„Ihr"/„Ihnen" …)
- Nomen und Nominalisierungen großschreiben
- Zusammen- und Getrenntschreibung im Wörterbuch (z. B. Duden) überprüfen
- Fremdwörter im Wörterbuch oder Fremdwörterlexikon überprüfen

Zeichensetzung
- Alle Sätze/Satzgefüge mit Punkt beenden
- Kommagrundregel 1 beachten: Im Satzgefüge trennt das Komma Haupt- und Nebensätze.
- Kommagrundregel 2 beachten: Bei einer Aufzählung trennt das Komma die einzelnen Glieder (Wörter, Wortgruppen, Sätze) voneinander, wenn sie nicht durch „und" bzw. „oder" verbunden sind.
- Kommagrundregel 3 beachten: Das Komma trennt im Satz alles ab, was den normalen grammatischen Ablauf unterbricht (Einschübe, Voranstellungen, Nachträge).

1.6 Erzählen und Schildern

Wenn man schriftlich oder mündlich **erzählen** will, ist es wichtig, sich einen **Erzählaufbau** zu überlegen. Zuerst einmal kann man Ideen sammeln und sie ungeordnet aufzeichnen, dann aber sollte man sich eine Reihenfolge überlegen, in der man den Erzählstoff darbieten will:
- Was könnte als **Einleitung** dienen, mit der man die Leser/innen oder Hörer/innen in die Geschichte einführt? Oder soll die Geschichte unvermittelt beginnen, sollen die Leser/innen oder Hörer/innen direkt in eine Szene versetzt werden, in der sie sich dann allmählich zurechtfinden?
- Wie soll der **Hauptteil** aufgebaut werden: Was soll der **Höhepunkt** der Geschichte sein und wie soll die **Spannung** bis dahin entwickelt werden?
- Soll die Geschichte einen abgerundeten **Schluss** haben oder unvermittelt abbrechen und damit offen enden?

Geht es darum, einen **Erzählkern auszugestalten,** sollte man auf Folgendes achten: Man wählt eine Erzählperspektive aus, die den Leser/innen oder Hörer/innen das Geschehen nahebringt, z. B. einen Ich-Erzähler, der das Geschehen miterlebt (hat). Man lässt die Atmosphäre einer Geschichte durch genaue, anschauliche Schilderungen, in denen man möglichst viele Sinneseindrücke wiedergibt und intensivierende Wiederholungen verwendet, deutlich werden. Man lässt von den Figuren durch genaue Darstellung ihres Äußeren und Inneren (Gedanken, Gefühle) sowie durch Rückblenden auf ihre Vorgeschichte ein lebendiges Bild entstehen. Man benutzt Spannung erzeugende Stilmittel wie zum Beispiel die Verwendung von Pronomen, bevor das zugehörige Nomen genannt wird, oder lenkt die Aufmerksamkeit der Leser/innen durch Wiederholungen auf bestimmte Leitmotive.

Wenn man **schildert** (abgeleitet von „Schilderer“ = Maler), versucht man mit Worten zu „malen“, mit Sprache ein stimmungshaltiges Bild zu entwerfen. Adjektive, Vergleiche und vor allem treffende Verben machen den geschilderten Sachverhalt besonders anschaulich. Im Unterschied zum eher nüchternen Beschreiben will das Schildern Leserinnen und Lesern etwas eindringlich nahebringen, sie in eine Handlung oder eine Situation „hineinziehen“. Dabei wird in besonderer Weise die Fantasie angeregt.
Schilderungen verbinden meist die Darstellung der Außenwelt mit den Gedanken und Empfindungen der Betrachterin oder des Betrachters.

1.7 Kreatives Schreiben

Automatisches Schreiben ist ein Verfahren, fließend Assoziationen aufzuschreiben. Ohne den Stift abzusetzen und über das Geschriebene nachzudenken, wird ca. zehn Minuten durchgeschrieben. So kann man an Unbewusstes, Rätselhaftes, Zufälliges gelangen. Wenn die Gedanken nicht mehr fließen, wird die Schreibbewegung durch Kringel auf dem Papier fortgesetzt, bis aus den Kringeln wieder Wörter werden. Satzbau, Zeichensetzung und Rechtschreibung sind beim Schreibprozess zunächst nebensächlich; der Text kann später überarbeitet werden (s. S. 286/287).

Erzählstrukturen verändern: Mit den vorgegebenen Elementen eines Textes kann man experimentieren, indem man
- die Reihenfolge der Handlungsschritte ändert,
- eine Handlung vom Ende her erzählt,
- eines der Grundelemente Personen, Ort, Zeit, Handlung unerwartet durch ein fantastisches Element ersetzt.

Zeilen umbrechen: Zunächst werden in einem Text alle entbehrlichen Füllwörter gestrichen. Von dem ursprünglichen Text soll nur wenig Wortmaterial übrig bleiben. Nun wird die erste Zeile auf ein neues Blatt geschrieben. Sie sollte nur aus einigen Wörtern bestehen und ein Schlüsselwort enthalten. Nun folgt darunter die nächste Zeile … Schließlich kann man mit weiteren sprachlichen Umstellungen experimentieren: Weglassen, Umstellen, Ergänzen von Wörtern.

Den Stil eines Textes verändern: Durch Variation des Stils kann man ein und dasselbe Erlebnis in unterschiedlicher Form darstellen. Je nach beabsichtigter Wirkung verändert man z. B. Erzählperspektive, Wortwahl, Satzbau oder Tempusgebrauch. Dabei kann man
- einzelne Episoden aus einer veränderten Sicht erzählen oder
- den Text in eine andere Textsorte umwandeln (Bericht, Krimi, Dialog, Gedicht …).

Satirisches Schreiben

▶ S. 88–92

Sprachmusterverschiebung: Ein Vorgang oder ein Sachverhalt wird sprachlich in einen ungewohnten Rahmen gerückt, z. B. wird der Besuch einer Disko mit Wörtern wiedergegeben, die aus dem Bereich der Zierfischzucht stammen.
Indem in einem Text durchgängig immer wieder Wortmaterial aus einem sachfremden Bereich verwendet wird, ergibt sich eine satirische Wirkung.

Rollenwechsel: Bei einem Handlungs- oder Gesprächsablauf werden die gesellschaftlichen Rollen (z. B. Vater und Sohn) vertauscht. Gezielt verwechselt werden sowohl Mentalität (Denkweise), Normen (Wertmaßstäbe) und Verhaltensweisen als auch Sprachgewohnheiten. Dadurch wird der Leser auf Distanz zu den vertauschten Rollen gebracht und gewinnt einen Reflexionsspielraum. Auch der Rollenwechsel hat oft einen satirischen Effekt.

Reduktionstext/Der fremde Blick: Beim Schreiben eines Textes stellt man sich vor, dass einem nur ein kleiner Teil des Lexikons (Vokabulars) der eigenen Sprache zur Verfügung steht. Die Einschränkung kann sich daraus ergeben, dass man eine Erzählerfigur mit reduziertem Wortschatz einführt (z. B. ein Kind), die für viele Dinge keine Bezeichnungen kennt, sodass diese Dinge mit einfachen Worten umschrieben werden müssen. Der reduzierte Wortschatz ergibt dann einen „fremden Blick" auf die Dinge.

▶ S. 108–114

Schreiben zu Bildern

Gedankenprotokoll: Man vertieft sich in eine Bildsituation und achtet dabei genau auf die Blicke und Gesten der Figuren. In der Vorstellung, im Bildraum anwesend zu sein, beobachtet man die übrigen Bildfiguren aus nächster Nähe und notiert Vermutungen darüber, weshalb sie sich in dieser Bildsituation befinden.

Prosaskizzen: Jede/r schreibt zu je einer ausgewählten Bildfigur einen inneren Monolog, in dem die Figur ihre Wünsche, Erwartungen, Ängste ausdrückt. Passagen aus den verschiedenen Texten werden dann abwechselnd so kombiniert, dass ein neuer Text entsteht, in dem die Gedanken spannungsvoll nebeneinanderstehen.
Variante: Als Beobachter/in einer Bildsituation schreibt man aus der Ich-Perspektive, wie die Bildfiguren Kontakt miteinander aufnehmen. Auch der Einfluss der Körpersprache auf die Kommunikation wird beachtet. Der Ich-Erzähler lässt auch Erinnerungen einfließen, die durch das Beobachtete in ihm ausgelöst werden.

Vorgeschichten und Dialoge zu Bildsituationen entwickeln: Eine im Bild dargestellte Situation könnte eine Vorgeschichte haben, aus der sich eine Erzählung entwickeln lässt. Man gibt jeder Bildfigur einen Namen und notiert, was sie denken könnte. Schließlich lässt man die Figuren miteinander in ein Gespräch über ihre Situation treten.
Um ein besonders lebendiges sprachliches Bild mit eindringlicher Atmosphäre entstehen zu lassen, sollten Gedanken und Gefühle (aus der Ich-Perspektive) genau geschildert werden. Dabei sind besonders die Sinneswahrnehmungen wichtig: Sehen, Hören, Spüren, Riechen und Schmecken.

Eine Bildsituation in einen Handlungsablauf wandeln: Für jeden Gegenstand oder jede Figur eines Bildes kann man sich mögliche zurückliegende oder noch bevorstehende Ereignisse ausdenken und diese schließlich in Verbindung miteinander bringen. Dazu kann man zunächst einen Bogen Transparentpapier über ein Bild legen und darauf alle Elemente des Bildes an der Stelle, an der sie durchscheinen, mit einem kurzen Kommentar bezeichnen. Aus dem Wortmaterial werden dann Sätze entwickelt und schließlich verknüpft man die Ereignisbereiche zu einer Handlung.

Filmdialog: Das Bild wird wie ein Standfoto aus einem Film wahrgenommen: Zunächst wird ein Exposé (eine Handlungsskizze) zu diesem Film verfasst. Dann wird zu der Filmszene, der das Standfoto entnommen ist, ein dramatischer Dialog mit Regieanweisungen geschrieben.

Kurzgeschichte: Das Bild wird als Illustration des Wendepunkts einer Kurzgeschichte wahrgenommen: Zunächst werden in einem Brainstorming Eindrücke zum Bild gesammelt. Dann werden Ideen zu schicksalhaften Ereignissen, die der dargestellten Situation vorausgegangen sein könnten, entwickelt. Die Kurzgeschichte wird schließlich aus der Perspektive eines allwissenden Erzählers geschrieben. Die Merkmale dieser Textsorte (s. S. 299) müssen beachtet werden.

Gleichzeitiges Malen und Schreiben: Das Malen kann zu Ideen für das Schreiben führen und umgekehrt kann der Text wieder Einfälle für das Bild anregen: Das Bild wird als Ausschnitt einer umfassenderen Situation wahrgenommen und malerisch ergänzt, wobei man z. B. die Fotokopie eines Bildes auf ein Blatt Zeichenpapier klebt und es in die eigene Bildgestaltung integriert. Gleichzeitig mit dem Malprozess wird eine Geschichte zum Bild entwickelt. Dabei malt und schreibt man immer abwechselnd.

1.8 Texte überarbeiten

▶ S. 146–153

Beim Überarbeiten eines Textes ist die Distanz so notwendig wie das Abstandnehmen beim Malen. Schwächen sind oft erst aus der Leserperspektive erkennbar. Deshalb solltet ihr Kleingruppen bilden, in denen ihr eure Texte austauscht und gemeinsam die Textüberarbeitung durchführt:

- Jede/r markiert durch Kreise und Ziffern im fremden Text, wozu sie/er etwas bemerken möchte.
- Am Rand oder auf einem anderen Blatt werden nun zur entsprechenden Stelle unter den Ziffern Fragen, Ergänzungen, Kommentare geschrieben.
- Anschließend erhält jede/r die Notizen der anderen zum eigenen Text und kann auswählen, welche Vorschläge sie/er bei der Überarbeitung berücksichtigt. (Mit dem Computer lassen sich die Texte leichter überarbeiten!)

Die Überarbeitung erfolgt am besten in mehreren Schritten. Wenn man den Text mit Abstand liest oder ihn anderen nochmals zum Gegenlesen gibt, zeigt sich meistens, dass eine weitere Überarbeitung nötig ist, um das angestrebte Schreibziel zu erreichen.

Bei der Überarbeitung sind mehrere Bereiche zu berücksichtigen, in denen Fehler oder Schwächen eines Textes liegen können. Ein Hauptgesichtspunkt der Überarbeitung ist die Herstellung eines **kohärenten Textes.** Ein solcher Text zeichnet sich aus durch
- Orientierung auf ein Thema hin,
- ständige Berücksichtigung von Zweck und Adressaten des Textes,
- Fortschreiten der Gedanken von Bekanntem zu neu zu Vermittelndem,
- nachvollziehbare Verknüpfung von Gedanken,
- sofern nötig: Klärung der im Text verwendeten Begriffe oder Abkürzungen,
- Einhaltung einer Stilebene.

In der logisch und sachlich korrekten Verwendung von Partikeln liegt ein wichtiger Schlüssel zu kohärenten und präzisen Texten. Eine Übersicht der wichtigsten **satzverknüpfenden Konjunktionen** und **Adverbien** findet ihr auf S. 152.

Eine **Checkliste,** in der die wichtigsten Überarbeitungsgesichtspunkte aufgeführt sind, findet ihr auf S. 152/153.

Bei einem Text, der Schwächen im Aufbau und in der Genauigkeit der gedanklichen Verknüpfung aufweist, ist ein Vorgehen, bei dem die Fehler Zeile für Zeile bearbeitet werden, nicht sinnvoll. Denn oft muss man ganze Abschnitte umstellen, Passagen weglassen, Sätze neu formulieren, andere Begriffe wählen usw., sodass manche Einzelfehler aus der ursprünglichen Fassung „von selbst" wegfallen. Darum sollte man zunächst den Text ganz lesen und dann die **Textüberarbeitung planen.**

2 Nachdenken über Sprache, Grammatik und Rechtschreibung

2.1 Kommunikation und Sprachfunktionen

Stark vereinfacht funktioniert **Kommunikation** so, dass ein **Sender** einem **Empfänger** bestimmte Signale übermittelt. Wenn es sich bei diesen Signalen um sprachliche Äußerungen handelt, kann man ihnen drei **Sprachfunktionen** zuordnen, von denen meist eine überwiegt. Indizien, welche der Sprachfunktionen jeweils stärker akzentuiert wird, können unter anderem Wortwahl und Satzbau sein:

1. **Information** (= darstellende Funktion): Gegenstände, Personen, Vorgänge, Sachverhalte werden dargestellt; z. B. durch: Aussagesätze, Adverbiale, Adjektive, Zahlen, Daten, Fakten, Beschreibungen, Berichte, Fragen und Antworten usw.
2. **Aufforderung** (= appellative Funktion): Es wird zum Handeln, Denken, Mitmachen aufgefordert; z. B. durch: Imperative, Anredepronomen, Ausrufezeichen, elliptische (verkürzte) Sätze, rhetorische Mittel usw.
3. **Ausdruck** (= expressive Funktion): Gefühle, Hoffnungen, Proteste werden ausgedrückt; z. B. durch: Ausrufe, Ich-Aussagen, Wertungswörter („toll"), Bekenntnisse usw.

▶ S. 93–101

In Gesprächen werden nicht nur Inhalte vermittelt **(Inhaltsseite der Kommunikation).** Darüber hinaus spielt es auch eine Rolle, welche Beziehung die Kommunikationspartner zueinander haben, welche Absichten sie verfolgen, welche Erwartungen sie voneinander haben und in welcher Situation das Gespräch stattfindet **(Beziehungsseite der Kommunikation).** Auf der sprachlichen Ebene kann die Beziehungsseite einer Aussage neben der Betonung besonders durch die Wahl der Satzart (Aussage, Frage, Ausruf) und Modaladverbien (z. B. „doch", „nur", „ja", „eben") zum Ausdruck gebracht werden. Die meisten Alltagsgespräche laufen nahezu automatisch ab. Wir sprechen und reagieren oftmals, ohne über das Gesagte nachzudenken. So hat man mitunter das Gefühl, nicht verstanden zu werden oder aneinander vorbeizureden. Missverständnisse, Verletzungen und Streit kann man vermeiden, wenn man sich bewusst macht, welche Intentionen, Interessen und Gefühle das Gesprächsverhalten beeinflussen. In manchen Situationen entspricht z. B. die Absicht der Kommunikation nicht unbedingt der Wirkung oder es wird sogar das Gegenteil von dem erreicht, was beabsichtigt war.

2.2 Sprachvarianten

In einer Sprachgemeinschaft werden neben der Standard- oder Hochsprache unterschiedliche Sprachvarianten verwendet. Die **Hochsprache** (auch: **Standardsprache**) ist die allgemein verbindliche Form einer Sprache, wie sie in der Öffentlichkeit – vor allem in den Medien – gebraucht wird. Der alltägliche mündliche Sprachgebrauch **(Umgangssprache)** orientiert sich an der Hochsprache, wendet deren Regeln und Normen aber nicht streng an. Typisch für die Umgangssprache sind kurze und einfache, aber auch unvollständige Sätze. Regionale Sprachvarianten bezeichnet man als **Dialekt** oder Mundart.
Zu den deutschen Dialekten zählen u.a. das Kölsch, die hessisch-fränkischen Mundarten, das Bairische, das Sächsische sowie das Schwäbisch-Alemannische. Alterstypische Gruppensprachen und Szenejargons, Dialekte und Fachsprachen sowie die Standardsprache und Umgangssprache sind verschiedene **Sprachvarianten,** die sich beim aktuellen Sprechen je nach Sprecherin oder Sprecher überlagern und mischen.

2.3 Wort und Bedeutung

Umgang mit Begriffen

Begriffe dienen der Erfassung und Ordnung der Wirklichkeit. Sie stehen zueinander in einem Über- und Unterordnungsverhältnis (Begriffspyramide).
Oberbegriffe dienen als Sammel- und Ordnungsbegriffe, z.B. „Werkzeug", „Tier" …
Unterbegriffe verhalten sich zu ihnen wie konkrete Beispiele („Hammer", „Zange"; „Hund", „Katze").
Man kann Begriffe über ihre einzelnen **Merkmale** (äußere Merkmale, Funktionsmerkmale) gegeneinander abgrenzen, z.B. Sitzmöbel mit Lehne: „Stuhl", ohne Lehne: „Hocker". Oberbegriffe haben einen größeren **Begriffsumfang,** d.h. weniger spezifizierende Merkmale.

Mehrdeutigkeit von Wörtern

Viele Wörter haben doppelte oder auch dreifache Bedeutung. Derartige „Teekesselchen" **(Homonyme)** lösen sich immer durch den Zusammenhang auf, in dem die Begriffe verwendet werden: „Konzertflügel" – „Vogelflügel".
Wörter haben neben ihren Inhalten auch ihre Gebrauchsgeschichte. Die im Wörterbuch aufgeführten Inhalte eines Worts sind seine **denotative Bedeutung.** Die mit den Wörtern zugleich erinnerten Erfahrungen, Empfindungen, Assoziationen sind seine Mitbedeutungen oder die **konnotativen Bedeutungen.** Die konnotativen Bedeutungen können allen Sprechern/Sprecherinnen einer Sprache geläufig sein oder auch nur einzelnen Menschen.

Bildlicher Sprachgebrauch

Eine **Metapher** bringt zwei Vorstellungen aus zwei verschiedenen Bereichen zusammen.

„Die Mannschaft blühte in der zweiten Halbzeit auf."	aufblühen	„Eine Blume blüht auf."
Bereich: Sport **(Bildempfänger)**	**Übertragung**	Bereich: Natur **(Bildspender)**
Die Spieler erstarken, sind wieder frisch, voller Kraft, erscheinen neu, bringen neue Stimmung.	neu, frisch erscheinen	Die Blumen erblühen, strahlen in frischen Farben, Frühling und Sommer, neue Kraft, saftiges Grün, positive Gefühle der Betrachter.

Das Zusammenfügen der beiden Bereiche führt dazu, dass der Eindruck von der Art, wie die Fußballmannschaft in der zweiten Halbzeit spielt, mit vielen Assoziationen aufgeladen wird.
Eine besondere Form der Metapher ist die **Personifikation.** Ein Gegenstand oder ein Begriff wird vermenschlicht, z.B.: „Sie (= die Industriestadt) bürstet das Rauchhaar nach oben."
Bei einem **Vergleich** werden zwei verschiedene Vorstellungen durch „wie" miteinander verknüpft, z.B.: „Die Menschen sind wie grober bunter Sand."

2.4 Aspekte der Sprachkritik

▶ S. 115–142 An der Verwendung von Sprache kann man Kritik üben. Lohnend ist es z. B., den kritischen Blick darauf zu richten, wie die Wirklichkeit sprachlich vermittelt wird.
Bei der **Wahl der Wörter** haben Sprecher/innen oder Schreiber/innen verschiedene Alternativen in einem Netz von Begriffen. Man untersucht daher die Verwendung von

- **Synonymen** (bedeutungsverwandten Wörtern): Armut, Elend, Not …
- **Antonymen** (Gegenwörtern): Armut – Reichtum, Wohlstand …
- **Redewendungen:** arm, aber glücklich; arm, aber sauber …
- **Konkreta/Abstrakta:** Haus/Behausung; Kuss/Liebe; der Freund/Freundschaft …
- **Fremdwörtern/Lehnwörtern:** Interface, Laptop, Hobby …
- **Neologismen** (neu gebildeten Wörtern): faxen …
- **Modewörtern:** sich outen, mega-in …
- **politischen Leitbegriffen:** soziale Gerechtigkeit, freie Marktwirtschaft; z. T. ideologisch besetzte Begriffe: Ausbeutung …
- **Phrasen – Stereotypen – Klischees** (festgelegten, schematischen Wortgruppen und Bildern): nichts für ungut; der kleine Mann; der Mittelstand …

Weitere Untersuchungsgesichtspunkte sind z. B.:
Sprachliche Trends: Fremdsprachliches Importgut wie Anglizismen wird auch als „Neudeutsch" bezeichnet. Oft wird das englische Wort importiert, weil es keine deutsche Bezeichnung für den betreffenden Sachverhalt gibt oder weil die Übersetzung zu umständlich klänge („Management" statt „Betriebsleitungstechnik") oder weil die Wörter zu Bereichen gehören, in denen Englisch die internationale Verkehrssprache („Ticket", „Gate") oder Fachsprache („Computer" statt „Rechner") ist. Manche Anglizismen sind allerdings nur modische Protzereien aus Fernsehen und Werbeindustrie („City Center").

Techniken der Abwertung und Diffamierung, z. B. „Dienstmädchen" statt „Kinderpflegerin", „Putzhilfe" und „Kinderbetreuerin"; „Softi", „Weichei"; „Karriereweib", „Quotenfrau"; „Penner", „Schnorrer" … statt „Arme"; „Asylanten" statt „Asylsuchende" oder „Asylberechtigte": Hier handelt es sich ggf. auch um einen politischen Kampfbegriff (vgl. „Asylantenflut" oder „Asylantenansturm"), besonders wenn das Wort in Beziehung gebracht wird zu anderen negativ besetzten „ant"-Wörtern wie „Simulant", „Querulant", „Intrigant" oder „Sympathisant".

Techniken der Beschönigung (Euphemismen), Aufwertung und Verharmlosung:
„Energielücke"; „Nuklearbrennstoff" – „Brennmaterial" – „Brennstäbe"; „Entsorgungspark" – „Entsorgung"; „Vorkommnis" – „Störfall"; „Atomschild"; „Wohnpark"; „Müllverbrennung" als „thermische Entsorgung".

Political Correctness:
Der öffentliche Meinungsdruck und die bewusstere Sprachverwendung bewirken eine vorsichtigere Begriffsnutzung bis hin zu sprachlichen Veränderungen: die Bezeichnung „Afroamerikaner" an Stelle von „Schwarzer" oder gar „Neger"; „StudentIn", „Student/in" oder „Student und Studentin" statt nur „Student"; wahlweise die Amtsbezeichnung „Amtmännin" oder „Amtfrau".

2.5 Wortarten

Nomen (Substantiv): Eigennamen, Personen, Lebewesen, Dinge, Begriffe usw. werden durch Nomen (Substantive/Hauptwörter) bezeichnet: „Jutta", „Kind", „Ameise", „Stuhl", „Schönheit". Jedes Nomen hat ein grammatisches Geschlecht **(Genus),** das man an seinem Artikel (Begleiter) erkennen kann: Ein Nomen ist entweder **Maskulinum** (männlich), z. B. „*der* Löffel", oder **Femininum** (weiblich), z. B. „*die* Gabel", oder **Neutrum** (sächlich), z. B. „*das* Messer".

Das grammatische Geschlecht muss mit dem natürlichen Geschlecht nicht übereinstimmen; so kann „*das* Kind" sowohl einen Jungen als auch ein Mädchen bezeichnen.

Nomen haben meist einen **Singular** (Einzahl): „*das* Kind"; häufig haben sie auch einen **Plural** (Mehrzahl): „*die* Kinder".
In Sätzen erscheinen Nomen immer in einem bestimmten **Kasus** (grammatischer Fall). Der Kasus ist meist am Artikel des Nomens zu erkennen und manchmal auch an der Endung des Nomens. Im Deutschen gibt es vier Kasus. Man kann den Kasus eines Nomens und seines Begleiters durch Fragen ermitteln:

Der **Nominativ** antwortet auf die Fragen „Wer ...?“ oder „Was ...?“:
„*Wer* rettete den Jungen? – *Die Feuerwehrleute* retteten den Jungen.“ –
„*Was* hat zuerst nicht funktioniert? – *Eine Drehleiter ...*“
Nach dem **Genitiv** fragt man „Wessen ...?“:
„*Wessen* Drehleiter funktionierte nicht? – Die Drehleiter *der Feuerwehrleute ...*“
Mit der Frage „Wem ...?“ ermittelt man den **Dativ:**
„*Wem* dankten die Eltern für die Rettung? – Die Eltern dankten *den Feuerwehrleuten ...*“
Den **Akkusativ** erhält man auf die Fragen „Wen ...?“ oder „Was ...?“:
„*Wen* haben die Anwohner benachrichtigt? – *Die Feuerwehr...*“ –
„*Was* haben die Feuerwehrleute repariert? – Die Feuerwehrleute haben *die Drehleiter ...*“
Wenn man ein Nomen und seinen Artikel in einen Kasus setzt, nennt man das **deklinieren.**

Artikel (Begleiter) stehen in demselben Kasus wie die Nomen, die sie begleiten. Man unterscheidet die **bestimmten** Artikel „der, die, das“ und die **unbestimmten** Artikel „ein, eine“.

Adjektive (Eigenschaftswörter) dienen dazu, Personen, Dinge usw. genauer zu beschreiben. Man benutzt hierfür die Grundform des Adjektivs, den **Positiv,** z. B. „alt“. Will man zwei Dinge oder Personen miteinander vergleichen, so braucht man den **Komparativ** des Adjektivs: „Melanie ist *älter* als Anne.“ Bei Vergleichen zwischen mehreren Dingen oder Personen kann man das Adjektiv noch weiter steigern und den **Superlativ** bilden: „Von den drei Schwestern ist Maria *am ältesten*.“ Man kann die meisten Adjektive steigern, aber es gibt Ausnahmen wie „einzig“ oder „tot“.
Steht ein Adjektiv als **Attribut** vor einem Nomen, stimmt es mit ihm in Kasus, Genus und Numerus überein („der *spannende* Film“). Als **adverbiale Bestimmungen** bleiben Adjektive unflektiert. („Der Reporter berichtete *spannend*.“)

Pronomen (Stellvertreter) können an Stelle eines Nomens oder einer Wortgruppe mit Nomen gebraucht werden. Sie werden wie die Nomen dekliniert.
Wörter wie „ich, du, er/sie/es“ sind **Personalpronomen.**
Wörter wie „meine, deine, seine“ usw. heißen **Possessivpronomen** (besitzanzeigende Pronomen).
Das **Reflexivpronomen** (rückbezügliches Pronomen) bezieht sich meist auf das Subjekt des Satzes, z.B.: „Er beeilt *sich*.“
Demonstrativpronomen (hinweisende Pronomen) sind Wörter wie „dieses“ oder „jene“, mit denen man auf etwas zeigt oder hinweist.
Indefinitpronomen (unbestimmte Pronomen) sind Wörter wie „etwas“, „einige“, „viel“, mit denen man ungefähre Mengenangaben macht.
Interrogativpronomen wie „wer“, „was“, „welche/r“ leiten Frage- und Ausrufesätze ein.
Relativpronomen wie „der“, „die“, „das“ leiten Nebensätze (Relativsätze) ein.
Bei der Verwendung von Pronomen muss man besonders darauf achten, dass immer deutlich ist, worauf sich das Pronomen **bezieht.** Sonst kann es zu Missverständnissen kommen wie in den Sätzen: „Die Zoobesucher freuten sich über die Affen. *Sie* lausten sich gegenseitig.“

Präpositionen sind Wörter wie „in“, „auf“, „nach“, „vor“. Sie drücken oft ein örtliches (*vor* dem Haus) oder zeitliches (*vor* einer Stunde) **Verhältnis** aus. Die Präposition steht vor einem Nomen (mit oder ohne Begleiter) oder einem Pronomen. Sie bestimmt den Kasus des nachfolgenden Worts oder der Wortgruppe *(auf dem Fahrrad; nach kurzer Zeit; bei ihm)*.

Konjunktionen sind nicht deklinierbare oder konjugierbare Wörter, die Sätze und Teile von Sätzen miteinander verknüpfen. Man unterscheidet
- **nebenordnende Konjunktionen,** z. B. „und“, „oder“, „aber“. Sie verbinden Wörter, Wortgruppen und Sätze, die grammatisch gleichrangig nebeneinanderstehen.
- **unterordnende Konjunktionen,** z. B. „weil“, „da“, „obwohl“, „wenn“, „als“, „nachdem“, „dass“. Sie leiten eine bestimmte Gruppe von Nebensätzen ein und binden diese an einen übergeordneten Teilsatz (Hauptsatz).

Adverb, Plural: Adverbien (Umstandswort): eine Wortart, die man leicht mit dem Adjektiv verwechseln kann. Das Adverb ist aber im Gegensatz zum Adjektiv nicht flektierbar: „morgens“, „abends“, „probeweise“, „heimwärts“.

Verben (Tätigkeitswörter) geben an, was ist, was geschieht oder was jemand tut, z. B. „haben“, „regnen“, „gehen“.
Wenn wir Verben in Sätzen verwenden, bilden wir aus dem **Infinitiv** (Grundform) des Verbs meist die **Personalform,** z. B.: „gehen – er geht“.
Setzt man Verben in die verschiedenen Personalformen, nennt man dies **konjugieren.**

Die Befehlsform des Verbs ist der **Imperativ.** Er kann an Einzelne oder an mehrere Personen gerichtet sein: „Geh(e)!“ – „Geht!“

Verben sagen uns, *wann* das im Satz Mitgeteilte passiert. Sie lassen sich in verschiedene **Tempora** (Zeitformen) setzen:
Mit dem **Präsens** können wir ausdrücken, dass etwas in der Gegenwart geschieht: „Ich *lese* gerade.“ Im Präsens stehen auch solche Aussagen, die immer gelten, z. B.: „Ferien *machen* Spaß.“
Mit dem **Futur** können wir auf Zukünftiges verweisen: „Ich *werde* ans Meer *fahren.*“
Häufig benutzen wir Zeitangaben, um die Zukunft anzuzeigen, die Verbform kann dann im Präsens bleiben, z. B.: „*Morgen fahre* ich ans Meer.“
Vergangenes wird in mündlichen Erzählungen meist im **Perfekt** ausgedrückt („ich *habe gesehen*“, „ich *bin gegangen*“), bei schriftlichen Erzählungen und Berichten steht meist das **Präteritum** („ich *ging*“, „ich *sah*“).
In beiden Fällen wird bei Vorzeitigkeit das **Plusquamperfekt** verwendet. Es handelt sich dabei um eine nur in Beziehung zu einem anderen Tempus zu gebrauchende Zeitform. Sie ist daher hauptsächlich in Satzgefügen (Haupt- und Nebensatz) zu finden. Beispiele: „Nachdem wir *gegessen hatten,* gingen wir spazieren.“ – „Wir *waren* gerade *eingeschlafen,* als das Gewitter losbrach.“ Das Plusquamperfekt wird gebildet aus dem Präteritum der Hilfsverben „haben“ oder „sein“ (ich hatte/ich war) und dem Partizip Perfekt des Vollverbs (gegessen/eingeschlafen).

Aktiv und Passiv sind zwei Verbformen, die man bei der Darstellung von Handlungen und Vorgängen unterscheidet. Man kann die Aktiv- und Passivformen gleichermaßen in den verschiedenen Zeitstufen benutzen:

	Aktiv Handlungsverb („suchen“) in der entsprechenden Tempusform	**Passiv** „werden“ in der entsprechenden Tempusform + Partizip Perfekt des Handlungsverbs („suchen“)
Präsens	„Sonja *sucht* das Heft.“	„Das Heft *wird* (von Sonja) *gesucht.*“
Perfekt	„Sonja *hat* das Heft *gesucht.*“	„Das Heft *ist* (von Sonja) *gesucht worden.*“
Präteritum	„Sonja *suchte* das Heft.“	„Das Heft *wurde* (von Sonja) *gesucht.*“
Funktion	Der Sprecher richtet den Blick auf die handelnden Personen und ihr Tun.	Der Blick wird auf den Vorgang gerichtet.

Der Modus des Verbs (Plural: die Modi):
Indikativ und Konjunktiv
Einfache Aussagen, z. B. eigene Tatsachenfeststellungen oder Meinungsäußerungen, werden im **Indikativ** verfasst. Zum Beispiel kann eine Politikerin über die Medien geäußert haben:

Der Zeitungsbericht hat sehr übertrieben.

Diese Äußerung kann nun in verschiedenen Formen der **Redewiedergabe** in Medienberichte Eingang finden:

A) Die **direkte Rede** einer anderen Person kann durch die Form der **wörtlichen Rede** wiedergegeben werden:

Die Politikerin sagte: „Der Zeitungsbericht hat sehr übertrieben.“

B) Bei einem **Zitat** wird ein Teil der fremden Äußerung mit Anführungszeichen in den eigenen Satz eingebaut:

Die Politikerin hielt den Zeitungsbericht für „*sehr übertrieben*“.

Der zitierte Teil muss dabei mit dem Originalsatz übereinstimmen.

C) In der **Paraphrase** fremder Rede, d. h. der freien, nicht wörtlichen Wiedergabe einer fremden Äußerung, macht man durch einen Zusatz wie „nach ihrer Meinung, nach seiner Auffassung …" die Redewiedergabe deutlich:

> Im Gespräch äußerte die Politikerin unmissverständlich, dass *die ihrer Meinung nach starken Übertreibungen in der Presse* nur durch das Sommerloch zu erklären seien.

D) Bei der **indirekten Rede** baut man die Aussagen oder Gedanken einer anderen Person in seinen eigenen Text ein. Dabei macht man deutlich, dass die Äußerung nicht von einem selbst stammt. In einem einleitenden Hauptsatz wird gesagt, wessen Äußerung wiedergegeben wird. Die Wiedergabe der Äußerung erfolgt dann in einem Inhaltssatz:

- entweder einem **dass-Satz:**

> Die Politikerin sagte, *dass* der Zeitungsbericht sehr übertrieben hat.

- oder einem uneingeleiteten Nebensatz im **Konjunktiv:**

> Die Politikerin sagte, der Zeitungsbericht *habe* sehr übertrieben.

Wenn Konjunktiv I nicht vom Indikativ Präsens zu unterscheiden ist, wählt man als Ersatz **Konjunktiv II:**

> Sie ergänzte, auch ihre Kollegen ~~*denken*~~ *dächten* nicht an weitere Maßnahmen.

Der Konjunktiv II „dächten" ist abgeleitet vom Präteritum Indikativ „sie dachten".

Wenn sich der Konjunktiv nicht vom Indikativ unterscheidet, wählt man die **Ersatzform „würde":**

> Sie sagte, ihre Kollegen ~~*machen*~~ ~~*machten*~~ *würden* kein Aufheben davon *machen.*

Der Gebrauch des **Tempus** in einem Gliedsatz mit indirekter Rede ist nur abhängig davon, ob das Gesagte vorzeitig, gleichzeitig oder nachzeitig ist. Der übergeordnete Satz kann in einem beliebigen Tempus stehen.

Die Politikerin sagt (sagte, hat gesagt, wird sagen …),

Vorzeitigkeit:	vorher habe sie Wut gefühlt. = Konjunktiv I Perfekt
Gleichzeitigkeit:	jetzt fühle sie Erleichterung. = Konjunktiv I Präsens
Nachzeitigkeit:	später werde sie Belustigung fühlen. = Konjunktiv I Futur

Konjunktiv II in der Redewiedergabe kann auch benutzt werden, um **Zweifel oder Kritik** an der wiedergegebenen Äußerung einer anderen Person auszudrücken:

> Die Politikerin behauptete, der Zeitungsbericht *hätte* sehr übertrieben.

(Der Reporter sieht das nicht unbedingt auch so!)

Der Konjunktiv II kann außerdem eine Aussage als **unwirklich** (irreal), als nur vorgestellt kennzeichnen: „*Wär* ich eine Stadt, *spielten* auf meinen Straßen Kinder." Schließlich lässt sich mit dem Konjunktiv II ein **Wunsch** ausdrücken: „Ich *wollte,* morgen *wäre* hitzefrei!"

Modalverben

Mit **Modalverben** fügt man den *Vollverben* einen bestimmten Aspekt hinzu: Man sagt zusätzlich, ob man etwas darf, muss usw.: „Angler/innen **müssen** Vorschriften *beachten.*"

Funktionen der Modalverben		
können Möglichkeit Fähigkeit	*sollen* Regelung Auflage	*müssen* Gebot Zwang
dürfen Erlaubnis Möglichkeit	*wollen* Absicht Bereitschaft	*mögen* Wunsch Möglichkeit

2.6 Satzglieder

Ein Satz setzt sich aus verschiedenen **Satzgliedern** zusammen. Ob ein einzelnes Wort oder eine ganze Wortgruppe ein Satzglied bildet, erkennt man daran, dass man Satzglieder innerhalb eines Satzes umstellen kann, ohne den Sinn des Satzes zu verändern. Wir nennen dieses Verfahren **Umstellprobe**. Beispiel:

„ Die Feuerwehrleute | retteten | den Jungen. –
Den Jungen | retteten | die Feuerwehrleute. “

Der Kern des Satzes ist das **Prädikat.** Prädikate werden durch Verben gebildet. Es gibt einteilige Prädikate (z. B. „Sie *retteten* ihn.“) und zweiteilige Prädikate: „Sie *haben* ihn *gerettet.*“ Der Teil des Prädikats, der im Aussagesatz nach dem ersten Satzglied steht, ist die Personalform des Verbs: „Sie *haben* ihn gerettet.“

Um die weiteren Satzglieder im Aussagesatz zu bestimmen, stellen wir vom Prädikat ausgehend Fragen. Die erste Frage lautet: „Wer …?“ oder „Was …?“, die Antwort darauf ist das **Subjekt,** die wichtigste Ergänzung zum Prädikat:
„*Wer* hat ihn gerettet? – *Sie* haben ihn gerettet.“
Subjekt und Prädikat sind eng miteinander verbunden. Sie stimmen in der Person (1., 2. oder 3. Person) und im Numerus (Singular oder Plural) überein.
Mit „Wen …?“ oder „Was …?“ erfragen wir das **Akkusativobjekt:** „*Wen* haben sie gerettet? – Sie haben *ihn* gerettet.“
Mit „Wem …?“ fragen wir nach dem **Dativobjekt,** mit „Über was …?“, „Auf was …?“, „Für was …?“ usw. nach dem **Präpositionalobjekt.**
Beispiel:

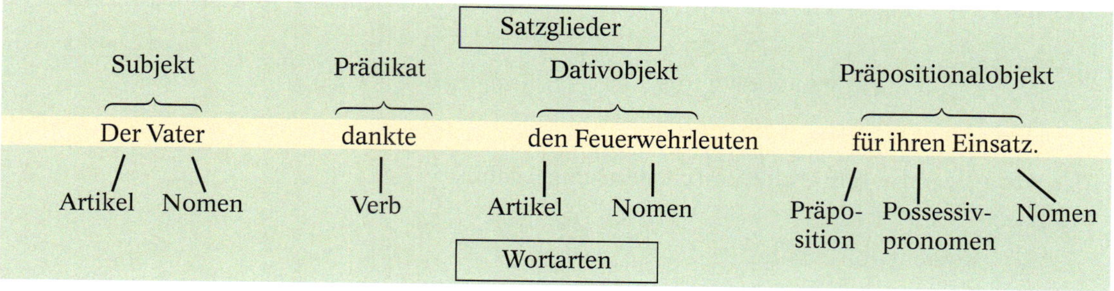

Das **Genitivobjekt** wird nur noch selten verwendet. Wir erfragen es mit „Wessen …?“: „*Wessen* erinnerte er sich? – Er erinnerte sich *des Vorfalls.*“

Satzglieder, die man mit den Fragen „Wann …?“, „Warum …?“, „Wie …?“ ermittelt, heißen **adverbiale Bestimmungen** oder auch Adverbialien (Singular: das Adverbiale). Sie geben die näheren Umstände eines Geschehens oder einer Handlung an (daher auch die Bezeichnung „Umstandsbestimmung“).

Man unterscheidet
- **adverbiale Bestimmungen der Zeit:** „Wann treffen wir uns? – Wir treffen uns *am Montag.*“
- **adverbiale Bestimmungen des Ortes:** „Wo …? – Wir sehen uns *in der Schule.*“
- **adverbiale Bestimmungen des Grundes:** „Warum …? – *Wegen des Regens* kamen wir nicht nach Hause.“
- **adverbiale Bestimmungen der Art und Weise:** „Wie …?“ – Er folgte uns *neugierig.*“

Adverbiale Bestimmungen können gebildet sein
- aus einem Adjektiv: „Er lief *schnell* weg.“
- aus einem Adverb: „Sie arbeitet *heute.*“
- aus einer Nominalgruppe mit Präposition: „Wir sehen uns *am Abend.*“

Attribute sind immer **Teil eines Satzglieds,** also keine selbstständigen Satzglieder. Sie stehen vor oder hinter ihren **Bezugswörtern** (z. B. Nomen) und bestimmen sie näher. Als Attribute kommen u. a. vor:
- Adjektive („*neue* Bücher“) und adjektivisch gebrauchte Partizipien („*spielende* Kinder“),
- Pronomen („*unsere* Schule“) und Zahlwörter („*drei* Äpfel“),
- Nomen im Genitiv („die Abfahrt *des Zuges*“),
- Nomen mit Präposition („ein Mann *mit Hut*“),
- Adverbien („die Häuser *dort*“).

Eine Form des Attributs ist auch die **Apposition:** „Herr Schäfer, *unser Lehrer,* organisierte mit uns den Basar.“ Die Apposition ist in ihrem Kern stets ein Nomen („Lehrer“). Sie folgt dem Bezugswort („Herr Schäfer“) und steht im gleichen Kasus wie das Bezugswort (hier: Nominativ).

2.7 Satzreihen und Satzgefüge

Die **Satzreihe** besteht aus selbstständigen Teilsätzen **(Hauptsätzen)**. Die Teilsätze werden manchmal nur durch Komma voneinander getrennt: „Das Plakat war fertig, es sollte sofort aufgehängt werden." Meist werden sie jedoch durch **nebenordnende Konjunktionen** miteinander verbunden: „Gutenberg war verschuldet, *doch* er arbeitete weiter an seiner Erfindung."

Ein **Satzgefüge** ist zusammengesetzt aus mindestens einem Hauptsatz und mindestens einem Nebensatz, der zumeist mit einer unterordnenden Konjunktion oder einem Relativpronomen eingeleitet wird. Nebensätze mit Konjunktion heißen **Gliedsätze.**

Satzgefüge:	**Hauptsatz**	**+ Gliedsatz**	
Beispiel:	„Das Wasser wird blau,	*weil* ich Tinte hinzugefügt *habe.*"	
Signale:	Komma ↑	Konjunktion ↑	Personalform des Verbs am Satzende ↑

Die Stufenmodelle verdeutlichen, wo Hauptsatz (HS) und Gliedsatz (GS) im Satzgefüge stehen können:

„Das Wasser wird blau, weil Tinte hineinkam."

____ HS ____,
Konjunktion __ GS __.

„Weil Tinte hineinkam, wird das Wasser blau."

Konjunktion __ GS __, ____ HS ____.

„Das Wachs, wenn es sehr erhitzt ist, schmilzt schnell dahin."

__ HS __,
Konjunktion __ GS __, ____ HS ____.

Gliedsätze können die Rolle eines Satzglieds übernehmen. Wenn sie für eine adverbiale Bestimmung stehen, heißen sie **Adverbialsätze:**

„*Nach dem Essen* gingen wir spazieren." (adverbiale Bestimmung)

↓

„*Nachdem wir gegessen hatten,* gingen wir spazieren." (Adverbialsatz)

Arten der Adverbialsätze

- **Temporalsätze** geben Zeitverhältnisse an. Wir fragen: „Wann ...?" – „Seit wann ...?" – „Wie lange ...?"
  „*Während wir Kanu fuhren,* fing es an zu regnen."
  Konjunktionen: „als", „während", „nachdem" ...
- **Konditionalsätze** geben eine Bedingung an. Wir fragen: „Unter welcher Bedingung ...?" – „Wann ...?"
  „*Wenn das Wasser blau ist,* kann man die Luftbläschen deutlich sehen."
  Konjunktionen: „wenn", „falls", „sofern"
- **Konsekutivsätze** geben Folgen oder Wirkungen an. Wir fragen: „Mit welcher Folge ...?" – „Mit welcher Wirkung ...?"
  „Ich füge Tinte hinzu, *sodass es blau wird.*"
  Konjunktion: „sodass" (auch: „so ..., dass ...")
- **Kausalsätze** geben den Grund oder die Ursache an. Wir fragen: „Aus welchem Grund ...?" – „Aus welcher Ursache ...?" – „Warum ...?"
  „Die Luftbläschen sind gut zu erkennen, *weil das Wasser blau gefärbt ist.*"
  Konjunktionen: „weil", „da"
- **Finalsätze** geben eine Absicht oder einen Zweck an. Wir fragen: „Mit welcher Absicht ...?" – „Zu welchem Zweck ...?" –
  „Man färbt das Wasser blau, *damit die Luftbläschen gut zu sehen sind.*"
  Konjunktion: „damit"
- **Konzessivsätze** drücken einen unzureichenden Gegengrund aus. – Wir fragen: „Trotz welcher Gegengründe ...?"
  „Das Wasser färbt sich blau, *obwohl ich nur einen Tropfen Tinte hinzugefügt habe.*"
  Konjunktionen: „obwohl", „obgleich", „wenngleich", „wenn ... auch"

Inhaltssätze
Inhaltssätze sind **Gliedsätze,** die den Inhalt dessen angeben, was man weiß, sagt, vermutet, hofft, wünscht; was klar oder unklar ist usw.:
„Judith behauptet (weiß, beweist ...), *dass sich heiße Luft ausdehnt.*"
Inhaltssätze sind Gliedsätze, die die Rolle von Subjekt oder Objekt in Sätzen übernehmen können. Sie heißen daher auch **Subjektsätze** oder **Objektsätze** und lassen sich wie Subjekt oder Objekt erfragen: „Ich hoffe, *dass dir das Buch gefällt.*" (Objektsatz) – *„Dass du mein Buch liest,* gefällt mir." (Subjektsatz)

Varianten der Inhaltssätze
- dass-Satz: „Ina sagt, *dass ihr das Buch gefällt.*"
- indirekter Fragesatz: „Ihre Freundin fragt schon, *wann sie es zu lesen bekommt.*"
- indirekter Fragesatz: „Ina weiß nicht, *ob sie rechtzeitig fertig wird.*"
- Infinitivsatz: „Ihre Freundin ist bereit (,) *den Termin zu verschieben.*"

2.8 Zeichensetzung

Grundregel zur Kommasetzung bei **Nebensätzen:** Kommas grenzen Nebensätze vom Hauptsatz ab.
- Hauptsatz + Nebensatz: „Das Buch wird weitergereicht, weil es sehr spannend ist."
- Nebensatz + Hauptsatz: „Wenn das Buch spannend ist, wird es von vielen gelesen."
- Hauptsatz + Nebensatz + Fortsetzung des Hauptsatzes: „Ein Buch, das spannend ist, wird von vielen gelesen."

Zusatzregel: Ineinander verschachtelte Nebensätze werden gegeneinander durch Kommas abgegrenzt: „Das Buch ist spannend, weil es von einer Expedition handelt, bei der ein fremdes Volk entdeckt wurde."

„dass" oder „das"?
Die **Konjunktion „dass"** leitet einen Nebensatz (Gliedsatz) ein. Deshalb wird der dass-Satz durch Komma vom Rest des Satzgefüges abgetrennt: „Ich vermute, *dass du das Buch schon gelesen hast.*"
Um den dass-Satz zu erkennen, prüft ihr:
- einleitendes Verb des Sprechens oder der sinnlichen und geistigen Wahrnehmung/Tätigkeit? → „vermuten"
- Fragen-Probe mit „Wer oder was ...?"/ „Wen oder was ...?": „(Wen oder) Was vermute ich? → ..., dass du das Buch schon gelesen hast."

Das **Relativpronomen „das"** leitet einen Relativsatz ein, der sich auf ein Bezugswort bzw. Satzglied im Hauptsatz bezieht: „Das Buch, *das du mir geliehen hast,* fand ich langweilig."
Um den das-Satz zu erkennen, prüft ihr:
- Lässt sich das „das" durch „welches" ersetzen? → *„Das* Buch, *welches* du mir geliehen hast, ..."
- Gibt es ein Bezugswort im Hauptsatz? → „Das Buch, das du mir geliehen hast, ..."
- Fragen-Probe mit der „Was für ein ...?"-Frage: „Was für ein Buch? – Das Buch, das ich gelesen habe, ..."

Infinitivsätze
Infinitivsätze bestehen aus einem Infinitiv mit „zu" und mindestens einem weiteren Wort: „Sie hoffte, *es zu schaffen.*"
Infinitivsätze müssen durch **Kommas** abgetrennt werden, wenn
- der Infinitivsatz durch *um, ohne, statt, anstatt, außer, als* eingeleitet wird: „Ich möchte das Buch lesen, ***um*** *mehr über Haie zu erfahren*";
- der Infinitivsatz von einem Substantiv abhängt: „Wir hatten ***den Plan***, *uns gründlich über Haie zu informieren*";
- der Infinitivsatz von einem hinweisenden Wort wie *daran, darauf* oder *es* abhängt: „Wir hatten uns ***darauf*** gefreut, *den Film über Haie anzusehen*".

In anderen Fällen ist das Komma freigestellt. Es empfiehlt sich aber, die Kommas **immer** zu setzen, weil sie für die Lesenden eine Hilfe darstellen und niemals falsch sind.

Partizipgruppen
Obwohl Partizipgruppen kein Verb in der Personalform enthalten, können sie im Satz die Funktion von Gliedsätzen übernehmen. Man nennt sie darum auch **satzwertige Partizipien.**
Normalerweise müssen Partizipgruppen **nicht** durch Komma abgetrennt werden. **Kommas** stehen allerdings,
- wenn die Partizipgruppe am Satzende steht, z. B.: „Keinen Bezug zum ‚Fax' hat das lateinische ‚fax', *die ‚Fackel' bezeichnend.*"
- wenn durch hinweisende Wörter auf die Partizipgruppe Bezug genommen wird, z. B.: *„So, vollends ausgeschrieben,* ist das ‚Fax' ein ‚Faksimile'."

Partizipgruppen **können** durch **Komma** abgetrennt werden, wenn man die Gliederung des Satzes verdeutlichen will, z. B.: „Das lateinische ‚fax' hat (,) *die Fackel bezeichnend (,)* keinen Bezug zum ‚Fax'."

Durch **Kommas** abgetrennt werden auch:

- Teilsätze in der **Satzreihe** (Hauptsatz + Hauptsatz): „Wir betraten das Haus, es war nichts zu hören." – „Ich dachte lange nach, aber der Titel des Buches fiel mir nicht ein."
  Vor den Konjunktionen *und, oder, entweder ... oder, sowohl ... als auch, weder ... noch* u. a. muss **kein Komma** stehen, man kann aber das Komma zur Verdeutlichung setzen: „Herr Müller fuhr mit seinem Fahrrad(,) und seine Tochter saß auf dem Rücksitz."
- Wörter und Wortgruppen in **Aufzählungen:** „Die Schüler tragen einen *bequemen, weiten* Umhang." – „Du wolltest doch früh *nach Hause kommen, Aufgaben machen, dann Tennis spielen.*"
  Kein Komma steht vor den Konjunktionen *und, oder, entweder ... oder* u. a.: „Der Schüler hebt die Hand *entweder zum Gruß oder zur Entschuldigung.*"
- **Appositionen:** „Oskar, *der freundliche Polizist,* konnte den Fall schnell lösen."
- **Orts- und Zeitangaben:** „Köln, *den 10. September 1998*"
- **Nachgestellte Erläuterungen:** Sie werden oft mit Wörtern wie *nämlich, und zwar, vor allem, das heißt (d. h.), zum Beispiel (z. B.)* eingeleitet: „Das römische Schulrelief wurde in der Eifel ausgegraben, *und zwar* im Jahre 1884." – „Sie liebt Musik, *vor allem* Jazz."
- **Anreden:** „*Heiko,* gib mir bitte das Buch bald zurück."

Anführungszeichen

Anführungszeichen stehen vor und hinter einer **wörtlich wiedergegebenen Äußerung;** z. B.: *Sokrates sagte: „Ich weiß, dass ich nichts weiß."*
Anführungszeichen stehen vor und hinter **zitierten Überschriften,** Titeln von Büchern, Filmen, Gedichten, Namen von Zeitungen u. Ä.; z. B.: *Die „Süddeutsche Zeitung" enthält jeden Tag auf der ersten Seite eine Glosse mit dem Titel „Streiflicht".*
Anführungszeichen dienen zur **Hervorhebung** einzelner Wortteile, Wörter oder Textteile (z. B. Sprichwörter, Fachwörter); z. B.: *Das Sprichwort „Geteiltes Leid ist halbes Leid" tröstet nicht immer.*
Eine Anführung innerhalb einer Anführung wird durch **halbe Anführungszeichen** deutlich gemacht; z. B.: *„Gehen wir doch ins Kino, heute läuft ‚Der Untergang der Titanic' zum letzten Mal."*
Treffen Punkt, Frage- und Ausrufungszeichen mit Anführungszeichen zusammen, so stehen sie vor dem Schlusszeichen, wenn sie zur wörtlich wiedergegebenen Äußerung oder angeführten Textstelle gehören; z. B.: *„Wie geht es dir?", sprach er sie an.* Aber: *Wer kennt das Theaterstück „Die Räuber"?*

Wörtliche Rede

Die wörtliche Rede in einer Geschichte steht in **Anführungszeichen.** Die Satzzeichen ändern sich, je nachdem, ob der Redebegleitsatz vor, inmitten oder nach der wörtlichen Rede steht:

- Zwischen einem einleitenden Redebegleitsatz und der wörtlichen Rede steht ein **Doppelpunkt:** *Oskar fragte den Motorradfahrer: „Warum sind Sie so schnell gefahren?"*
- Der eingeschobene Redebegleitsatz wird durch **Kommas** abgetrennt:
  „Ich gehe", sagt Oskar, „in das Musikgeschäft auf der anderen Straßenseite."
- Der nachgestellte Begleitsatz wird durch ein **Komma** von der wörtlichen Rede abgetrennt:
  „Ich schreibe dir bald", sagte sie. – „Warum kommst du so spät?", fragte die Lehrerin. – „Halt! Stehen bleiben!", riefen die Polizisten.

Richtiges Zitieren

▶ S. 143–146

Wenn man Teile eines Textes, den man untersucht, wörtlich übernimmt, stehen diese Zitate in **Anführungszeichen.**
Wird eine Textstelle nur teilweise übernommen, müssen die **Auslassungen** durch [...] kenntlich gemacht werden.
Nach den abschließenden Anführungszeichen gibt man in Klammern die **Zeile** an, in der das Zitat im Text zu finden ist. Der Schlusspunkt des Satzes steht erst nach der Zeilenangabe.

Der Apostroph

Auslassung von Buchstaben in Wörtern kennzeichnet man mit dem Apostroph.
Wenn Eigennamen, die im Nominativ mit dem s-Laut enden, im Genitiv stehen, lässt man beim Schreiben das Genitiv-s weg und setzt einen Apostroph, z. B. „Heinz' Geburtstag". Das gilt für Wörter, die am Ende mit -s, -ss, -ß, -tz, -z, -x oder -ce geschrieben werden.
Ist der Genitiv durch einen beigefügten Artikel, ein Possessivpronomen oder Ähnliches erkennbar, entfällt der Apostroph.

2.9 Rechtschreibung

Tipps zum Rechtschreiben

Das **Wörterbuch** – dein starker Helfer: Man kann nicht alles wissen, man muss nur wissen, wo es steht. Das gilt auch bei der Rechtschreibung. Jeder kann Fehler vermeiden, wenn er bei Zweifeln über die richtige Schreibweise im Rechtschreibwörterbuch nachsieht.

Schreibweisen ausprobieren: Um zu durchschauen, wie Wörter geschrieben werden, kannst du verschiedene Proben anwenden:
- das **Wort verlängern,** z. B.: „Glas – Gläser – des Glases – glasig“, „heiß – heißer“;
- ein **verwandtes Wort** suchen: „willst – wollen“, „Baum – Bäume“;
- ein zusammengesetztes Wort in seine **Bestandteile** zerlegen: „Sperrmüllplatz – Sperr + müll + platz“.

Die **Silbentrennung:** Mehrsilbige Wörter trennt man nach Sprechsilben, die man bei langsamem, betontem Sprechen hören kann, z. B.: „Au-ge“, „Dumm-heit“, „dum-mer-wei-se“, „lis-tig“.
Aber: Einzelne Buchstaben werden nicht abgetrennt: „Abend“, „eben“, „Kleie“.
Faustregel für Zweifelsfälle: Von mehreren Konsonanten kommt nur der letzte auf die neue Zeile.

Groß- und Kleinschreibung

Nominalisierungen: Nominalisierungen sind Wörter, die im Satz als Nomen gebraucht werden, obwohl sie eigentlich anderen Wortarten angehören. Sie werden **großgeschrieben.** Man erkennt sie an den Nomen-Signalen, das sind z. B.
der Artikel: „der Letzte“;
(Artikel +) Adjektiv: „das einzig Richtige“;
(Artikel +) Präposition: „im Nachhinein“;
Pronomen: „jede/r Dritte“.

Denominalisierungen: Wenn aus Nomen Wörter anderer Wortarten entstehen, nennt man diesen Vorgang Denominalisierung. Aus Nomen entstandene Wörter anderer Wortarten werden **kleingeschrieben.** Dazu gehören z.B. Adverbien: „anfangs“, „rechtens“, „morgens“ (vgl. im folgenden Abschnitt: Tageszeiten und Wochentage), Präpositionen und Teile von präpositionalen Fügungen: „dank“, „statt“, „um … willen“; unbestimmte Pronomen und Zahlwörter: „ein bisschen“, „ein paar“; bestimmte Adjektive, wenn sie mit „sein“, „bleiben“ oder „werden“ verbunden sind: „Mir wird angst und bange.“ „Ich bin es leid.“ „Er ist schuld daran.“

Tageszeiten und Wochentage: Bezeichnungen für Tageszeiten werden **großgeschrieben,** wenn sie **Nomen** sind. Man erkennt das oft an den üblichen Nomen-Signalen (Artikel – zum Teil mit einer Präposition verschmolzen – oder Adjektivattribut): „am Sonntag“, „zum nächsten Morgen“. Bezeichnungen für Tageszeiten werden **kleingeschrieben,** wenn sie **Adverbien** sind: „sonntags“. Tageszeitangaben kombinieren oft beide Wortarten – z. B. „gestern Abend“.

Geografische Namen und Herkunftsbezeichnungen:
- Bei **Zusammensetzungen mit mehrteiligen Eigennamen** wird der Bindestrich gesetzt, z. B. „Rhein-Main-Gebiet“, „Friedrich-Schiller-Straße“ (aber bei einteiligen Namen: „Rheintal“, „Schillerstraße“). Dabei werden die Eigennamen wie alle Nomen großgeschrieben.
- In **mehrteiligen Eigennamen** mit Bestandteilen, die **keine Nomen** sind, schreibt man alle Wörter groß, mit Ausnahme von Artikeln und Präpositionen, z. B.: „Vereinigte Staaten von Amerika“, „Freie und Hansestadt Hamburg“, „Unter den Linden“, „Kahler Asten“.
- Herkunftsbezeichnungen mit **Ableitungen auf -er** schreibt man groß, z. B.: „Kölner Dom“, „Berliner Bär“, „Meißener Porzellan“, „Heidelberger Schloss“.
- Herkunftsbezeichnungen mit **Ableitungen auf -isch** gehören zur Wortart der Adjektive, deswegen schreibt man sie klein, z. B. „hessisches Fulda“, „italienische Stadt“, „indischer Tee“.

Getrennt- und Zusammenschreibung

Auch wenn zwei Wörter inhaltlich eng zusammengehören, schreibt man normalerweise **getrennt.** Das gilt
- für alle Wortgruppen mit dem Verb **„sein“**, z. B. „zufrieden sein“, „da sein“;
- für die meisten Wortgruppen aus **mehreren Verben,** z. B. „spazieren gehen“, „reiten lernen“;
- für die meisten Wortgruppen aus **Nomen und Verb,** z. B. „Klavier spielen“, „Auto fahren“;
- für die meisten Wortgruppen aus **Adjektiv und Verb,** z. B. „laut lachen“, „schnell laufen“.

Zusammen schreibt man
- **untrennbare Verbzusammensetzungen,** bei denen die Reihenfolge der Bestandteile immer die gleiche ist, z. B.
  „durchschauen“ → „Er durchschaute es.“
  „wetteifern“ → „Sie wetteifern um den Sieg.“
- Verbindungen aus **Adjektiv und Verb,** die man nicht wörtlich, sondern nur im übertragenen Sinn verstehen kann, z. B. „schwarzfahren“ (= ohne Fahrschein fahren), „schwerfallen“ (= Mühe haben);

- die meisten Verbindungen aus **Adverb und Verb,** z. B. „vorwärtskommen“, „entlanggehen“, „sich auseinandersetzen“;
- **Nominalisierungen** von Wortgruppen, z. B. „das Radfahren“, „das Klavierspielen“.

Fremdwörter sind aus fremden Sprachen übernommene Wörter. Meist erkennt man sie bereits an der Aussprache und an der Schreibung, denn sie gehorchen dabei den Regeln ihrer Herkunftssprache, z. B. „Snowboard“, „Bulletin“.
Vielfach haben sich beim Gebrauch im Deutschen gewisse Regelmäßigkeiten in der **Wortbildung** entwickelt, die es uns ermöglichen, sowohl die Herkunft der Wörter zu bestimmen als auch ihre Schreibung zu beherrschen, z. B. „reag*ieren*“, „Explos*ion*“ (aus dem Lateinischen); „*Th*eater“, „A*th*let“ (aus dem Griechischen) usw.

Manche **Fremdwörter aus dem Allgemeinwortschatz** werden **eingedeutscht,** d. h. in ihrer Schreibweise dem Deutschen angepasst. Die fremdsprachige Schreibung bleibt oft neben der eingedeutschten bestehen. Durch die **Doppelschreibungen** sollen die Fremdwörter ins Deutsche einbezogen und die Schreibung insgesamt erleichtert werden. Die Entscheidung, welche Variante gewählt wird, ist den Schreibenden überlassen. Weil es keine eindeutige Regelung gibt, für welche Fremdwörter eine eingedeutschte Schreibweise möglich ist, hilft in Zweifelsfällen nur der Blick ins Rechtschreibwörterbuch.

Fremdwörter aus Fachsprachen werden dagegen **nicht eingedeutscht** und behalten die typischen fremdsprachlichen Buchstabenguppen bei.

3 Umgang mit Texten

3.1 Erzählende Literatur

Das wesentliche Merkmal für einen epischen (erzählenden) Text ist **der Erzähler/die Erzählerin,** der/die nicht mit dem Autor oder der Autorin gleichgesetzt werden darf. Ein erwachsener Autor kann zum Beispiel eine Geschichte von einem Kind, ein männlicher Autor von einer Frau erzählen lassen oder umgekehrt. Immer ist der Erzähler/die Erzählerin eine vom Autor erfundene Figur und gehört zur Welt der erzählten Geschichte. Wichtig für das Verstehen eines Erzähltextes ist es nun, die Rolle des Erzählers/der Erzählerin im Erzählvorgang und seine/ihre Darstellungsweise zu erfassen. Eine ausführliche Übersicht über die Aspekte, die im Hinblick auf die Erzählerrolle zu untersuchen sind, findet ihr auf S. 166/167. Dort ist auch zusammengestellt, was bei einer Interpretation eines Erzähltextes über die Erzählerrolle hinaus zu beachten ist.

Textarten

▶ S. 143
Sage: ursprünglich auf mündlicher Überlieferung beruhende kurze Erzählung fantastischer Ereignisse. Im Gegensatz zum Märchen sind Sagen meist an einen ganz bestimmten Ort gebunden und auch zeitlich festgelegt.

Märchen sind fantastisch-wunderbare, frei erfundene Geschichten, die keinen namentlich bekannten Autor haben. Sie sind lange vor der Zeit des Buchdrucks entstanden und von Generation zu Generation weitererzählt worden. Später haben Schriftsteller und Literaturwissenschaftler diese Märchen gesammelt und aufgeschrieben. Die berühmteste Sammlung stammt von den Brüdern Jacob (1785–1863) und Wilhelm Grimm (1786–1859).
Die Figuren werden im Märchen nur in einigen, für die Handlung wesentlichen Eigenschaften vorgestellt (Gut-böse-Schema). Ort und Zeit sind nicht genauer bestimmt. Es heißt nur: „Es war einmal ...“. Das Handlungsschema ist oft so, dass die Heldin/der Held eine Reihe von Aufgaben bewältigen muss (häufig sind es drei) und am Ende eine Belohnung gewinnt (Happy End). Übernatürliche Mächte (Gott, Teufel, Hexen, Feen, mit magischen Kräften ausgestattete Tiere usw.) greifen wie selbstverständlich ins Alltagsleben ein.

In der **Fabel** handeln und sprechen zumeist Tiere. Viele dieser Tierfiguren verkörpern feststehende menschliche Charaktereigenschaften: Der Fuchs gilt als schlau, der Esel als dumm, der Löwe als mächtig, der Wolf als gierig. Die Tiere sind häufig Gegner (Fuchs und Rabe, Wolf und Lamm, Löwe und Esel), der Stärkere oder der Listigere siegt. Aus den Fabeln soll man Lehren für das eigene Verhalten gegenüber anderen Menschen ziehen. Fabeln können wie Gedichte in Versen oder aber auch in Prosa (als kurze Erzählung) geschrieben sein.

Parabel: Sie hat lehrhaften Charakter und enthält meist eine allgemeine Erkenntnis oder Lebensweisheit, die durch Übertragung des darge- ▶ S. 15–22 stellten konkreten Ereignisses in einen anderen Vorstellungsbereich erschlossen werden kann.

Erzählung: Sammelbegriff für unterschiedliche Kurzformen des Erzählens, die nicht näher durch bestimmte Kunstregeln festgelegt sind. Im Unterschied zum Roman ist die Erzählung knapper und überschaubarer, da nur von einem zentralen Ereignis die Rede ist.

▶ S. 101–108, 157–167

Kurzgeschichte: Der Name Kurzgeschichte ist eine Übersetzung des amerikanischen Begriffs „Short Story“. Die ersten deutschen Kurzgeschichten entstanden nach dem Zweiten Weltkrieg und behandelten Themen der Kriegs- und Nachkriegszeit. Später behandelte die Kurzgeschichte entscheidende Situationen im menschlichen Leben. Obwohl die Kurzgeschichten in Form und Darstellungsweise beträchtlich variieren, kann man gewisse gemeinsame Tendenzen feststellen: Kürze, Konzentration auf einen Geschehensausschnitt, Wechsel zwischen Erzählerbericht und Figurenrede (direkte oder indirekte Rede), unvermittelter Anfang und offener Schluss, Nähe zur Alltagssprache, Mehrdeutigkeit.

▶ S. 14–15

Kalendergeschichte: Wie der Name schon sagt, wurden diese Geschichten ursprünglich für die Kalender geschrieben, die in früheren Jahrhunderten neben der Bibel häufig das wichtigste Druckerzeugnis waren. Es handelte sich um kurze, überschaubare Erzählungen, die unterhalten und belehren sollten. Meist ging es in ihnen um merkwürdige, witzige oder auch nachdenklich stimmende Begebenheiten, die der Autor irgendwo aufgeschnappt oder in einer Zeitschrift, einem Magazin, einem Geschichtsbuch gelesen hatte und die er für seinen Kalender ausgestaltete. Der bekannteste Kalendergeschichtenschreiber war Johann Peter Hebel (1760–1826). In neuerer Zeit hat Bertolt Brecht (1898–1956) die Tradition der Kalendergeschichte wieder aufgegriffen; allerdings wurden seine Geschichten nicht mehr wirklich für einen Kalender geschrieben, sondern für eine Veröffentlichung in Buchform.

▶ S. 12

Anekdote: kurze, meist witzige Geschichte zur scharfen, blitzlichtartigen Charakterisierung einer bekannten Persönlichkeit. Gegenstand der Anekdote können aber auch gesellschaftliche Gruppen, Charaktertypen oder denkwürdige Ereignisse sein.

Novelle: von italienisch *novella* = Neuigkeit. Eine relativ kurze, in straffer Form erzählte, dramatische („unerhörte“) Begebenheit, die im Gegensatz zum Märchen einen deutlichen Wirklichkeitsbezug hat.

▶ S. 168–180

Roman: Romane sind Prosatexte größeren Umfangs, in denen meist vielschichtige Lebenszusammenhänge dargestellt werden. Um zahlreiche Figuren ranken sich Haupt- und Nebenhandlungen. Der Roman ist heute die vorherrschende literarische Gattung.
Es gibt vielfältige Arten des Romans, die sowohl der Form (Briefroman, Collageroman …) als auch dem Inhalt nach (Detektivroman, Großstadtroman …) unterschieden werden.

▶ S. 73–92

Satire: Spottdichtung, die Kritik an menschlichen Schwächen und Lastern oder gesellschaftlichen Missständen übt. Sie betrachtet Verhaltensweisen und Zustände von einem normativen (Wertmaßstäbe anlegenden) Standpunkt aus und bringt die Leser/innen dazu, auf kritische Distanz zu dem Dargestellten zu gehen. Dabei bedient sich die Satire besonderer Darstellungsverfahren wie der Verzerrung, des Rollenwechsels, der Sprachmusterverschiebung oder des „fremden Blicks“. Häufig eingesetzt werden außerdem sprachliche Mittel wie die Über- oder Untertreibung, Ironie, Zweideutigkeit, Situationskomik, Metaphern, Vergleiche und ein auffälliger Satzbau.
Die Satire ist keine spezielle Textart, sie ist in allen literarischen Gattungen möglich. Verwandt ist sie mit der **Karikatur,** in der insbesondere zeichnerische Elemente einen satirischen Effekt erzielen, und der **Parodie.** Unter einer Parodie versteht man die gezielte Umwandlung eines bestehenden Textes in satirischer Absicht. Die Parodie ahmt bestimmte Formmerkmale eines Textes nach, übertreibt sie oder füllt sie mit anderen Inhalten, wobei der Ursprungstext weiterhin erkennbar bleibt. Parodien sind nur dann als solche erkennbar, wenn der parodierte Ursprungstext den Lesern/Leserinnen bekannt ist.

Erzählende Texte erschließen

▶ S. 157–167

Die **Inhaltsangabe** ist ein wichtiger Bestandteil von Aufsätzen über literarische Texte. In ihr vergewissert sich die Leserin/der Leser über die wesentlichen Aussagen des Textes. Der Einleitungssatz der Inhaltsangabe gibt zur schnellen Orientierung einen Überblick über den ganzen Text und enthält Angaben zu Titel, Autor, Textart sowie Thema/geistigem Gehalt des Textes. Der Hauptteil der Inhaltsangabe gibt die wesentlichen Erzählschritte/Gedanken des Textes in eigenen Worten (weitgehender Verzicht auf Zitate) wieder. Im Sinne eines sachlichen Berichtsstils wird die indirekte der direkten Rede vorgezogen. Das Tempus der Inhaltsangabe ist das Präsens, bei Vorzeitigkeit das Perfekt.

Die **Charakterisierung** stellt der Leserin/dem Leser eine Figur aus einem literarischen Werk vor, um ihr/ihm u.a. deren Bedeutung für dieses Werk zu vermitteln. Dabei geht man von einschlägigen Textstellen aus, in denen wichtige Eigenschaften der Figur durch ihr Verhalten indirekt charakterisiert werden oder in denen andere Figuren des Werkes Aussagen über die entsprechende Person machen.
Bei der ausformulierten Charakterisierung **(Personencharakteristik)** sollte man nur solche Eigenschaften benennen, die eine Figur vermutlich auf Dauer auszeichnen, nicht aber Verhaltensweisen, die durch eine besondere Situation bedingt sind. Gliederungspunkte könnten sein:

- Lebensumstände der Figur (Herkunft, Stand, Vorgeschichte usw.)
- äußeres Erscheinungsbild/besondere Merkmale (z. B. Sprache)
- typische Tätigkeiten, Gebärden und Verhaltensweisen
- Interessen/Vorlieben/Gedanken/Gefühle/Eigenschaften
- Einstellungen/Absichten/Motive

Die Charakterisierung kann in eine abschließende Bewertung der Person einmünden, in der auch ihre Bedeutung für das Werk herausgearbeitet wird.
Tempus der Charakterisierung ist das Präsens. Eine besonders ausführliche Form der Personencharakteristik ist das literarische **Porträt.** ▶ S. 168–17
Zur Vorbereitung einer Personencharakteristik kann man ein **Rollenprofil,** eine Selbstdarstellung der Figur in der Ich-Form, verfassen. Dabei versetzt man sich in die Figur hinein, um so ein möglichst genaues und lebendiges Bild von ihr zu gewinnen. ▶ S. 217

Jedes Lesen eines Erzähltextes, einer Kurzgeschichte wie eines Romans, ist im Grunde genommen eine **Interpretation,** eine Deutung, da sich der/die Lesende beim Lesen ein Verständnis des Textes bildet.
Interpretieren im engeren Sinne heißt aber, das eigene, subjektive Verständnis zu formulieren, um es anderen mitzuteilen und es ihnen damit zu ermöglichen, es mit ihrem jeweiligen Textverständnis zu vergleichen. Um nun das eigene Verständnis abzusichern und plausibel zu machen, untersucht man Bestandteile des Textes, die für das Verstehen von grundlegender Bedeutung sind. Welche Bestandteile das sind, geht aus der Übersicht auf S. 166/167 hervor.

3.2 Gedichte

Merkmale der Form

Gedichte bestehen zumeist aus **Versen.** Als Vers bezeichnet man die Zeile eines Gedichts, deren Länge nicht wie in einem Prosatext von Zufälligkeiten wie dem Papierformat und der Schriftgröße abhängig ist, sondern deren Länge bewusst vom Autor bestimmt wird. Häufig – besonders in älteren Gedichten – haben alle Verse eines Gedichts annähernd dieselbe Länge, d. h., die Anzahl der Silben bleibt in jeder Zeile nahezu gleich.
Bilden mehrere Verse einen Abschnitt in einem Gedicht, der durch einen Absatz von den folgenden Versen getrennt wird, spricht man von einer **Strophe.**
In manchen Gedichten werden die einzelnen Verse durch einen **Endreim** miteinander verbunden. Zwei Wörter reimen sich, wenn sie vom letzten betonten Vokal an gleich klingen („erhellend" – „schwellend"). Für die Bindung der Verse durch einen Endreim gibt es verschiedene Schemata, wobei man die sich reimenden Verse mit demselben Buchstaben kennzeichnet.
Danach bedeutet:
aa = **Paarreim,**
abab = **Kreuzreim,**
abba = **umarmender Reim.**
Vom Endreim zu unterscheiden ist der **Binnenreim,** bei dem sich zwei Wörter innerhalb ein und desselben Verses reimen.
Vom Sprechrhythmus her sind die Verse eines Gedichts häufig nach einem **Metrum,** auch **Versmaß** genannt, gegliedert. Es geht dabei darum, dass die Abfolge der betonten und unbetonten Silben einem bestimmten Schema folgt. Wechseln betonte und unbetonte Silben unmittelbar einander ab, spricht man von einem **alternierenden** Metrum. Folgt einer betonten Silbe immer eine unbetonte (x́ x, z. B.: Díchter), nennt man das Versmaß in Anlehnung an die antike Metrik **Trochäus,** beim umgekehrten Wechsel (x x́, z. B.: Gedícht) **Jambus.**
Daneben gibt es noch zwei weitere Versmaße, bei denen eine betonte Silbe mit jeweils zwei unbetonten wechselt: x́ x x = **Daktylus,** x x x́ = **Anapäst.**
Reim und Metrum sind Klangmittel, kommen also beim Hören eines gesprochenen Gedichts erst richtig zur Geltung.

Die Formen und die Sprache der Gedichte haben im Laufe der Zeit einen Wandel erfahren. Bis zum Beginn der Moderne orientierte sich die Lyrik meist an den traditionellen Gedicht- und Strophenformen, an metrischen und rhythmischen Regelungen und verwendete insgesamt eine gewählte Ausdrucksweise. Im 20. Jahrhundert verlieren Reim und Strophenform an Bedeutung, Alltagssprache und provozierende Verletzungen sprachlicher Regeln (Syntax, Logik der Aussage) kommen vor. Die Ästhetik der Moderne erlaubt in der Lyrik eine große Ausdrucksvielfalt. Manchmal ist die lyrische Ausdrucksweise auch von Nicht-Dichtern leichter zu verwenden und von Lesern leichter zu verstehen als Prosa **(Alltags- oder Flattersatzlyrik).**

Sprecher/in und Adressat/in

Wie zu jedem Erzähltext ein/e Erzähler/in gehört, so gehört zu jedem Gedicht **ein/e Sprecher/in,** der/die nicht gleichzusetzen ist mit dem Autor/der Autorin. Oft stellt sich diese/r Sprecher/in als ein Ich (das so genannte **lyrische Ich**) vor, das seine Beobachtungen, Reflexionen und Gefühle so mitteilt, dass die Leser/innen sie mitempfinden können. Der/die Sprecher/in kann aber auch in einem „Wir“ aufgehen, das in dem Gedicht spricht, oder in dem Text gar nicht direkt greifbar werden, also gar nicht von sich selbst sprechen, sondern etwas beobachten, beschreiben oder über etwas nachdenken. In manchen Gedichten wendet sich der/die Sprecher/in direkt an ein Du, zum Beispiel in einigen Liebesgedichten; es gibt hier also eine/n in den Text einbezogene/n **Adressatin/Adressaten.**

Die Sprache des Gedichts

Die Sprache der Gedichte wird oft in besonderem Maße von ihrer Bildlichkeit geprägt. Bildliches Sprechen ist uneigentliches, übertragenes Sprechen (s. S. 288). Solche sprachlichen Bilder, auch Metaphern genannt, sind in besonderer Weise dazu geeignet, Gefühle und Stimmungen auszudrücken oder eine bestimmte Atmosphäre spürbar werden zu lassen. So werden zum Beispiel häufig Bilder aus dem Bereich der Natur benutzt, um Liebe, Freude, Angst, Einsamkeit usw., die das lyrische Ich empfindet, anschaulich und für den Leser miterlebbar darzustellen.

Gedichtformen

▶ S. 198–199

Ballade (französisch, von spätlateinisch ballare = „tanzen“): Bei der Ballade handelt es sich um eine lange Gedichtform, deren Strophen meistens einem festen Metrum folgen. Es ist charakteristisch für die Ballade, dass in ihr handlungsreiche Geschichten erzählt werden, und dies häufig in dramatisch zugespitzter Form. Deshalb bezeichnete Goethe die Ballade als „Ur-Ei“ der Dichtung, in der Episches, Lyrisches und Dramatisches noch ungetrennt zusammen sind.
Zur Ballade kann man auch das moderne Erzählgedicht rechnen, das in freierer, zum Teil prosanaher Form erscheint.

Lied: Das Lied ist ein einfach gebautes, in Strophen gegliedertes Gedicht mit relativ kurzen, gereimten Versen. Allerdings werden Reim und Metrum oft nicht streng durchgehalten. Zuweilen ist ein Refrain (= Kehrreim) zu finden, d.h. die regelmäßige Wiederholung eines oder mehrerer Verse an einer bestimmten Stelle jeder Strophe.

Hymne: Die Hymne ist ein feierlicher Preis- und Lobgesang. Sie ist Ausdruck hoher Begeisterung, dementsprechend kennt die Hymne keine formalen Regelmäßigkeiten, sie ist in freien Rhythmen verfasst und hat keinen Reim und keinen festen Strophenbau. Die Hymne ist der Ode verwandt.

Ode: Die Ode ist eine reimlose, strophisch gegliederte, lange Gedichtform. Sie kann einem festen Metrum folgen, kann aber auch freirhythmisch sein. Typisch für die Ode ist der hohe, pathetische Sprachstil, der zur Größe und Würde der behandelten Themen passt.

▶ S. 189

Sonett: Gedichtform, die in Italien entstanden ist. In der Grundform besteht ein Sonett aus zwei Quartetten (vierzeiligen Strophen) und zwei Terzetten (dreizeiligen Strophen). Das Reimschema ist in der Regel *abba abba ccd eed.* Dem strengen äußeren Aufbau entspricht auch die inhaltliche Gliederung: Meist findet sich ein gedanklicher Einschnitt nach den Quartetten.

▶ S. 239, 248

Konkrete Poesie, auch „Konkrete Dichtung“ oder „Visuelle Poesie“: Sprachliches Material (z.B. Buchstaben) wird visuell oder akustisch gestaltet.

Gedankenlyrik

▶ S. 181–206

Gedichte enthalten fast immer neben dem „Ich“, das von sich selbst spricht, allgemeine Überlegungen, die sich auf Mensch und Welt beziehen. Diese philosophische Dimension der Lyrik spiegelt besonders deutlich historische Entwicklungen wider. Gedichte sind nicht nur Ausdruck von subjektiven Empfindungen, sondern auch von allgemeinen Erfahrungen und dem Nachdenken über beides.

Stellen Gedichte allgemeine Sinnfragen, so spricht man von **„Gedankenlyrik".** Interessant zu beobachten ist immer, wie ein Dichter das Individuelle und das Allgemeine miteinander verbindet. Oft tut er es, indem er einzelne Szenen so beschreibt, dass sie **symbolisch** verstanden werden können, manchmal benutzt er auch bereits bekannte **Muster,** z. B. das Lebenslaufschema, um eigenen Erfahrungen Allgemeingültigkeit zu verleihen.

▶ S. 193

Die Gedichtinterpretation

Interpretieren heißt, das eigene Textverständnis anderen mündlich oder schriftlich mitzuteilen, um es im Vergleich mit anderen Textverständnissen zu erweitern und zu differenzieren. Dabei wird immer wieder Bezug auf den Text genommen, und zwar auf inhaltliche und formale Bestandteile, um das eigene Textverständnis zu prüfen.

Bei einer ausführlichen schriftlichen Interpretation sind folgende **Arbeitsschritte** ratsam:

1. Nach mehrmaligem Lesen des Gedichts das eigene Textverständnis in wenigen Sätzen als eine Art **Verstehensentwurf** formulieren („Ich verstehe das Gedicht als ...").
2. Den inhaltlichen Aufbau und die sprachliche Form des Gedichts unter Berücksichtigung des Entstehungshintergrunds genau untersuchen **(Textanalyse)**, wobei der Text mit verschiedenfarbigen Textmarkern und Stiften bearbeitet wird.
3. Die Analyseergebnisse ordnen und verknüpfen, mit dem Verstehensentwurf vergleichen, um diesen eventuell zu korrigieren, und davon ausgehend die **Endfassung** der Interpretation niederschreiben.
4. Eine eigene **Stellungnahme** anfügen, wobei auch auf den Vergleich mit anderen Gedichten zurückgegriffen werden kann.

Leitfragen zur Analyse eines Gedichttextes

Fragen zu **Sprecher/in und Adressat/in**
- In welcher Form tritt der Sprecher/die Sprecherin auf (lyrisches Ich/Wir, nicht direkt im Text greifbar)?
- Was erfährt der Leser über den Sprecher/die Sprecherin?
- Gibt es eine/n in den Text einbezogene/n Adressatin/Adressaten?
- In welchem Verhältnis stehen Sprecher/in und Adressat/in zueinander?

Fragen zum **inhaltlichen Aufbau**
- Um welches Thema geht es in dem Gedicht?
- Wie ist das Gedicht inhaltlich aufgebaut?
- Welche Erwartungen erweckt die Überschrift und wie verhalten sich Überschrift und Gedichttext zueinander?

Fragen zum **formalen Aufbau**
- In wie viele Strophen ist das Gedicht eingeteilt? Sind die Strophen gleich gebaut?
- Ist das Gedicht gereimt? Welches Reimschema lässt sich entdecken?
- Liegt dem Sprechrhythmus des Gedichts ein durchgehendes Metrum zu Grunde?
- In welcher Beziehung steht die lyrische Form zum Inhalt?
- Lässt sich das Gedicht einer bestimmten Textsorte zuordnen (Sonett, Ballade, Lied usw.)?

Fragen zur **sprachlichen Gestaltung**
- Welche sprachlichen Bilder (Metaphern) enthält das Gedicht? Aus welchen Bereichen stammen diese Bilder?
- Welche Vergleiche enthält das Gedicht? Aus welchen Bereichen stammen diese Vergleiche?
- Welche Wortfelder im Bereich der Substantive, Adjektive und Verben beherrschen den Text?
- Gibt es Wörter oder Wortwiederholungen, die eine besondere, den Text erschließende Bedeutung haben (Schlüsselwörter)?
- Welche sonstigen Stilmittel prägen das Gedicht?

Fragen zum **Entstehungshintergrund**
- Lässt sich ein Zusammenhang zwischen Gedichttext und zeitgeschichtlichen Ereignissen und/oder kulturellen Erscheinungen erkennen?
- Ist die Biografie des Autors/der Autorin offensichtlich wichtig für das Verständnis des Gedichts?

3.3 Drama/Theater

▶ S. 207–222

Das **Drama** ist neben erzählender Literatur und Lyrik eine der drei Grundformen der Dichtung. Dramentexte sind in Dialogform verfasst und in der Regel für eine Theateraufführung vorgesehen. Die klassische Form des Dramas, die schon seit der Antike überliefert ist, weist einen strengen

Aufbau in **Akte** und **Szenen** auf. Die dramatische Handlung entwickelt einen Spannungsbogen von **Exposition** (Einführung in Ort, Zeit und Atmosphäre des Stückes, Anbahnung der die Handlung vorantreibenden Konflikte) über die **Peripetie** (unerwartete Wendung) bis zur **Katastrophe** (griech. „Auflösung“: Wendung zum Schlimmen oder auch zum Guten). Bertolt Brecht versteht sein Konzept des **epischen Theaters** als Gegenentwurf zum klassischen **aristotelischen Theater.** Die Zuschauer/innen sollen in die Rolle kritischer Betrachter versetzt werden, die aus ihren Erkenntnissen Konsequenzen für das eigene politische Verhalten ziehen. Dabei geht es Brecht um eine Veränderung der gesellschaftlichen Verhältnisse im marxistischen Sinne. Die kritisch-distanzierte Einstellung der Zuschauer/innen soll im epischen Theater durch eine Verfremdung der dramatischen Handlung **(V-Effekte)** erreicht werden. Mittel der Verfremdung sind u. a. die Einführung eines kritisch kommentierenden Erzählers, das Beiseitesprechen der Schauspieler/innen, die Unterbrechung der Handlung durch Songs, die Reihung von Bildern statt einer zielgerichteten Entwicklung der Handlung in Akten und Szenen oder auch der Verzicht auf illusionsfördernde Bühnenrequisiten.

▶ S. 23–28 Eine Sonderform des Dramas ist das **Hörspiel,** das durch die Erfindung des Rundfunks ermöglicht wurde.
Das Hörspiel ist einerseits beschränkter als das Bühnenspiel, da es allein auf akustische Mittel angewiesen ist, kann aber andererseits verschiedene technische Möglichkeiten nutzen wie Ein-, Aus-, Überblenden, Montage, Klangeffekte usw.

Tipps und Hinweise zur **Analyse einer Dramenszene** findet ihr auf S. 218/219.

Wichtige Aspekte beim **Theaterspielen** sind:
(Bühnen-)Rolle: Gestalt oder Figur, die ein Schauspieler auf der Bühne verkörpert. Text und Regieanweisung sind durch den Autor, die Autorin vorgegeben.
Inszenierung: Einrichtung und Einstudieren eines Bühnentextes während der Probenzeit und die daraus entstandene Spielfassung für eine bestimmte Bühne.
Regie: Die eigenverantwortliche Auswahl, Deutung und Einrichtung eines Dramentextes für die Bühne an einem bestimmten Aufführungsort für ein mehr oder weniger gut bekanntes Publikum. Die Hauptverantwortung dafür trägt der **Regisseur/die Regisseurin.**
Regieanweisung: Vom Autor/Von der Autorin im Dramentext zusätzlich zu den Rollentexten bereits mitgelieferte Anregungen, wie die Handlung auf einer Bühne eingerichtet werden sollte und welche Haltungen die Schauspieler einnehmen sollten.
Souffleuse/Souffleur (franz.): Einflüsterer, der den Schauspielern während der Proben den Text zuflüstert und während der Aufführungen im Notfall den Text vorsagt.
Wenn Theatergruppen auf eine Souffleuse verzichten, müssen die Darsteller **improvisieren,** sofern sie einmal den Text vergessen.
Requisit, Requisiten (lat. *requisitum* = erforderliches Ding): Requisiten können die Figuren charakterisieren oder wichtige Bedeutungen für den Ablauf der Handlung haben.
Kulisse: Die Kulisse ist eine flache Wand und besteht in der Regel aus einem Holzrahmen, der mit Leinwand oder Papier bespannt ist. Durch die Bemalung können beim Zuschauer Illusionen erzeugt werden, in eine Landschaft oder ein Zimmer zu blicken.

Standbild: besondere Form der pantomimischen Darstellung. Gefühle, Beziehungen zwischen Figuren werden allein durch **Gestik** (Haltung und Bewegung des Körpers) und **Mimik** (Gesichtsausdruck) zum Ausdruck gebracht. Beim Standbild sind die Figuren wie auf einem Foto erstarrt. ▶ S. 215

3.4 Literatur im 20. Jahrhundert

▶ S. 231–256 Sehr unterschiedliche literarische und künstlerische „Bilder der Moderne“ kennzeichnen die Entwicklung der Ästhetik des 20. Jahrhunderts. Eine sehr allgemeine Definition von „Moderne“ sagt, dass in ihr die bisher für die Kunst geltenden Normen außer Kraft gesetzt sind: Es gelten nicht mehr die Regeln der Harmonie, der Schönheit, des Wohlklangs oder der ausgewogenen Proportionen, sondern es gilt die Ästhetik des Hässlichen, des Schocks, der Verfremdung. Zumeist wird das damit begründet, dass die Kunst und die Literatur nicht mehr dazu berufen sind, das Leben mit schönem Schein zu verklären, sondern der Wahrheit zu dienen, und diese sei nun einmal nicht schön und auch nicht erbaulich. Auch bisher eingehaltene Grenzen werden überschritten, die Grenze zwischen Poesie und Prosa, zwischen Fiktion und Wirklichkeit, zwischen den literari-

schen „Gattungen" und zwischen den Sprachen (des Alltags, der gepflegten Schriftsprache, den Sondersprachen sozialer Gruppen usw.).
Am Beginn des Jahrhunderts steht der **Naturalismus.** Sein Prinzip war die direkte und ungeschminkte Wiedergabe der Wirklichkeit. Gegen ihn wendet sich kurz vor und während des Ersten Weltkriegs der **Expressionismus.** Seine Forderung: Stelle in Bild oder Gedicht dar, was die Wirklichkeit in einem empfindungsfähigen Menschen an Ideen, Ängsten, Hoffnungen auslöst. Die dabei erlebten Deformationen sollen in der Zerschlagung der glatten Sprache oder der schönen Bildoberfläche sichtbar werden. Die Erfahrung der modernen Lebenswelt mit Hektik, Maschine und Geschwindigkeit übt auf die „Modernen" zunächst einen großen Zauber aus. Der **Futurismus** verherrlicht sie, der **Dadaismus** zerlegt sie in eine Folge von Bruchstücken. Gegen diese Tendenzen zur Fragmentarisierung der Welt wendet sich in den 1920er-Jahren die **neue Sachlichkeit.** Man knüpft an den Naturalismus an und schreibt in politischer Absicht sehr wirklichkeitsbezogen. Diese Moderne ist gesellschaftskritisch. Sie versteht sich politisch, sie verzerrt und provoziert in satirischer Absicht.
Der Nationalsozialismus unterbricht durch seine kulturpolitischen Normsetzungen und seine Kulturpolitik (Vertreibung vieler Künstler ins Exil, Schimpfwort der „entarteten Kunst") die Moderne. Nach dem Ende des Zweiten Weltkriegs werden neue Autorinnen und Autoren wichtig. Die **Trümmerliteratur** versucht, die Erfahrungen des Krieges und die Desorientierungen angesichts neuer Bedrohungen (Kalter Krieg, Wettrüsten) allgemein verständlich zu artikulieren. Daneben entwickelt sich eine andere moderne Kunst, die in der Lyrik das schwierige, mehrdeutige Bild oder die konkrete Wortgestalt **(konkrete Poesie),** im Drama die absurde **(absurdes Theater)** oder die parabolisch **(Parabelstück)** ausdeutbare Szene stellt.

3.5 Sachtexte

▶ S. 52–65

Analyse von Reden

Reden sind appellative Texte, die die Zuhörer/innen auf vielfältige Weise zu beeinflussen suchen. Bei der Analyse solcher Texte sollte man unter anderem auf folgende Punkte achten.

- **Intention/Absicht**
  Aufwertung: Der Redner versucht, sich und seine Position in ein gutes Licht zu rücken. Dazu hebt er für ihn Günstiges hervor, Ungünstiges wird verschwiegen oder als nicht wichtig hingestellt. Für die Darstellung seiner Gruppe oder Partei verwendet er positive Bezeichnungen. Er möchte, dass sich die Zuhörer/innen mit seinen Zielen identifizieren.
  Abwertung: Der Redner versucht, die Gegenseite in ein ungünstiges Licht zu rücken. Der Gegner wird dazu mit negativen Ausdrücken bezeichnet, seine Fehler werden zum Teil übertrieben dargestellt, Erfolge der Gegenseite werden als Zufall oder als von anderen verursacht dargestellt.
  Beschwichtigung/Vereinnahmung: Der Redner versucht, die Zuhörer/innen, die er im Lager des Gegners vermutet, auf seine Seite zu ziehen, indem er auf Gemeinsamkeiten verweist, Unterschiede kleiner zeichnet oder übergeht, Kompromisse vorschlägt und nachzuweisen versucht, dass sie im Interesse der Gegengruppe sind. Dabei hat er allerdings nach wie vor seine Ziele im Auge.

- **Argumentation**
  Rhetorische Texte müssen genau auf ihre Argumentation untersucht werden. Eine echte Argumentation stellt **Thesen** auf, die sie durch **Argumente** (Begründungen) logisch absichert. Argumente werden ihrerseits durch Stützen wie **Beispiele, Belege, Zitate** untermauert. Eine Scheinargumentation liegt vor, wenn die Logik der Argumente nur vorgegeben ist, zum Beispiel mit Vorurteilen gearbeitet wird („Wie wir ja alle wissen, sind die Männer das starke Geschlecht! Daher …").

- **Rhetorische Figuren**
  Sie sind nicht nur der „Schmuck" einer Rede, sondern zielen auch auf die Emotionen der Zuhörer. Bekannte rhetorische Figuren sind:
  Akkumulation (= Häufung): Ein Satz enthält mehrere (oft drei) aufeinanderfolgende gleiche Teile (Einzelwörter oder größere Einheiten), die erst zusammen die ganze Aussage prägen: „Als deutscher Staatsbürger, als deutscher Hochschullehrer und als politischer Mensch erachte ich es als Recht …"
  Anapher: Zwei oder mehrere Sätze oder Satzteile beginnen mit demselben Wort: „Sabotage in Rüstungs- und kriegswichtigen Betrieben, Sabotage in allen Versammlungen …"
  Klimax: Die Aussage wird steigernd aufgebaut: „… dass keiner sich vor seinem Nachbarn, der Vater nicht vor seinen Söhnen, sicher fühlt."

Metapher: Das Gemeinte wird durch eine im übertragenen Sinn gebrauchte Wendung ausgedrückt: „... wenn wir uns in dieser zwölften Stunde nicht aufrafften ..."
rhetorische Frage: Es wird eine Scheinfrage gestellt, deren Antwort bereits feststeht: „Kann das ein Vorbild sein?"
Vergleich: Eine Aussage wird veranschaulicht, indem sie mit einem anderen Bereich in Beziehung gesetzt wird: „... in alle Welt verstreut zu werden wie der Staub vor dem Winde ..."

S. 56
Das Gelingen des **Vortrags** einer Rede oder eines Referates hängt zu einem nicht unerheblichen Teil von der Redetechnik ab. Besonders zu beachten sind die Bereiche Stimmführung, Blickkontakt, Körperhaltung, Gestik und Mimik.
Die **Stimmführung** muss klar verständlich und abwechslungsreich in Lautstärke, Betonung und Geschwindigkeit sein.
Der **Blickkontakt** mit den Zuhörern und Zuhörerinnen ist wichtig, um eine enge Bindung an den Redner oder die Rednerin herzustellen. Zugleich ist es dadurch möglich, die Reaktionen des Publikums unmittelbar zu erfahren.
Die **Körperhaltung** sagt viel über die Glaubwürdigkeit des Redners/der Rednerin aus. Ein sicherer Stand wirkt überzeugender als eine Haltung, die zeigt, dass man am liebsten nichts sagen würde.
Gestik und **Mimik** unterstreichen die Worte des Redners/der Rednerin. Sie sorgen für Abwechslung, Orientierung (Zeigegesten) und Veranschaulichung.

S. 115–124, 130–141

Zeitungstexte untersuchen

Zeitungstexte sind Beispiele für Sachtexte, die Informationen und Meinungen vermitteln.
Zu unterscheiden sind die Grundformen Nachricht und Kommentar.
Nachricht: Der Nachrichtenstil ist geprägt durch die Beschränkung auf Fakten und Vorgänge sowie das Bemühen um Objektivität, mit dem man den Tatsachen unvoreingenommen und unparteiisch gerecht werden will. Nachrichten sind meist im **Lead-Stil** (lead = engl. Spitzenstellung) aufgebaut: Die wichtigsten Informationen stehen am Textanfang, ehe eine zusammenhängende Darstellung mit Details folgt.

Kommentar: Der Meinungsstil zeigt die Perspektive des Kommentators, eine subjektive Sicht und Wertung der Fakten, Problematisierung der Vorgänge, Vermittlung von Hintergründen und Zusammenhängen.

Glossen sind Kurzkommentare in witziger, oft auch polemischer Form.

Reportagen informieren in besonders lebendiger und anschaulicher Weise über Ereignisse; dabei kann auch das persönliche Erleben des Reporters/der Reporterin deutlich werden. Reportagen versuchen Atmosphäre einzufangen und führen mitten in ein Geschehen. Leserinnen und Leser sollen gedanklich und emotional in das Geschilderte hineingezogen werden.
Jede Reportage bietet
- die Darstellung eines **Erlebnisses** (z. B. des Besuchs einer Veranstaltung),
- **Hintergrundinformationen** (hier stellt der Reporter sein gesammeltes Wissen leserfreundlich dar) und
- einen **Kommentar** (das heißt, der Reporter äußert seine Einschätzung der Veranstaltung).

Diese drei Bereiche sind bei längeren Reportagen häufig vermischt.

Die Textsorte **„Sozialreportage"** informiert über wichtige soziale Probleme, sie kommentiert und kritisiert zugleich. Die kritische Sicht geht oft bis zur Parteilichkeit, mit der Interessen der Benachteiligten, Minderheiten oder Unterdrückten herausgestellt oder Eigennützigkeit und Unmenschlichkeit entlarvt werden. Doch auch das Schöne oder einfach nur Alltägliche eines gesellschaftlichen Bereichs kann vermittelt werden. ▶ S. 139–142

Essay: Im Französischen heißt „essayer" versuchen. Der Essay-Schreiber versucht, seine Gedankenexperimente schriftlich festzuhalten. Dem Essay kommt es nicht auf wissenschaftlich genaue Analysen oder strenge Systematik der Gedankenführung an, er will zum Denken anregen, oft provozieren. Die manchmal sprunghafte Reihung subjektiver Assoziationen und das Spiel mit der Sprache charakterisieren den Essay. Dabei werden verschiedene argumentative Strategien und rhetorische Mittel genutzt, sprachlich und stilistisch werden alle Möglichkeiten ausgeschöpft. Man kann den Essay als eine freie Form des Erörterns betrachten. ▶ S. 46–50

Leserbriefe nehmen in der Regel auf vorangegangene Presseartikel Bezug. ▶ S. 117–122
Tipps für das Verfassen von Leserbriefen:
- Klarer Bezug: Mache deutlich, zu welchem Text oder Thema du dich äußern willst. Achte darauf, fremde Äußerungen als solche kenntlich zu machen (durch Konjunktiv in der

indirekten Rede, durch Anführungszeichen beim Zitat usw.).
- Klares Ziel: Mache deutlich, ob du etwas kritisieren, unterstützen oder um einen neuen Aspekt ergänzen willst.
- Klarer Standpunkt: Gib frühzeitig deine eigene Position zu dem Thema zu erkennen und entwickle eigene Vorschläge, wo es sich anbietet.
- Gute Argumente: Stütze deinen Standpunkt durch sachkundige, wirkungsvolle, eventuell auch zugespitzte (dennoch glaubwürdige) Begründungen. Versuche, Gegenargumente zu widerlegen.
- Kurzer Text in Briefform: Benutze die Form eines Briefs (Anrede, Bezug, Gruß), halte deinen Text knapp und gliedere ihn deutlich.
- Überarbeitung: Überprüfe deinen Text im Hinblick auf Aufbau, Argumentationsgang und sprachliche Richtigkeit (S. 152/153).

Aufbau der Titelseite einer Tageszeitung:
- Zeitungskopf (Titel der Zeitung, politische Selbsteinstufung, Erscheinungsort, Datum, Preis, Ausgaben-Nr.)
- Blickfang (meist ein Foto links oben, weil wir von links nach rechts und von oben nach unten lesen und die Seite zweimal gefaltet ausliegt)
- Aufmacher (die aktuelle Hauptnachricht)
- Spitzenmeldung (auch „Eckenbrüller", aufregende Einzelmeldung)
- Kurzmeldungen
- Inhaltsleiste mit Anreißermeldungen (nur in einem Satz)
- Querverweise (bei Kurz- oder Anreißermeldungen zum Verweis in das Innere der Zeitung)
- Spartenbox (Themen aus den verschiedenen Sparten/Ressorts der Zeitung: Politik, Wirtschaft, Kultur, Sport, Lokales, Aus aller Welt usw.)

Informationsmodule: Eine Neuerung in der aktuellen Presse ist die Art der Aufteilung von Themen. Die Leser werden nicht mit langen Berichten konfrontiert, in die sie nur schwer einsteigen, vielmehr wird ein komplexer Sachverhalt auf verschiedene Texte, Grafiken und Bilder aufgeteilt, auf Informationsbausteine oder -module. So kann man an einer Stelle einsteigen und – bei Interesse – an anderer Stelle weiterlesen. Leser werden dadurch zugleich in der Eigenaktivität beim Lesen gefordert. Visualisierungen sind Anreiz und Merkhilfe zugleich.

Sachtexte erschließen ▶ S. 129–132

Die folgenden Verfahren zur Erschließung von Sachtexten können je nach Textsorte und Zweck der Untersuchung alternativ oder in Kombination ausgewählt werden:

Texte paraphrasieren: Einen schwierigen Text in eine verständlichere Sprache übersetzen, um den Inhalt z. B. jüngeren Lesern zu vermitteln.

Texte gliedern: Einen Text in Abschnitte gliedern, z. B. nach den erkennbaren Teilthemen; dazu Zwischentitel formulieren.

Konspekte anlegen: Eine grafische Übersicht über den Gedankengang eines Textes in der Form eines Verlaufsdiagramms entwickeln, das den gedanklichen Ablauf zeigt, oder in der Form eines Strukturdiagramms, das mit Pfeilen die gedanklichen Bezüge vermittelt.

Informationen aus Texten herausschreiben (exzerpieren): Aus einem längeren Text zentrale Fakten, den Standpunkt und die Hauptargumente übersichtlich auf eine Seite herausschreiben.

Grafiken in Text übersetzen – und umgekehrt: Die Informationen einer Grafik/Statistik in einen beschreibenden und erklärenden Text umsetzen: Thema, Fragestellung, Gesamtinformation, Tendenzen, Mittel- und Extremwerte, Details, Ausdruckswert der grafischen Form (Säulen-, Torten-, Kurvendiagramm, Tabelle) usw.

Sprachfunktionen erkennen: Mit folgenden Fragen einen Text prüfen: Wo handelt es sich um Darstellung von Sachverhalten (Information), wo um Ausdruck persönlicher Empfindungen (Expression), wo um Aufforderung zum Handeln (Appell)?

Resümee ziehen: Das Ergebnis der Lektüre eines Textes in einem kurzen informierenden Text niederschreiben.

Sachtexte kritisch lesen: In Texten neben den Sachinformationen die Teile des Kommentars und der Kritik der Autorinnen oder Autoren unterscheiden. Sie sind an Wertungen zu erkennen und an Stellen, aus denen man ihren Standpunkt dem Problem gegenüber erschließen kann.

Sprachkritisch lesen: Den Umgang mit der Sprache in Sachtexten prüfen, d. h. die Verwendung von Aufwertungen, Abwertungen, Euphemismen, Konnotationen, Klischees usw. untersuchen. Die erkennbare Tendenz erschließen.

Stellung nehmen und werten: Einen Ansatz zur Diskussion in Texten finden und aus der eigenen Perspektive und subjektiven Wertung eine Stellungnahme verfassen, in der man den eigenen Standpunkt mit Argumenten und Fakten untermauert.

3.6 Medien und Werbung

Medien (Einzahl: Medium) sind Mittel zur Weitergabe von Informationen. Man unterscheidet **Print-Medien** (z. B. Bücher, Zeitungen, Zeitschriften) und **audiovisuelle Medien** (z. B. Hörfunk, Film, Fernsehen).

S. 223–230 Beim **Film** lassen sich **Dokumentarfilm** und **Spielfilm** unterscheiden. Ein Spielfilm hat eine (meist fiktive) Handlung und einen ähnlichen dramaturgischen Aufbau wie ein Drama: In der **Exposition** werden wesentliche Motive und alle wichtigen Figuren vorgestellt. Die Szenen setzen sich zu einzelnen Handlungseinheiten **(Sequenzen)** zusammen; diese sind in sich geschlossene Einheiten mit eigener Spannungskurve. Ähnlich wie beim Drama finden sich beim Spielfilm **Wendepunkte,** die die äußere oder innere Handlung einen unerwarteten Verlauf nehmen lassen. Meist existiert ein solcher Wendepunkt unmittelbar nach der Exposition sowie ein weiterer gegen Ende des Films. Von einem **Happy End** spricht man, wenn sich die Handlung aus Sicht der Hauptfigur(en) am Ende zum Guten wendet.

S. 257–279 **Serien** sind vor allem im Vorabendprogramm des **Fernsehens** weit verbreitet. Serien sind durch eine festgelegte, aber doch veränderbare Figurenkonstellation geprägt, sodass sich die Beziehungen der Figuren untereinander, ihre Konflikte usw. unendlich fortsetzen lassen. Man kann täglich (Daily Soap) und wöchentlich ausgestrahlte Serien (Weekly) unterscheiden, beide haben in der Regel feste Sendeplätze. Die Seifenopern **(Soap Operas)** wurden ursprünglich von Waschmittel- und Seifenfirmen in Auftrag gegeben, um das Fernsehpublikum für ihre Werbekampagnen zu interessieren. Die meisten Soaps weisen in ihrer Dramaturgie eine **Drei-Episoden-Struktur** auf. Das Sequenzprinzip des Spielfilms ist hier also in drei Handlungsstränge aufgelöst, die die Gesamthandlung einer Serienfolge bestimmen, indem sich einzelne Szenen der Handlungsstränge abwechseln und miteinander verzahnt sind. Die dramatische Zuspitzung am Ende einer Folge, der **Cliff Hanger,** wird durch filmische Mittel (Zoom auf Naheinstellung, Freeze/„eingefrorenes" Bild, Einspielen der Titelmusik) unterstützt. Der Cliff Hanger soll die Spannung auf den Fortgang der Handlung in der nächsten Folge erhöhen.

Textgrundlage jeder Serie und jedes Films ist das **Drehbuch.** Dem Drehbuch voran geht zunächst ein **Exposé,** das die Haupthandlung **(den Plot)** kurz skizziert. Aus dem Exposé wird ein **Treatment** entwickelt, das eine genauere Ausführung der Handlungszüge beinhaltet. Erst das Drehbuch enthält eine genaue Einteilung der Szenen und ist die eigentliche Arbeitsgrundlage bei den Aufnahmen. Handlungsabläufe und Dialoge sind hier (oft in zwei Parallelspalten) festgelegt. Das Drehbuch enthält außerdem Angaben über Handlungsort (innen/außen) und -zeitpunkt (Tag/Nacht). Dies ist vor allem für die Ausleuchtung und die Ausstattung der Szene wichtig.
Auf der Basis des Drehbuchs werden die **Kameraeinstellungen** festgelegt. Die Einstellungsgröße legt den Bildausschnitt fest; je kleiner der Bildausschnitt ist, desto näher scheint der Betrachter am Geschehen zu sein. Man unterscheidet (von nah nach weit): Detail, Groß, Nah, Américaine, Halbnah, Halbtotale, Totale, Weit/Panorama. Ändert sich die Einstellungsgröße während einer Einstellung, spricht man von einem **Zoom.**
Der Standpunkt der Kamera und – damit verbunden – ihr Blickwinkel wird als **Kameraperspektive** bezeichnet. Man unterscheidet neben der Normalsicht (in Augenhöhe) die beiden Extrempositionen: Froschperspektive (= Kamera von unten) und Vogelperspektive (= Kamera von oben). Hinzu kommt die Möglichkeit, die Kamera selbst zu bewegen. Diese **Kamerabewegung** kann (theoretisch) in ihren drei Bildachsen erfolgen: waagerecht als Schwenk, senkrecht als Neigen und in der Querachse als Rollen. Wenn sich der Standpunkt der Kamera verändert, spricht man von einer **Kamerafahrt,** die auf Schienen, mit einem Kamerawagen (Dolly) oder einem Kran erfolgen kann.
In der Kombination von Einstellungsgröße, Kameraperspektive und Kamerabewegung lassen sich filmische Effekte erzielen, insbesondere wenn von den üblichen Kameraeinstellungen abgewichen wird.
Entscheidend für die Stimmung einer Szene und für den Stil eines Films ist die **Lichtführung,** eine der Hauptaufgaben des Kameramanns/der Kamerafrau. Man kann zwischen natürlicher und dramatischer Lichtführung unterscheiden. Letztere versucht, etwa durch starke Hell-Dunkel-Kontraste, ganz bewusst eine bestimmte Stimmung zu erzeugen (z. B. beim Appell kurz vor dem Ausrücken der Soldaten in „Die Brücke"). Die Hauptlichtquelle, das **Führungslicht** (bei Außenaufnahmen ist dies meist die Sonne), wird durch **Fülllicht** ergänzt, um allzu starke Kontraste zu vermeiden. Hinzu kommt häufig **Dekorationslicht,** das einzelne Elemente der Ausstat-

tung hervorheben kann. Durch den bewussten Einsatz von Lichtquellen, die nicht mit der Kamera, sondern gegen sie leuchten (Gegenlicht), lassen sich besondere Effekte erzielen.
Schon während eines Drehs muss an den späteren **Schnitt,** den letzten Arbeitsschritt bei der Produktion eines Films oder einer Serie, gedacht werden. Hier werden die einzelnen Kameraeinstellungen zu einem Filmganzen montiert. Je nach Aufnahmematerial kann dies sehr unterschiedlich geschehen. Wird ein Film auf belichtetem Material gedreht (16 mm oder 35 mm), wie die meisten Spielfilme, so schneidet **der Cutter/die Cutterin** am Schneidetisch das Material tatsächlich auseinander und klebt die Streifen dann zu einem Film zusammen. Beim analogen Schnitt (Videofilme und die meisten TV-Produktionen) wird das Material nicht mehr geschnitten, sondern Einstellung für Einstellung auf ein Magnet-/Videoband **(Masterband)** kopiert. Beim modernen **digitalen Schnitt** gibt es weder belichtetes Material noch Magnetbänder, sondern jedes einzelne Bild wird bereits von der Kamera digitalisiert aufgezeichnet und kann dann am Computer weiterbearbeitet (und auch verändert/manipuliert) werden. Die Computertechnik macht es auch möglich, Filmszenen und sogar ganze Filme digital oder computeranimiert herzustellen, d. h., alles, was den Film ausmacht, entsteht am Computer: die Ausstattung, das Licht, die Schauspieler usw.
Unabhängig von dem technischen Standard eines Films wird der Schnitt als künstlerisches Gestaltungselement eingesetzt: Normalerweise folgt eine Kameraeinstellung unmittelbar auf die nächste **(harte Schnitte).** Um etwa Zeit- oder Ortswechsel deutlich zu machen, lassen sich auch zwei Einstellungen ineinanderblenden **(weiche Schnitte).** Das Schnitttempo (Anzahl der Schnitte in einer bestimmten Zeit) entscheidet darüber, ob eine Szene ruhig und getragen oder dramatisch zugespitzt und spannungsreich wirkt. Schnittfehler treten dann auf, wenn sich z. B. eine Figur oder ein Requisit nach einem Schnitt plötzlich an einem anderen Ort befindet. Der Zuschauer ist dann irritiert, weil die Illusion verloren geht, er sei bei der Szene als Betrachter, der alles sieht und hört, anwesend.

Werbung

Werbung im Kommunikationsmodell:

Sender →	**Werbemedium** →	**Werbebotschaft** →	**Empfänger**
Auftraggeber/Firma, Hersteller, Werbeagentur, Grafiker/Texter/Designer	Inserat, Plakat, Werbespot, Flugblatt	Produktinformation, Image einer Firma, Erfüllung eines Bedarfs oder anderer Sehnsüchte (z. B. ein bestimmter Lebensstil), Kaufappell	Käufer, Konsument, Passant, TV-Zuschauer, „Zielgruppe“

Werbeinhalte: 1. Produkt, Konsumgegenstand; 2. Dienstleistung; 3. Politik; 4. Verhalten, Bewusstsein
Aufbau einer Werbeanzeige: 1. Blickfang (Eyecatcher); 2. Überschrift (Headline); 3. Fließtext; 4. Slogan

Nach der AIDA-Regel erfolgt die **Wirkung** der Werbung in bestimmten Schritten:
1. Attention = Aufmerksamkeit beim Konsumenten erregen, z. B. durch den Blickfang;
2. Interest = vorhandene Interessen ansprechen, z. B. im Slogan;
3. Desire = Begierde, Kaufwunsch auslösen;
4. Action = Handeln (z. B. Kauf) erwirken.

Die **Sprache** der Werbung bevorzugt auffällige Formulierungen wie Wortschöpfungen, rhetorische Mittel, grammatische Varianten der Sprachhandlung „Auffordern“.

Im Mittelpunkt steht die Lenkung der Konsumenten mit dem Mechanismus der **Konnotationen.** Das Denotat ist die sachliche, allgemeine, lexikalische Bedeutung eines Wortes; als Konnotate sind all die Vorstellungen anzusehen, die die Menschen mit einem Wort spontan oder auf Grund der gesellschaftlichen Konvention und Tradition verbinden.

Beispiel:

„Palmolive“

Denotat: Seife, produziert mit Pflanzenfett
Konnotat: Palmen = Strand, Karibik, Sonne, Urlaub
Olive = südländisches Flair

Über die Konnotation wird also mit der genannten Seife neben der Reinigungskraft die Lust an Wasser, Freizeit, Reisen, Ferne, Liebe, Träumen angesprochen. – Die Produkte werden durch optische oder verbale Reize mit geheimen Wünschen, Leitbildern, positiven Vorstellungen belegt. Die Werbung suggeriert, dass mit dem Kauf des Produktes auch die konnotierten Wünsche und Bedürfnisse in Erfüllung gehen. Konnotativ ausgelöst werden auch neue „Warenmythen“, z. B. der Cowboy-Mythos (das Reiten durch die Wildnis Nordamerikas in Verbindung mit Marlboro-Zigaretten) oder der Casanova-Mythos (die unwiderstehliche Wirkung verschiedener Markenjeans auf das andere Geschlecht).

AUTOREN- UND QUELLENVERZEICHNIS

BUNKEREIT, RAINER
121 Satzkonstruktion: Schwierig
aus: Kölner Stadt-Anzeiger, 5. 5. 1998

BUSTA, CHRISTINE (1915–1987)
80 Wo holt sich die Erde die himmlischen Kleider
aus: Die Sternenmühle. Otto Müller Verlag, Salzburg 1959

COLONIUS
119 Unsichtbar
aus: Kölner Stadt-Anzeiger, 6. 1. 1990

DAMM, ANDREAS
130 Armut in Köln: Mehr Reiche, viel mehr Arme
aus: Kölner Stadt-Anzeiger, 30. 3. 1998

DÖBLIN, ALFRED (1878–1957)
232 Berlin Alexanderplatz – Reinhold
aus: Werke. Hg. v. Walter Muschg, Walter-Verlag, Olten/Freiburg 1977, Band 6, S. 237–239

DOMIN, HILDE (1909–2006)
256 „Seids gewesen, seids gewesen!"
aus: Hier. Gedichte. Fischer Verlag, Frankfurt/M. 1964

DÖNHOFF, MARION GRÄFIN (1909–2002)
12 Klassentreffen
aus: Die heilsame Reise. Hg. v. Ulrich Kabitz u. a., Kaiser, München 1990, S. 16

DROSTE, WIGLAF (*1962)
86 Familienbande
aus: Kommunikaze. Verlag Weisser Stein, Greiz 1993, 2. Aufl., S. 111–113

DÜRRENMATT, FRIEDRICH (1921–1990)
168 Der Verdacht – Kommissär Bärlach
aus: Der Verdacht. Diogenes TB, Zürich 1985, S. 5–9, 11, 15–17

ECO, UMBERTO (*1932)
90 Inter Mailand – Der fremde Blick
aus: Platon im Striptease-Lokal. Hanser, München 1990, S. 56–84

ENZENSBERGER, HANS MAGNUS (*1929)
255 nänie auf den apfel
aus: Blindenschrift. Gedichte. Suhrkamp, Frankfurt/M. 1964, S. 48

FREISLER, ROLAND (1893–1945)
59 Ein Urteil
aus: Inge Scholl: Die Weiße Rose. Fischer TB, Frankfurt/M. 1993, S. 105–108

FRIED, ERICH (1921–1988)
159 Der Präventivschlag
aus: Das Unmaß aller Dinge. Klaus Wagenbach Verlag, Berlin 1982, S. 18–20

GARBE, BURCKHARD (*1941)
239 statt planung
aus: Wem gehört die Stadt? Hg. v. Wolfgang Bittner. Bert Schlender Verlag, Göttingen 1974, S. 15

GEISSENDÖRFER, HANS W.
265 Wie Kunstfiguren zum Leben erwachen – Zur Dramaturgie der „Lindenstraße"
aus: Rundfunk und Fernsehen, Nr. 38, 1990, S. 48f.

GEISSLER, RALF
13 Schüler lehren – Senioren surfen
aus: Unicum 5/98. Unicum-Verlag, Bochum 1998, S. 10

GERNHARDT, ROBERT (*1937)
98 Die Katz ist weg
aus: Prosamen. Reclam jun., Stuttgart 1995, S. 89–93

GOETHE, JOHANN WOLFGANG (1749–1832)
156 Gedanken (1)
190 Gesang der Geister über den Wassern (2)
aus: Werke. Hg. v. Erich Trunz. Beck, 12. Aufl., München 1981, Bd. 12, S. 499 (1); Sämtl. Werke. Artemis/dtv, Zürich/München 1976, Bd. 1, S. 306 (2)

GRABRUCKER, MARIANNE
135 Vater Staat hat keine Muttersprache
aus: Vater Staat hat keine Muttersprache. Fischer TB, Frankfurt/M. 1993, S. 12

GRÜN, MAX VON DER (1926–2005)
164 Das Stenogramm
aus: Stenogramm. Erzählungen. Verlag Emeriten-Presse, Düsseldorf 1972

GRUPP, C. D.
129 Welt im Wandel
aus: Armut des Menschen. Omnia Verlag, Köln 1996, S. 23

GRYPHIUS, ANDREAS (1616–1664)
189 Menschliches Elende
aus: Werke in einem Band. Aufbau Verlag, Berlin/Weimar 1969, S. 6

GUMPPENBERG, HANNS FREIHERR VON (1866–1928)
79 Sommermädchenküssetauschelächelbeichte
aus: Heiterkeit aus aller Welt. Hg. v. Erich Kästner. Fackelträger-Verlag, Hannover 1968, S. 92–93

GÜNDERODE, KAROLINE VON (1780–1806)
192 Vorzeit und neue Zeit
aus: Gedichte. Hg. v. Franz Josef Goertz. Insel Verlag, Frankfurt/M. 1985, S. 83

HAHN, ULLA (*1946)
197 Auf Erden
aus: Freudenfeuer. Gedichte. DVA, Stuttgart 1985, S. 9

HANDKE, PETER (*1942)
94 Die Angst des Tormanns beim Elfmeter (1)
126 Wunschloses Unglück (2)
aus: Die Angst des Tormanns beim Elfmeter. Suhrkamp, Frankfurt/M. 1970, S. 112 (1); Wunschloses Unglück. Suhrkamp, Frankfurt/M. 1980, S. 59–62 (2)

HARMS-DEISINGER, GABRIELE
135 Wie kann …
aus: Die Woche, 17. 10. 1997

HEBEL, JOHANN PETER (1760–1826)
14 Unverhofftes Wiedersehen
aus: Erzählungen und Aufsätze des Rheinländischen Hausfreunds. Hanser, München/Wien 1985, S. 302–305

HECKT, DIETLINDE HEDWIG (*1953)
190 Zeiterscheinungen
aus: Frauen schreiben neue Liebesgedichte. Hg. v. Aleke Thuja. Verlag Bert Schlender, Göttingen 1983, S. 77

MARTI, KURT (*1921)
184 was kommt nach dem tod?
aus: leichenreden. Luchterhand TB. Darmstadt 1976

MÜHL, KARL OTTO (*1926)
96 Wohnküche Bajorat
aus: Rheinpromenade/Rosenmontag. Verlag der Autoren, Frankfurt/M. 1974, S. 67–69

MUNSON, RONALD (*1939)
176 Fan Mail
aus: Fan Mail. Übers. v. Susanne Aeckerle, Fischer TB, Frankfurt/M. 1997, S. 245–246, 249–251, 256–257, 266–268, © Eichborn Verlag, Frankfurt/M.

NIETZSCHE, FRIEDRICH (1844–1900)
197 Vereinsamt
aus: Werke. I. Abt., Leipzig 1919, Kröner Verlag, Bd. 8

NÖSTLINGER, CHRISTINE (*1936)
75 Die Pribils
aus: Bonsai. Beltz & Gelberg, Weinheim/Basel 1997, S. 164–167

OERTGEN, ELKE (*1936)
238 Neue Siedlung
aus: Im Gewitter der Geraden. Deutsche Ökolyrik 1950–1980. Hg. v. P. C. Mayer-Tasch. Beck Verlag, München 1981, S. 54

OSTHOLD, KERSTIN
78 Laber geht zu einer Fete
aus: Curriculum vitae St.Wolfhelm. Hg. v. Gerd Brenner u. a., Schwalmtal 1998

PRECHT, RICHARD DAVID
46 Allgemeinbildung geht vom Fernsehen aus
aus: Die Zeit 48/1996

PRÉVERT, JACQUES (1900-1977)
154 Page d'ériture/Rechenstunde
aus: Gedichte und Chansons. Franz./Dt. Nachdichtung von Kurt Kusenberg, Rowohlt, Reinbek 1971

SCHMIDT, WILHELM
136 Natürliches und grammatisches Geschlecht
aus: Grundfragen der deutschen Grammatik. Volk und Wissen, Berlin 1977, S. 99

SCHILLER, FRIEDRICH (1759–1805)
191 Die Worte des Glaubens
191 Die Worte des Wahns
aus: Gedichte. Hg. v. Gerhard Fricke, Reclam, Stuttgart 1974, S. 158

SCHÖLGENS, GESA
37 Kippe an, Lunge tot
aus: Süddeutsche Zeitung, 20./21. 12. 1997

SCHOLL, HANS (1918–1943) U. A.
68 Brief an Kurt Huber vom 17. 8. 1942
aus: Hans Scholl und Sophie Scholl, Briefe und Aufzeichnungen. Hg. v. Inge Jens. Fischer, Frankfurt/M. 1984, S. 106

SCHWERING, MARKUS
133 Veränderte Sprache, veränderte Welt
aus: Kölner Stadt-Anzeiger, 21. 12. 1995

SEGHERS, ANNA (1900–1983)
250 Das Obdach
aus: Erzählungen 1926–1944. Gesammelte Werke in Einzelausgaben. Band 9. Aufbau-Verlag, Berlin 1977, S. 277–284

SKARPELIS-SPERK, SIGRID
70 Rede zum Asylrecht
aus: Protokolle des Deutschen Bundestages. Drucksache 12/13613, 1993

SPÄTH, GEROLD (*1939)
21 Heidi Blöchlinger
aus: Commedia. Reclam, Stuttgart 1984, S. 62–64

STADLER, ERNST (1883–1914)
236 Fahrt über die Kölner Rheinbrücke bei Nacht
aus: Gedichte und Prosa. Hg. v. Hans Rauschning. Fischer, Frankfurt/M. 1964, S. 97f.

STEFFEN, ERNST S. (*1936)
200 Das Vorleben
aus: Lebenslänglich auf Raten. Luchterhand, Darmstadt/Neuwied 1969

STICKEL, GERHARD
118 Umfrage zur Sprachbewusstheit der Deutschen
aus: Vortragshandout. Institut für deutsche Sprache, Mannheim 1998. Vgl.: Sprache – Sprachwissenschaft – Öffentlichkeit. Hg. v. Gerhard Stickel. de Gruyter, Berlin/New York 1999, S. 42 f.

THERSTAPPEN, KIRSTIN
77 Familienfeier
aus: Curriculum vitae St.Wolfhelm. Hg. v. Gerd Brenner u. a., Schwalmtal 1998

TUCHOLSKY, KURT (1890–1935)
248 Der Graben (1)
203 Das Ideal (2)
87 Klavierspiel nach dem Essen (3)
aus: Gesammelte Werke. Hg. v. Mary Gerold-Tucholsky, Fritz J. Raddatz. Rowohlt, Reinbek 1975, Bd. 4, S. 571 f. (1); Bd. 5, S. 269 f. (2); Bd. 5, S. 303 f. (3)

WAECHTER, F. K. (*1937)
100 Feierabend
aus: Die letzten Dinge. Verlag der Autoren, Frankfurt/M. 1992, S. 199

WAGNER, FRITZ
117 Unverständlich
aus: Kölner Stadt-Anzeiger, 17. 4. 1998

WALSER, ROBERT (1878–1956)
18 Die Geschichte vom verlorenen Sohn
aus: Gesamtwerk. Hg. v. J. Greven. Suhrkamp, Frankfurt/M. 1978, Bd. 8, S. 258–261

DIE WEISSE ROSE
57 Ein Flugblatt
aus: Inge Scholl: Die Weiße Rose. Fischer TB, Frankfurt/M. 1993, S. 84–87

WESSEL, JULIA
88 Leider kein Mikrosofti – Eine Sprachmusterverschiebung
aus: Curriculum vitae St.Wolfhelm. Hg. v. Gerd Brenner u. a., Schwalmtal 1997, S. 14–15

WICKERT, ERWIN (*1915)
23 Der Klassenaufsatz
aus: Der Klassenaufsatz/Alkestis. Reclam, Stuttgart 1974, S. 3–15

WICKI, BERNHARD (*1919)
225 Die Brücke
Drehbuchauszüge nach der Filmfassung. Originaldrehbuch von Michael Mansfeld und Karl-Wilhelm Vivier unter Mitarbeit von Bernhard Wicki nach dem gleichnamigen Roman von Manfred Gregor

WIEMER, RUDOLF OTTO (1905–1998)
162 Geschichte im Konjunktiv
aus: Zwischenfälle. J. F. Steinkopf Verlag, Stuttgart 1975, S. 81–84

WIRTZ, ASTRID
131 An der Grenze zur Armut
aus: Kölner Stadt-Anzeiger, 18. 5. 1998

WOHMANN, GABRIELE (*1932)
101 Denk immer an heut nachmittag
aus: Ländliches Fest und andere Erzählungen. Luchterhand, Neuwied/Berlin 1968, S. 208–212

WOLFE, TOM (*1931)
81 Fegefeuer der Eitelkeiten (1)
82 Fegefeuer der Eitelkeiten (2)
aus: Fegefeuer der Eitelkeiten. Übers. v. Benjamin Schwarz. Th. Knaur Verlag, München 1990, S. 425 (1); 430–433 (2)

ZIEGLER, FRANK M.
83 Das machen wir schon
aus: Die Zeit 52/1997

ZIMMER, E. DIETER (*1934)
116 Das kann man auch anders sehen! – Neudeutsch
aus: Redens Arten, Haffmans Verlag, Zürich 1988, S. 7 f.

Unbekannte/ungenannte Autorinnen und Autoren

74 Das automatische Schnellformulierungssystem
aus: Betreff 2/95, S. 30

53 Bundestagsdebatte zur Herabsetzung des Wahlalters
Bundestagsprotokolle: Bundestagsdrucksache 13/3519, 1996

122 Dienstmädchen von 1996 an generell abzugsfähig?
aus: Kölner Stadt-Anzeiger, 2. 2. 1995

258 „Fans lassen sich gern einseifen“
aus: Hörzu Nr. 29, 11. 7. 97

195 Frisurwechsel
Programmwechsel
Der Namenswechsel
Der Themawechsel
aus: Diskussion Deutsch 116 (1990), S. 632

267 Drehbuchauszug aus der 342. Folge der „Lindenstraße“
Typoskript der Folge „Klassenunterschiede“. Von Martina Borger, 1991

143 Europa
nach: Gustav Schwab: Die schönsten Sagen des klassischen Altertums. Goldmann Verlag, München 1985

48 Essay
aus: Schülerduden Literatur. Dudenverlag. Mannheim 1994, S. 137

138 „Die Frauen sollen sich um Kinder und Haushalt kümmern“
aus: Kölnische Rundschau, 21. 5. 1997

11 Die „Generationen-Nase“
aus: Alt & Jung: Das Abenteuer der Generationen. Hg. v. Annette Lepenies. Stroemfeld Verlag, Basel/Frankfurt a. Main 1997, S. 69

262 „Keine pickelfreie Zone“
aus: Schülerzeitung des Apostelgymnasiums Köln, 9. 6. 1998

148 9. Mai 1950 – Die Geburtsstunde Europas
149 Vorläufer von Mark und Pfennig
148 Wer darf am Euro teilnehmen?
aus: Europa und der Euro. Hg. v. Institut der deutschen Wirtschaft. Deutscher Instituts-Verlag, Köln 1998, S. 4 f.

144 Mythos
aus: Wörterbuch der Literaturwissenschaft. Hg. v. Claus Träger. VEB Bibliographisches Institut, Leipzig 1989, S. 455

38 Rauchverbot in öffentlichen Gebäuden?
aus: Focus 34/1994, S. 42

150 Robert Schuman
aus: Eine Vision verändert die Welt. Merkur spezial Nr. 50, 12. 12. 1997, S. 3

136 Runderlass des Bonner Innenministeriums 1986
aus: Weber, Manfred (Hg.): Hohl-SPIEGEL. Hoffmann und Campe Verlag, Hamburg 1997

144 Sage
aus: Sachwörterbuch der Literatur. Hg. v. Gero von Wilpert. Stuttgart 1989, S. 804–805

135 Sprachwitz
aus: Frankfurter Rundschau, 10. 1. 1998

11 This day is the first day of the rest of your life
aus: Alt & Jung. Das Abenteuer der Generationen. Hg. v. Annette Lepenies. Stroemfeld Verlag, Basel/Frankfurt a. Main, 1997, S. 147

60 Todesurteile wegen Vorbereitung zum Hochverrat
aus: Münchner Neueste Nachrichten, DTNachrichten 1943

S. 9: Walter Schels, Hamburg
S. 10 oben rechts, 125, 182, 192, 207, 211, 249: Bildarchiv Preußischer Kulturbesitz, Berlin
S. 10 unten: Archiv des Magistrats der Stadt Wiener Neustadt, Foto: Dr. Beatrix Bastl. Umschlagfoto der Habilitationsschrift von Beatrix Bastl: „Tugend, Liebe, Ehre". Adlige österreichische Frauen in der Frühen Neuzeit.
S. 12 oben: aus: Alt & Jung, Stroemfeld Verlag, 1997, S. 33
S. 12 unten: Tom Körner, Berlin
S. 13: Ralf Geißler, Leipzig
S. 16: Wagenbach Verlag, Berlin
S. 17, 188, 210: Archiv für Kunst und Geschichte, Berlin
S. 20, 208: Suhrkamp Verlag, Frankfurt/M.
S. 21, 65, 101, 103, 107, 126, 150, 151, 168: Ullstein Bilderdienst, Berlin
S. 29 oben links und unten rechts, 32, 36, 141, 273, 279: Thomas Schulz, Hohen Neuendorf
S. 29 unten links, S. 51, 186, 187: dpa, Frankfurt/M.
S. 29 oben rechts, 142, 146, 187: Corel Library
S. 38: aus: Focus, 34/1994
S. 63: Heinrich Biermann, Pulheim
S. 73: Paul Weber Museum, Ratzeburg; © VG-Bild-Kunst, Bonn
S. 85: Theatermuseum, Düsseldorf/ Fotoarchiv (Fotografin: Lore Bermbach)
S. 88: Andreas Rudolf, Zorneding
S. 93: The Art Institute of Chicago, Friends of American Art, Chicago, USA
S. 97: Die Deutsche Bühne, Köln
S. 108: Yale University Art Gallery, New Haven, Connecticut; USA
S. 109: Sheldon Memorial Art Gallery and Skulpture Garden, Lincoln, USA
S. 110: Sammlung Mr. und Mrs. Gilbert H. Kinney
S. 112–114: Indianapolis Museum of Art, Sammlung William Ray Adams Memorial
S. 115: Wilfried Meisen, Kerpen
S. 119 links: Günther Einecke, Bergheim
S. 119 rechts: Sinje Bowien, Kiel
S. 128 oben: Fotoagentur Ostkreuz, Berlin; © Georg Schönhartling
S. 128 unten: + 49 photo/ Visum, Hamburg/Rolf Nobel
S. 134: Bundesministerium für Jugend, Familie, Frauen und Gesundheit, Bonn; Foto: dpa, Frankfurt/M.
S. 139: Volker Minkus, Isernhagen
S. 156: JAT Photo, München
S. 171: Buchcover: Diogenes Verlag, Zürich, Schweiz
S. 173: Pressebilderdienst Kindermann, Berlin
S. 176: Buchcover: Fischer Taschenbuch Verlag, Frankfurt/M.
S. 182: Freies Deutsches Hochstift Museum, Frankfurt/M.; Foto: Ursula Edelmann, Frankfurt/M.
S. 186: A. R. Penck, Courtesy Galerie Michael Werner, Köln und New York
S. 200: aus: die horen. zeitschrift für literatur, grafik und kritik. Heft 1, Ausgabe105, 1977
S. 201: National Gallery, London, United Kingdom
S. 205: Stiftung Schleswig-Holsteinisches Landesmuseum Schloss Gottorf
S. 209: Carlos Borell, Berlin
S. 211 unten, 231: Artothek, Peissenberg, © VG-Bild-Kunst, Bonn
S. 223: Deutsche Kinemathek, Berlin
S. 224, 230: Filmmuseum, Frankfurt/M.
S. 232: © Copyright (für Werke von E. L. Kirchner) by Ingeborg und Dr. Wolfgang Henze-Ketterer, Wichtrach/Bern
S. 233, 250: Schiller Nationalmuseum, Deutsches Literaturarchiv, Marbach
S. 234 oben rechts: Rowohlt Verlag, Reinbek bei Hamburg
S. 234 unten, 243: Berlinische Galerie. Landesmuseum für Moderne Kunst, Photographie und Architektur; © VG-Bild-Kunst
S. 235: aus: Arte Italiana 1900–1945, Bompiani, Milano 1989, © VG Bild-Kunst, Bonn
S. 237, 238: S. Fischer Verlag, Frankfurt/M.
S. 238: Rijksmuseum Kröller-Müller, Otterlo, Nederland
S. 239: Staatliche Galerie Moritzburg, Foto: Klaus E. Göltz, Halle
S. 242: Staatsgalerie Stuttgart
S. 245: Bildarchiv Preußischer Kulturbesitz, Berlin; © VG-Bild-Kunst, Bonn
S. 247: Zentrum für Theaterforschung, Hamburg
S. 249: Bildarchiv Preußischer Kulturbesitz, Berlin; © VG-Bild-Kunst, Bonn
S. 252: Fondation Beyeler, Riehen/ Basel
S. 253: Rowohlt Verlag, Reinbek bei Hamburg
S. 254: Staatsgalerie Stuttgart, Jüdisches Museum, Frankfurt/M; © VG-Bild-Kunst, Bonn
S. 255: aus: Dali-Katalog Staatsgalerie Stuttgart; © VG-Bild-Kunst, Bonn
S. 256: Peter Peitsch, Hamburg
S. 257: WDR, RTL
S. 260, 263, 265, 267, 269, 270, 271: Pressearchiv der Lindenstraße, © WDR

Nicht in allen Fällen war es uns möglich, den Rechteinhaber der Abbildungen ausfindig zu machen. Berechtigte Ansprüche werden im Rahmen der üblichen Vereinbarungen abgegolten.

Wertvolle Hinweise verdankt das Werk Christian Ernst (Berlin), Fritz L. Hofmann (Kaiserslautern), Gudrun Kaden (Hannover), Sabine Menzel (Fulda), Thomas Riedel (Speyer) und Ingrid von Tippelskirch (Saarbrücken).

Zu diesem Buch gibt es ein passendes Arbeitsheft (BN 603164)
und das Orientierungswissen zum Nachschlagen (BN 603180)

Redaktion: Matthias Grupp, Christian Pickmann
Illustrationen: Thomas Binder, Klaus Ensikat, Amelie Glienke, Klaus Müller
Lay-out: Katharina Wolff
Umschlaggestaltung: Katharina Wolff (Foto: Thomas Schulz, Illustration: Klaus Ensikat)
Technische Umsetzung: werkstatt für gebrauchsgrafik, Berlin

Dieses Werk berücksichtigt die Regeln der reformierten Rechtschreibung und Zeichensetzung.
Bei den mit [R] gekennzeichneten Texten haben die Rechteinhaber einer Anpassung widersprochen.

www.cornelsen.de

2. Auflage, 1. Druck 2006 / 06

Alle Drucke dieser Auflage sind inhaltlich unverändert
und können im Unterricht nebeneinander verwendet werden.

Druck: CS-Druck CornelsenStürtz, Berlin

ISBN-13: 978-3-464-60315-4
ISBN-10: 3-464-60315-6

Inhalt gedruckt auf säurefreiem Papier aus nachhaltiger Forstwirtschaft.